权威·前沿·原创

皮书系列为
"十二五""十三五"国家重点图书出版规划项目

江西文化蓝皮书

BLUE BOOK OF
JIANGXI CULTURE

万寿宫文化发展报告
（2018）

ANNUAL REPORT ON WANSHOU PALACE CULTURE
(2018)

主　编／张圣才　陈立立　李友金

社会科学文献出版社
SOCIAL SCIENCES ACADEMIC PRESS（CHINA）

图书在版编目（CIP）数据

万寿宫文化发展报告 . 2018 / 张圣才，陈立立，李
友金主编 . – – 北京：社会科学文献出版社，2019.2
（江西文化蓝皮书）
ISBN 978 - 7 - 5201 - 4104 - 8

Ⅰ.①万…　Ⅱ.①张…　②陈…　③李…　Ⅲ.①道教 –
宗教文化 – 研究报告 – 中国 – 2018　Ⅳ.①B958

中国版本图书馆 CIP 数据核字（2018）第 296466 号

江西文化蓝皮书
万寿宫文化发展报告（2018）

主　　编 / 张圣才　陈立立　李友金

出 版 人 / 谢寿光
责任编辑 / 张建中
文稿编辑 / 侯婧怡

出　　版 / 社会科学文献出版社 · 社会政法分社 （010）59367156
　　　　　地址：北京市北三环中路甲 29 号院华龙大厦　邮编：100029
　　　　　网址：www. ssap. com. cn
发　　行 / 市场营销中心 （010）59367081　59367083
印　　装 / 三河市龙林印务有限公司

规　　格 / 开　本：787mm × 1092mm　1/16
　　　　　印　张：24.25　字　数：367 千字
版　　次 / 2019 年 2 月第 1 版　2019 年 2 月第 1 次印刷
书　　号 / ISBN 978 - 7 - 5201 - 4104 - 8
定　　价 / 129.00 元

皮书序列号 / PSN B - 2015 - 499 - 1/1

主编简介

张圣才　江西师范大学教授，文化研究院常务副院长、宗教文化研究中心主任；中国宗教学会理事，《中华道藏》编委，海峡两岸道教文化论坛主席团主席，江西文化蓝皮书主编。

陈立立　江西科技师范大学历史文化学院教授。

李友金　中国道教协会常务理事、江西省道教协会副会长、南昌市道教协会会长、南昌西山万寿宫住持。

序

"万寿"一词，意为长寿，乃祝福之语，如《诗经·小雅·南山有台》曰："乐只君子，万寿无期。"后多用"万寿"命名皇帝或太后居住之处，如《太平御览》卷一百二十《皇王部》载北魏太武帝尊保母窦氏曰保太后，"营故东宫为万寿宫"，《日下旧闻考》卷四十二《皇城》又言："万寿宫者，文皇帝旧宫也。"同时，该词也可用来指皇帝或太后的生日及相关活动，如康熙皇帝六十寿辰时曾举行盛大庆典，事后群臣编成《万寿盛典初集》一书，称此日为"皇上六旬万寿喜"，并记未能赴京同庆的官员可以"全州同文武诸臣于新建万寿宫内，启建祝圣延龄醮坛，斋沐叩首，庆祝万寿无疆"。一些宗教典籍为了迎合世俗统治者，也常使用"万寿"一词来恭维帝王，如《灵宝无量度人上品妙经》卷五《消禳国君王侯世土灾祥品》言："说经九徧，国王帝主，益增万寿。"由于"万寿"一词具有美好寓意，所以古代帝王为一些道教宫观颁赐匾额时，也常使用"万寿"作为宫观名称，如北京的崇真万寿宫、茅山的崇禧万寿宫、四川的文昌万寿宫等。唐以前使用"万寿"作为宫观名称尚属少见，宋以后"万寿宫"或"万寿观"则逐渐见载于各种史籍。据《宋史》记载，宋徽宗自称"教主道君皇帝"，曾令"创神霄玉清万寿宫于天下"，以至"神霄玉清之祠遍天下"。不过，明清以后在中国社会具有较大影响力的，却是源自江西、崇拜许逊的"万寿宫"。

许逊是东晋豫章（今江西南昌）人，字敬之，因事母尽孝而闻名。据《云笈七签》记载：许逊年少时博通经史，明天文、地理、历律、五行谶纬之书，尤其喜好神仙修炼，曾师事著名道士吴猛。晋太康元年（280 年），许逊举为孝廉，辟旌阳令，治政廉简，吏民悦服，时人感其德化，立生祠以供其像，故后人又称其为"许旌阳"。许逊因见晋室将乱，乃弃官东归，浪迹江湖，寻求至道，自言遇上圣传授"太上灵宝净明法"，得斩蛟擒妖道法。传说他道法高妙，曾镇蛟斩蛇、为民除害，后于东晋宁康二年（374年）飞升成仙。又据《逍遥山万寿宫志》记载：许逊飞升成仙之处，亦是其居家修炼之地，位于豫章郡西山（在今江西新建区），后人为纪念他而在此创建了"许仙祠"，并尊其为"许真君"。该祠在南北朝时改称"游帷观"，至宋大中祥符三年（1010年）改观为宫，并得真宗御书"玉隆"赐额。政和六年（1116年），宋徽宗诏令仿洛阳崇福宫重建，共有三廊、六阁、七门、七楼、十八殿、三十六堂，赐御书额曰"玉隆万寿宫"。是为后世各地崇拜许真君的"万寿宫"之祖庭。

早在唐代，人们对许真君的崇拜就很盛行，西山游帷观也有很大的影响力，如《历世真仙体道通鉴后集》卷五《吴彩鸾》曾谈及唐文宗时该观活动之盛况："钟陵（南昌）西山有游帷观，即许真君逊上升之第也。每岁至中秋上升日，吴蜀楚越之人不远千里而至，多携挈名香珍果、缯绣金钱，设斋醮以祈福。时钟陵人万数，车马喧阗，士女栉比，连臂踏歌。"南宋时期宋金交战，豫章地区生灵涂炭，有西山道士周真公致祷许真君，寻求救度，得授《飞仙度人经》《净明忠孝大法》，并于西山建"翼真坛"，传度弟子500余人，这标志着"净明道"已经形成。宋末元初，又有西山道士刘玉宣称得许逊降授《玉真灵宝坛记》《中黄大道》《八极真诠》等，再在西山传播、弘扬"净明忠孝大道"。刘玉对净明道教法进行了革新，一方面简化了符咒、斋醮、告斗等方术，另一方面则在内丹修炼中融入儒家的忠孝伦理思想，并派弟子前往京师宣扬其说，使净明道学说在社会上产生了很大影响。《净明忠孝全书》言，净明道的基本宗旨是"以忠孝为本，敬天崇道、济生度死为事"，信奉"忠孝之道，非必长生而长生之性存，死而不昧，列于仙班"，恪守忠、孝、廉、谨、宽、裕、容、忍等行为规范。入明以后，该教融合忠孝伦理与内丹修炼的做法，曾对儒家的心学产生很大影响，传说大儒王阳明在新婚之夜曾因与南昌铁柱宫净明道士畅谈而忘归，后来"阳明学"中会通三教的核心人物王畿亦多与净明道士胡清虚有深入交往，并曾在胡去世后撰写《祭胡东洲文》。

明清时期，净明道得到了更广范围的传播，并对中国社会产生了不小影响。这一时期，净明道传播的一种重要方式是移民、商贸等。据章文焕先生的研究，由于江西地区人口稠密、赋税沉重，故明朝初中期曾有过"江西填湖广"及"流民进云贵"两次大的移民活动，这两次移民活动将净明道的"许真君信仰"带入华中和西南地区。而移民之后，闽粤客家人的涌入江西，也令"许真君信仰"在赣南、赣西得到新的发展。此外，江西籍商人、手工业者分赴各地经商、谋生，也促使全国很多地方出现不少"会馆"性质的许真君庙。据统计，明清时期兴建的供奉许真君的"万寿宫"，江西省内约有 600 所（遍布全省），而江西省外则有 700 余所（主要分布于华中和西南）。这些"万寿宫"，或称许真君庙、旌阳宫、许仙祠、铁柱宫、玉隆宫，或称江西会馆、豫章会馆等，此外还有同祀许真君的萧公庙（祠）、晏公庙（祠）等，具有宗教祭祀、庙会朝圣、敦睦乡谊、救济同乡等多种功能，对地方文化的发展起到了推动作用。至今，全国各地乃至海外还保存不少"万寿宫"，甚至仍有一些相关活动。而作为"祖庭"的西山万寿宫，在农历八月举办的庆祝许真君诞辰的庙会，仍然吸引千千万万的信徒前来参与。

有关净明道、万寿宫及其传播和影响，前人已经做过一些研究，如日本学者秋月观瑛先生著《中国近世道教的形成——净明道的基础研究》以及江西学者章文焕先生著《万寿宫》、陈立立教授等著《万寿宫民俗》等，但比较全面、深入、系统的调查和研究尚待进行。近期，江西师范大学张圣才教授组织人力，分别对江西九江、萍乡、抚州、南昌、赣州、吉安、宜春等地市，以及湖南、贵州、云南等省的万寿宫历史、现状进行了专门的调查和研究，撰写出了 10 篇研究报告，不仅为我们提供了丰富的调查材料，而且提出了许多好的看法和建议，对于各界人士了解万寿宫文化并认识宗教、民俗与社会发展的关系有很大的帮助，具有较高的价值。希望他们进一步扩大调查研究的范围，深入分析获得的材料，不断挖掘万

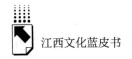
寿宫文化的价值，如此，我们关于万寿宫文化的研究和认识，将迈入一个
新的境界。

郭　武

云南大学历史系特聘教授、博士生导师

中国丹道与养生文化研究会副会长

香港《弘道》主编

摘　要

时代既提供了弘扬万寿宫历史文化的大好机遇，也提出了如何有效弘扬优秀传统文化、保护利用与开发好传统文化资源的问题。《万寿宫文化发展报告（2018）》基于发挥区域宗教信仰的资源优势和挖掘中华传统文化深厚的精神价值这两者相结合的文化视角来进行区域调查与对策研究，是江西师范大学文化研究院积极服务地方社会，推进优秀传统文化传承创新，努力发挥文化智库功能的重要体现。本书分为四个部分，即总报告、专题研究、地区报告、热点研究。

总报告主要撰写了历史演变中的万寿宫及其分布状况、社会变迁中的万寿宫发展现状及其庙会活动，并指出其发展过程中存在的问题，提出了今后万寿宫文化发展的三个方向，一是保护和修复万寿宫建筑，二是挖掘和整理万寿宫文化，三是宣传和开发万寿宫文化。

专题研究分别从许逊信仰与地方移民社会的秩序构建、对许真君精神所蕴含的人文价值的当代挖掘、许逊信仰与区域道教本土化模式建构的可能性探讨、地方万寿宫发展中的史学梳理等多元视野来进行分析与阐释，展现了当代道教学术研究者对万寿宫文化密切关注与深入探究的学术新气象。

地区报告对江西九江、萍乡、抚州、南昌、赣州、吉安、宜春等地市，以及湖南、贵州、云南等省的万寿宫历史与现状进行了细致而深入的调查研究，这10篇深度的田野报告，对社会各界人士认识万寿宫文化及其社会发展现况，有极为重要的人文价值与引领作用。

热点研究选取了学界关注的万寿宫旅游文化开发、养生、庙会、民俗等议题，从不同层次展开了对相关问题的理论探讨与对策分析。

目 录

Ⅰ 总报告

B.1 新时期万寿宫文化保护利用与开发

······················· 陈立立　张圣才　李友金 / 001

一　万寿宫历史演变及其分布 ······················ / 002

二　万寿宫发展状况及庙会活动 ···················· / 019

三　万寿宫文化发展存在的问题 ···················· / 027

四　万寿宫文化发展对策建议 ······················ / 032

Ⅱ 专题研究

B.2 江南道教地方化模式研究

——以净明道在江西丰城的流传为中心 ················ 焦玉琴 / 040

B.3 从旌阳祠到万寿宫

——巴蜀许逊遗迹与赣籍移民的信仰 ················ 刘康乐 / 052

B.4 方志所见明清云南地区万寿宫情况考察 ··············· 柴艺华 / 071

Ⅲ 地区报告

B.5 湖南地区万寿宫文化发展报告…………… 彭志才 吴 琦 / 082

B.6 贵州地区万寿宫文化发展报告…………………… 彭志军 / 112

B.7 云南地区万寿宫文化发展报告…………… 彭志才 嵇慧琪 / 131

B.8 南昌地区万寿宫文化发展报告…………… 李友金 熊国宝 / 159

B.9 抚州市万寿宫文化发展报告………………………… 张志军 / 181

B.10 赣州市万寿宫文化发展报告……………………… 吴启琳 / 197

B.11 吉安市万寿宫文化发展报告……………………… 贺梅开 / 216

B.12 九江市万寿宫文化发展报告…………………… 徐 敏 王 涛 / 231

B.13 萍乡市万寿宫文化发展报告……………………… 凌 焰 / 245

B.14 宜春市万寿宫文化发展报告……………………… 谈志娟 / 257

Ⅳ 热点研究

B.15 南昌铁柱万寿宫历史文化保护与开发 …………… 梅联华 / 272

B.16 万寿宫与江右商帮

　　——以云南为例 ………………………… 陈雅岚 / 294

B.17 区隔共融理念下宗教文化旅游资源保护与创意开发研究

　　——以南昌西山万寿宫为例 ………… 刘爱华 / 308

B.18 依托万寿宫创建大西山景区的设想 ……………… 欧阳镇 / 323

B.19 万寿宫庙会文化资源与文化旅游开发路径探析 ……… 周明鹃 / 331

B.20 传承万寿宫庙会习俗的新思考 ……………… 熊国宝 / 341

Abstract ………………………………………………… / 352

Contents ………………………………………………… / 354

皮书数据库阅读**使用指南**

总 报 告

General Report

B.1

新时期万寿宫文化保护利用与开发

陈立立 张圣才 李友金*

摘 要：万寿宫是祀奉许逊的地方，既是净明道活动的主要场所，又是信众祭祀的场所；既是江右商帮的会馆，又是民间信仰的场所。万寿宫文化起源于江西南昌，延伸到全国，乃至海外有华人的地方。凡是有江西移民的地方就有万寿宫，凡是有江右商帮的地方就有万寿宫。初步统计，全国各地先后建有万寿宫 1000 多座，江西省内有万寿宫遗址 600 座以上，已查明 580 多所。省外有万寿宫遗址 700 多座，已查明 670 多所。目前保存和恢复的万寿宫不到原有万寿宫的1/10，现存万寿宫内有宗教活动的又不到 1/3，其中有净明

---

* 陈立立，江西科技师范大学历史文化学院教授；张圣才，江西师范大学教授、文化研究院常务副院长、宗教文化研究中心主任；李友金，中国道教协会常务理事，江西省道教协会副会长，南昌市道教协会会长，南昌西山万寿宫住持。

道活动的万寿宫又不到现存有宗教活动的万寿宫的1/3，目前西山万寿宫是净明道派的中心，是天下万寿宫的祖庭。每年举行万寿宫庙会的区域主要是江西，核心地区是南昌西山万寿宫，举行的时间主要在农历八月初一至十五。以万寿宫为中心的庙会经济，目前正在各地逐步恢复，有的庙会已很有规模，有的虽是庙会，但万寿宫文化元素稀少。总之各地万寿宫庙会多多少少存在一些问题，如万寿宫古建筑问题、道教问题、资料问题、民俗问题等，急需有针对性的对策建议。我们在长期考察和研究的基础上，提出抢救和修复万寿宫文化资源、加强万寿宫文化管理、加大西山万寿宫净明道祖庭建设力度、增加西山万寿宫庙会活动内容和时间、各地因地制宜保护开发万寿宫文化等促进万寿宫文化发展的建议。

关键词： 许逊　净明道　万寿宫　庙会文化

一　万寿宫历史演变及其分布

万寿宫是供许逊为主神的场所，其中既有道教场所，也有江右商帮会馆，还有供江西移民或江西移民后裔活动的场所。

（一）许逊生平和传奇

许逊，"字敬之。曾祖琰，祖玉，父肃，世为许昌人，高节不仕，颍阳由之后也。父，汉末避地于豫章之南昌，因家焉"①。东吴赤乌二年（239

---

① （清）金桂馨、漆逢源编《万寿宫通志》，陈立立、邓声国整理，江西人民出版社，2008，第64页。

年）正月二十八日许逊在南昌县麻丘乡武溪村出生，于东晋宁康二年（374年）农历八月白日飞升，在世136年。关于许逊，正史无传，只在古代文人笔记、志怪小说和道教志书中有很多记载，且大多带有神话色彩。

（1）关于许逊的记载最早在南朝出现。南朝刘义庆的《幽明录》上有两处记载，即"许逊不识祖墓"和桓温北伐姚襄，许逊曰："必西北走。"虽然《幽明录》是一部志怪小说，里面有不少东西不可信，但至少可以确定，南朝时，许逊的故事已在民间广为流传。南朝刘澄之的《鄱阳记》中有关于江西省贵溪市馨香岩的描述，其中有这样的话："昔术士许旌阳斩蛟于此岩下，缘此名焉。"① 又据《南史·何佟之传》的记载，刘澄之曾任南齐时遂安县县令。刘澄之的记载说明许逊斩杀蛟龙的故事在南朝时就已经流传开了。

（2）关于许逊人事、慈母渡、祖母墓的记载。南昌市青山湖区的罗家镇有一个慈母村，村口河边有一个渡口叫慈母渡，相传就是许逊的母亲送他过河上学的渡口。慈母村的但溪塘中还有一个祖母墓，以前还有墓碑。根据历史记载，该墓碑被毁于20世纪70年代。祖母墓，又传说是许逊奶母的墓，这也正好印证了《幽明录》上的相近记载。假如许逊是一个完全虚构和被塑造出来的人，就不会有不起眼的小事被记载下来。

新建区有一个叫鹿岗的地方，据传许逊"少以射猎为业，一旦，入山射鹿，鹿胎从弩箭疮中出坠地，鹿母舐其子未竟而死。逊怆然，感悟折弩而归"。许逊从生活中悟道，这条记载中的事是一个常人能够做到的。又如，"晋有百里之长曰许氏者，尝为旌阳令，有惠及于邑之民。其为术也，不免乎后世方技之习。如植竹水中，令疫病者酌水饮焉，而病者旋愈，此固其精诚所致也。而藏金于圃，使囚者出力而得之，因偿负而获免于桎梏，岂尽出方技之所为者，以是德于民"②。这些遗迹可以说明，许逊确有其人，在他成名以后，他早年生活的痕迹被人们留下来作为纪念。

---

① 《太平寰宇记》卷一○七。
② （清）金桂馨、漆逢源编《万寿宫通志》，陈立立、邓声国整理，江西人民出版社，2008，第224页。

许逊之所以受到历代江西人民的纪念和崇拜，是因为他为当地人们做了许多了不起的事情，如清除水患、为官清正廉洁、爱民如子等。其忠孝行为和思想也顺应了历史的潮流和大方向。总之，万寿宫主神许逊形象是在真实人物的基础上，通过历代民间加工而形成的。

（二）西山万寿宫演变

晋代建立许仙祠。许氏家族在其故宅建许仙祠纪念许逊，许逊由于他的善行，受到当地广大人民的推崇，于是人们纷纷来许仙祠祭祀他。

唐代重视道教，李渊封太上老君为太上玄元皇帝，各地广修道观，祀奉道教神仙。西山游帷观在唐代贞观年间已臻衰落，唐高宗永淳中，高道胡慧超来到西山，筹集资金重修游帷观，使游帷观的范围进一步扩大，并撰写了《晋洪州西山十二真君内传》。此后崇拜许逊的范围日益扩大，远及千里之外。在唐代太和年间，钟陵（即南昌）西山游帷观，即许逊升天之地，"每岁至中秋上升日，吴蜀楚越之人不远千里而至，多携挈名香珍果、缯绣金钱，设斋醮以祈福。时钟陵人万数，车马喧阗，士女栉比，连臂踏歌"[1]。正是由于胡慧超等道士的积极活动，许逊的道派产生了广泛的影响。在唐代，统治集团欲维护正常、有序的统治，千方百计寻找好办法，突然发现了一个讲究忠孝、对统治有利的道派，自然会对它极力推崇。道士胡慧超起到了把许逊道派推荐给统治集团的作用。

北宋时"游帷观"改名为"玉隆万寿宫"。宋代北方的少数民族不断南侵，宋代统治者只能一面与之抗衡，一面安抚内部。江西在北宋时期，工农业发达，人口众多，是北宋朝廷的钱粮袋子、兵员基地。朝廷安抚内部的办法之一，就是用宗教来维护内部的和谐，而道教中讲究忠孝的许逊道派具有维护社会和谐的功能，如此一来，统治集团对许逊及其道派加倍推崇就成为势在必行。如宋太宗、真宗、仁宗对游帷观"皆赐御

---

① 《历世真仙体道通鉴后集》卷五《吴彩鸾》。

书"。宋真宗又据《度人经》"太释玉隆腾胜天"之意而改赐其名为"玉隆观"，并"禁名山樵采，蠲租赋之役，复置官提举"①。自视为"教主道君皇帝"的宋徽宗对许逊道派的推崇最为得力。白玉蟾撰《续真君传》载：徽宗曾于政和二年（1112 年）为许逊上尊号曰"神功妙济真君"，又于政和六年（1116 年）改（玉隆）观为宫，并加赐"万寿"二字，要求"诏画像如梦中所见者，赐上清储祥宫，导依道录院奏请，于三清殿造许真君行宫"；还诏令仿西京洛阳崇福万寿宫式样，扩建玉隆万寿宫，共造六大殿（正殿、谌母殿、关公殿、三清殿、老祖殿、玄帝殿）、十二小殿（轮藏殿、刘仙殿等）、六阁（玉皇阁、玉册阁、三官阁、紫微阁、敕书阁、冲升阁）、七楼、七门、三廊，并亲书"玉隆万寿宫"匾额。该名称沿用至今，宫外还建有太虚观、偶来松下、接仙台、会仙阁等附属建筑物，形成一个布局井然、错落有致的庞大道教建筑群。此时西山万寿宫的规模达到了历史最大。

南宋西山万寿宫内设立道官制度。进入南宋后，宋统治者无力与金兵抗衡，只得北面称臣，每年还须向北面输送大量的财物，以图苟安于南方。维持南宋统治需依靠南方各省，江西在南宋时工农业已相当发达，是一个富庶的地方，江西又是宋朝统治者积敛财富的重要地区之一，统治者结好江西民众，既简便又有效的办法就是推崇许逊及其道派。因而宋理宗赐予国帑，重修衲金兵毁坏的西山万寿宫，命礼部侍郎奚德秀及道官 21 人至逍遥山，开设道场，进行国祀。宋高宗在绍兴二十八年（1158 年）赐玉隆万寿宫御书十轴，又令"凡真君之所遗物，皆有神物守护，不可触犯"②。在宋代统治者的一再推崇下，许逊道派发展达到了第二个高峰，正式形成净明道派。就玉隆万寿宫提举之职的设立，在《逍遥山万寿宫志》卷 21《奉祀考》中有更为详细的说明：

---

① 《玉隆集·续真君传》，《修真十书》卷三十四《正统道藏》第 7 册，第 621 页。
② 《玉隆集·续真君传》，《修真十书》卷三十四《正统道藏》第 7 册，第 623 页。

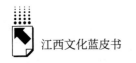

宋制，设祠禄之官，以佚老优贤。先时员数绝少，熙宁以后乃增置焉。当是时，尝诏宫观毋限员，以三十月为一任。又诏，洪州玉隆观，自今并依嵩山崇福宫例，置管干或提举、提点官。又诏，年六十以上者，乃听差，毋过两任。兼用执政恩例者，通不得过三任。盖自真宗大中祥符元年，迎奉天书诏，天下宫观，名在地志功在生民者，并加崇饰，而洪州游帷观为赐额"玉隆"之始。徽宗政和六年，崇尚道教，令天下洞天福地并造宫观，装塑圣像，而玉隆宫且视在京神霄玉清之例，为加额万寿宫之始。自是，岁时遣官提举，其所以祀我旌阳者典至隆也，礼至肃也。膺斯任者，硕辅名臣，后先辉映，旧集缺如，掌故略矣。国史具在，安可数典而忘？诸补《奉祀考》。

黄庭坚曾任西山万寿宫提举。"绍圣初，议者以实录多诬失实，谪涪州。别驾后，召为吏部员外郎，丐郡，得知太平州，提点玉隆观，以忤宰相赵挺之意除名。"洪迈也在西山万寿宫任过提举一职。《容斋三笔》云："年过七十，法当致仕，以新天子临御，未敢遽有请，故玉隆满秩，以本官职居里乡衮。"总的来说，西山万寿宫道官是朝廷按官配岗的一个行政层级组成部分，是中央安置、交流官员的一个平台，且任职的人选皆有功名，衔级都比较高。由于朝廷对西山万寿宫的重视，民间朝奉万寿宫也就更加积极，每年的朝奉活动在宋代就已演变成蔚为壮观的庙会。

元朝西山万寿宫处于萎缩状态。元代中后期，时局动荡，兵燹频繁。元朝统治阶级对江西的重视不如宋朝，西山万寿宫的地位也随之跌宕起伏。元成宗元贞元年（1295 年），元朝廷加封净明道祖师许逊为"至道玄应神功妙济真君"。在元致和元年（1328 年），西山万寿宫重修了一次，元至正十二年（1352 年）红巾军一把火将西山万寿宫的殿阁、神像、御书、玉册几乎全部焚毁。

明代后期西山万寿宫成为道、儒、释融合的场所。明朝成立之初，万寿宫破败不堪，南昌各地民众解囊捐助，但最后是"草率数椽，薄修祀事"，仅重修了西山万寿宫的正殿。此后近200年的时间里，西山万寿宫的朝奉活动一直处于衰落状态，《逍遥山万寿宫志》对这一段历史没有记载。万历十一年（1583年）七月西山万寿宫开始重修，至万历十三年（1585年）秋完工，此次重修，西山万寿宫未达到宋代的规模，但增建了逍遥靖庐，作为崇祀南宋理学名臣真德秀之所。

入清以来，由于朝代变换、兵燹危害等多方面原因，西山万寿宫几近荒芜，唯逍遥靖庐废墟上还可以躲避风雨。在清代康熙二年（1663年），在京城任少宰的熊雪堂受其感染，答应支持徐守诚重修西山万寿宫。在他带头捐款的基础上，江西地方官员，从巡抚到县令纷纷捐款，仅1666年、1667年两年的时间，就基本将重修所需的钱筹集齐了。又经过数年的重修，西山万寿宫焕然一新，改变了自明初以来不断萎缩的局面。在康熙朝重修西山万寿宫过程中，徐守诚做出了重大贡献，他也就成为清代西山万寿宫第一任住持。尽管50年左右西山万寿宫重修一次，但其宗教活动再也没有停止过。

鸦片战争以来，由于帝国主义的侵略和掠夺，清朝封建统治阶级的腐朽和没落，连年军阀混战，内陆地区封闭落后，普通民众对救苦救难的观音菩萨、保佑平安的福主菩萨许真君顶礼膜拜。据光绪《逍遥山万寿宫志》记载："正月二十八为真君诞辰日，远近多谒宫上，□□人有建醮称贺者，有赛灯者，有接驾迎銮迁座尸祝者，抑又有游灯遍田野以祈丰年除旱涝虫蝻者，环逍遥山数十里，至今尽然。"眼看就要丰收了，勤劳朴实的洪瑞乡民献上早熟的瓜果和长期积攒的钱款以表诚心，急切地把许真君圣像抬到他们乡间去屏除凶灾，确保丰收。"仲秋号月，自朔旦开宫，受四方行香祷赛荐献，先自州府始。今则自孟秋望后，四方赛谒者，日以千计。至下浣旬底，众不可以数计矣。自此相续至净月朔后，每日笙管歌，旌旗载道，远近皆扶老携幼，肩舆乘骑络绎于路……相续十余里之间，阅两月乃稀。"[①] 已丰收的乡民自愿地组织进香会，去西山万寿宫朝奉，络绎于路，相续十余里，经

---

① 《逍遥山万寿宫志》卷十一《祀典》，第1~2页。

两个月才稀，再次对许真君的保佑表示感谢。西山万寿宫朝仙期间，也就是庙会期间，场面恢宏，热闹程度甚至超过历史上任何一个朝代，这种现象一直延续到民国。

（三）铁柱万寿宫

南昌铁柱万寿宫始建于东晋永嘉六年（312 年），当时称"旌阳祠"。唐懿宗咸通年间（860～873 年）改名"铁柱观"。北宋真宗景德年间赐额"景德观"，宋徽宗政和八年（1118 年）改额"延真观"。南宋宁宗嘉定年间（1208～1224 年）题额"铁柱延真宫"，首次将观改为宫，提升了万寿宫的规格。元朝元贞元年（1295 年）改赐为"铁柱延真万年宫"。明朝嘉靖二十六年（1547 年），世宗皇帝赐额"妙济万寿宫"。铁柱万寿宫历次更名均受当朝天子赐额。

铁柱万寿宫历经战火，几度焚毁，多次修葺和重建，费用皆来自官方与民间捐献。如万历二十八年（1600 年），铁柱万寿宫再遭火焚，当年开始重修。明代张位在《重建万寿宫记》中述其重建经过时称：

> 首创真君殿一重，高若干，方广若干，悉从旧制。惟是南檐稍浅……继前门、二门；继诸仙（殿）、两廊、铁柱池、钟鼓楼；又继圣像，易铜以塑；继画四壁仙迹；继建玉皇阁；继前街门，外用墙围之，左右开瓷门；又前辟小沼，深三尺，宫以内诸水皆潴焉。至万历戊申（1608 年）冬告成。

至清代，康熙十四年（1675 年）、雍正二年（1724 年）、乾隆四十六年（1781 年）、道光二十三年（1843 年）、同治九年（1870 年）、光绪二年（1876 年），铁柱万寿宫皆曾重加修葺。道光二十三年之重修，历时 6 年，至二十八年（1848 年）始告竣。据说，重修后宫殿"宏壮瑰丽，倍逾于旧"。光绪二年之重修，还于谌母殿后添造逍遥别馆一所。铁柱万寿宫的历次修葺和重建的费用主要来自朝廷，同时，当地各级地方官员捐俸、绅士和商人捐款、朝拜民众及香会组织的捐献也占了相当大的比例。历次修葺和重建在官方的组织主持下，在朝廷赐金资助下才得以完成，这也从侧面反映了历代封建政府都很重视铁柱万寿宫。

铁柱万寿宫是明清官方祭祀场所。在明前期，从地方政府来看，崇奉铁柱万寿宫符合国家祀典，属于"正祀"。明正统年间，铁柱万寿宫已成为官方祭祀先贤的坛庙，列入祀典。据翰林检讨胡俨撰《许韦二君功德碑》记载："每岁春秋，方面重臣，揆时备物，行事祠下，诸公奉命唯谨，许君仍旧观以祀，即铁柱延真宫也。"清朝建立后，铁柱万寿宫再度成为地方官举行官祭的祭拜场所。嘉庆八年（1803年）江西大旱，巡抚秦承恩祷雨成功，奏请加封许逊，九年（1804年）奉旨加封许逊为"灵感普济之神"，官为致祭，祭期为春秋仲月次丁日，祭品用帛一、羊一、豕一、尊一。这是铁柱万寿宫又一次被清代批准列入祀典。《新建县志》记载："自戊子变后，祀庙俱毁，近今立主合祀于万寿宫，致祭官到，通赞唱就位……读祝文。"当时，官方规定"重门凡三时以启闭，非其人不得入"，进一步强化了铁柱万寿宫的官方属性。

总之，坐落在南昌市西湖区翠花街的铁柱万寿宫，与上海城隍庙、南京夫子庙同为江南三大著名宫观庙宇，以许真君铁柱镇蛟、治理水患而闻名于世，地位尊崇，声名远播，是明清官方祭祀的场所。

（四）万寿宫庙会的发展

唐宋时期江西庙会已经很盛行，西山万寿宫庙会每年举办，庙会的一些基本活动已经形成。

洪州百姓自晋代开始纪念许逊，约定八月初一至十五日为朝拜活动日，随着时间的推移，参与的人越来越多，至唐代已经形成大规模的庙会，自宋元以来人们约定俗成地把参加西山万寿宫、铁柱万寿宫朝拜活动称为万寿宫庙会。

朝拜前，必沐浴斋戒，要斋戒一个礼拜，再洗澡换衣，肩上斜挂黄色进香袋，敲锣打鼓结队出发。有些虔诚的老人更是与众不同，他们在村里人没

有动身之前，就提前几天上路。

由于朝圣期间正当秋高气爽，农忙暂告一段落，以西山为中心，方圆百里的高安、上高、新建、丰城、进贤等县的香客成群结队，有组织地以族、以村、以乡为团体，前往朝拜、进香。香客在朝圣之前的日子里，以村为单位筹措经费，组织各大小不等的朝觐会或香会，这些香会被称为"朝仙会"。据文献记载："朝旌阳宫，村人争酿钱为香会，名朝仙会。自初一始会，或数十人，或十数人，一人为香头前导，刻蛟龙长二三尺佩于左，一人为香尾殿后，荷红旌书'万寿进香'四字，余皆缨帽长衫鼓乐群行。佩蛟龙者，谓就驯扰，以象其功也。日数十百群，鼓乐喧阗道路。是日多轻阴，俗呼为朝拜天。"进香队伍场面宏大，昭示着大的祸患已经平息，表达了百姓安居乐业的喜悦。民间的烧香有许多习俗，如争头香、抢换袍等。所谓烧头香，就是烧第一炉香，民间认为头香功德最大，可以获福最多，所以常常争烧第一炉香；所谓抢换袍，就是把许真君身上的旧袍换下，把本香会制作的龙袍换上，民间认为第一个给许真君换袍的香会可以获得最多的福报。

乾隆朝重建西山万寿宫时，因进香之人众多，官府发文规定设立木柜，随香客自愿捐助。这说明至迟在乾隆朝，已有大量的外地信徒前往西山万寿宫进香朝拜。道光《靖安县志》记载："八月，邑人朝拜许真君，恐走趋后。有膝行至生米乡之铁柱观者，盖其上升处也。"说明道光时期民众朝拜热情不减反增。清代同治年间《重建逍遥山玉隆万寿宫记》中说："吾乡逍遥山玉隆万寿宫，殿宇之隆，香烟之盛，海内周知。虽代远年湮，迭兴迭废，而四方人士奔趋朝拜者，历千载如一日。"

万寿宫人山人海，商业活动也随着跟进。"商贾百货之贸易，奇能异技之呈巧，茶坊酒垆，旅邸食肆，漫山蔽野，相续十余里之间，两月乃稀。"①从西山万寿宫至南昌铁柱万寿宫的范围，都是庙会期间香客必去的地方。

在远离南昌西山的地方，因各种情况不能来西山朝拜的香客，就在各自

---

① 《逍遥山万寿宫志》卷十一。

的家乡——本地万寿宫举行朝仙活动，这也就是本土万寿宫庙会活动。虽然地点不一，但朝仙的时间是一致的，都在八月初一至十五日。① 如安义县城离城北许仙祠1.5公里，八月初一晚上，沿途挂上千个灯笼以照耀人们朝拜之路，这些灯笼叫"百子灯"；樟树临江镇，农历八月初一开展规模宏大的庙会活动，不少香客先来这里朝拜，然后去西山万寿宫朝拜；兴国良村一带，村民为表虔诚，特制数十斤重的大蜡烛送进万寿宫，这个蜡烛燃烧达半个月之久。

（五）万寿宫文化网络的形成

对万寿宫还有一种广义的认识，即主要奉祀许逊的场所都称万寿宫，因此万寿宫有多种称呼，如有的奉祀许逊的场所有旌阳观、旌阳祠、旌阳宫、真君庙、许真君庙和江西会馆等多种称呼。万寿宫文化研究先行者章文焕先生在2004年统计，全国曾有奉祀许逊的场所1300多处。

1. 许逊遗迹万寿宫

遗迹万寿宫，一般指在许逊曾经活动过的地方兴建起来的万寿宫。据文献记载，江西境内晋代建立的道教祠观有51处，其中奉祀许逊的有17处，这17处都与许逊活动有关，如西山的许仙祠、南昌的旌阳祠、永修县境内的七靖观。② 七靖观被认为是九江地区唯一的与许逊有关的晋代道观。

自南北朝开始，在传说有许逊活动的遗迹上建立起来的万寿宫逐渐多起来。主要在江西省，外省如湖南、湖北、福建也有一部分。如江西省内的甘泉观，"在武宁县十二都，世传许旌阳捕蛟就此憩息，其徒甘战插剑于地，泉涌出，甚甘，人因立观以祀旌阳，有亭覆井，名曰甘泉井"③。萍乡的紫清观，"在县北八十里同唐里，旧名道堂。相传晋许旌阳曾游此，宋景德间

---

① 参见周文英等编《江西文化》，辽宁教育出版社，1993，第33页。
② 康熙《江西通志》（《古今图书集成》本），载何建明主编《中国地方志佛道教文献汇纂·寺观卷》第208册，国家图书馆出版社，2013，第94页。
③ 康熙《江西通志》卷25《寺观·南昌府》，载何建明主编《中国地方志佛道教文献汇纂·寺观卷》第208册，国家图书馆出版社，2013，第18页。

改今额，元末毁，重建"①。仪翔宫"在宁州治北，凤山之麓，晋有玉光坛，许旌阳游息之所。明洪武二年□士刘日新重建殿坛，本朝康熙丁巳知州任暄献重建"②。建昌县的广福观，"世传许旌阳卓剑于此，明洪武间建"③。新干县下北帝观，曾是许逊修道的地方。新干县招仙观，留有许逊炼丹井和马蹄剑迹。峡江县真君楼，相传许逊葬母于虎岭，停枢于江湄，巴丘人建楼祀之，故称"真君楼"。吉水县崇元观，亦名元潭观，曾是许逊驱逐蛟龙的地方。吉安地区有兴建时间的万寿宫有 52 所，4 所建于明代之前，48 所建于明清时期。

总之，许逊遗迹万寿宫是最早建立起来的一批万寿宫。从地域范围看，由南昌扩散到周边府县，再由江西扩散到周边省份；从时间上看，晋代的是最早建立的，然后是南北朝开始向南昌以外地区扩散，大量兴建万寿宫的时间是在明代后期邓志谟的《许旌阳得道擒蛟全传》刊刻之后，特别是清代，凡是有许真君传说的地方，就有万寿宫存在。

2. 移民万寿宫

明代万历以前，江西移民由北向东、南、西三个方向扩散，万寿宫也由北向东、南、西三个方向逐步建立。为证明这个问题，可进行田野调查。在江西的赣南、福建、广东和湖南山区都有万寿宫，当地人每年在农历七月底至八月中旬举行庙会，这些地区还流传着关于许逊斩蛇除蛟的神话故事。再向沿海地区去考察，就会发现万寿宫文化痕迹减少，多见的是天后宫，沿海地区是妈祖文化主要活动区域。赣北、赣中比赣南开发得早，汉唐时期，环鄱阳湖平原就已经得到开发，赣南在唐宋时期才逐步开发起来。万寿宫随赣北、赣中地区的移民到赣南。如同治《信丰县志》记载，信丰真君庙在"小江墟街西，乾隆年间堡内众姓建"。这个客家移民万寿宫内有严禁抢夺、开标采茶大戏之碑，还有屯租定价、永不再增之碑。在碑文中，对不法行为

① 康熙《萍乡县志》卷三《山川·寺观志》。

② 雍正《江西通志》卷 111《寺观》，载何建明主编《中国地方志佛道教文献汇纂·寺观卷》第 208 册，国家图书馆出版社，2013，第 163 页。

③ 康熙《江西通志》卷 25《寺观·南康府》，载何建明主编《中国地方志佛道教文献汇纂·寺观卷》第 208 册，国家图书馆出版社，2013，第 28 页。

做严明的规定；对每年庙会演戏规则，做了明确的界定。这两块石碑的存在说明当时万寿宫在移民心中是一个讲理的地方，是一个道德调节、裁判的场所。说明许真君的"垂世八宝"道德观念在百姓心目中有很重的分量。

明代万历后期开始，福建、广东的客家人大量涌入赣南，乃至江西其他山区，这些新客家人为了说明自己也是江西人，因此也兴建万寿宫。如萍乡市区万寿宫是由粤东客家人兴建的。他们以万寿宫为纽带，联结成了一个跨村落、跨宗族的客家人团体，与土著人抗衡。如上栗县东源乡银子窝万寿宫系道光庚戌（1850 年）年闽粤移民所建，又如萍乡南坑万寿宫系由当地 64 户捐集而成，每年举行庙会，唱戏置酒。当地图家人（土著人）认为万寿宫是客家人的傩庙，他们不参与万寿宫庙会活动。客家人也不参与图家人的傩舞活动，直至今天亦如此。

自明末福建、广东客家人涌入江西种山以来，番薯以及经济作物在江西山区广泛栽种，经过几十年的发展，至清代康熙中期，江西人口暴增，于是江西人与福建人、广东人一起向大西南地区移民。江西人去到哪里，就把万寿宫文化带到哪里，因为许逊是江西福主，也就是地方保护神，万寿宫是江西人的精神寄托场所。

在湖南、贵州、云南和四川的府、县志上能够查到 700 多处关于万寿宫的记载，这些万寿宫建立的时间，绝大部分是在清康熙元年（1662 年）以后，至今仍有一些地方保留了完整的万寿宫建筑，更多的是万寿宫遗址、遗物，几乎在每一个传统水陆码头，都会发现有万寿宫遗迹或江西移民后裔。这种现象说明：一个万寿宫就是一个江西移民点。为什么这样说呢？

第一，在西南地区，凡是有万寿宫的乡村，其村民都自称祖先来自江西。从现今西南地区一些杂姓村的万寿宫遗址来看，万寿宫是一个公共祭祀场所而不是家庙，因此不是一家一户建立的，而是一个群体共同建立的，这个群体尽管姓氏杂乱，但有江西移民的共同特征。

第二，从云南万寿宫、贵州万寿宫和湖南等地的万寿宫香碑来看，每一次万寿宫修建的经费都是由民众捐款而来的，民众如果不崇拜许逊就不会捐款，凡是捐了款的人就是江西移民或他们的后代，他们就在参与万寿宫文化

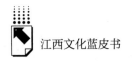
活动，这样的江西移民村落有不少。

谭其骧教授在 20 世纪 30 年代初作了一篇题为《湖南人由来考》的文章，其文说："湖南人来自天下，江、浙、皖、闽、赣东方之人居其什九，江西一省又居东方之什九，而庐陵一道，南昌一府，又居江西之什九。"洪江市是湖南西南部的一个传统商业城市，是通向广西和贵州的门户，其中90%以上人口是外来人口后裔，而外来人口中 90% 以上是江西人。洪江有万寿宫，有万寿宫码头，还有江西山，即埋葬江西人的坟山。湖南人与江西人的老表血缘关系源远流长，可见一斑。

乾隆年间窦启瑛在《四川通志·序》中说："其民则鲜土著，率多湖广、陕西、江西、广东等处迁居之人，以及四方之商贾，俗尚不同，情性亦异。"嘉庆年间，六对山人在《锦城竹枝词》中描绘成都人口时说："大姨嫁陕二姨苏，大嫂江西二嫂湖。戚友初逢问原籍，现无十世老成都。"从四川全省估计，外籍移民约占总人口的 70%。江西移民显然也是"填四川"的一支主力。四川巴县江西万寿宫会首尹特贤在诉状中有这样一段话："道光二年职等江西永新县莲花厅人民买朝天坊房屋一向，招佃获租，作每年追荐亡中元会用……原为追荐亡魂三千余人而设……"① 巴县即今天重庆的巴南区。这一段话说明道光时期，在重庆死去的江西人就有 3000 人之多，而活着的人应该不在数万人之下。这说明江西移民是重庆人口增长的重要因素。

《云南通志》记载，番薯在云南 6 个府州都有种植。据说，西南地区哪里在种红薯，哪里的先民便一定有江西人。1958 年，在云南楚雄地区发现彝族民间史诗《梅葛》，其中第二部"造物"中唱到蚕丝的来源："江西挑担人，来到桑树下，看见了蚕屎，找到了蚕种。"同书第三部"婚事和蛮歌"里唱道："江西货郎哥，挑担到你家，您家小姑娘，爱针又爱线……"凡是有江西人的地方就建有万寿宫，如鲁甸县有江西庙，内供许逊真君。②

---

① 四川大学历史系、四川省档案馆主编《清代乾嘉道巴县档案选编》，四川大学出版社，1988，第 24～25 页。

② 《道教·教派》，云南省民族宗教网，http：//www.ynethnic.gov.cn/pub/ynethnic/zjzc/zjzs/dj/jp/201506/t20150626_10507.html。

如康熙五十年（1711 年），在姚安县的土官高厚德捐地倡建萧公祠，以慰乡思。① 乾隆年间刊刻的谢圣纶的《滇黔志略》记载："滇、黔各处，无论通衢僻村，必有江西人从中开张店铺，或往来贸贩。凡郡邑商贾辐辏之所，必醵金建'萧公祠'以为会馆，而美其名曰'万寿宫'。"②

在贵州至少有 2/3 的人自称有江西血统，这说明江西移民在明清时期移来贵州的很多。现今贵州土家族人仍然保留代代相传的民谚"深栽洋芋浅插秧，红苕栽到皮皮上"，这与江西的民谚相同。据 1948 年的《修文县志稿》卷四《秩祀志》记载：万寿宫"祀许旌阳，江西会馆也。在城内江西街，乾隆四十三年建，苗乱被毁，光绪十九年修复"。可见万寿宫已经修建在苗族聚居区了。湖南、贵州一些土家族人说，他们的老祖宗是江西人，他们有汉族姓，却又保留土家族的生活习俗。江西人与彝族人、土家族人通婚、杂居、友好相处，把江西先进的农业技术传授给他们。凡是有江西移民的地方就有万寿宫，如道光修、咸丰刻的《贵阳府志》卷三十六记载，贵阳府的青岩镇万寿宫，"在青岩城西门，乾隆四十三年江西客民建，道光十二年重修"。虎场堡北万寿宫"在虎场堡北，嘉庆三年江西客民建"。这里的江西客民是相对于贵阳府土著人来说的，指的是江西移民。在贵州有明确记载的 52 所万寿宫中，仅有 3 处是河南移民建的，如湄潭县万寿宫即为河南人建。"豫人祀之，在城南象山下"③，合江县万寿宫"在场下榨子内，道光壬辰年豫省人捐助修建"④，仁怀厅万寿宫也是由豫人建的⑤。除这 3 处外，其余皆为江西人所建。为什么河南人祀奉许逊、建万寿宫呢？因为许逊是河南许昌移民在江西南昌的后裔，再加上江右商帮在贵州的影响大，河南人为了与江西人处好关系，于是也建万寿宫。

总之，在明清时期，江西人去大西南的很多，一个万寿宫就是一个江西

---

① 杨成彪主编《楚雄彝族自治州旧方志全书·姚安卷·下》，云南人民出版社，2005，第 1730 页。

② 方国瑜主编《云南史料丛刊》第十一卷，云南大学出版社，2001，第 679 页。

③ 《湄潭县志》卷三《坛庙》。

④ 《增修仁怀厅志》卷二《乡镇》。

⑤ 《增修仁怀厅志》卷二《乡镇》。

移民点。

3. 会馆万寿宫

明清时期江西商人被称为"江右商人"，江西商人修建的会馆万寿宫，里面既把许真君作为主要神祇祀奉，又开展商会日常工作。有的会馆有专职道士开展活动；有的无道士，平常宗教活动由会首兼理，举行重大宗教活动时，临时请道士来主持，学术界把这样的场所也称为会馆万寿宫。

各地会馆万寿宫，一方面仿造南昌铁柱万寿宫结构，另一方面又根据各地的习俗和地理环境来修建。因此各地会馆万寿宫既有相似的建筑结构，又有不同的建筑风格；既经营商业活动，又从事道教活动。南昌铁柱万寿宫建筑，一部分用于道教活动，另一部分给南昌的江右商帮作会馆使用。无论建筑结构还是经营方式，铁柱万寿宫都是天下万寿宫的翘首。道光十八年（1838年），熊境心撰《重修铁柱宫记》，评价铁柱万寿宫时说："庶乎！铁柱神宫，永为神仙会同之地，与各省镇市会馆共赋翚飞，同瞻鹤仪。仙府宗盟，端在是矣。"如上栗县清溪万寿宫，乾隆四十六年（1781年）由庐陵、安福、永新、泰和、吉水5县的42名商人捐钱修建，这些商人成立了名为"五邑会"的组织，这个组织设在万寿宫里面，控制当地商业规范。

江西商帮在外省修建的会馆都称万寿宫，宫内都祀奉许逊真君。为什么江右商人要以万寿宫为商帮会馆的名称呢？主要理由有三：一是万寿宫值得骄傲，是宋代皇帝敕封的名称，响亮；二是万寿宫能够维系在外的江西人的团结，许真君——江西福主提醒人们，我们来自同样的地方，有同样的祭祀、乡土情结；三是万寿宫忠孝仁义观念可以构建有序的商业道德，经商过程就是与人打交道的过程，也就是一个形成纷争、解决纷争的过程，必须有一些共同遵循的准则，经商才能长期进行下去，才能大家共赢。

在大西南数个省份，万寿宫不仅是商业会馆，还是道教活动场所，更是江右商人精神寄托的场所，它具有多种功能。这些功能具体来说，主要有如下五种。

（1）朝拜、祭祀场所。江右商人的公祭活动主要在万寿宫内举行。江右商人宗教文化中最突出的就是朝拜真君活动，万寿宫定期举行朝拜（也称祭神）

活动，朝拜活动尽管因地区差别有所不同，有的是由当地最大的万寿宫统一举办，有的是各行业、各姓氏分别举办，但在时间上是一致的，即农历八月初一至十五日。朝拜活动是每个万寿宫一年中最大，也是最隆重的活动，其间，各地江右商人都会以万寿宫为舞台，捐款集资迎请戏班子来万寿宫进行会演，农历八月正是秋高气爽的时候，田间农活也告一段落了，在最为热闹的商业街演出农民们喜爱的戏剧，而且是免费的，当地老百姓都纷纷前来观看。年年如此，已经形成江右商人所在地万寿宫的一大特色。

这是江右商人的一种经商策略，把朝拜活动与经商活动紧密地联系在一起，创造一种商业人气，使商品销售量增加。可以说江右商帮举办的万寿宫戏剧会演，就是现在商业庙会的前身。今天"文化搭台，经济唱戏"的做法，只是在恢复传统，而不是创新。

除举行朝拜活动，还有另外一些祭神祭祖活动在万寿宫内进行，如清明节的烧纸义祭、中元节（习称七月半）的"打醮度孤"、冬至和过年的祭祖等。万寿宫定期举行同乡认可的祭祀活动，活动的时间和唱戏等安排都由万寿宫的会首和当地江右商人董事们共同商量决定，活动地点都在万寿宫。如除每年正月二十八日真君诞辰日、每年按期祀奉许真君之外，农历二月十九日观音菩萨生日、六月十九日观音菩萨成道日、九月十九日观音菩萨出家日等时间都有活动安排。

（2）议事场所，用于调解、裁决纷争。万寿宫平时的事务主要是调解纠纷，几乎每天都有两三起纠纷，多则五六起。其主要功能有：排解商业纠纷，调解内部矛盾。旅景同乡之间进行租赁店铺、合股拆伙、买卖房屋及典押房产等商业活动都会请会首到场做证，以避免不必要的商业纠纷。另外同乡之间不可避免地发生这样或那样的矛盾纠纷，如家庭姻亲财产继承、邻里不和、口角斗殴等，矛盾激化时，便会求助会首做"和事佬"，即所谓"接茶"评理，是非得以分清，纠纷得以平息。

（3）从事公益慈善事业的场所。联络乡亲，团结和帮助来往本城镇的同乡，并为他们解决一些临时性的困难。如对同乡的失业者、流浪者或给以落脚之地，或资助返乡路费，或帮助介绍工作，使其不至于流离失所、露宿街头。

旧时不少地方的万寿宫兴办私塾和学校，为旅居当地的江右商人子弟提供受教育的机会，这些事业的兴办为提高当地的文化水平做出了一定的贡献。有的万寿宫还设义渡、育婴堂、养病所，从事修桥补路、施棺材等各种公益慈善事业。

（4）商业中介所。景德镇是以瓷业为中心的城市。江右商人对沟通内外经济、活跃物质交流、繁荣景德镇瓷业市场起到了积极的作用，可以说，万寿宫是景瓷与外界经济联系的一条纽带。走南闯北的江右商人不管到哪儿，都会去万寿宫落脚、寻求帮助、交流信息。

（5）集资场所。在江右商帮内部的集资活动主要有两种形式。

其一，以摇会的形式集资。这种形式一般要在万寿宫内进行，需会首和半数以上的首士在场做证，还需发起人是江右商帮之中诚实可靠的商人，否则就不会有人愿意参加摇会，那么就会使集资流产。主要经过是：发起人有大家都知道的困难，而且是暂时的困难，还必须是有偿还能力的人，然后发起人事先需得到几个大户人家的支持，把需要筹集钱款的总数确定下来，通过相互影响和联系，大致把人员讲好，大家约好时间，带好钱款，在万寿宫议事堂集中；发起人事先需准备茶点供与会人员食用；当人员到齐后，由万寿宫的会首，即负责人宣布摇会集资的缘由、每一份的数额及总额、参加人员、集资时间等问题，最后宣布发起人优先获得第一会，其余参加人员通过摇色子，按照点数大小，依次获得第二会、第三会等。摇会集资是没有利息的，排在后面的人做的贡献大，但也没有牢骚可发。一般不会出现赖账的情况，否则这个人将成为众矢之的，在整个城镇中，或更为严重的，在与这个城镇有联系的所有江右商人中失去信用，无信用之人是无法开展商业经营活动的。

其二，以入股的形式集资。20世纪90年代，笔者访问了一位江西丰城籍、家住贵阳、姓邹的江右商人。据老人介绍，他儿时家贫，跟随本家叔叔出来做生意，在抗战时期从江西贩运瓷器、布匹等土特产到贵州卖，又从贵州贩药材去江西樟树卖，一来一往，都不跑空，只要不嫖不赌就可以发财。问他为什么这么肯定，他介绍说：我第一年作为学徒，吃、住、穿全归老板包，年终结算给十块大洋；由于我年轻能干，第二年老板就给我二十块大洋的工资，加上我把第一年的十块大洋入股分红所得到的四块大洋，共得到了二十四块大洋；第三年，我已经可以获得师傅的待遇了，年收入在一百块大洋左右，再加上分红的钱，从第三年开始，我每年能得到一百多块大洋；有的人不能克制自己，不是嫖就是赌，每年存不住钱，哪儿有红利分，有时还要预支薪水。从邹姓老人的口里，我们知道这个商帮是采取内部入股形式集资的江右商帮，以入股多的人为帮主，这种形式是江右商人集资的主要形式。另外，也有其他的形式，如，东家出资，由伙计经营；几个东家共同投资，由一两个东家经营。

二　万寿宫发展状况及庙会活动

（一）明清以来江西万寿宫情况

明清时期，全国各地先后出现了大量的万寿宫。现将江西各县万寿宫建立的年代及数量列表如表1。

表1　明清以来江西各县万寿宫情况

单位：个

市县名	建立年代	数量	资料来源
九　江	明清以来	9	同治《德化县志》卷十三《寺观》,王涛实地调查
湖　口	清代	6	同治《湖口县志》卷二《寺观》
瑞　昌	乾隆年间	2	同治《瑞昌县志》卷十一《祠庙》
修　水	明清	58	同治《义宁州志》卷十《坛庙》,实地调查
铜　鼓	明清	6	同治《义宁州志》卷十《坛庙》,实地调查
德　安	乾隆十二年(1747年)	7	同治《九江府志》卷十一《祠庙》
武　宁	清代以来	27	同治《武宁县志》卷十一《坛庙》
星　子	道光二十六年(1846年)	1	同治《南康府志》卷七《祠庙》
余　江	嘉庆元年(1796年)	1	同治《九江府志》卷十一《祠庙》
安　义	清初	2	同治《德化县志》卷二《祠庙》
南　昌	嘉庆二十四年(1819年)	11	民国《南昌县志》卷十五《典祀》
新　建	顺治年间	10	《万寿宫文化资源概述》,《新建县志》卷三
上　高	乾隆五十四年(1789年)	12	同治《上高县志》卷九《坛庙》

续表

市县名	建立年代	数量	资料来源
靖 安	乾隆五十六年（1791 年）	3	同治《靖安县志》卷六《坛庙》，《逍遥山万寿宫志》
奉 新	万历年间	12	同治《奉新县志》卷四《祠庙》
万 载	雍正十年（1732 年）	27	民国《万载县志》卷二《祠庙》
丰 城	雍正十年	16	民国《丰城县志》
樟 树	乾隆五十七年（1792 年）	7	同治《清江县志》卷三《坛庙》，实地调查
莲花县	清代以来	2	同治《莲花县志》
上 栗	清代以来	6	林焰实地调查
萍 乡	清代以来	11	民国《昭萍志略》卷二《坛庙》
铅 山	明代	6	同治《铅山县志》卷六《坛庙》
弋 阳	乾隆五十四年（1789 年）	5	同治《弋阳县志》卷三《坛庙》
乐 平	康熙三十一年（1692 年）	1	同治《饶州府志》卷四《坛庙》
玉 山	万历年间	2	道光《玉山县志》卷二十八《坛庙》
余 干	康熙年间	7	同治《余干县志》卷四《坛庙》
上 饶	乾隆四十八年（1783 年）	2	同治《上饶县志》卷六《祠庙》
万 年	道光二十四年（1844 年）	6	同治《万年县志》卷三《坛庙》
广 丰	道光二十四年	2	同治《广信府志》卷二《坛庙》
鄱 阳	乾隆三十五年（1770 年）	1	同治《鄱阳县志》卷四《坛庙》
德 兴	乾隆五十七年	3	同治《德兴县志》卷三《祠庙》
吉 安	清代以来	4	民国《吉安县志》，贺梅开实地调查
峡 江	清代	1	乾隆《峡江县志》
永 丰	明清	22	同治《永丰县志》，同治《永宁县志》
吉 水	道光元年（1821 年）	2	同治《吉水县志》卷十二《坛庙》
安 福	道光五年（1825 年）	1	同治《安福县志》卷三《坛庙》
新 干	道光八年（1828 年）	5	同治《新淦县志》卷二《坛庙》，《光绪江西通志》
永 新	道光年间	1	同治《永新县志》卷五《坛庙》
井冈山	清代以来	2	民国《宁冈县志》
万 安	嘉庆五年（1800 年）	2	同治《万安县志》卷七《祠庙》
遂 川	清代	11	同治《龙泉县志》卷三《坛庙》
泰 和	清代以来	3	同治《泰和县志》，贺梅开实地调查
临 川	康熙二年（1663 年）	9	同治《临川县志》卷十六《坛庙》
东 乡	道光十六年（1836 年）	3	同治《东乡县志》卷六《坛庙》，张志军实地调查
乐 安	清代	3	同治《乐安县志》卷二《祠祀》，张志军实地调查
金 溪	清代以来	1	张志军实地调查

市县名	建立年代	数量	资料来源
资 溪	清代以来	2	张志军实地调查
崇 仁	清代	10	同治《崇仁县志》
南 丰	清代以来	7	张志军实地调查
广 昌	清代以来	2	张志军实地调查
宜 黄	嘉庆年间	7	同治《宜黄县志》卷二十八《祠庙》，张志军实地调查
黎 川	乾隆五十九年(1794 年)	8	同治《新城县志》卷二《坛庙》
南 城	明清	6	同治《南城县志》卷四《祠庙》
兴 国	嘉靖年间	28	同治《兴国县志》卷三十二《坛庙》
瑞 金	清代以来	2	同治《会昌县志》，同治《赣州府志》
大 余	光绪年间	1	1984 年《大余县志》
上 犹	明清	6	同治《上犹县志》
信 丰	乾隆年间	1	道光《信丰县志续编》卷十六《杂祀》
石 城	清代	2	道光《石城县志》
宁 都	明清	19	道光《宁都直隶州志》，吴启琳实地调查
于 都	清代	6	同治《雩都县志》卷十二《祠庙》，章文焕《万寿宫》
龙 南	乾隆六十年(1795 年)	1	同治《赣州府志》卷十三《祠庙》
南 康	咸丰九年(1859 年)	2	同治《南康县志》卷二《寺观》
崇 义	道光年间	7	同治《崇义县志》卷三《祠庙》，同治《南安府志》
赣 县	道光二十三年(1843 年)	3	同治《赣县志》卷十一《坛庙》
寻 乌	嘉庆八年(1803 年)	1	咸丰《长宁县志》卷三《祠庙》
会 昌	乾隆四十年	6	同治《会昌县志》卷二十八《祠庙》
安 远	乾隆四十年	3	同治《安远县志》卷二《坛庙》，章文焕《万寿宫》
定 南	乾隆元年(1736 年)	4	同治《赣州府志》卷八《官廨》，同治《定南厅志》

注：表中所指的"万寿宫"，包括旌阳观、萧公庙、真君庙等各种名称的，以祀奉许真君为主的宫观庙宇。

如表 1 所示，明清时期江西境内的许真君崇拜经历了逐步普及的过程。由明初至万历年间，仅有 6 个县建有万寿宫。明后期至雍正朝，也只有 15 个县建有万寿宫。乾隆时期，江西境内共有 34 个县拥有万寿宫，其中 19 个

县为新建万寿宫。嘉庆、道光两朝，建有万寿宫的县由 34 个增加到了 52 个，建有万寿宫的县的数量继续维持自乾隆朝以来快速增长的态势。咸丰时期，万寿宫往各县扩散的势头被中断，全省仅有 1 个县新建万寿宫，这显然与当时的战乱频仍密切相关。

（二）明清以来外省万寿宫情况

万寿宫在江西扩张的同时，也在外省纷纷建立。现将明清以来江西省外万寿宫分布情况列表为表2。

表2　明清以来江西省外万寿宫情况

单位：个

分布地	宫名	数量	资料来源
北京市	万寿宫	3	据章文焕著《万寿宫》统计,华夏出版社,2004
天津市	万寿宫	1	据章文焕著《万寿宫》统计,华夏出版社,2004
上海市	万寿宫	2	据章文焕著《万寿宫》统计,华夏出版社,2004
重庆市	万寿宫	46	据章文焕著《万寿宫》统计,华夏出版社,2004
湖北省	万寿宫	38	据章文焕著《万寿宫》统计,华夏出版社,2004
湖南省	万寿宫	228	据彭志才统计
贵州省	万寿宫	153	据彭志军统计
云南省	万寿宫	156	据彭志才统计
四川省	万寿宫	166	据章文焕著《万寿宫》统计,华夏出版社,2004
江苏省	万寿宫	16	据章文焕著《万寿宫》统计,华夏出版社,2004
浙江省	万寿宫	6	据章文焕著《万寿宫》统计,华夏出版社,2004
安徽省	万寿宫	7	据章文焕著《万寿宫》统计,华夏出版社,2004

续表

分布地	宫名	数量	资料来源
福建省	万寿宫	8	据章文焕著《万寿宫》统计,华夏出版社,2004
广东省	万寿宫	3	据章文焕著《万寿宫》统计,华夏出版社,2004
广西壮族自治区	万寿宫	14	据章文焕著《万寿宫》统计,华夏出版社,2004
山东省	万寿宫	4	据章文焕著《万寿宫》统计,华夏出版社,2004
陕西省	万寿宫	4	据章文焕著《万寿宫》统计,华夏出版社,2004
甘肃省	万寿宫	2	据章文焕著《万寿宫》统计,华夏出版社,2004
辽宁省	万寿宫	3	据章文焕著《万寿宫》统计,华夏出版社,2004
吉林省	万寿宫	1	据章文焕著《万寿宫》统计,华夏出版社,2004
台湾	万寿宫	6	据台湾李隆昌著《赣流——江西人在台湾》统计,2013

注:表中所指的"万寿宫",包括旌阳观、萧公庙、真君庙等各种名称的,以祀奉许真君为主的宫观庙宇。

明清时期的万寿宫在全国各省、自治区、直辖市都有,主要集中在湖南和西南三省,如湖南省有 228 个,四川省拥有大大小小万寿宫 166 个,贵州省有 153 个,云南省有 156 个。这些万寿宫大都分布在各省、市和县城的热闹码头,说明明清时期江右商人在湖南和西南三省的经济实力很强,也说明江西人的主要移民方向是西南数省。

(三)万寿宫恢复情况

目前国内留存在的万寿宫建筑不足明清时期的 1/10;现存万寿宫内开展宗教活动的又不足 1/3;宗教活动中,属于净明道派的又不足现存有宗教活动的万寿宫的 1/3。

1. 大量万寿宫已经消失，无法恢复

新中国成立以后，历史上存在的万寿宫，或早已被拆毁，基址已改作他用，或只有地名，或文献上有记载，或老百姓记忆中还有一点印象。老百姓没有恢复的要求，这是万寿宫数量减少的主要原因。2007 年出版的《贵州省志·宗教志》列出了贵州省历代主要宫观，对 2007 年之前贵州省万寿宫的状况做了详细的著录，在著录的 51 所万寿宫中，建筑和遗址都不存的有 29座，现存（含遗址）的有 22 座；在这 22 座现存者中，改变用途的有 2 座，现为文物保护单位的有 16 座，非文物保护单位且仅存建筑（或遗址）的有 4 座。[①]目前国内保存相对完好的、具有全国影响力的万寿宫主要有以下几座。

江西西山万寿宫是净明道祖庭，是目前国内保留最大、最完整的万寿宫，占地面积近 3 万平方米。西山万寿宫基本维持了清代同治六年（1867 年）重修时的状态，现已修缮了高明殿、关帝殿、谌母殿、三官殿、三清殿、夫人殿、玉皇殿、财神殿八大殿，以及万寿阁、素食楼、宫门、仪门、道德门等。其中高明殿、关帝殿和三官殿的横梁上仍刻有"同治十一年吉旦重修"的字样。西山万寿宫正殿是高明殿，高明殿正中悬写有"忠孝神仙"四个金字的大匾。殿内主供许真君坐像三座，最高者高八尺（约 2.67 米），像雍容端重，两侧立吴猛、郭璞两尊塑像，仙风道骨。东、西龛内有弟子群像，姿态各异，栩栩如生。中央神龛背面立有王灵官神位。宫内还保存了许真君亲手栽种的瘗剑柏、明代万历年间补栽的柏树、乾隆古碑和八角井等古迹。

湖南凤凰万寿宫位于风景秀丽的凤凰古城沙湾景区，又称"江西会馆"。清代乾隆年间，在凤凰定居的江西客民已在沙湾形成了一条"江西街"，他们在此从事商业贸易，繁衍生息。为祈求平安发财、团结互助，在乾隆二十年（1755 年），江西移民以丰城人为主，共同捐钱修建了这座万寿宫，供奉许真君。这座万寿宫占地面积为 4000 多平方米。整座万寿宫殿宇楼台矗立，或飞檐翘角，或回廊游转，或卧龙啸空，或奇兽驰地，可以说是

① 贵州省地方志编纂委员会编《贵州省志·宗教志》，贵州民族出版社，2007，第 179 ~217 页。

道教建筑和湘西建筑艺术的大观。

贵州青岩镇万寿宫，坐落于青岩古镇之中，当年由江西八大富商集资兴建，彼时的用途是江右商帮的会馆，内奉祀许真君。江右商帮在当地是最有势力的商帮。

贵州镇远万寿宫始建于清雍正年间（1735 年前后），是由赣籍商人筹款修建的，现存建筑有大门牌楼、戏楼、厢房、杨泗殿、客堂和许真君殿（遗址）、客房及文公祠等。这座万寿宫既是道教场所，又是当地江右商帮会馆。

贵州石阡万寿宫又称"江西会馆"，亦称"豫章阖省会馆"，位于石阡县汤山镇城北万寿路，始建于明万历初年，每 50 年左右重修一次。该建筑依地势而建，由西向东渐次升高，占地面积为 3800 平方米。整座万寿宫为二进院落，高风火墙四合院式建筑，从正门进入院落，建筑由东、西两部分组成，西部为戏楼及长廊，东部则由紫云宫、过厅及正殿、圣帝宫三路建筑组成，形成院中带院、宫中套宫、墙内有墙的较为独特的平面结构形式。该万寿宫是当地最大，也是最精美的商帮会馆。

云南会泽万寿宫俗称"江西庙"，又称"江西会馆"，坐落于会泽县城江西街中段。始建于清康熙五十年（1711 年），总占地面积为 7545.92 平方米，建筑群为三进院落，建筑面积为 2874 平方米，房屋共有 44 间。该万寿宫是会泽规模最大、保存最完整的古建筑群。

四川洛带万寿宫位于洛带镇中街，布局小巧玲珑，雕梁画栋的回廊、屏风、戏台等建筑让人叹为观止，是四川省级文物保护单位。清乾隆十八年（1753 年），由江西籍客家移民筹资兴建，故又名"江西会馆"，是目前四川保存最好的万寿宫。

2. 现存万寿宫建筑，有一部分被改作仓库、医院、学校和博物馆等使用

如江西境内的丰城剑邑万寿宫被市博物馆占用①，吉安永丰县的君埠万寿宫被列为文物保护单位，遂川万寿宫为革命博物馆。贵州境内万寿宫改变

---

① 资料来自笔者 2017 年 8 月 16 日下午对宜春市道教协会会长吴雪娥的电话采访。

用途的有很多，如赤水市万寿宫现为文化馆①，岑巩县 7 所万寿宫中有 6 所变成医院门诊部、税务局、仓库、学校等②。很多万寿宫早在民国时期就已经改变用途，如始建于明代的息烽县万寿宫，在光绪三十二年（1906 年）变为小学堂，民国元年（1912 年）又设两级女学堂于其中。③

3. 目前正在恢复的万寿宫，各地都有

总体而言，在没有万寿宫文化基础的地方兴建万寿宫，这样的情况几乎没有。凡是兴建万寿宫的地方，都是曾经有过万寿宫，只不过因为原地址被占，无法修建，只好挪到别地修建。明清万寿宫比较多的地方，新修建的也比较多，如江西的兴国、于都、宁都等县明清时期万寿宫多，新修建的万寿宫也多。新修规模最大的万寿宫就是南昌铁柱万寿宫，先后两次修建，第一次修建时，学术界争论激烈，认为在原址修建将影响交通、消防，结果是在南昌象湖修建，该万寿宫建筑规模宏大，也很漂亮，但因为没有历史底蕴，去朝拜的香客极少，只能作为一个旅游景点；第二次修建时，市民强烈要求在原址修建，目前正在进行之中，从规划图上看，这将是一座既保留了传统铁柱万寿宫的特色，又有现代创新的万寿宫。

4. 目前仍在开展宗教活动的万寿宫

目前仍在开展宗教活动的万寿宫有三种情况。一是民族宗教局登记在册、仍在进行道教活动的万寿宫。这种万寿宫在全国不少省份有，但大多数还是在江西省，江西省又主要在南昌市。目前有南昌西山万寿宫、进贤李渡万寿宫、丰城尚庄万寿宫、樟树经楼万寿宫、吉州区真君观、贵州青岩万寿宫等。二是民间信仰类万寿宫。作为祀奉净明道祖师的万寿宫，承担着明显的民间信仰功能；这些万寿宫由当地村民管理，也有道士在其中活动。樟树经楼万寿宫即由当地村民自发筹建，庙会活动没有道士参与，完全由当地村民自己举办。④ 三是佛道融合的活动场所。如峡江县万寿寺现在已经成为佛

① 章文焕：《万寿宫》，华夏出版社，2004，第 418 页。
② 章文焕：《万寿宫》，华夏出版社，2004，第 420 页。
③ 《息烽县志》卷三《建置志·祠祀》。
④ 资料来自笔者 2017 年 9 月 2 日下午对樟树市经楼万寿宫附近村民的访谈。

教场所。赣南乡村祀奉许真君的庙宇大多为道佛型宫观，一方面，祀奉许真君的殿堂旁边一般设有大雄宝殿、观音堂等佛教类庙宇，有些地方直呼万寿宫为真君寺、真君堂或真君阁，有些地方甚至将供奉许真君的庙作为寺庙的一部分，许真君像也比正殿的神明像要小；另一方面，民众佛道不分，只要有神灵，便虔诚祀奉，以满足其"有求必应"的心理诉求，故如于都黄屋乾万寿宫、宁都小布万寿宫等，庙内的庙祝已不是纯粹的道士，很多甚至是出家的和尚在宫观内管理日常事务。

作为宗教活动场所的万寿宫，随着社会的变迁，发生许多变化，这不足为奇。在江西境内，万寿宫总体上是净明道活动场所，但还有不少是民间信仰的活动场所，甚至还有的是佛道融合的活动场所。在江西省以外的万寿宫，作为净明道活动场所的则很少，大多为全真道活动场所和民间信仰的活动场所。就其宗教性质而言，道教性质活动场所比佛教活动场所多，存在以净明道道教万寿宫为母体，逐渐演化为佛教活动场所的万寿宫，这说明宗教在民间是变化的、多元的、复杂的。

5. 万寿宫建筑恢复的资金来源

凡是政府部门规定的为文物保护单位的万寿宫，在恢复重修过程中，都或多或少获得了政府资金的支持。民间的万寿宫在重修过程中，经费全部来自民间自发捐助，没有政府资金支持。

三　万寿宫文化发展存在的问题

（一）万寿宫文化资源流失严重

1. 万寿宫文物资源损失严重

有的万寿宫古建筑虽然保存下来了，但是古建筑上的比较好的木雕、石雕和砖雕不见了。有的地方想开发万寿宫文化，却难以找到与万寿宫文化相关的文物，不知道如何下手。有的地方不根据文献记载，也不以文物为依据，仅凭想象进行万寿宫文化开发，结果留下了很多硬伤，被人诟病。

2. 万寿宫文字资料损失严重

有的地方的万寿宫就只剩下一栋建筑物，如铅山县陈坊万寿宫一点文字资料也没有，询问当地信众，他们只知道万寿宫是抚州商人修建的，修建的时间是乾隆年间。

3. 万寿宫非物质文化遗产损失严重

与万寿宫有关的故事、地名、庙会、戏曲表演、商业活动等缺失严重。在历史上有的地方万寿宫每隔3年或5年会打一次太平清醮，或每年在真君老爷生日那天举行游神活动，如今这些活动大多数万寿宫不再举行。很多专职道士也不会做净明派道教科仪。有的地方万寿宫庙会非常简单，信众拜许真君后，大家聚一次餐就结束了。

4. 万寿宫庙会戏剧表演几近消失

按规矩，万寿宫庙会期间每天晚上演戏，特别是上演有关真君擒妖、宣传万寿宫文化的古戏，这些戏既给神看，也给广大信众看。目前在万寿宫庙会中能够开腔演唱传统戏曲的人已经是寥寥无几，更不要说表演整台《真君擒妖》戏剧了。有极少数地方还能演《真君擒妖》传统戏剧，如萍乡清溪万寿宫，每年在许真君生日那天，必请戏班子表演传统戏剧。

5. 万寿宫传统文化记忆群体在逐渐消失

随着一些老年人去世，很多万寿宫传统文化在人们的思想上逐渐消失，中青年人对万寿宫传统文化几乎没有认识，道教信仰出现断层。从历年万寿宫庙会敬香群体来看，中青年敬香人占的比例很小。在万寿宫庙会期间，询问年轻人，他们往往说参加庙会是来玩的。至于对许真君的认识年轻人更是模糊，有的说许真君是大菩萨，有的说是神仙，更不知许真君与张天师有什么区别。若干年后，人们将不知道万寿宫是什么场所。一个没有特色的宫观，怎么能够有文化吸引力。

（二）万寿宫文化管理水平参差不齐

1. 万寿宫管理存在混乱现象

（1）宗教管理有待加强，对登记后的万寿宫跟踪管理不够。如部分万寿宫在宗教部门登记的负责人与实际负责人不一致，甚至有一人负责多个万寿宫的现象；有的登记负责人常年在外务工，不能履行职责；有的乡村万寿宫变成佛教活动场所，而在登记的信息里，依然是道教场所。如萍乡市上栗县上栗镇北上街万寿宫在国家宗教事务局登记中，道教方面有记录，佛教方面也有记录，而且万寿宫登记负责人与实际的负责人不一致。

（2）有的乡村万寿宫根本没有办理任何登记手续，却在从事宗教活动。国家《宗教事务条例》规定，宗教活动场所经政府宗教事务部门登记，取得宗教活动场所登记证后，方可从事宗教活动。实际情况是有的乡村万寿宫没有登记，却在从事宗教活动。如 2008 年修水县万寿宫只有两处是依法登记并取得登记证的道教场所①，而 2014 年的县志明确记载保存和恢复的万寿宫有 33 座。在 2014 年国家宗教事务局公布的宗教活动场所基本信息栏中，登记可查的修水万寿宫仅有 5 处②，可见管理有待加强。

（3）有的乡村万寿宫由村民自发管理。这些乡村万寿宫既没有宗教部门管理，也没有文物部门管理，是村民自发管理，有的甚至无人管理，任其建筑物被自然毁坏。

2. 管理万寿宫的部门不统一

（1）有的万寿宫归事业单位管理。有的万寿宫建筑被事业单位占用，有的万寿宫是文物保护单位，它们接受使用单位的管理，与宗教团体无关，这种管理是错位的。

（2）有的万寿宫成为佛教场所。虽然万寿宫确定为宗教场所，但佛教与道教归口不同，这也是不符合《宗教事务条例》的。

（3）有的万寿宫被划为民间宗教场所，归村民管理。大多数村民文化水平不高，并不懂净明道理论，于是在万寿宫内修建的建筑物五花八门，既有道教的，也有佛教的，甚至许真君塑像被放在偏殿祭祀，放在主殿的是佛

---

① 修水县志编纂委员会：《修水县志（1986—2008）》，第 753 页。
② 国家宗教事务局宗教活动场所基本信息，http://sara.gov.cn/csjbxx/index.htm，最后访问时间：2017 年 7 月 27 日。

教菩萨，请来管理万寿宫的人不是道士，而是和尚。总之，万寿宫管理有待加强，教职人员和信众的整体水平有待提升。

（三）对万寿宫文化认识不到位

1. 部分宗教人士对万寿宫场所认识不清

万寿宫是净明道派活动场所，既不是其他道派活动场所，也不是佛教活动场所。国家宗教事务局官网"宗教活动场所基本信息"显示，贵州省万寿宫登记在册、有正常道教活动的只有贵阳市花溪区青岩镇万寿宫，且已成为全真道的道场，不再是万寿宫原本意义上的净明派道场了。①

2. 部分信众对万寿宫缺乏认知

万寿宫多数地处偏僻的农村，宫观负责人一般为本地居民，受限于自身的文化水平，他们往往对宗教知识一知半解，对万寿宫本身的文化内涵缺乏全面了解和认知，万寿宫文化的内涵没有被信众所熟知。而一般民众从实用主义出发，并不深究信仰的内涵，更是缺乏对相关知识的了解。

保存下来的万寿宫绝大多数不再是净明道派活动的场所。用途方面，较少万寿宫会开展道教活动，多数万寿宫基本丧失了其原来所具有的道教功能。从我们所调查及了解到的情况可知，贵州、云南地区的万寿宫绝大多数是全国重点文物保护单位或省级文物保护单位，开放的时间大概在 2000 年，但其中很多已经不开展道教活动，不再是道教活动的场所，只是当地旅游景点的一个重要组成部分或当地居民休闲娱乐之处。尽管如青岩万寿宫至今仍有道教活动，但这样的万寿宫数量已很少，且已转为全真道的活动场所，道士也全都为全真道士，不再是净明道的道士了。

3. 西山万寿宫传统节日过于集中

（1）信众单一且淡旺季数量变化很大。"以西山万寿宫为例，在旺季时

---

① 国家宗教事务局官网，http：//sara. gov. cn/csjbxx/index. htm。

参与人次约 15 万人次/天，摩肩接踵，拥挤不堪，在淡季只有约 20 人次/天。"① 西山万寿宫尚且如此，其他地区万寿宫就更不用说了。

（2）庙会经典活动项目长期停滞。"南朝习俗"和"西抚习俗"都是西山万寿宫较为重要的传统宗教仪式，具体的巡游路线及仪式安排约定俗成，沿袭久远。现在这些习俗濒临流失，因为西山万寿宫自 20 世纪 80 年代初期修复开放以来，没有承袭这些习俗。

（3）江西省外万寿宫与江西万寿宫及江西文化的联系不多。云贵地区的万寿宫为当时经商于其地的江右商人所建，因而其建筑打上了很深刻的江西文化的烙印；同时，云贵地区的万寿宫作为南昌西山万寿宫的分支，理应在道教仪式等方面与西山万寿宫有相似之处。但从我们的调查得知，除建筑风格及山门上、牌坊上的"万寿宫""豫章家会"等几个大字之外，几乎很难看出其与西山万寿宫及江西文化的联系，而道教仪式更是差异明显。当我们提起西山万寿宫时，很多道长表示知道或听说过，但真正到过西山万寿宫的则没有，这就不难理解这些地区的万寿宫今日在道教仪式上与西山万寿宫的差异了。可以说，当地的万寿宫已经"本土化"了。

（四）经费投入不足

1. 万寿宫建设经费不足

凡是依靠国家拨款、不能创造收入的万寿宫经费都不足；凡是没有开发旅游业的乡村万寿宫，经费同样不足。在一些地方，尽管万寿宫已经成为旅游景点，每天有不少外地游客前来参观，如贵州镇远万寿宫、青岩万寿宫，但万寿宫开发经费仍感觉不足。西山万寿宫没有任何国家经费投入，每年还能够修缮宫观、给慈善事业捐款，原因是西山万寿宫开发了庙会活动，有收入。

2. 万寿宫文化宣传投入不足

只见过旅游景点发放的介绍万寿宫的小册子、有关学者对万寿宫文化研

---

① 尚永梅、葛素瑞、周孜琦：《江西道教旅游发展对策研究》，《经济师》2015 年第 7 期。

究的成果，没有见过有关文化、宗教管理部门宣传万寿宫文化。有的万寿宫古建筑保持得非常好，可是信众少；有的万寿宫信众多为老年人，少见年轻人，随着时间推移，信众将越来越少，万寿宫存在潜在的危机。

四　万寿宫文化发展对策建议

万寿宫文化发展需立足三方面：一是保护和修复万寿宫建筑，二是挖掘和整理万寿宫文化，三是宣传和开发万寿宫文化。

（一）抢救和修复万寿宫文化资源

1. 万寿宫的建筑是万寿宫文化的载体

没有万寿宫建筑，万寿宫文化便失去了传承和发展的基础，所以如能适当恢复和重建原来便存在的影响较大的万寿宫，便能为万寿宫文化的传承和发展奠定坚实的基础。樟树临江万寿宫在历史上影响较大，现在仍存在，如能修缮，就能推动当地万寿宫文化开发。[1] 历史上农历八月香客参加庙会，必去西山万寿宫和南昌铁柱万寿宫，可是如今由于南昌铁柱万寿宫建筑已经不存，香客无法朝拜，只好去西山万寿宫，而不来南昌。现提出几点关于修建南昌铁柱万寿宫的建议。

（1）铁柱万寿宫应在原址上修复。从民间习俗角度看，万寿宫建在原址上老百姓才信。因此，万寿宫应该在原址、原方位上重建。

（2）铁柱万寿宫应保留传统建筑格局。历史上，铁柱万寿宫有三进，第一进主殿是真君殿，第二进主殿是玄帝殿，第三进主殿是玉皇阁。同治十年（1871 年）兴建的铁柱万寿宫，主殿二进，偏殿三进，规模更大。目前重建铁柱万寿宫，应设山门、仪门、第一进真君殿、第二进玄帝殿、第三进玉皇阁，偏殿设钟鼓楼、灵官殿等，使铁柱万寿宫形成一个相对独立的空间。

---

[1]　宜春地区万寿宫的数量可参考章文焕著《万寿宫》，华夏出版社，2004，第388～394 页。

（3）铁柱万寿宫内应恢复许真君铜像、铁柱井、净明道十二真人塑像等净明派道教元素。这些本是铁柱万寿宫原有的元素，如果不设，就没有净明道万寿宫的特色了。

（4）建议将反映铁柱万寿宫历史的核心遗址保护起来。如将反映晋代、南北朝、唐代、宋代、元代、明代和清代铁柱万寿宫的地层用玻璃墙保护起来，做成考古遗址展示场，供游客参观。不必将全部遗址都用玻璃墙保护，这样既可降低成本，又可扩大旅游景点。

（5）建议在铁柱万寿宫旁边修建江右商帮会馆。这种建筑格局既是历史上存在的，又是现代文化开发急需的；这样做既能联络当代在外地经商的江西人，又能唤醒在外省的江右商人后裔的记忆。

相信南昌铁柱万寿宫修建完成后，香客必然会来南昌铁柱万寿宫朝拜，铁柱万寿宫和西山万寿宫一同成为庙会的核心区。

2. 注意收集万寿宫文物

有的地方已经没有万寿宫建筑了，但是散落在民间的万寿宫文物还有不少。如具有净明道风格的建筑构件——石雕、木雕和砖雕；绘画、横匾、楹联等净明道书画作品；万寿宫内原有的石刻碑、道场法器和神像雕塑等。这些东西都是文化载体，有的甚至是证明关键人物和重要事件的实物依据，因此，有条件的万寿宫应该设立文物陈列室，供学者研究和后人参观。

3. 加大万寿宫文字资料收集、整理工作力度

各地万寿宫都应该把与本万寿宫相关的历史文化资料收集起来，建立一个资料库，无论什么人来查找资料，都是只允许看，不允许带走。时间推移，资料积累，自然而然就会形成一个资料中心。有条件的万寿宫还可以修建一个藏经楼，逐步开展万寿宫文化研究。第一步收集资料，如将净明道经文、真君传记、研究著作等文献收集整理、打印成册，放入藏经楼；第二步编纂《万寿宫捐款香碑集》、《万寿宫横匾、楹联集》、《万寿宫诗文集》和《万寿宫名人逸事集》等；第三步开展净明道、万寿宫历史文化研究，如撰写《净明道历史》《万寿宫与江右商帮》等著作。

4. 抢救净明派道教科仪

净明道以万寿宫为主要活动场所，随着万寿宫建筑被毁，万寿宫内的道教科仪也损毁殆尽，可是由于历史上净明道与民间结合紧密，不少道教科仪在民间仍有保存。据调查，江西一些农村地区还保留不少道教科仪，要及时抢救，否则随着民间老年道士的去世，一些有地方特色的科仪也将消失。在贵州一些地区还有与少数民族文化结合的道教科仪，它们弥足珍贵，要及时被发掘。

（二）加强万寿宫文化管理

历史上的万寿宫有三类：一是道教活动场所；二是民间信仰活动场所；三是江右商帮会馆。目前恢复的万寿宫属前面两种，而江右商帮会馆并没有被恢复。

1. 充分发挥宗教职能部门和道教协会的作用

一是加强万寿宫登记管理工作，定期培训万寿宫负责人，丰富他们的宗教知识，增强他们对万寿宫历史文化、宗教法律法规和国家农村政策的了解。二是杜绝一人负责多处万寿宫的现象，根据实际情况予以调整，真正发挥宫观负责人的作用。三是积极引导信众依法开展宗教活动，自觉抵制各种宗教极端活动以及各种迷信活动。四是创新万寿宫管理工作，把西山万寿宫打造成净明道活动中心、万寿宫庙会的样板；把乡村万寿宫打造成村落信众公共活动空间，集宗教知识学习、感情交流、娱乐活动和矛盾化解于一体的重要场所；把会馆万寿宫的旅游、商贸潜力充分发掘出来，逐步恢复各地万寿宫庙会。

2. 作为道教活动场所的万寿宫应交给道士管理

万寿宫建筑属于道教宫观，原则上应该交由道教人士管理；目前有一些万寿宫被其他单位占有，这些万寿宫应该逐步交给道教人士管理；有的万寿宫既是文物保护单位，又是道教活动场所，这样的万寿宫应该共管，待条件成熟后，还是应该由道教人士管理。变通现有万寿宫建筑的管理方式，充分调动各界的力量，共同推动万寿宫文化的恢复与发展。就万寿宫建筑的现状而言，较多的万寿宫是文物保护单位，由政府管理，这在一定程度上约束了道教相关活动的开展。如能变通管理方式，在保持国家所有和政府有效管理的前提下，将万寿宫古建筑以租或借用的方式交给道教界使用，可在较大程度上促进万寿宫文化的发展。如西山万寿宫既是净明道活动主要场所，又是国家重点文物保护单位，在政府部门指导下，道士们严格遵守文物保护制度。这样的做法一方面使重要文物得到了保护，另一方面使净明道的道教活动正常进行。贵州青岩镇的万寿宫既是文物保护单位，又是道教活动场所，还是重要的旅游景点。

3. 作为民间信仰场所的万寿宫应交给信教村民管理

作为民间信仰场所的万寿宫都在村镇中，规模较小。信教村民都没有脱离生产，从事宗教活动只是兼职，他们宗教知识比较少，有的人甚至搞不清佛、道的区别，更不要说道教与民间信仰的区别。因此在管理要求中，要秉持同中有异、和而不同的原则，既要彰显万寿宫的共同特征，又可根据各地的风土人情，融入区域特色，把地方优秀的传统文化、历史名人、风俗习惯等通过万寿宫呈现，力争将其建设为本地的文化地标。

（三）加大西山万寿宫净明道祖庭建设力度

西山万寿宫作为净明道的祖庭，是全国，乃至世界知名的道教十方丛林，应该以更高、更大、更新的标准要求自己，应该作为净明道的榜样来建设。

（1）开展万寿宫历史文化资料收集、整理和研究工作。组织人员尽可能将净明道经文、真君传记、天下万寿宫志、诗文、碑刻、横匾和对联收集齐全，保存形式应既有电子文档，又有打印成册的纸质档案；撰写《净明道概论》普及读本，让更多人了解净明道的修心、修身、度人和济世观念，从而让善良、爱心在社会流行。修建藏经楼，作为万寿宫文化研究中心。

（2）继续加快西山万寿宫朝圣广场建设速度，为各地来西山万寿宫朝圣者提供良好的外部环境。既要有停车场，又要有休息的广场；既要有四星级以上的宾馆，又要有商品丰富的购物超市；既要符合赣中建筑风格，又要有净明道文化符号；既要有传统戏台，又要有迎仙飞升台。总之，朝圣广场

既要符合传统文化的风格，又要有现代旅游交通吞吐人流的意识。

（3）加强与全国各地万寿宫的联系。召开天下万寿宫文化旅游联谊会，让万寿宫管理者明白万寿宫日常管理，了解净明道思想、科仪和修身理论及方法，使各地能够借鉴西山万寿宫庙会运作经验和方法，促进各地文化旅游发展，同时又能够了解各地万寿宫情况，让外省香客和江西移民后裔返回家乡观光，开展文化寻踪活动。加强与全国各地万寿宫的联系，发挥各地万寿宫的商会功能。前文已述历史上江右商人与万寿宫有密切的联系，西南一带保存较好的万寿宫至今还有"江西会馆"的印记，这些宗教文化印记本身就是万寿宫"诚信、慈善、和同"的文化标识。作为天下万寿宫的发源地，西山万寿宫应该以万寿宫为平台，筹备成立全球万寿宫联谊会，吸引更多江西商人加入万寿宫联谊会，满足外地江西商人的宗教需求，加强宗教与商业的关系，做大做强万寿宫的品牌，接力万寿宫的精神，打响"万寿宫"这张南昌的城市名片，凸显西山万寿宫的祖庭地位。

（4）组建万寿宫文化戏剧团。每年给各地万寿宫派出表演队，扩大万寿宫文化辐射力，吸引外省江西移民后裔群体。

（5）继续维护和创新庙会环境。近年来，在各级政府部门的重视下，西山万寿宫庙会环境得到整治，庙会的通病得到根除，即鞭炮声听不见了，粗香看不见了，污浊空气闻不到了，取而代之的是人们的欢笑愉悦、香火的缭绕、空气的清新明丽。庙会环境没有最好，只有更好。因此，今后还要在庙会期间创造更好的环境，借鉴国外发达国家举办庙会的方法，超越它们，将西山万寿宫庙会办得更加好。

（四）增加西山万寿宫庙会活动内容

现今西山万寿宫庙会仅有香客朝拜和购物两项内容，太单调，无论从观赏角度，还是从参与角度，都难以长期维系下去。因此，一要考虑增加万寿宫庙会的内容；二要考虑分解万寿宫庙会活动的时间。

没有仪式就没有内容，仪式是内容的巩固和延伸。西山万寿宫庙会应该进一步巩固传统仪式。"仪式可能是宗教中最稳定的要素，因为在很大程度上，仪式是建立在物质性操作的基础上的，（而）这些物质性的操作不断地再现。"[1] 由此可见，西山万寿宫庙会仪式是非常重要的。

（1）开展祭祀活动。许逊既是宗教人物，又是对人民做过贡献的历史人物，每年农历八月初一至十五日是西山万寿宫庙会期，在此期间，信众来西山万寿宫朝拜许真君，其中既有许愿的人，也有还愿的人，既有结社组团而来的，也有个人独自前来的。在北宋时期，曾巩曾是南昌地区最高长官——知州，他十分重视引导民众祭祀许逊。在南昌城内重修旌阳祠，并开展纪念许逊的活动，邀请时任宰相的王安石作序，王安石欣然应允，在宋元丰三年（1080 年）作《重建旌阳祠记》，里面有这样的话："公（许逊）有功于洪，而洪人祀之虔且久……巩，儒生也。殆非好尚老氏之教者。亦曰能御大灾，能捍大患，则祀之，礼经然也。"在这里王安石说得非常明白，曾巩是一个儒生，不好道教，只因为认定许逊有功于民，能为洪州抵御灾患，因此修建华丽的祠庙祭祀许逊。在文章中，王安石还鞭策一些不作为的官员，指责他们既没有以忠孝为表率，又不为民办实事，徒然败坏儒家名声。此后，历代地方官府每年都开展祭祀活动，据清光绪版《逍遥山万寿宫志》卷十一记载："州府具香烛酒币词疏，遣衙史驰献玉隆。"显然历代官府并不都是信奉道教的政府，借助祭祀许逊的道教活动，引导信众向善，同时起到鞭策官员的作用。

开展区域性的祭祀许逊活动，至少具有两个方面的价值：一是正确引导信众参加庙会活动，预防将正常道教活动引入迷信活动的行为；二是颂扬许逊做官廉洁有为、为民兴利除害、甘当大任的精神，让人们知道一个古今不朽的道理：凡是好官善人，老百姓都会长久、虔诚地祭祀他。

（2）恢复真君换袍仪式。真君换袍活动就是指农历八月初一这一天，朝圣者在宫内道士指导下，在高明殿给许真君换袍的仪式活动。这是西山万寿宫庙会中一项重要的活动，自古以来都为朝圣者看重。1949 年后

① 〔法〕莫里斯·哈布瓦赫（M. Hallwachs）：《论集体记忆》，上海人民出版社，2002，第196 页。

没有举行过真君换袍活动，究其原因主要有二：一是这被认为是封建迷信仪式；二是这会引起纷争，引发斗殴事件。目前开展真君换袍活动的条件已经成熟，具体来说具备了如下几方面的条件：一是真君换袍本来就是自然规律，每年需要更旧换新，何不将该活动公开化、仪式化，既满足朝圣者的愿望，又让观众了解传统仪式；二是有群众基础，丰城市和高安市的群众十分希望恢复真君换袍活动；三是有特色的旅游看点，真君换袍活动既保留了晋代风格，又具有地方民俗特色，在当今是一个非常不错的有待开发的旅游资源。

（3）恢复南朝活动。南朝活动每三年一次，农历八月初三，乡人从西山万寿宫抬出许真君木塑像，前往松湖黄堂宫拜谒谌母。目前开展南朝活动的条件已经成熟，具体来说具备如下几方面的条件：一是关于南朝的整个过程在《黄堂隆道宫》卷七中有详细记载，只要对照操办，不存在模糊的地方；二是有群众基础，松湖镇和西山镇的群众十分希望恢复南朝活动；三是有特色的旅游看点，南朝活动既保留了晋代风格，又具有地方民俗特色，在当今是一个非常不错的有待开发的旅游资源；四是南朝活动是提倡忠孝报恩的活动，属于优秀的传统文化内容之一。北京师范大学万建中教授认为：南朝活动"是最为庄严的仪式行为，也是弘扬孝道最有效的举措。以许真君作为孝行的形象代言人，把孝道纳入崇高的仪规，这是何等智慧，何等执着的善心"。由此可见南朝活动在今天具有现实价值，具有很好的开发前景。

（五）各地万寿宫文化开发建议

历史上先后有万寿宫1000多座，目前保存完好的万寿宫有几十座，正在修复的万寿宫还有不少。针对各地万寿宫文化开发，提出如下几条建议，以供参考。

1. 修复历史上比较有影响力的万寿宫，而不是所有的万寿宫都要恢复

一些比较小的万寿宫，比较偏僻的万寿宫，没有人气、历史又比较短的万寿宫不须恢复。没有古建筑，甚至连基址都找不到的万寿宫不须修复，更不须去新建一个万寿宫。修建万寿宫要注意修旧如旧。

2. 修建万寿宫，既要注意道教建筑特色，又要注意本地建筑特点

修建万寿宫时，只有既注意道教建筑特色，又注意本地建筑特点，才能既突出本地万寿宫特色，又保持与万寿宫祖庭的关系。如贵州石阡万寿宫、镇远万寿宫，云南会泽万寿宫等，既有江西建筑特色，又有本地建筑特点，成为当地文化旅游的一张名片。

3. 各地万寿宫在文化开发过程中，应与万寿宫祖庭保持联系

目前来看，西山万寿宫净明道科仪活动、庙会活动等都开展得比较成功，值得各地万寿宫在文化开发过程中借鉴。各地万寿宫不能撇开净明道、撇开江右商帮历史，脱离传统，自己另搞一套，因为没有历史底蕴的文化开发难以持久。各地万寿宫与净明道、江右商帮有千丝万缕的联系，因此，应引进西山万寿宫开发的经验，同时发掘江右商帮在本地创业、在当地"土著化"的故事。相信一座既有道教建筑特色，又有本地建筑特点，既有江右商帮故事，又有本地商业发展历史，既开展净明道道教科仪，又有本地庙会活动的万寿宫，一定不会成为政府部门的负担，而是会为本地经济发展做出贡献。

专题研究

Monographic Studies

B.2

江南道教地方化模式研究

——以净明道在江西丰城的流传为中心

焦玉琴*

摘　要：　道教的生命力在于它总是能够与不同时代、不同地域、不同习俗的社会生活相融合、相适应，从而获得丰富的内涵和广阔的空间。净明道许逊信仰在丰城市浒山庙这方土壤上遭遇太爷公（即都天大帝）崇拜。一方面，净明道许逊信仰通过与地方血缘群体的结合而与地方信仰深度相融，不仅将净明道统深深植入民间社会，而且将地方崇拜纳入自己的信仰体系，扩展了许真君祭祀圈。另一方面，民间性的浒山庙太爷公崇拜亦凭借这种"攀附"关系获得归属感以及更高层次的信仰身份的认同。江南地区道教地方

　*　焦玉琴，宗教学博士，中央民族大学讲师。

化，是理解道教与中国社会关系的根本入手点，亦是导致中国宗教具有弥散性、草根性及驳杂性等特点的重要原因。

关键词： 信仰　净明道　地方化　江西丰城

宗教作为一种复杂的、长期的、国际性的文化现象，总是在不同地域、不同族群及不同文化中进行传播发展，经历一个与地方文化融合的过程。这一现象包括两层含义。其一，指宗教的本土化，即"外来宗教向本土文化的主动敞开与自我更新"，"是对本土传统文化的深刻理解、共鸣与融入"，[1] 如源自印度的佛教经过与中国儒、道的冲突、相互影响、融会而形成中国佛教——禅宗，基督教在中国社会和历史中地方化、本色化，等等。[2] 其二，指宗教的地方化，即中国本土的制度性宗教持续深入乡土社会和民众生活，与地方的民间信仰、文化习俗相互吸纳、融合的过程。在宗教地方化的讨论中，道教是一个特别的个案。道教是中国的本土宗教，它能够与不同时代、不同地域、不同习俗的社会生活相融合、相适应，从而保持顽强的生命力。道教在社会文化中的广泛传播，说明道教在多元一体、复杂多样的中国社会中同样不断经历着地方化的过程。当前区域道教研究的

---

① 学诚：《本土化与现代化：21 世纪传统宗教中国化的前景》，《中国民族报》2017 年 9 月 12 日，第 006 版。

② 学界对宗教本土化的探讨方兴未艾，如 2015 年 9 月 22～24 日在北京召开"纪念丁光训主教诞辰一百周年暨基督教中国化研讨会"；张志刚从世界宗教史的发展角度讨论各大宗教传统的"本土化"、"民族化"和"处境化"，参见张志刚《从世界宗教史规律看"宗教中国化"》，《中国宗教》2016 年第 6 期；卓新平认为"基督教在中国的发展进程，也是其'本土化'之具体体现"，参见卓新平《探索基督教"中国化"之路》，《中国民族报》2015 年 12 月 1 日，第 006 版；等等。但是，对中国本土宗教如道教与地方文化、民间信仰习俗相融合的发展进程则缺少足够的关注。基于此，本文提出宗教地方化的问题，并以净明道为个案展开讨论。

兴起表明地方化的道教逐渐受到一定程度的关注。①

当我们讨论中国宗教的地方化问题时，应注意到"地方"概念的变动性，因为"地方"这个概念不仅涉及地域，还包括当地的族群和文化等重要因素。因此与其说地方是一个区域，不如说地方是一个过程。地方化以及持续地再地方化是造成宗教不断地扎根于民众的根本，应该成为中国宗教研究的一个重要内容。本文将以净明道在江西社会文化中的地方化为具体个案，希望能为学术界在思考道教在中国社会文化中的发展、宗教的地方化等普遍问题时提供有益的启发。

净明道全称"净明忠孝道"，其依托具有浓厚家族色彩、注重血缘关系的许逊信仰发展而来②，重视"忠孝"伦理，历史上曾受到宋代徽宗的青睐，宋徽宗诏令修建了规模宏大、堪比西京洛阳崇福万寿宫的玉隆万寿宫，两宋之际皇室还派遣数十位名臣大儒赴玉隆万寿宫充任提点、提举、管干等职③，玉隆万寿宫在道教史上居于重要地位。净明道是产生于江南地区的本土道派，具有江南道教较为普遍的世俗性特征，如与宗族关系密切，以贴近生活日常、在家修习为主要宗教实践方式等。净明道与地方文化习俗长期相互影响、融合而形成规模宏大的宗教庙会——西山万寿宫庙会④，该庙会影响深远。净明道信仰

① 2005 年 5 月在天台山召开"天台山暨浙江区域道教国际学术研讨会"；赵芃著《山东道教史》，张广保评其为"道教区域史研究的力作"，参见张广保《道教区域史研究的力作——评赵芃教授〈山东道教史〉》，《中国宗教》2016 年第 6 期；孔令宏撰文《深化区域道教的微观研究》（《世界宗教研究》2008 年第 4 期），并著《江西道教史》（中华书局，2011，与韩松涛合著），后者被称为"当代道教研究的新动向"，参见张广保《当代道教研究的新动向：区域道教研究——兼评孔令宏、韩松涛著〈江西道教史〉》，《世界宗教研究》2012 年第 4 期。

② 〔日〕秋月观瑛：《中国近世道教的形成——净明道的基础研究》，丁培仁译，中国社会科学出版社，2005，第 98~105 页。

③ 《万寿宫通志（外一种）》卷二十一《奉祀》，第 390~394 页。这些文官是黄庭坚、吴中复、余良肱、余卞、周葵、曾几、程公许、张说、许奕、王居安、李韶、汤汉、沈作宾、刘光祖、程珌、胡铨、李浩、留正、邹应龙、郑性之、徐清叟、吴潜、牟子才、赵景纬、洪迈、真德秀等。

④ 源于许逊崇拜的江西南昌西山万寿宫庙会，于每年农历七月二十至九月初一举行，已有上千年历史。庙会以民间信众为主体，他们自发组织结合而成进香团。参加朝拜的人数多、辐射范围广，使西山万寿宫庙会特点凸显。参见焦玉琴《西山万寿宫道教研究：地方社会中的道教信仰》，博士学位论文，中央民族大学，2017。另请参阅李平亮《明清以来西山万寿宫的发展与"朝仙"习俗》，《江西师范大学学报》（哲学社会科学版）2003 年第 9 期，及李星《万寿宫宫庙会与乡民习俗——以考察西山万寿宫为中心》，《南昌大学学报》（人文社科版）2009 年第 7 期。

传统的影响以南昌西山为中心远播至中国各地乃至海外，每年升仙节庙会期间，前往净明宗坛——西山万寿宫朝圣的信众多达数十万人。主祀许逊的道观亦遍及江西省内外，甚至远及海外。① 如此繁盛的宗教实践现状的形成，与净明道的信仰基础及地方化特征是密切相连的。因此，本文将通过对相关历史文本的梳理并结合田野研究，尝试较为全面地理解净明道的地方化特征。

一　净明道在江南的本土化与许真君信仰

净明道尊奉许逊为祖师。早在东晋时期，南昌西山便建立了标志着许逊信仰肇始的"许仙祠"，后经历代发展至游帷观、玉隆观、玉隆万寿宫，以至今日的西山万寿宫。净明祖师许逊（239~374年），字敬之。三国吴赤乌二年（239年），许逊出生于南昌县益塘坡（今麻丘乡）。后郡举孝廉，于晋太康元年（280年）出任蜀郡（今四川）旌阳令，被称为"许旌阳"。在水患深重的江南地区，流传许多关于许逊斩蛟龙、治水患的神话故事。因受历代朝廷嘉许和百姓爱戴，许逊又被称为"许天师""许真君"，获得"忠孝神仙""神功妙济真君""江西福主"等多个封号，被视为江西的地方保护神。

许逊的名字最早出现于南朝（宋）刘义庆所辑的志怪小说《幽明录》。书中记有三则与许逊相关事迹，其一是桓温北伐姚襄，许逊正确预见姚襄必败走西北；其二是许逊梦见祖先，突出其至孝形象；其三是许逊为刘琼诛蒋家女鬼，治愈刘琼之疾。以上记载虽简略，但许逊以孝悌闻名、身负异术、有战争谋略的术士形象基本确立。②

---

① 据统计，主祀许逊的万寿宫在江西省内约有600所，省外约有720所。参见章文焕《万寿宫》，华夏出版社，2004，第11页。

② 许逊自东晋宁康二年（374年）飞升之后，关于他的神话便流传开来，形成一系列许逊传记。相关传记多收录于《道藏》，也散见于一些史书、小说等中。其中常被提及的有南朝《幽明录》、唐《晋洪州西山十二真君内传》（简称《西山十二真君传》）、唐《孝道吴许二真君传》、《许逊真人传》（载于《云笈七签》）、宋余卞的《十二真君传》、宋白玉蟾的《旌阳许真君传》和《续真君传》、宋《西山许真君八十五化录》、《许真君仙传》、《许太史真君图传》、《许太史》（载于明赵道一编《历世真仙体道通鉴》，收入《道藏》）、《许真君》（《太平广记》卷一四）等。

许真君的神仙形象得以完整呈现是于南宋时期白玉蟾（1134～1229年）所撰《旌阳许真君传》和《续真君传》中。传记着力渲染仙话气韵，详细叙述许母吞珠受孕，许旌阳惠政救民、获赠神剑、拜师谌母、诛蛟斩蛇、铁柱震蛟、掷杯化鸽、驭龙驾舟，二仙下凡宣诏，携仙眷拔宅飞升等故事，完整再现许逊由凡入仙的历程，凸显许真君崇拜的意义，即："为忠为孝，化行率土黎民；乃圣乃神，位正高明大使……功名成就，膺天诏而拔宅飞升；雨顺风调，仰威灵而生民是赖。"① 这两本传记融合唐末至南宋时期有关许逊的各种传记的精华，为具有代表性的许逊传记。此后，许真君的神迹故事更为民众口耳相传以及为诸多笔记、小说及文集所引用。

根据许真君传记，昔许逊乡居之时，正值江南地区蛟蜃肆虐，江西和两湖一带水灾尤甚。许逊怜悯斯民，响应民请，遂带领弟子纵横江南斩蛇除蛟、屏除水患，历时十余年，足迹遍布艾城、修川、鄂渚、西安、新吴、海昏、长沙、豫章等地。许逊斩蛟除患，铸铁柱、铁符镇蛟穴等诸多事迹，实际上是平治水患的一种宗教化象征，反映的是当时江西诸地频遭水患，民众期盼英雄治水的情况。② 真君斩蛟杀蛇的故事在白玉蟾的《晋旌阳令许真君实录正传》中占大部分篇幅，可见其在人们心目中具有举足轻重的地位。传记中的事件取材于民间广泛流传的故事传说，那些民间故事比传记中的更为丰富多彩，且更具有地方性、民众性，这说明真君故事具有深厚的民间基础。③

作为一种本土教派，许逊信仰的产生、发展与变迁总是与特定历史时期、地理特点、生活环境紧密相关。如果考察一下江西历史上的水患灾害，就能更清楚地理解许逊信仰是如何与江西本土历史记忆结合在一起的。

据江西省地方志丛书《新建县志》记载，自唐代有水灾记录始，江西

---

① （清）金桂馨、漆逢源编《万寿宫通志（外一种）》卷四，陈立立、邓声国整理，江西人民出版社，2008，第63页。

② 郭武：《〈净明忠孝全书〉研究：以宋、元社会为背景的考察》，中国社会科学出版社，2005，第144页。

③ 这些民间故事见于1985年第2期《西山雨》专号、1990年7月19日～8月9日刊登于《南昌晚报》的《许真君传》及章文焕的《中华人杰许真君》。

水患灾害史不绝书，如"江西溪江八府江涨，漂没民田，溺死男女无数""冲决民居，漂损禾稼""丰城、新建等30县洪水横流""漂没民庐、牲畜甚多，漫城门五日方退"等，不仅给地方百姓的生命财产造成严重损失，还导致饥饿、瘟疫等一系列问题，所以人们"谈水色变"，处于深深的水患恐惧之中。传记中许逊所活动的江西诸地以及湖南的长沙、郴衡、庐陵、元潭、昭阳一带，皆为江湖纵横、常患洪灾的区域，所以蛟蛇为患的种种传说颇为盛行，于是诞生了许逊式的除蛟治水的功德神仙形象。许逊这种成仙路径证明"神由人造"信非虚言。植根于民间社会的许真君信仰反映了广大民众在特定环境中的生产、生活经验，不仅折射江西区域的社会生态环境，还反映民众面对这一环境所采取的态度。许逊被塑造为圣神，是民众适应环境、积极谋求生存与发展的象征化表达。从某种意义上可以说这种区域性道教是社会生态的"晴雨表"。

二 净明道的地方化：太爷公崇拜

在净明道流播的信仰圈里，位于赣中的丰城市有几个突出特点：一是民间信仰氛围十分浓厚，家家户户供陈尊神塑像，每一座村庄都有村庙，供奉地方神，如土地、送子娘娘、杨泗等；二是重视宗族文化传统，家族观念强，许多村庄直接以该村村民人数较多的姓氏命名，如"熊家村""杨家村""宋家村"，且村村建有宗室祠堂作为敬拜祖先的活动场所。此外，许真君信仰颇为盛行。与江西其他地区相比，丰城拥有的西山万寿宫庙会进香团规模最大、数量最多，几乎遍及各个乡村。[1] 如果进一步了解这片区域的乡俗民风，则会发现真君信仰不仅渗透力强，影响民众生活的各个主要层面，而且发生了诸多变化，地方性特征更加突出。丰城市浒山庙太爷公崇拜即是其中一个具有鲜明特色的例证。

---

[1] 参见焦玉琴《西山万寿宫道教研究：地方社会中的道教信仰》，博士学位论文，中央民族大学，2017，第87页。

浒山庙位于丰城市荣塘镇店里村，于 2010 年由店里村村委会负责兴建。这是一座村庙，没有净明祖庭西山万寿宫宏大的规模和华丽的殿堂，只有几间朴素的房舍，与周边环境和谐共融，但是"庙小威望大，神少香火多"①，它的朴实无华透露出一种从容与淡定，显示历史的深厚沉淀。

浒山地区在宋以前是鄱阳湖畔的一个小土山，三面环水，因周围地势低洼，每逢雨季河水泛滥，淹没庄稼，百姓苦不堪言。当时此地居民以曾姓居多，有"浒山十八曾"之称。明朝正德年间，曾氏十八支的族人本着建庙保平安的初愿，在浒山建起一处简陋的、面积不过百平方米的平房。画神佛之像于墙壁之上，虔诚供奉，祈望神佛保佑风调雨顺。这座无名村庙与许多主祀许真君的庙宇一样，依水而起，是一种"对生存临界状态的应急反应"②，表明浒山地方崇拜与许真君信仰有共同的历史地理基础。但后来村庙毁于战火，至清朝顺治时期复建后，被命名为"浒山都天宫"，立起太爷公塑像③。都天宫设有天符大帝殿、太白真君殿、关圣帝君殿和观音堂、三省堂（即为学堂），庙前建有风雨戏台。今天浒山庙仍保存有一口光绪十六年（1890 年）铸造的铁钟，钟身上除了日期，还铸有"浒山福主天符大帝"字样。太爷公的成神路径、享祀模式直追江西福主许真君，笔者总结为"水患灾害 - 救灾拔苦 - 建庙报恩"之模式。它既是中国民间信仰的建构方式，又是道教不断地深入地方社会的路径。

人们相信浒山灵验，有一个重要的原因是浒山太爷公据传与许真君是一家人，太爷公是许真君的弟弟。当地人亦称"浒山"为"许山"，两者没有严格的区分和界限。所以本地人在西山万寿宫庙会期都是先朝拜西山，然后朝拜浒山庙，这是当地人所说的"头西山次浒山"的另一层含义。

那么，为什么太爷公会与许真君成为兄弟呢？这显然是浒山民众凭借宗教信仰而为两者建立起来的关系，因为太爷公一旦与净明祖师许真君这样享有官方正统地位的"制度性宗教"大神建立起血缘关系，浒山庙便融入了许真君祭

---

① 此为江西丰城市荣塘镇浒山庙大门楹联。

② 岳永逸：《乡村庙会传说与村落生活》，《宁夏社会科学》2003 年第 4 期。

③ 太爷公，生前是地方官，因居官清廉、体恤民情而后升格为浒山的地方保护神。

祀圈，太爷公这一地方崇拜即进入道教的信仰系统，获得正统性地位。当地信众参加浒山庙的信仰活动，会产生加入精英信众的信仰共同体的感觉，完成庶民阶层的身份转换。

"江西福主"许真君自被成功塑造为一方功德神仙后，其根系就开始蔓延、渗透，在周边区域建立起众多支系，从而使主神崇拜获得更丰厚的营养与更持久的支撑。在这些支系的生长、拓展过程中，净明道统也随之传播至每一片乡土，与各种地方信仰结合在一起，从而实现自己的地方化、本土化进程。

前来朝拜的信众逐年增多，浒山庙规模随之扩展。光绪癸卯年（1903 年），浒山庙建客堂，光绪丁未年（1907 年）建三省堂，并买下几千亩田地。后来又陆续建了关帝殿、太白殿、观音堂、万年台、院墙等建筑。但遗憾的是，这样一处村庙在 20 世纪 60 年代亦难逃厄运，宫殿遭到摧毁，记载浒山庙历史的碑刻亦化为碎片，只有都天宫幸免于难，处于年久失修、无人问津的破败寥落状态。改革开放后，浒山庙恢复活动，前来朝拜的信众络绎不绝，被毁坏的宫殿凭借地方百姓的捐助基本得以修复。

由于当地民间流传太爷公与许真君有血缘关系，后来乡民在浒山庙里兴建了一座万寿宫，将许真君这位福主也请进村里，万寿宫的楹联"天发慈悲免灾救难保施主，普度众生惩恶扶善降吉福"，传达出地方百姓祈望福主赐福保平安的心理。浒山庙的地方崇拜完成了信仰上的"攀附"转型，与许真君信仰自觉地融为一体，而许真君信仰的地方化进程亦抵达了一个理想所在。

三　融于社区生活的信仰与民俗：浒山庙

现在浒山庙由荣塘镇店里村村委会负责管理。2010 年浒山庙的修复兴建完全出自荣塘镇民间自发自主行为，所耗 40 多万元资金由四方百姓自愿慷慨解囊捐助，浒山庙里的石碑上记录着这些乐捐者的姓名及所属村庄，村庄分布很广，有湖边村、桥头村、白竹山村、山上曾家村、山上周家村、罗家村、老柒家村、新柴家村、巷口村、中湖村、黄蛇头曾家村、小丰山村、下湖村、中湖村、河洲宋家村、熊家村、杨家村、观上刘家村、观上夫田村、梅林邹上村、下南边村、上南边村、何家村、麻雀下村、金坑村、芳田樟树下村、梅林石溪村、荣塘街上等，还有来自景德镇、南昌、樟树等外地的信众乐捐。从乐捐的地域来看，虽然浒山庙是一座级别较低的村庙，但由于自觉融入了许真君信仰圈，成为更大的地区共同体的一部分，一个小庙的建设发展吸引到更大范围的关注。浒山庙从 2010 年复建竣工到 2016 年，每年都收到许多赞助，众善信的名字写满了整整一面墙壁。由于村民的支持，浒山庙的宗教服务工作进展十分顺利。以前人们到浒山朝拜的路是弯弯曲曲、高低不平的土路，对于驾车来朝拜的香客来说极为不便，几年前这条土路已经取直，变成了平坦的水泥路。浒山庙的宗教事业发展与信众之间形成良性互动。通常在夏季时，信众就开始陆陆续续为来年庙会捐香火，使浒山庙可以提前安排次年活动计划。

如今每年农历二月、三月是浒山庙朝拜敬香的旺季，每逢道教重要节日、许祖圣诞及升仙日、观音生日，都是这里最繁忙、最热闹的时候，远近乡民信士纷纷前来烧香、许愿、还愿、祈福。农历五月十八日太爷公的诞日举办为期五天的庙会，依然请戏班来唱戏，为太爷公祝寿。平常的日子里，有需要的人们也会来庙里礼拜神仙。几尊采用景德镇青花瓷工艺制成的香炉中插满贤香，香烟袅袅。这些法物来自信众的礼敬，炉身上刻着"许山天符大帝"的字样以及敬赠弟子的姓名、所在地，日期。这些乐捐都是近十几年的，清朝、民国时期那些珍贵的文物大多已经在各种战乱和政治运动中损毁而不见了踪影。

根据村中耆老的回忆，在过去的清朝到民国时，太爷公每隔五年要出巡周游三天，浒山庙举行游神赛会，当地称之为"浒山游故事"，也称"故事会"，在当地老百姓口语中也叫"yian（阳平声）故事"（yian 字为当地方言，举起、扛起、抬高之意）。

游神赛会时，龙凤彩旗遮天蔽日，百套鼓乐震耳欲聋，鞭炮烟雾环绕四周。太爷公坐在铜锡打造的鸾驾里，头戴礼帽、身穿长衫的护驾者前呼后拥。当地村民也称鸾驾为"天符大帝神轿"，有八抬八托，开锣擎伞。后面跟着由"浒山十八曾"各房各支以及周边村庄百姓共同出资请的故事台、车马。伴驾的故事台多则上百个，故事台上是身着古装的妙龄少女装扮成的美貌的仙女或古代名媛，如奔月的嫦娥、散花的仙女、葬花的黛玉、拜月的貂蝉、醉酒的贵妃等，台上演绎的是人们耳熟能详的历史故事、神话传说。游赛的行列中还有坐在马背上披红挂彩的助香男子，人力推车上不计老少的助香女性，他们以手持香，始终虔心诚意。游赛队伍加上路旁观看的人群，常长达数里，见头不见尾。游赛队伍行进到的每一处村落，均设香案供太爷公神像，村民们来还愿、祈福的川流不息。他们将银圆铜币送到护驾者手中，供养丰厚以至于箩装车载。

浒山游神赛会声势浩大，轰动赣河两岸，波及瑞临三府，客居在外的达官显贵、工商士贾都会赶回来助香还愿。五年一届的游神赛会从清朝到民国中期从未间断，后来国内军阀混战、日寇入侵的十几年，游神赛会被迫中断，直到抗战胜利后，在"浒山十八曾"族人的努力下，于1948年组织举行了一次游神赛会。中华人民共和国成立后，游故事活动与庙会因故终止。改革开放后，形势稳定，宗族祭祀等传统复兴，店里村村委会及"浒山十八曾"人共同努力，重新组织了庙会，唱戏、游故事活动也在酝酿恢复之中。

在村里耆老的记忆中，一年一度庙会唱戏时是浒山庙最热闹的时候。农历五月十八日是太爷公的诞辰纪念日，浒山庙在过去每年都要举行庙会，请戏班唱戏庆祝。庙会上请来的戏班都是江西有名的剧团，或唱两天三夜共五场，或唱两天两夜共四场。那时村民难得有机会看到大型古装戏，所以无论四方远近，也不惧盛夏酷暑，都纷纷赶来，在戏台前的老樟树的树荫下看得津津有味。

如今，虽然时光流转，但空间还是从前的空间，人们对神灵的崇奉依然虔诚，敬神祭神的传统习俗依然流行。太爷公这位地方神，其经历、其神格，在地方百姓的口耳相传、不断塑造中，变得与许真君越来越相似、越来越相近，最后完全成为许真君化身，安抚着浒山一方乡众。

无论是游神赛会、庙会唱戏还是各种宗教节庆，融入净明道传统的浒山太爷公信仰保有鲜明的地方特征，净明道亦在地方化过程中参与地方社会的

建构，主要表现在以下几个方面。

其一，对地方宗族文化进行再塑造。在净明道在浒山庙的地方化进程中，当地的"浒山十八曾"家族起着重要的作用，无论是清代的游神赛会还是抗战胜利后的游神赛会，均可见十八曾人的努力。江西的乡土社会以宗族为基本单位，在宗族的对立关系中，常通过对民间信仰的改编来完成身份构建。可以说宗族的元素是江西道教地化的一个鲜明特点。

其二，将神圣性融入世俗生活，塑造闲暇生活方式。乡民对日常生活中不幸遭遇的处理、对美好未来盼望的表达方式都受到许真君信仰的影响，在游神赛会、看戏、庙会这样的闲暇生活中受到净明道风的沐浴、熏陶，使娱乐亦成为内在信仰的表达，"神与民同乐"，处处是神的力量，彰显了地方化道教对特色休闲文化的建构功能。

其三，许真君忠孝神仙的神格力量对浒山太爷公崇拜的影响至关重要，使浒山的民间信仰向这位功德大神靠拢，在神格上保持一致性，通过对民众生活各个层面的渗透，达到移风易俗的效果，完成道德教化。如同这首题写在浒山庙都天宫内的诗句所描绘的："云水苍茫满眼新，扶犁驱犊往来频。风摇柳絮半梭雪，雨落桃花一笠春。万里晴阴观物化，四时荣枯是天真。向同野老从容憩，桑下悠然见古人。"（《平陇云耕》）这种和谐的生活景况，今天到浒山庙的人们依然能够体验到。

四　结语

净明道的地方化模式，实质上是道教作为一种普世性宗教与浒山庙的民间信仰这一弥漫性宗教的有机融合，[1] 使制度性宗教的影响力弥散地存在于广袤的民间社会中，渗透社会生活的各个层面，无论是求子、求财、求学、

---

[1] 杨庆堃在《中国社会中的宗教》一书中，提出两种宗教类型，即制度性宗教和弥漫性宗教。制度性宗教主要表现为普世性宗教，如道教；弥漫性宗教易于渗透进世俗制度之中，成为其观念、仪式和结构的一部分，失去显著的独立性。参见杨庆堃《中国社会中的宗教》，四川人民出版社，2016，第228~233页。

还是求福保健康，均体现神性与世俗的融合。不可否认，道教的再地方化亦是产生中国宗教特性的一个重要因素，它使中国宗教集弥散性、草根性、驳杂性于一身。这种地方特色鲜明的宗教在客观上发挥着维系社会制度稳定的功能。

综上，道教的生命力在于它总是能够与不同时代、不同地域、不同习俗的社会生活相融合、相适应，从而呈现不同的样貌。净明道、许逊信仰延伸到丰城市浒山庙这片区域，获得了更加鲜明的地方性及本土性特征。浒山庙信仰传统以自己的地方神太爷公即都天大帝为崇拜对象，同时通过"攀附"更大的地方主神许真君，将自身的地方信仰纳入净明道统，积极主动地融入许真君祭祀圈，从而获得归属感以及更高层次的信仰身份认同。从另一角度而言，许真君信仰正以这种方式扎根基层乡土，将净明道统深深植入民间社会，拓展了更宽阔的信仰空间。在这一地方化的过程中，净明道呈现蓬勃的生命力，获得更加立体的面向、更加丰富的信仰内涵，同时也在地方化中使自身得到显现。

B.3

从旌阳祠到万寿宫

——巴蜀许逊遗迹与赣籍移民的信仰

刘康乐[*]

摘　要： 许逊神话产生于六朝江西南昌一带，宋元时期许逊信仰广泛传播，在巴蜀大地上形成了众多的许逊遗迹，从重庆万州木枥观到四川德阳旌阳祠，展示了许逊信仰在长江中上游的传播路线。作为"忠孝神仙"和"江右福星"，许逊已然成为清初巴蜀地区江西籍移民的精神核心和情感纽带，而遍布巴蜀城乡的众多会馆性质的万寿宫，成为寓居巴蜀的江西同乡联谊和酬神之重要场所，在传承忠孝信义的许逊精神的同时，也构建了移民社会的伦理秩序和文化形态。

关键词： 信仰　巴蜀　赣籍移民　万寿宫

许逊（239～374年，字敬之，豫章人）是晋元康年间活动于江西南昌西山一带的天师道徒，民间称之为"许天师"。不过记载许逊故事的诸传记，多是唐以后所出，唐宋类书如《太平御览》《太平寰宇记》《艺文类聚》等引述六朝散佚文献如《豫章记》《许逊别传》《鄱阳记》《幽明录》，诸多文献中可见关于许逊传奇的零星记载，但许逊作为道教人物的形象依然十分模糊。柳存仁、卿希泰等在考证六朝文献的基础上，倾向于认为许逊为

---

　* 刘康乐，哲学博士，长安大学政治学院讲师。本研究为国家社会科学基金一般项目（项目编号：16BZJ040）。

晋代真实人物，但与同时期的名士吴猛、郭璞等人相比，许逊乃一介儒门寒士，仅以孝道显名江右，其影响力甚为微弱。[①] 然而名不见经传的许逊，经许氏家族及孝道派门人的不断踵事增华，形象日益丰满，宋元以来逐渐成为道教中具有深远影响力的真君，《道藏》和地方史志中有大量关于许逊的传奇故事，并且这些传奇故事逐渐糅合了吴猛等人的斩蛟等事迹，宋徽宗于政和二年（1112 年）封许逊为"神功妙济真君"，元元贞元年（1295 年）许逊被加封为"至道玄应神功妙济真君"，自此许逊位列道教真君，道教和民间多称其为"许真君"，又传说其曾做"旌阳令"，故又称其为"许旌阳"，元代西山玉隆宫道士刘玉创净明道，又尊许逊为净明道的祖师，确立了许逊在道教净明派中的教祖地位。

一 旌阳祠与木枥观：许逊寓蜀遗迹的形成

许逊信仰作为江西南昌一带的民间信仰，起初与巴蜀地区并无直接的关系，自宋元以来，许逊遗迹开始在巴蜀地区逐渐显现，而传说其曾宰令的"旌阳"，这个神秘而模糊的地名，也渐渐定型于四川的德阳县。考历代史志和地方志，德阳在唐以前为绵竹地，唐武德时析雒县置德阳县，属益州，历史上从未得名"旌阳"，而《晋书·地理志》记载的"旌阳"则属荆州（三国吴置，治今湖北枝江市北）。唐以来的许逊传记如胡慧超撰《晋洪州西山十二真君内传》、唐中期《孝道吴许二真君传》则称许逊与丹阳许迈、许穆为同宗族人，举孝廉，拜为"蜀旌阳令"。

柳存仁曾指出，"旌阳"虽属荆州，但曾入蜀汉地界，称荆州之"旌阳"为"蜀旌阳"亦能成理。秋月观暎也倾向于许逊所任的旌阳是在荆州（今湖北枝江）[②]，不过仔细考察许逊的履历，他的故里在豫章新建县，主要活

---

① 柳存仁：《许逊与兰公》，《世界宗教研究》1985 年第 3 期；卿希泰：《许逊与净明道之改革》，《中国文化与中国哲学》，三联书店，1988；张泽洪：《许逊与吴猛》，《魏晋南北朝隋唐史资料》，1992。

② 〔日〕秋月观暎：《中国近世道教的形成：净明道的基础研究》，丁培仁译，中国社会科学出版社，2005，第 64 页。

动范围也在江西南昌西山一带，荆州的旌阳虽为晋地，但也曾为蜀汉旧地，称为"蜀旌阳"倒也顺理成章，但这里似乎并没有留下关于许逊传说的任何古迹，不免令人怀疑荆州"旌阳"是否就是许逊曾经担任县令的地方。

那么这个神秘的"旌阳"到底在哪里呢？宋《太平御览》卷六十五所引的《豫章图经》"蜀水"一条值得注意："蜀水在丰城县北，按《汉书·地理志》曰：蜀水源出县内小界山东，东流入南昌县漳水合。《耆老传》云：仙人许逊为蜀旌阳县令，有奇术，晋末人皆疫疠，多往蜀诣逊请救，逊与一器水投于上流，疾者饮之，无不愈也。邑人敬其神异，故以蜀水为名。"[1]《豫章图经》已佚，大概是唐代之作，未见著录，今《汉书·地理志》关于蜀水的记载是："建成，蜀水东至南昌入湖汉。"[2]《豫章图经》可能引用的是《汉书·地理志》不同的版本或者注本，《耆老传》全名《广陵耆老传》，已佚，是晋代扬州地区志书，清文廷式《补〈晋书艺文志〉》著录。许逊虽为江右人，但在江东也有一定的影响力，故《广陵耆老传》记其事迹，该书对"蜀旌阳"的解释是"以蜀水为名"。这个未见史书记载的"蜀旌阳"，比邻丰城蜀水或者建成蜀水，大概就是许逊为官的真实所在。

不过"蜀旌阳"在许逊仙话的传述过程中逐渐演变成了"蜀郡旌阳"。南宋淳祐年间施岑编《西山许真君八十五化录》（正统道藏洞玄部谱录类）和南宋末白玉蟾撰《旌阳许真君传》（正统道藏洞真部方法类），记载许逊在"晋太康元年起为蜀郡旌阳令"。虽然"蜀旌阳"与"蜀郡旌阳"仅一字之差，却自此将许逊与巴蜀地区紧密联系在一起，而巴蜀地区浓郁的道教氛围和对水神的信仰需求，同许逊治水十分契合，巴蜀民众在接受许逊信仰的同时也在塑造许逊在蜀的众多遗迹。

白玉蟾对许逊十分敬仰，曾作有诗歌赞颂许逊，其所撰的《旌阳许真君传》也成为后世许逊传记的标准版本，清代所编的《玉隆万寿宫》卷四所收录的《晋旌阳令许真君实录正传》就是基于白玉蟾的版本。元代所出

① （宋）李昉等：《太平御览》卷六十五，中华书局，1960。
② （汉）班固：《汉书》卷二十八《地理志第八上》，中华书局，1962，第1593页。

054

的《许太史真君图传》（正统道藏洞玄部灵图类）、《许真君仙传》（正统道藏洞玄部谱录类）、《西山许真君八十五化录》（正统道藏洞玄部谱录类）等许逊传记都延续白玉蟾的"正传"记载，许逊所任的"旌阳令"已被普遍接受为四川的蜀郡的旌阳令，白玉蟾在许真君传记中还明确了"旌阳县"就是蜀郡的德阳县："旌阳县属汉州，真君飞升之后，诏改为德阳，表真君之德及民也。寻移县治于西偏，而以故地为观，今号旌阳观。蜀民感其德化，无计借留，所在立生祠，家传画像，敬事如神明焉。"①

如此一来"旌阳"落户德阳似乎已经尘埃落定，而元代文学家虞集所撰的《许旌阳祠堂记》更强化了"旌阳"即是德阳的印象："吾蜀之为土，在地势西南而尊高，山川神灵多古仙人遗迹，非必皆诡异荒唐之说……德阳有故令许君祠，则又治化成功之并著者焉……郡大疫，多沉病死，君出神方疗之，皆愈而复常。自是，蜀人祠而祝之，东南之民，犹称之曰许旌阳也。"②虞集祖籍四川仁寿，其祖虞允文宋绍兴时封大中大夫食邑德阳，元延祐丙辰年（1316年），虞集以太常博士奉祠西川，故此过先祖旧封地德阳时，对德阳古迹许君祠也多有留意，认定许逊所任的"旌阳"就是先祖所食邑的德阳县。当时德阳县城东有一座许君祠，不知建自何代，不知祭祀何人，不排除是元初江西移民所建奉祀许逊的可能。经历金元之际的兵燹，许君祠已经废弃，至元年间思川道士许尚谦游蜀经德阳时重建，虞集闻之，欣然作记，以志其"不忘先世旧履其惠之义"。

碑文中也透露出"蜀人罕知许君遗事"，表明作为江西地方民间信仰神灵的许逊，当时还未被蜀地民众所广泛接受。许逊斩妖除魔、神方治病、忠义孝道等，符合普通民众尤其是赣商的功利需求和伦理规范，遂许逊被江西人视为地方保护神"福主"，并随江西客商的迁移而在全国的影响力日益隆盛，宋元两朝加封许逊为真君，净明道亦推其为祖师，白玉蟾和虞集所认定的"旌阳即德阳"的观念也渐被蜀人和赣人所共同接受。

① （南宋）白玉蟾：《修真十书玉隆集》卷三十三，《道藏》第4册，第755页。
② 李修生主编《全元文》（二十七），凤凰出版社，2004，第25~26页。

德阳城东门外许旌阳祠堂，当地传说为许逊做"旌阳令"时的旧宅，许逊弃官后蜀人立祠而祀之，南宋时称为"旌阳观"，元代重修，仍称为"许旌阳祠"，即今德阳东郊的玉皇观，旁有丹井，为许逊炼丹取水之所。宋元之后的四川方志多采用"旌阳即德阳"之说，并且衍生了许逊在德阳的许多遗迹。明曹学铨的《蜀中名胜记》卷九《成都府·德阳县》云："县一名旌阳。晋太康初，许逊为旌阳令，属岁大疫，死者十七八。逊以神方拯治之，符咒所及，登时而愈。蜀民为之谣曰：'人无盗窃，吏无奸欺。我君活人，病无能为。'《本志》云：'东关内有旌阳井，许真君浴丹于此，其水香洌，暑饮尤宜，半倚江岸，涨减不崩。'"清《四川通志》亦载、"德阳有仙井，相传为真人遗迹，土人祀之。"传说许逊炼丹的丹井常有霞光，"丹井留霞"也成为德阳八景之一。民国《德阳县志·官政制》载："（许逊）任旌阳既久，知晋室将乱，乃弃官东归，蜀民感其德化，无计借留，所在立生祠，家传画像，敬祀如神明焉。起行之日，赢粮而送者蔽野，有至千里始还者，有随至其宅愿服役而不返者，乃于宅东之隙地结茅以居，如营垒，多改世族以从其姓，故号许家营焉。"

不过清嘉庆年间常明、杨芳灿等纂修的《四川通志》卷二百四十《辨伪》，则考据诸书，对以往方志记载的许逊在德阳的事迹提出质疑："蜀自惠帝永安元年为李雄窃居，至穆帝永和初而平之，而道书所载许真君事，时代少有差互，岂赵高、淮南皆仙去，其遂不计逆顺，自豫章来蜀，与范长生同事成汉乎？且旌阳、德阳非一地也，《晋书·地理志》：旌阳属荆州南郡。于时尚为晋土，德阳属广汉郡，桓温平蜀又于德阳界东南置遂宁郡，则今遂宁县前此非晋有也。今之德阳乃唐武德中分雒县置者，晋无此县，逊尝宰旌阳，遽可指为今之德阳乎？……若旌阳为德阳而附会以神其事，则俗语不实，流为丹青，士君子所不道也。"①

《四川通志》的编纂者也倾向于许逊做官的旌阳在荆州而不在德阳，同时期的儒生谭言蔼所撰《通贤场万寿宫重修歌台募疏》也持同样的观点：

---

① （清）常明修，杨芳灿：《四川通志》卷二百四十，京华书局，1967，第5871页。

"真君未尝至蜀也，而不啻其至蜀。稽诸《晋书》，旌阳在荆州，而蜀自晋初已为巴西李所据。特称王于惠帝永兴元年。桓温平蜀，则在康帝建元三年，史册著矣。传真君者，言飞升于穆帝时，即西山十二真君。传所云瑕邱仲授九州都仙太史之命者，亦在元世。其时蜀中皆非晋土，何缘作令于蜀，且今之德阳，自来无旌阳名也。世传为令德阳，俗语不实，流为丹青，近齐东矣。"① 基于严密的地理历史考证的观点显然较为符合"旌阳"的真实所在，却并不为道教和民众所广泛接受，"旌阳仙话"在长期流传过程中塑造的德阳遗迹，不可能轻易被否定。

除德阳外，万州的木枥观也曾传说是许逊的旧宅。北宋嘉祐四年（1059年）苏洵父子乘船去京，路过万州武宁县，听舟人说起许旌阳斩蛟的事迹，遂有感而各赋诗，苏洵的《过木枥观并引》："许精阳得道之所，舟人不以相告。即过武宁县，乃得其事。县人云：'许精阳棺椁犹在山上。'闻道精阳令，当时此学仙。炼形初似鹤，蜕质竟如蝉。藓上楮棺石，云生昼影筵。舟中望山上，唯见柏森然。"② 苏轼的《过木枥观》："石壁高千尺，微踪远欲无。飞檐如剑寺③，古柏似仙都。许子尝高遁，行舟悔不迂。斩蛟闻猛烈，提剑想崎岖。寂寞棺犹在，修崇世已愚。隐居人不识，化去俗争吁。洞府烟霞远，人间爪发枯。飘飘乘倒景，谁复顾遗躯。"④ 表明早在北宋时期蜀地三峡地区就流传许逊飞升的故事，这比南宋时期的德阳许逊遗迹更早一些，可以看出许逊信仰是沿长江逐渐传播到蜀地的。

万州民间称木枥观（后改为白鹤寺）为许逊白鹤飞升的旧宅，不过苏洵误听"许旌阳"为"许精阳"，并以为这个学道斩妖的"许精阳"是东晋奉道大族许氏的许迈，可能是许逊神话在传说过程中的错讹。清嘉庆《四川通志》卷二百四十《辨伪》考证曰："惟万县木枥观，《寰宇记》谓有许真君旧宅，亦见东坡诗，然老苏诗序有云宰旌阳者为许迈，迈见晋书，

---

① 龙显昭、黄海德主编《巴蜀道教碑文集成》，四川大学出版社，1997，第408页。
② 曾枣庄、舒大刚主编《三苏全书》，语文出版社，2001，第37页。
③ 口出剑门东，望上寺宇仿佛可见。
④ （宋）苏东坡：《苏东坡全集》第一卷，北京燕山出版社，2009，第84页。

不云作宰，要属传疑。"① 不过以万县木枥观为许逊旧宅之说传播并不广泛，世人常有怀疑者，因此同书卷五十三《古迹》将木枥观解释为许逊的别业："许旌阳宅，在武宁废县西一里，今为白鹤观。《舆地纪胜》：武宁县西一里，许旌阳旧宅，今之白鹤寺也。宋大章未尝读《神仙传》，疑而不信，新都宰张泽语之曰：'许逊本潭人，曾任蜀之旌阳令，雅顾此山，因有别业，亦何疑乎？'"② 两宋间，晁公溯过万县，看到木枥观已残破不堪，有感于此曾为许逊羽化之处，遂赋诗《木枥观》曰："离离荒草满遗宫，羽化无人殿阁空。白鹤亦应天上去，独余枯枥起秋风。"明人郭钦华游万县白鹤寺，亦有感于许逊游帷升仙而赋诗《白鹤寺》曰："迢递幨帷入翠微，林深古寺逗斜晖。山连雪岫摇青汉，城带溪云护远扉。抚字不须论虎渡，生涯终日有鱼矶。徘徊忽见双鸿起，吹落松风满客衣。"③

　　无论如何，许逊为晋朝人物，南北朝隋唐逐渐形成的许逊信仰起源于江西南昌一带，至迟在北宋时期已经传播到巴蜀地区，自江西南昌沿长江上溯至湖北枝江、四川万县，而经南宋末名道白玉蟾为许逊作传，元初虞集撰《许旌阳祠堂记》，更将四川德阳认定为许逊曾经作宰的"旌阳"，奠定了德阳在许逊神话中的重要地位。明清"湖广填四川"的移民运动，使大量的江西籍民入川经商、垦荒，将盛行于江西的许逊信仰带入巴蜀地区，进一步推动了许逊信仰在四川的隆盛。

二　巴蜀遍地万寿宫：许逊信仰凝聚的桑梓情

　　巴蜀历来为衣食富足的天府之国，然而历史上曾因几次兵燹而几成荒芜之地，又因众多入川移民之经营而恢复往昔繁荣。宋元战乱之际，四川人口剧减，经过百余年的休养生息，才渐渐恢复元气，正如虞集所言，"蜀自金

---

① （清）常明修，杨芳灿纂《四川通志》卷二百四十，京华书局，1967，第5871页。
② （清）常明修，杨芳灿纂《四川通志》卷五十三，京华书局，1967，第2019页。
③ （清）张琴等修，范泰恒纂《万县志》卷三十六，清同治五年刊本，成文出版社，1976年影印本，第1176页。

末被兵，国朝宪宗皇帝西征，殆百年矣。逃难解散，几无孑遗。世祖至元中，蜀始大定，休养生息，又且百年。城郭井里，渐复其旧"①。元末兵燹，四川再次人口锐减，明初政府鼓励中原各省军民入川开垦，而大规模的四川移民风潮则发生在清初顺治之后。明末清初之乱，四川几成荒芜之地，清初政府组织各省移民入川填补人口之缺，各省移民之中，又以两湖、两广、福建、江西、陕西之人为多，这就是历史上轰轰烈烈的"湖广填四川"移民运动。

乡土社会安土重迁，即便是移民他乡，仍力图保持故土的风俗人情、文化信仰等，故此入川民众也带来了本省的地方神灵。道光《新宁县志》卷三《庙坛》称"邑多楚人，各别其郡，私其神，以祠庙分籍贯，故建置相望"②。民国《新繁县志》卷四《礼俗记》也称入川移民"各从其籍而礼之"，乾隆《威远县志》卷一称其"崇祀桑梓大神"，乾隆《富顺县志》卷四曰移民"各祀其乡之神望"，民国《南充县志》卷五称会馆内"杂供诸神，为释道两教分驰之表"。诸省移民以同乡会馆的形式来凝聚同乡情感和祭祀家乡神灵，正如乾隆《威远县志》所言："清初各省移民来填川者，暨本省遗民，互以乡谊连名建庙，祀以故地名神，以资会合者，称为会馆……故邑称客民曰五省人，并蜀人实六省也。各建会馆，崇祀桑梓大神，蜀都曰惠民宫，两湖曰禹王宫，两粤曰南华宫，福建曰天后宫，江右曰万寿宫，贵州曰荣禄宫……察各庙之大小，即知人民之盛衰。"③

江西是清初巴蜀移民的重要来源地，江西人以许逊为护佑的"福主"，每往他乡，同乡辄谋于会馆建庙而祀之。儒生出身的许逊，曾举孝廉，为官"多惠政，有仙术，以斩蛟捍患，拔宅飞升"，成为古代中国理想人格的典范，更是江西人的骄傲，乃至"豫章人祀之者遍天下"④。各地江西会馆的"万寿宫"，取南昌"玉隆万寿宫"分灵之意，或名"旌阳祠""真君庙"

① 李修生主编《全元文》（二十七），凤凰出版社，2004，第25～26页。
② （清）安舒纂修，张德尊重纂《新宁县志》卷三，清道光十五年刻本。
③ （清）李南辉修，张翼儒纂《威远县志》卷一，清乾隆四十年刻本。
④ （清）侯肇元、刘长庚等纂修《汉州志》卷十六《艺文》，清嘉庆二十二年刻本。

"江西庙"等，其中主祀许真君，并以萧公（字伯轩，宋时人）①、晏公（名戌仔，元时人）两位江西水神或观音、土地、关公等其他佛道神灵乃至川主神配祀，融合桑梓大神许真君于佛道、民间信仰乃至四川本土信仰之中，积极协调家乡信仰与迁居地神灵的和谐关系，也体现客居他乡的江西人在文化信仰上的包容性和灵活性，这也是融入新的移民社会的必要手段。

在漫长艰险的入川途中，流寓他乡的江西人虔信正是得到许真君的护佑才得以旅途平安，正如乾隆十八年（1753年）新津县令江西人黄汝亮所撰《重修万寿宫记》言："吾乡人之入川也，涉长江，历鄱阳、洞庭、三峡之险，舟行几八千里，波涛浩渺，憷目骇心，而往来坦然，忘其修阻者，佥以为神之佑。故无论通都大邑，皆立专庙，虽十室镇集，亦必建祠祀焉。"②江右山多地少，土地贫瘠，故此江西人多外出经商，流寓的江西客商致富之后辄建万寿宫，一以祀神，二以联谊，如清人胡辑瑞所言："蜀中寄籍之家，十居八九，楚南北人最多，其次莫若江右。江右人善贾，贾辄得意去，其不去者，必醵金为会，营治万寿宫，以时祭祀，用答神麻而联乡谊。"③江西客商慷慨而虔信，珍视同乡信义之谊，故此各省会馆中也以江西会馆万寿宫的建筑最为壮观，庙会活动最为繁盛，彰显在川江西人的经济社会地位和强大的乡情凝聚力。

根据地方史志的粗略统计，截止到清末民国，抽样考察的四川70多个县保存有万寿宫（江西会馆）200余座，当然实际全省的数字远不止此，大部分万寿宫建于清代乾隆年间，正是清初"湖广填四川"的高峰时期。从统计数字可以看出，几乎每个县都有1座或多座祭祀许真君的万寿宫，平均每县有2座万寿宫，江津、大竹、云阳甚至多达10余座，其中以江津的万寿宫数量最多，共有16座，彭水县、江津县的几乎每个乡镇都有1座万寿

---

① 或言萧公为"齐武帝萧赜，以其初为浔阳国侍郎，出为赣令江州刺史也"。参见廖世英等修，赵熙等纂《荣县志》卷十一《社祀》，民国八年刊本。

② （清）黄汝亮撰《重修万寿宫记》，载龙显昭、黄海德编《巴蜀道教碑文集成》，四川大学出版社，1997，第338页。

③ （清）胡辑瑞撰《土门铺新修万寿宫序》，载（清）曹绍越等纂修《仪陇县志》卷六，清同治十年刻本。

宫,可见当时江西移民敬神之诚、奉祀之盛。明清以来四川(包括今重庆)方志所录万寿宫(江西会馆)的情况见表1。

表1　明清以来四川(包括今重庆)方志所录万寿宫(江西会馆)情况

单位:个

名称(数量)	地址及情况	主祀神	材料出处
万寿宫(1)	位于重庆市渝中区陕西街,为江西会馆,清代修建	许真君	王洪华、郭汝魁主编《重庆文化艺术志》,2001
万寿宫(1)	位于重庆西阳县龙潭镇,始建于乾隆三年(1738年),道光六年(1826年)重建	许真君	西阳县龙潭镇《万寿宫重建捐资石碑》
万寿宫(1)	位于巴县木洞镇中坝村,始建于明代	许真君	《巴县文史资料》第9辑
万寿宫(1)	位于重庆市九龙坡区走马镇	许真君	《九龙文史》第16辑
真君庙(1)	位于城小东门内,豫章客商公建,每年四月初一日阁会演戏,恭祝神诞	许真君	乾隆《涪州志》卷七《私祀》
许真君庙(1)	位于城东南,康熙初江西来川人共建,乾隆、道光年间屡经修补。按各乡间有此庙	许真君	光绪《黔江县志》卷二《祠祀》
许真君庙(1)	在城南门内,一名万寿宫,今为江西会馆,各市镇皆建之	许真君	光绪《彭水县志》卷二《祠庙》
万寿宫(1)	在县南一里,乾隆五年(1740年)创建,四十四年(1779年)重修	许真君	道光《綦江县志》卷九《寺观》
万寿宫(16)	位于北庆街、德感场、双河场、金紫场、满平场、黄泥场、朱沱场、仁陀场、珞璜场、石门场、游溪场、吴滩场、石蟆场、白沙场、柏林场、真武场	许真君	民国《江津县志》卷十六《寺观》
万寿宫(4)江西庙(2)	云洛场、三溪镇、三驱镇、双河场万寿宫,龙水镇江西庙,双扬场江西馆	许真君	民国《大足县志》卷二《镇乡》
万寿宫(1)	合川江西会馆,原为西山寺	许真君	民国《合川县志》卷三《建置》
万寿宫(1)	在城外南街,即江西会馆	许真君	咸丰《开县志》卷九《祠祀志》

名称（数量）	地址及情况	主祀神	材料出处
许真君庙(1)	许真君庙即江西会馆,在城内丁字街	许真君	同治《忠州直隶州志》卷三《寺观》
万寿宫(12)	云阳县分17个区,其中12个区建有万寿宫。	许真君	民国《云阳县志》卷二十一《祠庙》
万寿宫(1)	即江西会馆	许真君	同治《万县志》卷七《寺观》
万寿宫(4)	城内东厢、双龙场、云台场、葛兰场	许真君	民国《长寿县志》卷三《寺观》
万寿宫(2)	一在县北四甲二十五里崇义桥,嘉庆八年(1803年)建,一在三河场,乾隆二十七年(1762年)建	许真君	同治《成都县志》卷二《寺观》
万寿宫(1)	位于成都洛带古镇老街,清乾隆十八年(1953年)建	许真君	赵逵:《"湖广填四川"移民通道上的会馆研究》,2012
万寿宫(1)	在东江街,即江西会馆。乡镇亦有	许真君	民国《温江县志》卷四《祠祀》
万寿宫(1)	在治城南街,为江西会馆	许真君	民国《双流县志》卷一《寺观》
万寿宫(1)	在城东,乾隆十四年(1749年)建修	许真君	嘉庆《郫县志》卷十七《祠庙》
许真人祠(1)	康熙初,豫章人之客于州者,建祠于城内之西偏。为殿五楹,殿后有堂三楹,两庑皆称之,门三楹,乐楼居其中,前有池,为半月形,栋宇巍然,钟鼓具备。嘉庆二十年(1815年)重修	许真君	嘉庆《汉州志》卷十六《艺文》
万寿宫(2)	在城内西街,乾隆二十三年(1758年)江右人公建,道光十七年(1837年)折旧重修,咸丰七年(1857年)遭回禄,仅存文昌、观音二殿及山门一向,咸丰八年重建正殿二楹余未修整;治西,乾隆二十三年江西人公建	许真君	同治《直隶绵州志》卷二十八《寺观》
万寿宫(1)	旧为旌阳祠。建于明,道光十二年(1832年)重修,咸丰十年(1860年)毁于兵火,同治初更新	许旌阳	同治《德阳县志》卷十七《祠庙》
真君宫(2)	县治西,乾隆三十三年(1768年)建;略平场,乾隆六十年(1795年)建	许真君	嘉庆《罗江县志》卷十九《寺观》
万寿宫(1)	在治南倚城,江右人公建	许真君	嘉庆《补刻金堂县志》卷一

续表

名称（数量）	地址及建筑情况	主祀神	材料出处
万寿馆（1） 江西会馆（6）	绵竹城内,康熙九年（1670年）建;福新场,道光初年（1821年）建;新市镇,雍正五年（1727年）建;广济场,光绪七年（1881年）建;遵道场,乾隆五十八年（1793年）建;汉王场,嘉庆十三年（1808年）建;拱星场,道光年间建	许真君	民国《绵竹县志》卷十二《会馆》
万寿宫（1）	赣人公建,一曰江西馆	许真君	民国《中江县志》卷四《寺观》
万寿宫（1）	在城,江西人建	许真君	乾隆《江油县志》卷七《祀典》
万寿宫（1）	在城	许真君、萧公、镇江、三官、观音	民国《丹棱县志》卷九《艺文》
万寿宫（1）	在县中街关帝祠内	许真君	民国《荥经县志》卷二《寺观》
万寿宫（7）	在县城北门外中街;在东三区白沙场,乾隆三十二年（1767年）邑绅康明傚、蔡孔位募众创建;在南二区白鹿场;在南四区佛宝镇;在南四区甘雨场;在西二区玉皇场,明代创建;在北三区大桥场,距城45里	许真君	民国《合江县志》卷一《祠庙》
万寿宫（2）	即江西会馆,在小西门正街,清雍正五年建;在大坝场中,清雍正时建	许真君	民国《叙永县志》卷一《祠庙》
万寿宫（1）	县东城外武庙也,乾隆三十三年（1768年）邑令移武庙于城南桂溪桥,今作豫章会馆	中塑许真君像左萧公右镇江	光绪《梁山县志》卷三《坛庙》
万寿宫（1）	在城隍庙左侧,江西会馆也	许真君	民国《宣汉县志》卷三《祠祀》
万寿宫（1）		许真君	乾隆《直隶达州志》卷三《寺观》
万寿宫（7）	百节铺、麻柳场、大树坝、亭子铺、赵家场、双庙场、白衣庵	许真君	民国《达县志》卷十《寺观》
万寿宫（4）	北门内即江西会馆,又八区长坝、四区竹峪关、十区大竹河均有此庙	许真君	民国《万源县志》卷二《祠庙》
万寿宫（2）		许真君	同治《新宁县志》卷二《寺观》
万寿馆（1）	邑西土门铺,同治戊辰春（1868年）建,中肖许真君像而以诸神附绘	许真君	同治《仪陇县志》卷六《艺文》

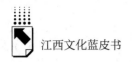

江西文化蓝皮书

续表

名称（数量）	地址及建筑情况	主祀神	材料出处
万寿宫（12）	在城东街，雍正九年（1731 年）建，乾隆五十二年（1787 年）重修，光绪二十六年（1900 年）改修正殿复添后殿及客厅，原籍豫章人会集于此，一曰江西会馆。（乡镇万寿宫十一）	中塑晋真君许逊像左，萧公伯轩，右晏公	民国《大竹县志》卷三祠《祀志》
许真君庙（1）	在县治西通裕场大江岸上，乾隆四十三年（1778 年）知县石峰培修	许真君	嘉庆《纳溪县志》卷三《祠庙》
万寿宫（1）	南部县东坝镇，乾隆二十八年（1763 年）建，楹联：故里愁难会，思戚思朋思邻居，好似巨星百寿图；同乡欣得聚，问山问水问桑梓，犹如明月万经书	供奉许真君、萧公、药王	《安远县文史资料》第 3 辑
万寿宫（1）	位于宜宾县沙沟乡，乾隆时太和县萧道琇迁入宜宾所建	萧公、许仙、川主	《宜宾县文史资料选辑》总第 17 辑
万寿宫（4）	一在合江门外，一在东门外曰吉安馆，一在柳状元街，一在学院街曰抚州馆	许真君	民国《宜宾县志》卷二十七《寺观》
万寿宫（1）	在治城外南街，即江西会馆	许真君	咸丰《开川志》卷九《祠祀》
万寿宫（1）	位于县东街，乾隆十九年（1754 年）豫籍士民建	许真君	民国《江安县志》卷二《庙祀》
万寿宫（1）江西馆（1）	万寿宫，城内中街南向，李茂轩先生授经处。江西馆，东北隅营盘街西向	许真君	民国《松潘县志》卷《五坛庙》
万寿宫（1）	通贤场，乾隆五十六年（1791 年）建	许真君	光绪《续修安岳县志》卷二《坛庙》
万寿宫（1）	八月一日"许真君会"，凡城市建有万寿宫者，是日必酬神演戏	许真君	民国《新修南充县志》卷七《风俗》
许真君庙（1）	祀晋许逊，城乡皆有，原籍豫章人祀之，一曰江西会馆	许真君	光绪《广安州新志》卷十八祠《庙志》
万寿宫（1）江西馆（1）	八月一日，许真君诞辰，万寿宫演剧。四月一日，江西馆向有迎萧公之会，备极观瞻，今但设筵演剧	许真君、萧公	光绪《广安州新志》卷三十四《风俗志》
万寿宫（2）	在城内南街即江西会馆；治西 60 里，地名平滩	许真君	光绪《岳池县志》卷九《寺观》
万寿宫（1）	位于北街，嘉庆三年（1798 年）豫章重修	许真君	同治《营山县志》卷六《祠庙》

续表

名称(数量)	地址及建筑情况	主祀神	材料出处
万寿宫(1)	在县北街	许真君	道光《邻水县志》卷二《寺观》
万寿宫(1)	在城内	许真君	同治《新繁县志》卷三《寺观》
万寿宫(7)	在城内近南,即江西会馆,旁建吉安公所。各场镇万寿宫有6所	许真君	同治《高县志》卷二寺《观志》
万寿宫(2)	一在仙市镇即江西庙。道光间欧阳伟增修,同治八年(1869年)伟子欧阳文复修葺之。一在牛佛市镇	许真君	同治《富顺县志》卷十六《寺观》
万寿宫(3)	在城及乡镇	许真君	民国《峨边县志》卷二《建置》
万寿宫(1)	在州大北门外小西关江西会馆,咸丰十年(1860年)毁于兵火,同治八年重修。各场镇均建	许真君	乾隆《四川通志》卷二十八《寺观》 同治《会理州志》卷二《寺观》
万寿宫(1)	红旗粮站前院,清代建	许真君	《会理县志》《社会风土》,1994
万寿宫(1)	在城东	许真君	道光《新津县志》《艺文志》
万寿宫(6)	县城、太平场、善兴场、张场、花桥梓、永兴场	许真君	《新津县志》社会,1989
万寿宫(1)	在城西,雍正五年(1727年)江西籍人公建	许真君	道光《乐至县志》卷六
江西会馆(1)	雍正五年建	许真君	《乐至县志》《社会风俗》,1995
万寿宫(1)	江西庙	许真君	《盐源厅乡土志》
万寿宫(8)	江西籍	许真君	《威远县志》《社会风土》,1993
江西馆(1)	在城	许真君	《眉山县志》《民俗》,1992
万寿宫(1)	在城	许真君	《休川县志》《社会风俗》,1993
江西会馆(1)	位于东街,康熙间建	许真君	《青神县志》《名胜》,1994
江西会馆(1)	在今蔺城府前街,雍正元年(1723年)建	许真君	《古蔺县志》《文物名胜》,1994
江西会馆(1)	位于永胜乡	许真君	《天全县志》《文物名胜》,1997
万寿宫(3)	县城关一,乡镇二	许真君	《什邡县志》《会馆行会》,1988
江西会馆(1)	在县城西大街,雍正五年建	许真君	《叙永县志》《文物古迹》,1997
江西会馆(1)	位于清溪本门下,万历年间建	许真君	《汉源县志》《文物》,1994
万寿宫	位于武胜县中心镇,乾隆三十八年(1773年)建	许真君	《武胜县志》,2003
万寿宫(1)	位于蓬安县周子古镇坡形古街下,又称江西会馆,建于乾隆中叶至同治间	许真君	《蓬安县志》,2007
万寿宫(1)	犍为县黄溪镇万寿街,即江西会馆	许真君	《犍为县志》,1991
万寿宫(1)	位于遂宁县城内顺南街	许真君	《遂宁县志》,1929
万寿宫(1)	位于乐山县城东南角	许真君	《乐山县志》,1934

遍布各市、县、乡、镇的江西会馆万寿宫，成为清代巴蜀建筑史上的一道道亮丽风景，凝聚无数入川江西人的虔诚、智慧和精明，是远离故土的江西同乡父老在陌生异乡的精神堡垒，而忠孝神仙许逊也成为这个精神堡垒中至关重要的信仰支柱，支撑着众多的入川江西人共度艰难，使他们分享喜悦、寄托希望。

清初以来巴蜀各地的万寿宫是定居或侨寓四川之江西同乡所捐资鼎建的，其谋划之精细、殿宇之辉煌，堪为诸会馆之盛。重庆西阳县的龙潭万寿宫为川东地区著名的江西会馆，始建年代不详，乾隆三年（1738年）因故址梅树火灾移建龙潭，道光六年（1826年）重建。龙潭万寿宫殿宇宏伟，三进三院，依次为上清、玉清、太清殿。现存的《万寿宫重建捐资石碑》载："万寿宫于乾隆戊午年自梅树移建于此。为惟时，其风尚古，规模虽具，榱椽甚朴，且历今近百年，风雨飘摇，不无颓败。我等于嘉庆二十三年公议重修，吾乡中人同街者，除损项外，另抽厘金，过道者，只抽厘头，附近各场，往劝捐资。"嘉庆二十三年（1818年）公议重修，龙潭镇同街并各乡镇的江西人共为出资，而经商路过的同乡也视各自经济状况捐资不等，共襄盛举。

地处商业繁荣之处、交通要道的江西会馆，因商业繁荣、同乡众多，故资金不乏而建筑辉煌，汉州（今广汉）许真人祠兴建于清康熙初年，据江西新建县曹六兴《重修汉州许真人祠碑记》载："康熙初，豫章人之客于州者，建祠于城内之西偏。为殿五楹，殿后有堂三楹，两庑皆称之，门三楹，乐楼居其中，前有池，为半月形，栋宇巍然，钟鼓俱备。"后来由于官府禁止钟鼓，祠庙渐次荒芜，至嘉庆二十年（1815年）江西籍刘长庚出任汉州知州，乃恢复钟鼓祭祀并倡议重修，"豫章人之寓汉州者输银千余两，邻邑德阳、什邡、金堂之同桑梓者复输银数百两，鸠工庀材，不数月而殿宇一新"①。汉州辖"旌阳故地"德阳，许逊信仰也在此广为传播，"真人之德被于洪都，逮于广汉"，许真人祠之重修，不仅汉州江西人慷慨捐资，临近

---

① （清）侯肇元、刘长庚等纂修《汉州志》卷十六《艺文》，清嘉庆二十二年刻本。

各县的同乡也倾囊相助，可见汉州一带许逊信仰影响深远，当然身为汉州长官的刘长庚功不可没。

然而那些散居穷乡僻壤之地的江西同乡们，或许并非皆如此富庶多资，其会馆之兴建，往往要历经几代人的努力才能完成。胡辑瑞《土门铺新修万寿宫序》载仪陇县土门铺万寿宫之艰难修建的经过："陈君典润江西吉水人，以懋迁来蜀，侨寓邑西土门铺，铺故多乡人。乾隆中集议捐资百钱为会，自道光初徙亡过半，会资不绝如缕，赖陈君率从子礼泰、礼柄善经纪之，权其子母累百成千，同治戊春始谋鸠工创修万寿宫，正殿越二年成，巍然杰构，中肖许真君像，而以诸神附飨焉。"① 仪陇地处川北偏僻之地，侨寓土门的江西同乡多不富裕，自乾隆中期就集议捐资修建万寿宫，同乡会资以百钱计，然至道光时所募会资就损失过半，此时来蜀经商的陈典润并从子礼泰、礼柄为经纪增值，至同治甲戌年（1874 年）方创修殿宇，仪陇土门万寿宫之兴建，越百余年而不忘其初衷，忠孝神仙许逊所凝聚的忠信道义，也成为寓川江西人代代传承不绝的精神信念。

三　联谊与酬神：许逊祭祀的伦理与信仰功能

江西会馆与万寿宫或馆宫合一，或附馆置宫，其最核心的功能不外同乡联谊和酬神，以共同的地方神灵信仰凝聚同乡者的桑梓之情。在江西地方神灵中，许逊的影响力最大，"旌阳许仙真君，盖江右忠孝神仙也，而实为江右福星……凡所以将其诚敬，而乡人亦时借以叙桑梓之谊焉"②。作为"江右福星"的许真君，实则有维系同乡之谊的功用。"凡江右客家聚集之所，无不各建有庙，遇诞辰则祭展其诚，有公事则聚商其所，而过往官绅、士庶亦赖以居停。"③ 由此可见，同乡之间的商议公事、过往居停实为万寿宫的主要功能，也是同乡会馆存在的本来价值。南部县东坝镇万寿宫的一副楹联

---

① （清）曹绍越等纂修《仪陇县志》卷六，清同治十年刻本。

② （清）周维岳等：《重修江西会馆乐输芳名碑》，《明清苏州工商业碑刻集》。

③ （清）罗仰锜、王聿修《乾隆嶍嘉志》，云南大学出版社，1994，第 102 页。

就反映了会馆会聚同乡、排解乡愁的现实意义："故里愁难会，思戚思朋思邻居，好似巨星百寿图；同乡欣得聚，问山问水问桑梓，犹如明月万经书。"对于流寓异乡的江西人来说，江西会馆（万寿宫）就是陌生凄凉世界的温暖港湾，赖同乡之力相互帮助、相互鼓励，同乡不时聚会，听闻乡音，亦可解怀乡之愁，"视十三郡内且如同气，庶几休戚相关，缓急可恃，无去国怀乡之悲"①。

虽然宋元时代许逊已经成为道教真君并在元代成为道教净明派的祖师，但在江西人看来，许真君仍然只是护佑本省人民的地方保护神，江西会馆（万寿宫）的许逊信仰和祭祀活动，带有同乡聚会和节日酬神的性质，显然江西会馆（万寿宫）与普通寺庙宫观有显著的区别，虽然各会馆内"杂供诸神，为释道两教分驰之表"，但又不是佛教和道教的活动场所，其宫观寺庙的产权和组织者也与佛、道无涉。

江西会馆（万寿宫）的酬神活动仍多以许逊为主祀，多以萧公、晏公、杨四将军等鄱阳湖一带地方水神陪祀，此外或有祭祀关公、药王、观音、川主等神，然许逊江西本主的地位不可动摇，这种体现主次亲疏的祀神顺序，乃是古代中国社会亲缘关系、地缘关系、族缘关系等伦理秩序的反映。如仪陇县土门铺万寿宫"中肖许真君像，而以诸神附飨焉"②。安岳县通贤场万寿宫，"顷年来肖真君像及萧公、镇江二神"③。新津县万寿宫"祀真君像，其傍附以萧公位"④。大竹县万寿宫"中塑晋真君许逊像，左萧公伯轩，右晏公"⑤。南部县东坝镇万寿宫"供奉许真君、萧公、药王"⑥。宜宾县沙沟乡万寿宫内供奉萧公、许仙、川主等⑦。丹棱县万寿宫则供奉"真君、萧

① （清）李玉堂等：《倡修江西会馆碑记》，《明清苏州工商业碑刻集》。
② （清）曹绍越等纂修《仪陇县志》卷六，清同治十年刻本。
③ （清）谭言蔼：《通贤场万寿宫重修歌台募疏》，《续修安岳县志》卷二，清光绪二十三年刻本。
④ （清）黄汝亮：《重修万寿宫记》，《新津县志》卷四十，清道光十九年刻本。
⑤ 陈步武、江三乘纂修《大竹县志》卷三《祠祀志》，民国十七年印本。
⑥ 欧阳意编《安远县文史资料》第3辑，1989。
⑦ 中国人民政治协商会议四川省宜宾县委员会文史资料研究委员会编《宜宾县文史资料选辑》总第17辑，1989。

公、镇江、三官、观音"①，其中萧公和晏公是万寿宫中地位仅次于许真君的江西地方神，与许真君同为万寿宫酬神活动中的主角，清人罗仰锜的《募建萧公祠引》就指出："江右人称得道成神者有许真君、萧公、晏公、杨四将军，皆著绩水府，能与人捍灾御患，灵应显赫，多在江湖间，以故江右之人皆敬奉之，出外贸易之客家尤甚。"②而关公、药王、镇江、三官、川主、观音等神则是伴随移民新的信仰需求和宗教环境的变化而逐渐融进万寿宫的。

万寿宫的酬神活动，主要是聚宴和演戏，一般选在许逊和萧公成道日举办盛大的庙会活动。民国《新修南充县志》记载南充县万寿宫在每年的农历"八月一日"许逊成道日（或言诞辰日）举办"许真君会"，而"凡城市建有万寿宫者，是日必酬神演戏"③。光绪《广安州新志》中的《风俗志》也记载广安州每年的农历"八月一日，许真君诞辰，万寿宫演剧"。此外在农历"四月一日"萧公成道日，"江西馆向有迎萧公之会，备极观瞻，今但设筵演剧"④。乾隆《涪州志》《私祀》载许真君庙"每年四月初一日阁会演戏，恭祝神诞"⑤。民国《泸县志》《风俗》所载的"四月有江西人之私会"⑥，就是江西客商在万寿宫举办的酬神之会。

在清初江西移民初入巴蜀之时，面对几成荒芜的异乡和诸省有不同方言、习俗的民众，因文化、习俗乃至信仰的差异，孤独、势单力薄的外乡人更为依赖同乡之间的扶助，而每年的酬神盛会更是难得的联谊机会，"念桑梓枌榆之谊，共襄斯举，则嘤鸣求友之意，笃而神之听之，终和且平矣"⑦。共同的信仰拉近彼此之间的距离，外乡人更期望借神灵的力量得到平安护佑，酬神活动也理应虔诚而隆重，在演戏娱神的同时也让辛劳一年的大家得

① （清）丁元恺：《万寿宫记》，《巴蜀道教碑文集成》，第338页。
② （清）罗仰锜、王聿修著《乾隆嶍嘉志》，云南大学出版社，1994，第102页。
③ 李良俊修，王荃善等纂《新修南充县志》卷七，民国十八年铅印本。
④ （清）周克堃等：《广安州新志》卷三十四，清光绪刻本，民国十六年重庆中西书局重印。
⑤ 多泽厚修，（清）陈于宣等纂《（乾隆）涪州志》卷七，《四川大学图书馆藏珍稀地方志丛刊》第2册，巴蜀书社，2009，第219页。
⑥ 王禄昌、高觐光修《泸县志》卷三，民国二十七年铅印本。
⑦ （清）谭言蔼：《通贤场万寿宫重修歌台募疏》，《续修安岳县志》卷二，清光绪二十三年刻本。

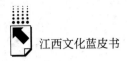
以在欢乐中放松。然而随着几代移民定居和互通婚姻，外乡人渐渐融入迁居地，认同迁居地的社会生活方式，建立起新的社会交际网络，对同乡的依赖也渐次减弱，晚清民国以来，以联谊为核心功能的万寿宫酬神活动也逐渐冷清乃至庙宇荒废，曾经与万寿宫共同繁荣的许逊信仰也在巴蜀大地上悄然消隐，但许逊作为江右人的文化精神象征，他的忠孝信义和仁厚勇猛的精神，则在江西移民的后人中代代流传。

B.4

方志所见明清云南地区万寿宫情况考察

柴艺华*

摘　要：　许逊信仰原是江西地区的民间信仰，于宋代逐渐发展为净明道，成为道教支系。由于江西地区民间信仰的可交叉性，祭祀其他神灵的祠庙宫观通常也可祭祀许真君，并且在功用上具有相似性，因此，云南所建万寿宫名称不一，多名万寿宫，也有名许真君庙、旌阳宫、铁柱宫、玉隆宫、许仙祠，或名江西会馆、豫章会馆，还有名萧公庙。云南地区万寿宫分布区域广，又相对集中于滇中、滇东地区，其功能具有双重性，与世俗社会联系广泛，导致这个特点的原因则主要是江西移民的影响。江西移民主要通过招募、自发移民、江左商帮涌入、屯边移入等进入云南。江西移民广泛包含了社会的各阶层，也包含了多种行业，从而对云南地区产生了全方位的影响。

关键词：　文献研究　明清时期　云南　万寿宫

　　本文采用纸质书籍与数据库互相补充、印证的方式。纸质文献来源主要是《中国地方志集成·云南府县志辑》①《中国西南文献丛书》②《中国西南

──────────

　*　柴艺华，云南大学历史系基地班三年级学生。

　①　《中国地方志集成·云南府县志辑》，凤凰出版社，2009。

　②　《中国西南文献丛书》编辑委员会编《中国西南文献丛书》，兰州大学出版社，2003。

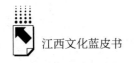

文献丛书·二编》①《南京大学图书馆藏·稀见方志丛刊》②《吉林大学图书馆藏·稀见方志丛刊》③《复旦大学图书馆藏·稀见方志丛刊》④《昭通旧志汇编（六）盐津县志》⑤《楚雄彝族自治州旧方志全书》⑥ 等。数据库文献主要查阅：中国数字方志库⑦。其他已翻阅但未有相关记载的方志及方志丛刊不在上列。

本文主要翻阅地方志中《祠庙》《寺观》《祠祀》《社会》《郡祀》《宫观》《典礼》《古迹》《祠宗》《艺文志》《食货志》《义冢》等及其他相关类似条目，对涉及"万寿宫""真君庙""许真君庙"的记载进行摘录和整理，形成表格，并对其分布及特点进行简要叙述分析。

一 云南万寿宫辨析

云南地方志中可见的"万寿宫"一词通常有两种释义。第一种是供奉皇帝牌位的生祠。根据地方志记载，这类万寿宫被称为"朝贺习仪之所"，"祝釐所建"或未明说，但在书写时，"万"字向上超出板框，以显示对皇帝的尊敬。通常建筑者为当地土官、非江西籍外来官员，一般《艺文志》中有碑文留存，且条目中修建目的、修建时间、倡修人等要素的完整度整体上好于净明道万寿宫的有关记载。第二种即净明道之万寿宫，一般为"江右或江西客民公建"、"江右或江西某某建"或"江西人建"等，一般记载模糊不清，或只有名字留存，或也有处所记载，较少碑文留存。分析其原因，除去文献损毁、丢失等问题，一是江西移民到某地定居，兴建庙宇、会

① 中国文献丛书指导委员会甘肃古籍文献整理编译中心编《中国西南文献丛书·二编》，学苑出版社，2009。

② 南京大学图书馆编《南京大学图书馆藏·稀见方志丛刊》，国家图书馆出版社，2014。

③ 吉林大学图书馆编《吉林大学图书馆藏·稀见方志丛刊》，国家图书馆出版社，2013。

④ 复旦大学图书馆编《复旦大学图书馆藏·稀见方志丛刊》，国家图书馆出版社，2010。

⑤ 昭通旧志汇编辑委员会编《昭通旧志汇编（六）盐津县志》，云南人民出版社，2006。

⑥ 杨成彪主编《楚雄彝族自治州旧方志全书》，云南人民出版社，2005。

⑦ 中国数字方志库，http://x.wenjinguan.com/。

馆，属于完全自发的民间活动，并没有引起官方特殊重视，旅居百姓也并无明确的记载意识，年长日久便只知有此庙宇而不知何年何人所建；二是官员并不将其认为是政绩，因此即使修建也并没有刻意记载。以乾隆年间丽江府为例，江西安福籍知府管学宣于乾隆二年（1737 年）重修养济院、丽江府学，于乾隆六年（1741 年）新建玉河龙王庙三件事迹都有碑文记载，而乾隆四年（1739 年）重修萧公祠则只在群祀条目中略有提及，不见《艺文志》记载①，且《乾隆丽江府志》为管学宣所修，因此对于管的文章应无遗漏。

此外，由于江西地区民间信仰的可交叉性，祭祀其他神灵的祠庙宫观通常也可祭祀许真君，并且在功用上具有相似性，诸如仁寿宫、水府庙，以及祭祀萧伯轩、晏戌仔的萧公庙（祠）、晏公庙（祠）等，此外还有直接点明祭祀许真君的许真君庙、真君庙（阁），以及具有概括性的江西庙、江西会馆等。章文焕先生在《万寿宫》中提道："所建万寿宫名称不一，多名万寿宫，也有名许真君庙、旌阳宫、铁柱宫、玉隆宫、许仙祠，或名江西会馆、豫章会馆，还有名肖公庙（西南肖公与许真君同祀）。"② 但由于笔者只进行地方志整理工作，并未进行实地考察，因此本文将许真君庙、真君庙、万寿宫③三者归为狭义的万寿宫进行考察。

二 云南地方志中万寿宫的分布情况

本文所搜集的云南地方志资料中，所见的江西客民所建会馆，包括前文所提的各类宫观祠庙共 123 所，其中以"万寿宫"或"真君阁"、"许真君阁"为名的共 58 所，此外有明确记载为朝贺习仪、祝寿所用的万寿宫 9 所，不明确的有 1 所。在章文焕先生的《万寿宫》中有而笔者目前所查地方志中无的有 8 所。万寿宫广泛分布于云南省各府州县，东至昭通府、曲靖府，西至腾越厅，南至

---

① （清）管学宣修，万咸燕纂《乾隆丽江府志略》下卷《艺文略》，《中国西南文献丛书》卷 25，第 363、377 ~ 379 页。
② 章文焕：《万寿宫》，华夏出版社，2004，第 147 页。
③ 具体辨别方式：1. 查看修建人籍贯；2. 条目记载中是否上出边框；3. 查看《艺文志》中碑文、记等文献记载；4. 条目中是否提及"万寿千秋""祝釐"等词。

普洱府、临安府，北至丽江府、永北厅。其中以滇中和滇东地区为最多，靠近边界的各宣抚使司和西部边地州府则较少见。其中有记载的万寿宫的修建时间最远可追溯至明万历年间（建水有晏公庙为元时所建），此外大都在清代中期建。

以下将对云南省万寿宫分布情况进行简要概述。由于明清时期云南省政区变动较大，且修建时间记载不完全，相关地方志编纂时间大都在清代，因此本文将在清代行政区划背景下进行说明。（以下未说明名称的为万寿宫）

1. 昭通府：位于滇东北，金沙江下游沿岸，云、贵、川三省交界处。彝良县7所，恩安县、镇雄州各1所，永善县有4所真君庙、1所万寿宫（祀旌阳许逊，江西会馆），盐津县4所。1987年《镇雄州志》中记载："1987：占地四亩，庙地16亩，房舍11间，戏台1座。新中国改建盐仓库。"

2. 顺宁府：位于滇西南，处澜沧江、怒江之间，与缅甸接壤。顺宁县、缅宁厅各1所。

3. 楚雄府：位于滇中，与四川省接壤。大姚、定远两县各1所，白盐州〔白盐州于民国元年（1912年）改称盐丰县〕1所。民国《盐丰县志》有记载："《井旧志》：旧名萧公祠，即前明席忠烈公故居。席公无嗣，提举胡世英易此为祠。康熙庚午年（1690年），江右客民并建康公祠。又新铸大钟，奉宪札不得悬挂击动。以卤出于龙神，龙神畏铜铁之声故也。案卷存署。雍正六年，提举刘邦瑞重修。《续井志》：兵燹倾朽。光绪辛卯年（1891年），举人甘浦、罗其泽全管事文生扬燦倡捐修葺。癸巳年（1893年），其泽主修，将前层铺面及大殿两厢墙垣一律修补完毕，又将大门增高数尺，较前宏敞坚固。"楚雄县万寿宫不见于《宫观》《俗祀》中，而见于《食货志》，记其香火田租："一严家嘴，年收租谷五石，佃户杨化龙。一米红村，年收租谷三石，佃户张尤顺。"定远县万寿宫见于《义冢》中，"万寿宫后义地：上下十六丈，左右十六丈；万寿宫后右旁义地：周围八十四丈，共三块，嘉庆二十二年知县叶公立笙同士民置"。

4. 云南府：位于滇中，滇池盆地。云南府治、昆阳县、昆明县、宜良县各1所。

5. 临安府：位于滇南。通海县、石屏州、宁州、个旧县各1所，蒙自县有 4 所。

6. 广西州：位于滇东。弥勒州、丘北县各 1 所。

7. 澂江府：位于滇中。江川县 1 所，方志记载："乾隆地震毁，改建乾隆五十四年地震倾圮，改建于能仁寺前。道光三年阖县捐资重修。"

8. 曲靖府：位于滇东。南宁县有一"许真君庙"，宣威州、越州各 1 所，罗平县 2 所。宣威州万寿宫有记载："在水月殿东，亦名江右会馆，清初江西人公建。土木工程颇为壮□，庙产亦富。此外尚有数处，著其地点如左——□场、上土目、阿角村。"《古越州志》中记载其"即水府祠，今之真君殿"。

9. 元江州：位于滇南。新平县 1 所"萧公庙"，1 所名为"玉隆万寿宫"。

10. 普洱府：位于滇南。威远厅 1 所。

11. 腾越厅：位于滇西。腾越厅厅治 1 所。

12. 永北直隶厅：位于滇北。1 所。

13. 开化府：滇东南。乐农里、新现各 1 所，马关县（民国）7 所。

14. 大理府：位于滇西北。云南县有 1 所。

15. 丽江府：位于滇西北。维西县有 1 所。有李逸山所写《重修万寿宫碑文》，记载详细，文曰：

盖闻莫为之前，虽美弗彰；莫为之后，虽善不继。然非前任有以肇造其基，则后人虽欲继之立，而终无由觅其芳踪。维西自乾隆年间仝乡曾太守守约莅任此邦，下车伊始，遂与乡人议建万寿宫以崇祀典。于是首捐廉俸，劝谕功德，集腋成裘，卜地于印星坡之阳，鸠工庀材，不一年而土木告竣。彼时殿宇峥嵘，殿之下有戏楼、楼之侧又设两廊、密厅、厨室无美不偱，并置有田地、房产，抽收租息以供长久香火之需。推斯意也，不但使乡人会拜有贷，即我以后之往来士商立得以爰处晨居，藉作驻足之所，盛典也，亦美事也。不料同治初回匪倡乱，城市村庄到处皆造蹂躏，即我乡之万寿宫亦是人一炬，可怜焦土，已历二十余年矣。偶然触目，莫不伤心。然总计历年租息所出无多，终归半筹莫

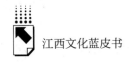

展，任其荒墟。同乡周君振才轻财重义，独概然有恢复之志，适谦叔祖茂园公捧檄来抚斯土，因于厅属同乡中殷实各家，力为奖谕，劝成美举。先将正殿及围墙大门重新修理，其戏楼、两廊权作缓图。约共用银三百数十两，虽不能如昔日之阔大规模，而神有所栖，即人得所附，亦有其举之莫敢庆也之意云。谦自丙戌夏随任于兹，嗣因铜政羁身，匆匆不觉三年矣，故得竟其原委，楬管而特记其事于左云。①

根据以上文章记载，云南地区的万寿宫不仅有会拜神灵的宗教意义，还有寺院经济，为在滇的江西商人提供帮助，具有一定的世俗意义。

16. 武定州：位于滇北。禄劝县有 1 所。方志中记载："又名萧公庙，在县城北门外。同治十年，江右龙光照、杨益林倡，首创建正殿三间。光绪二十三年，刘凤燹等倡，首添建后殿三间、山门、戏台三间。民国四年，刘仕隆、游怀宗等倡，首添建两耳六间，祀许真君及萧晏二公。为江西人客禄劝会馆。"

此外，章文焕先生所著的《万寿宫》中另有其他地方志、采访所得的万寿宫 8 所。

1. 《通海备徵志》中载赵城建于通海县秀山麓的万寿宫 1 所。

2. 《康熙宁州郡志》中记载，于今华宁县城外蟠桃山有一万寿宫，考华宁县，康熙时为临安府宁州。

3. 王国瑞先生提供的永善县万寿宫。

以上 3 所万寿宫未见文献，不知是否与前文第 5 条中所提通海县、宁州，第 1 条中永善县万寿宫同一。

4. 2002 年中央电视台播出的会泽县万寿宫。

5. 胡守仁先生口述大理（原大理府治）有万寿宫 1 所。《民国大理县志》中称其为"废伪万寿宫"，在治城西。明代《景泰云南通志》中载大理府有一祝寿寺，"在五井提举司东北，司仪即之"。《乾隆大理府志》中载有

① 李炳臣：《（民国）维西县志》，《中国地方志集成·云南府县志辑》第 83 册，凤凰出版社，2009，第 174 页。

萧公祠"在府治西南，城隍庙左"。

6. 云南大学尤中教授口述，富宁县（原广南府富宁县）皈朝有一万寿宫，并有碑。

7. 施甸文管所杨升义提及的施甸县（原永昌府施甸县）万寿宫。

8. 个旧县（原临安府个旧县）中区有一万寿宫，又为江西会馆。

综上所述，结合地图，可见云南地区万寿宫分布具有广泛又相对集中的特点。

三 云南万寿宫分布形成的原因分析

从以上论述中可见云南地区万寿宫有两方面的特点：第一，分布区域广，又相对集中于滇中、滇东地区；第二，功能具有双重性，在向外传播的过程中，万寿宫具有更高的适用性，实现了更大程度的功能兼容，与世俗社会有了更多联系。而导致这两个特点的则主要是江西移民的影响。

江西地区在明清时期经历了大规模的人口迁移，包括民众自发和朝廷推动的民、商、军、官四个层次的迁移活动，云、贵、川三省以其地广人稀、赋税轻少成为江西人迁移的重要目的地。万历年间云南澜沧官员王士性在其《广绎志》中记述："滇云地旷人稀，非江右商贾侨居之则不成其地。"[1] 言辞虽有夸张，但也可以看出明代江西人在云南地区的影响。

第一，明清时期的江西移民中，农业迁移属于最为主要、数量最多的一种，较为著名的大规模组织移民包括江西填湖广、湖广填四川。这两次移民虽然并未直接指向云南地区，但也间接推动了江西向云南地区的移民。

元末明初，由于战争影响，湖北地区被破坏殆尽，而江西地区的人口数量虽在浙江之后，但仍远超过湖广、云、贵、川四省总和[2]，田地数量却只是湖广的约1/5[3]，朝廷在湖广地区施行的带有很大随意性的"插草为标"政策也吸引来自江西的流民。此外，据章文焕在《万寿宫》中引用的《江

---

[1] （明）王士性：《广志绎》卷五《西南诸省》，中华书局，1981，第122页。

[2] 梁方仲：《中国历代户口、田地、田赋统计》，上海人民出版社，1980，第205～206页。

[3] 梁方仲：《中国历代户口、田地、田赋统计》，上海人民出版社，1980，第332页。

西史稿》中的记载，战后朱元璋恼怒江西地区百姓对陈友谅的支持而加收"浮粮"税①，在湖广地区则采取宽松的赋税政策。洪武二十六年（1393年），江西在总耕地面积远少于湖广、每户耕地不足30亩的情况下，夏秋两税高出湖广近20万石，② 这就形成了从江西向湖广移民的巨大推力。洪武年间，湖北的98万移民中江西移民约为69万人，占总移民人数的70%。③ 而与此同时，元末四川地区空虚，湖广地区的农民被大量迁移至四川，四川地区接受移民总数高达120余万人。此外，明末战争也导致四川人口空虚，为恢复四川生产力，这一时期又从湖广地区招民入川。从会馆数量来看，这一时期江西移民仍为入川移民的重要组成部分。④

由上可见，江西人在明清时期广泛分散于湖广、四川地区，成为这些地区百姓的重要组成部分。明初为缓解云南地区军粮不济问题，招募外省商人屯田，以粮食换取盐引，其中包括大批洪武年间迁徙至湖广、四川等地的江西人。清代改土归流后，清廷进行了大规模的移民行动，招募内地汉人屯垦，并且招垦条件相对较好，⑤ 因此川、黔、鄂、粤、赣百姓大量进入云南，其中则包括大量已在外省定居的江西移民和当时的江西人。因此，除各省征调的绿营兵外，清代云南的60万移民中有半数从川、楚、鄂、赣等地迁入⑥。

除朝廷组织的大规模移民外，江西民众也形成了自发的移民行为。在明清两朝，江西地区自然灾害频发，根据施由民论证，明清两朝江西自然灾害总体呈现高频率、连续性、灾害严重等特征。⑦ 此外，土地兼并逐渐加剧使江西产生大量流民，并向外省流动。在再一次进入湖广受阻后，江西人转而向地广人稀、赋税宽松的云南地区迁移。明洪武年间云南人口萧条，夏税在十三布政使司中排第十，秋税则排最末；清顺治年间，云南银、粮赋税仅分

① 章文焕：《万寿宫》，华夏出版社，2004，第139页。
② 梁方仲：《中国历代户口、田地、田赋统计》，上海人民出版社，1980，第332页。
③ 葛剑雄：《中国移民史》第五卷，福建人民出版社，1997，第148页。
④ 葛剑雄：《中国移民史》第六卷，福建人民出版社，1997，第109页。
⑤ 葛剑雄：《中国移民史》第六卷，福建人民出版社，1997，第165页。
⑥ 葛剑雄：《中国移民史》第六卷，福建人民出版社，1997，第170页。
⑦ 施由民：《东汉至清江西农业自然灾害探析》，《中国农史》2000年第1期，第18~19页。

别占全国银、粮税的 0.29% 和 1.91%，人均田亩数则高居全国第五，[①] 这对于人多地狭、难以生存的江西人具有极大的吸引力，导致大量逃民、流民自发进入云南。

章文焕先生《万寿宫》中引弘治十二年（1499 年）云南巡抚谢宣奏疏："臣闻蛮莫等处，乃水陆会通之地，蛮方器物，咸自此出。江西大理逋逃之民多赴之。"[②] 说明江西人在云南边境也有分布。

除此之外，明清时期云南地区成为重要的矿产区。洪武年间，云南地区已有 50 余处矿场，洪武二十八年（1395 年）云南赋金五千两[③]，矿工除当地人外，很大部分为汉族移民，其中也有大量江西人。李中清考据，嘉庆年间西南矿工主要在云南，其中 70% 来自湖广、江西、四川，合家属共 100 万人左右。[④]

第二，江右商帮和江西商人大量涌入。由于江西水上交通的便利，江右商帮在明清时期兴盛起来。江西早有经商传统，甚至在铁柱万寿宫中也有许多做生意的。[⑤] 随着明清移民潮的推进，江西人开垦种植的同时，也利用云贵川地区百废待兴的时机，在迁入地进行商品交换，《（道光）昆明县志》中记载："县城凡大商贾，多江西、湖广客，其领当贴、设质库者，山右人居其大半。"[⑥]《（民国）昭通志稿》中记载："昭郡……商业事件由江川慎三帮主持……宣统初在江西会馆实行开幕考。"[⑦] 从中可略窥江右商人在云南的地位。随着不同行业的兴起和交易的扩大，江右商人形成了江右商帮，在云南各州县形成一定影响。

第三，明初为戍守边疆在云南地区设置大量卫所，并由于"兵多民少，

① 梁方仲：《中国历代户口、田地、田赋统计》，上海人民出版社，1980，第 367、390~392 页。
② 章文焕：《万寿宫》，华夏出版社，2004，第 141 页。
③ 工瑞平：《明清时期云南的人口迁移与儒学在云南的传播》，博士学位论文，中央民族大学，2004。
④ 李中清：《明清时期中国西南的经济发展和人口增长》，《清史论丛》第 5 辑，中华书局，1984。
⑤ 章文焕：《万寿宫》，华夏出版社，2004，第 95 页。
⑥ 《（道光）昆明县志》卷二《物产》，第 10 页。
⑦ 《（民国）昭通志稿》卷三《商会》，第 29 页。

粮饷不给"① 而组织大量军屯。洪武十五年（1382 年）平滇后，朱元璋三月诏谕傅友德，留江西、浙江、湖南、河南四地兵卒驻守②，注重要求士卒家属随军入滇，并给予相应的抚恤政策，由此带动大批移民进入云南地区。如《民国姚安县志》记载"明初平滇后，姚安留有屯军，江南人民亦多迁徙来姚贸易，事业渐昌"③ 中所说明的情况。

第四，明清时期，江西成为科考大省，明代江西籍进士有 3067 人④，清代江西籍进士有 1886 人⑤。天启年间，云南官员主要由江南、江西、四川、湖广士人组成。⑥ 由于官员地位的特殊性，他们对云南地区产生的影响比普通百姓更快、更大。

以上所提到的四种江西移民广泛包含了社会的各阶层，也包含了多种行业，对云南地区产生了全方位的影响。移民活动在自然和社会条件较好的滇东、滇中地区较为集中。内地人进入云南地区以滇东北为关口，明代滇东地区受内地影响较大，经济相对发达，接受的移民中以江南人和江西人为主。从明代移民情况来看，汉族分布最多的为大理府、云南府、临安府、曲靖府、楚雄府、武定军民府、广西府，而西部各府则是"夷多汉少"⑦，随着后期的开发汉人才逐渐进入。

四　结语

明清两代，由于自然、民间、政府的三重推动，江西人大量向外省流散，经过两次大规模的移民活动和无数次小规模的迁移，各阶层、各职业的

---

① 葛剑雄：《中国移民史》第五卷，福建人民出版社，1997，第 308 页。
② 葛剑雄：《中国移民史》第五卷，福建人民出版社，1997，第 307 页。
③ 杨成彪主编《民国姚安县志》，《楚雄彝族自治州旧方志全书·姚安卷下卷》，云南人民出版社，2005，第 1719 页。
④ 邱进春：《明代江西进士考证》，博士学位论文，浙江大学，2006，第 33 页。
⑤ 毛晓阳：《清代江西进士丛考》，博士学位论文，浙江大学，2005，第 58 页。
⑥ 吴建勤：《滇东地区的明代汉族移民》，硕士学位论文，西南大学，2007，第 17 页。
⑦ 吴建勤：《滇东地区的明代汉族移民》，硕士学位论文，西南大学，2007，第 16 页。

江西人或直接或间接地进入云南地区，分布于云南各州县，其所带来的人力和商品促进云南地区的开发，江西人也在摩擦中与云南日渐融合。

从对云南地方志中万寿宫相关材料的搜集可见，云南地区万寿宫，修建时间集中于明清两代，以清代中后期为最多，并广泛覆盖云南各州县，数量众多，以中、东、西北部为多，西南边境地区则较少见。这与明清时期来滇江西人的迁徙路线有很大关系，内地人入滇以东北部为关口，然后或是在此落脚生活，或是再由此向其他地区分散，因而形成了这样的分布格局。

由于本文写作的前期准备主要着眼于地方志记载，与江右商帮和万寿宫相关的其他记载较为欠缺，因此在后期继续考察中，将着力搜集地方志以外的古籍中关于万寿宫的记载，以期增加和完善对万寿宫功能及其演变的考察。

地 区 报 告

Regional Reports

B.5
湖南地区万寿宫文化发展报告

彭志才　吴　琦[*]

摘　要：　湖南平江等地有许逊传教的遗迹与传说，这些遗迹和传说成为万
寿宫在湖南地区广泛存在的重要基础。自明代以来，湖南地区陆
续修建的万寿宫（含萧公庙）共有228所，分布于湖南的14个
州、市，如长沙、株洲、湘潭等交通枢纽城市和湘西的凤凰、浦
市、里耶、洪江等商业发达的市镇。湖南地区的万寿宫文化植根
于许真君崇拜与萧公信仰，并与移民文化、商业文化、戏曲文化
相融合，丰富了湖南本土文化的内涵。目前，湖南各地保存较为
完好并得以开发利用的万寿宫仅有11所。应当加强对万寿宫古
建筑的保护，加强对万寿宫历史文化的研究，对具备宗教功能的
万寿宫进行"活态保护"；充分利用泛珠江区域合作等重要战略

---

* 彭志才，历史学博士，江西科技师范大学历史文化学院讲师；吴琦，江西科技师范大学历史
文化学院文物与博物馆学专业学生。

机遇，深入推进湘赣携手合作，盘活万寿宫文化资源。

关键词： 保护与利用　湖南　万寿宫文化

万寿宫既是净明道活动的场所与载体，也是江西移民和江右商帮的物化。当前，湖南地区的大多数万寿宫已经不再是传播净明道思想的宗教场所，甚至已经湮没在历史长河之中，唯有从残存的碑刻或泛黄的书卷中寻得一丝痕迹，但它仍然能传递丰富的历史信息，承载传统艺术，展现地域文化。在"构建中华优秀传统文化传承体系，加强文化遗产保护"的今天，我们更应该充分重视和挖掘万寿宫的文化内涵，加大保护民族优秀文化的力度，尤其是保护好万寿宫优秀文化中的各种物质和非物质的文化资源和文化遗产，大力研究和弘扬万寿宫历史文化。

一　湖南地区道教与万寿宫发展的历史概况

道教是中国土生土长的宗教。湖南是道教传播和活动的重要地区。据传说，早在道教创始期，东汉末年张道陵"尝自天目山游南岳，谒表玉、光天二坛，礼祝融君祠"。明万历《九疑山志》载，西晋初，永州宁远县一带已建有鲁女观，这是永州境内最早的道观之一。道教在湖南的正式传播当始于东晋时期的著名道姑魏华存。晋太兴年间，女官祭酒魏华存至南岳潜心修道16年，成为湖南最早的道教传播者。由此推算，湖南道教已有1700余年历史。东晋许逊拜大洞君猛为师，传三清法要，以南昌西山为中心，传教活动遍及豫章及江南地区，湖南岳州平江亦有许逊传教遗迹，民间多有许斗蛟斩蛇、为民除害的神奇故事。唐代道教鼎盛，湖南道教亦获得长足发展。全国"三十六洞天""七十二福地"中，湖南境内共有18处。[①] 永州零陵城区以南35

---

① 刘国强：《湖南洞天福地考》，《中国道教》2003年第4期。

华里（约 17.5 公里）的何仙观，传为唐代八仙之一的何仙姑得道之处。

入宋以降，统治者继续奉行崇道政策，全国掀起了崇道高潮。西山万寿宫作为道教的洞天福地之一得到了朝廷的高度重视，崇拜许真君为主的西山教派名正言顺地成为道教的一大宗派。与此同时，湖南地区与江西的许真君净明道联系更加紧密。南宋时，"真君垂迹，遍于江左湖南北之境，因而为观府，为坛靖者，不可胜计"。宋代的道教北全真派五祖之一的刘海蟾，及其后嗣者金丹派南宗的实际创立者白玉蟾在常德有很深的影响，今常德武陵区丝瓜井和花山即其遗迹。白玉蟾（1194～?）亦"尝息静于（常德城内）报恩观"。另外，白玉蟾在桃源万寿宫也有活动，并留下了《沁园春·题桃源万寿宫》一词。元代，修炼于永州零陵的道士王真人，对道学有较高造诣，元初其修炼处被赐观额"万寿宫"。

明代以降，湖南道教多为正一派的继承者和传播者。随着江西移民大举迁入湖南和江右商帮遍及三湘四水，服贾异地的江西商人把许逊作为赣人赣土的保护神，在迁移地建筑万寿宫，万寿宫及许真君信仰、晏公信仰、萧公信仰也在湖南各地广为传播。湖南地区目前可考的最早的一批万寿宫兴建于明代。如醴陵城南美田桥万寿宫始建于明代中叶，现为道教活动场所。[①] 位于岳阳市河口街万寿宫巷 11 号的万寿宫，亦为明代由江西客民所建，祀许真君。[②] 而湖南湘潭县七都（今韶山市银田镇）万寿宫，始于明代永乐年间江西部分氏族在此定居。明宣德十年（1435 年）建起一座万寿宫（江西会馆），因宫墙为红色，遂称红庙。[③] 如今能考证之万寿宫，广泛分布于枢纽地带和商业发达的市镇，如长沙、浏阳等，这与江西人口的迁移、经商活动关系密切。即便当今认为偏远之湘西山区，如沅水沿岸港口市镇凤凰、泸溪浦市，龙山洗车、里耶，怀化洪江等都有万寿宫的密集分布。进入民国，社会因战乱而动荡，湖南各地的万寿宫和真君信仰受到较大影响，逐渐走向衰落，至解放后或活动逐步停止，或万寿宫移作他用，或万寿宫自行解散。

① 《醴陵县志·建置志·公所》。
② 《巴陵县志》卷十二。
③ 王邦杰主编《湖南古今名胜词典》，湖南科学技术出版社，2010，第 193 页。

目前，湖南各地的万寿宫保存下来的不多，保存完整的更是少之又少，大部分已遭毁坏，或已毁不存址，或尚存但面目全非，或改建他用。能保存下来的、维护较好的已被开发利用，或作为旅游景点，或作为宗教活动场所。据国家宗教事务局公布的《各省市依法登记的佛教道教活动场所基本信息》统计，湖南省内正一派的道教活动宫观共有 733 处，其中属于道教正一派的万寿宫仅有怀化市辰溪县潭湾镇和怀化市会同县若水镇的两所，属于道教正一派的福寿宫和水府庙也分别只有 1 所。

二　湖南万寿宫的存量情况

在此次调查中，笔者首先以章文焕先生所著《万寿宫》[①]一书所载湖南地区 95 所万寿宫为蓝本，辅以《赣文化通典·宋明经济卷》所载"湖南省江西会馆（万寿宫）分布一览"[②]，深入梳理古今地方志、地方文史资料、各地文物保护单位名单和各类专著、专题论文，并结合媒体报道和考察资料，对湖南地区万寿宫（含江西会馆、萧公庙、晏公庙及江西各府县会馆、宾馆）进行梳理统计，湖南地区万寿宫共有 228 所，分布于湖南的 14 个市、州，按照市、州分布数量统计，长沙有 19 所，株洲有 27 所，湘潭有 25 所，岳阳有 19 所，益阳有 12 所，常德有 14 所，娄底有 6 所，衡阳有 9 所，郴州有 8 所，永州有 11 所，邵阳有 6 所，怀化有 29 所，湘西州有 28 所，张家界有 15 所。然而，随着岁月流逝，这 228 所万寿宫现存 22 所，其中保存较为完好、得以开发利用的仅有 11 所，其中 9 所作为文物古迹和旅游景点开放，即望城区靖港镇江西会馆、望城区乔口镇万寿宫、炎陵县十都镇万寿宫、凤凰县沱江镇沙湾万寿宫、保靖县迁陵镇万寿宫、洪江市黔城镇下河街万寿宫、靖州县渠阳镇河街万寿宫、郴州市苏仙区裕后街万寿宫（豫章会馆）、永州市新田县万寿宫。另有 2 所宗教文化功能保持较好的，即醴陵市

---

① 章文焕：《万寿宫》，华夏出版社，2004 年。
② 郑克强主编《赣文化通典·宋明经济卷》，江西人民出版社，2013，第 348～352 页。

沈潭乡美田桥村万寿宫，现为道教活动场所，辰溪县潭湾镇万寿宫（江西会馆），维护较好，香火不绝。其他11所或仅存地基（如株洲县王十万乡万寿宫、辰溪县龙头庵乡万寿宫），或为残墙断壁（如辰溪县辰阳镇万寿宫、会同县万寿宫），或改作他用、面目全非（如桑植县廖家村乡江西会馆）。关于湖南地区228所万寿宫名录，参见文末附表湖南地区万寿宫简况。

三 湖南万寿宫的特点与文化传承

（一）许真君信仰与晏公、萧公信仰紧密联系

湖南与江西山水相连、人文相亲。许逊的故事在湖南的岳阳、湘阴等地也多有流传，故这些地方也多有许真君的遗迹，并形成了许真君信仰。如长沙岳麓山抱黄洞建有许真君庙，据"传古来有道家者流于岩下修炼，丹成，飞升去"[①]，故土人建万寿宫崇祀之。湘阴县北剑滩庙（今位于汨罗市古仑乡渡头村）"祀许真君"，是因"许旌阳斩蛟试剑于石，今裂石犹存，因名其地为剑滩"。[②] 长沙浏阳市与江西接壤，其境内之普迹市因境内原有万寿宫，祀"灵感普济之神"许逊，故名"普济市"，后谐音演变为普迹市，该地并因许真君寿诞演戏酬神5天，在明万历年间形成了一年一度的以集市贸易为主的"八月会"。[③] 此外，晏公信仰和萧公信仰在湖南地区也非常流行，如常德市武陵区有英佑侯庙，"先年商民建之以祀萧晏二神"[④]。娄底市新化县英佑庙，"在县东一里资江之西岸，操舟者祷之辄应"[⑤]。

（二）移民文化与万寿宫的共同发展

湖南与江西地缘相近、人文相亲，其中重要的原因就是历史上江西移民

---

① （清）赵宁修：《岳麓书院志》，《长沙府岳麓志》卷二《山水·旧志抱黄洞图说》，岳麓书社，2012，第208页。
② 《湘阴县图志》卷二十三《典礼志》。
③ 《浏阳县志》卷十二《祀典》；李渔村、李仕铭：《湖南古村镇》，岳麓书院，2009，第266页。
④ 《常德府志》卷一《祠祀志》，《天一阁藏明代方志选刊》第56册，第9页
⑤ 《古今图书集成·职方典》第一千二百二十四卷《宝庆府部·汇考八》

多次迁往湖南地区，成为今日湖南人的主体。谭其骧①等率先对此进行揭示，后葛剑雄②、曹树基③、张国雄④、薛政超⑤的研究也印证和深化了这一结论。从两宋的人口迁移到明代的"江西填湖广"，以及此后的江右商人流向湖南、贵州和云南，这一系列迁移活动加强了江西文化的传播。在此过程中，万寿宫也在湖南各地建立起来。如株洲市株洲县渌口镇豫章会馆（万寿宫），系由江西来的有萍乡李姓（明洪武初迁醴），丰城黄姓、喻姓（洪武初迁醴），曲江张姓［元至正十六年（1365年）迁醴］，萍乡刘姓（明永乐间迁醴），均源欧阳姓（元至正年间迁醴）等建立。⑥邵阳市绥宁县万寿宫也是由明末清初因战乱迁入绥宁县的江西籍人于清朝初年建立的。⑦尤其是在张家界桑植县县城、廖家村、官地坪等地的江西移民，他们不仅建立江西会馆，还会在许仙真君诞辰的时候举行一系列庆祝活动，每年清明、中元、冬至节都集会祀神、会餐。⑧这些江西移民在顽强保留江西风俗的同时，也在湖南地区传播和弘扬万寿宫文化。

（三）万寿宫群与商业文化内涵丰富

明清时期，江西商人在湖南地区广泛活动，其足迹甚至到达三湘四水的大小市镇、偏僻乡村。其中，在湘潭、株洲等大都市和重要商贸市镇，形成了万寿宫建筑群，即一个万寿宫（江西会馆）附近（或内部）含有若干个江西各府县的区域性会馆，如湘潭万寿宫，始于昭山许旌阳祠（又称"旌阳观"），位于湘潭河街之左（即今十总正街），曰"万寿行宫"，故许旌阳

---

① 谭其骧：《湖南人由来考》，《长水集》，人民出版社，2011，第312～375页。
② 葛剑雄：《中国移民史》，福建人民出版社，1997。
③ 曹树基：《湖南人由来新考》，《历史地理》第九辑，上海人民出版社，1991，第114～129页。
④ 张国雄：《明清时期的两湖移民》，陕西人民教育出版社，1995。
⑤ 薛政超：《湖南移民表氏族资料所载湖南移民史料考辑》，中国戏剧出版社，2008；薛政超：《唐宋湖南移民史研究》，中国社会科学出版社，2015。
⑥ 陈纪洋：《古镇渌口》，《株洲文史资料》第5辑，第249页。
⑦ 湖南省绥宁县地方志编纂会：《绥宁县志》，方志出版社，1997，第737页。
⑧ 桑植县地方志编纂委员会编《桑植县志》，海天出版社，2000，第566页。

祠又称"万寿宫"。① 十总江西会馆为湘潭地区江西商人的总馆。在湘潭下属各区、镇，又有规模稍小的万寿宫。如易俗河市、石潭街都有万寿宫；湘潭十八总有仁寿宫，为临江府公所。② 此外，湘潭还有临丰宾馆、吉安宾馆、昭武宾馆、袁州宾馆、禾川宾馆等江西各府县商人会馆。其中昭武宾馆为江西抚州公所。湘潭有俗语"昭武宾馆多冷落，几多老表受贫薄。生意不好烂了皮，背起包袱转江西"。这一俗语的流行也是江西商人行走四方、备尝艰辛的最好见证。③ 株洲醴陵亦有万寿宫群落。株洲市醴陵市万寿宫又名"豫章会馆"，位于县治后街，明建，乾隆年间重修，光绪年间复修。④ 在醴陵县的官寮市、白兔潭、普口市、王仙、枧市、泗纷市、豆田桥、神福市、攸坞、石亭、昭陵、东冲铺、板杉铺、花草桥、渌口市和美田桥等村镇，也都有万寿宫。由此形成了一个以醴陵县城为中心的万寿宫群，构成江西商业活动圈。这种围绕中心城镇形成万寿宫群落的现象，在其他省份是较为少见的。

在江西万寿宫发展的过程中，留下了大量碑刻、记文，记载了江西商人在当地的活动，是研究江右商帮与当地商业文化的宝贵资料。如湖南郴州江西会馆系道光二十一年（1841年）居郴江西籍人士在河街新建，其江西会馆碑文记载："……海禁开，商旅繁，湘赣毗连，谊同唇齿。有识之士，体天朝护商爱民之德意，发睦邻和衷共济之精诚……"碑文所言"海禁开""天朝护商爱民之德意"等，无疑是鸦片战争前后中国典型的社会思潮。随着时代的演进，旅居郴州的吉安人组"吉安会"，安福人组"安福会"。⑤ 而株洲市茶陵县七总街（今洣水街）万寿宫，民国初组织了江陵会，凡在茶陵经商的江西人交一块银圆即可入会。江陵会的主事机构为首士会，江陵会设有义渡会、烧包会、招牌会等，各会各负其责。⑥ 这些不同名目的

① 《湘潭县志》卷十一《货殖》、卷三十二《列传》。
② 《湘潭县志》卷九。
③ 《湘潭县志》。
④ 《醴陵县志·建置志·公所》。
⑤ 郴州市地方志编纂委员会编《郴州市志》，黄山书社，1994，第12页。
⑥ 黄子愚：《略谈茶陵的"江西同乡会"》，《茶陵文史》第7辑，第107页。

"会"，则是江西商人内部组织结构和参加公益事业的见证，是梳理和研究万寿宫与江西商业文化的珍贵资料。

万寿宫还见证了江右商帮经营的产业及其发展历程。如株洲市株洲县有地名"王十万乡"，据传系清乾隆初年，该地有江西王姓人家落户贩卖茶油，该人家家财十万，故名。① 怀化洪江市托口镇万寿宫亦是由江西油商所建。② 娄底市双峰县永丰镇临丰会馆，是民国十四年到十五年（1925～1926年）江西临江、丰城两地商人假药王庙创建。③ 株洲市炎陵县万寿宫为江西樟树人所建，主要经营中药业、金银首饰加工业。④ 这些是江西商人从事药材经营的最好见证。典当业也是江西商人经营的重要行业之一，如在永顺府龙山县洗车河镇，最早胡元兴在东下街开"天成升号"，日收斗银，遂使刘姓、王姓、张姓等开店立号皆成大富，雍正年间，建江西会馆。⑤

（四）江右戏曲文化与湖南地域文化融合

江西商人将万寿宫文化带至湖南各地的同时，也将江西的戏曲文化带到湖南。其表现之一就是在江西会馆建立规模宏大、华丽的戏台，以彰显江西文化。如常德石门县磨市万寿宫，其戏楼有对联曰"乐管弦，十二律，歌打鼓唱，束带整冠，俨然君臣父子；合上下，千百年，会意传神，停声乐止，谁是儿女夫妻"⑥。这正是戏曲文化的反映。郴州市桂阳县万寿宫，馆内建有戏台，龙凤花鸟，雕刻精致，油漆彩绘，富丽堂皇，戏台有"风歌雅韵"匾额，民国年间，曾一度被辟为戏园，售票演出。⑦ 江西旅益同乡会在益阳头堡建成的万寿宫有六进九个戏台，雄冠益阳其他建筑。在这种戏曲交流的过程中，江西的弋阳腔等地方戏种还与湖南本土文化相结合，形成新

---

① 彭雪开：《株洲古今地名源流考释》，中南大学出版社，2013，第557页
② 湖南省戏曲研究所编《湖南地方剧种志丛书》（二），湖南文艺出版社，1989，第193页。
③ 张海涛：《永丰万寿宫》，《双峰文史资料》第3辑，第137页。
④ 段忠琳、罗森云：《酃县商会片断》，《酃县文史资料》第1辑，第142页。
⑤ 李渔村、李仕铭：《湖南古村镇》，中南大学出版社，2009，第513页。
⑥ 李渔村、李仕铭：《湖南古村镇》，中南大学出版社，2009，第344页。
⑦ 湖南省戏曲研究所编《湖南地方剧种志丛书》（四），湖南文艺出版社，1990，第480页。

的艺术形式。江西人在湘西泸溪县浦市建立万寿宫，为祭祀和酬神，在馆内正殿和财神殿前各建戏台一座。明末江西弋阳曾氏兄弟弃官避乱于浦市，在万寿宫授徒教唱弋阳高腔。浦市的道教与佛教中的道士和法士因此而受启发，逐渐形成现在的辰河戏。浦市办有授徒传艺之所，为辰、沅、溆各地培养了不少表演人才。这些人学成之后回当地教戏，从此形成辰河戏流派。[①]

四 湖南万寿宫发展的对策建议

（一）加强对万寿宫古建筑的保护

湖南地区现存的万寿宫古建筑以古祠堂、古庙宇等公用房屋为多数，也有部分为古民居（农民私人住房）。对属于各级文物保护单位或文物保护点的古建筑，应以《中华人民共和国文物保护法》等法律法规为依据，加强保护。如靖州万寿宫系明代老建筑，清乾隆初改建为江西会馆。1997年，靖州县委、县人民政府启动河街旧城改造工程，从保护文物的角度保留万寿宫这一古建筑。1998年靖州县人民政府行文公布万寿宫为县级文物保护单位。而怀化黔阳万寿宫，虽然在2009年被列为怀化市级文物保护单位，但由于年久失修，现戏楼多处漏雨，门柱多处腐朽霉烂，破烂不堪，保护状况堪忧。在万寿宫的修复中，要坚持不改变建筑原貌，修旧如旧，坚持做到不拆真遗存、不建假古董。每个会馆都有它独特的历史以及文化内涵，在修缮时要保存原来的建筑形制、建筑结构、建筑材料和工艺技术。此外，修复的会馆在内容上也应呈现原有的姿态，在专业部门的指导下，防止在古建筑的维修中改变其结构或外观，否则使一些古建筑的历史文化信息丢失。

对于未列入文物保护点的万寿宫古建筑，也应宣传教育先行，让市民充分了解万寿宫现状，增强群众的保护意识。对于散落在农村各处的万寿宫，即便目前还难以开发其文化价值，有条件的地方可以不同程度地尝试将其作

---

① 杨铭华编著《湘西，那水边的风景》，青海人民出版社，2005，第112页；湘西土家族苗族自治州地方志编委会：《湘西土家族苗族自治州志丛书文化志》，湖南出版社，1996，第109页。

为古村落文化旅游资源进行开发，或者作为村落文化活动中心，将万寿宫古建筑保护好、利用好。开发利用古村落文化，既能展示地方优秀的传统文化，丰富农村的文化生活，又能造就农村的文化产业，发展农村经济。

此外，对万寿宫的保护，要充分予以重视，坚持规划先行。如怀化市洪江市托口镇是大湘西的一座古镇，建有八大祠堂和四大会馆（含江西会馆），因2014年托口水电站下闸蓄水，这个因沅水而生的千年古镇永沉江底。而在托口新镇开发建设中没有恢复古建筑和老街道计划，因此，大量古建筑材料被外地商贩整车运走，古建筑惨遭灭顶之灾，去向不明。与时间赛跑，保护万寿宫古建筑、抢救宝贵的历史文化资源已经变得刻不容缓。

（二）加强对万寿宫历史文化的研究

明清时期的万寿宫古建现已十不存一，更多的已经湮没在尘埃之中。为此，必须加强对万寿宫历史文化的研究，"让收藏在禁宫里的文物、陈列在广阔大地上的遗产、书写在古籍里的文字都活起来"，重点围绕万寿宫的历史变迁和重要人物、重要历史事件进行充分挖掘，以丰富其内涵。如湘潭十总正街万寿宫，"修饰辄用十万金"，也曾于嘉庆十四年（1809年）发生过江西、湖南商人械斗这一震惊朝野的重大事件，但学界对事件的研究并不多。常德津市的昭武会馆，系明代华阳王别业，清康熙年间被江西商人王采兰等用来建立抚州同乡会，内祀旌阳许真君，后更名为昭武会馆。光绪三十年（1904年），芬兰传教士曾在会馆里举办津兰学堂庆典。[1] 在研究万寿宫历史文化的同时，可以对这些相关的人物、事件进行重点研究，讲出江西万寿宫的精彩故事。同样，作为旅游热点城市的湖南凤凰，其沙湾江西会馆虽已作为旅游景点，旅游者可以对其修建、扩建的脉络有所了解，却缺少对陈渠珍在凤凰开办银行，在万寿宫内设立印钞厂、设立"凤、麻、沪三县剿匪指挥部"、办织布厂、开办豫章小学等历史的深入介绍，因此降低了万寿宫的吸引力，削弱了其影响力。[2] 为此，

---

① 裴国昌主编《中国名胜楹联大辞典》，中国旅游出版社，1993，第923页。

② 裴庆光、熊良忠：《凤凰万寿宫纪事》，《凤凰文史资料》第1辑，第229~230页；凤凰县建设志编纂委员会《凤凰县建设志》，中国建筑工业出版社，1993，第346页。

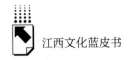

加强万寿宫历史文化研究，深入挖掘其中的典型故事和生动历史细节，成为讲好万寿宫故事、传承万寿宫文化的重要内容。万寿宫文化浩如烟海，博大精深，是中国传统文化的瑰宝，继承弘扬万寿宫文化，是当代江西人的历史使命，更是一项与保护万寿宫历史建筑同样重要的任务。

（三）对具备宗教功能的万寿宫进行"活态保护"

湖南地区目前保持宗教功能的万寿宫数量并不多。历史上供奉许真君的净明道场万寿宫，如株洲醴陵市沈潭镇美田桥万寿宫和醴陵市白兔潭白市万寿宫，现已成为道教全真派登记的活动场所。可以说，湖南地区历史上广泛分布的万寿宫现今已经屈指可数、凋零殆尽。另外，如长沙市望城区乔口镇万寿宫道观，虽然早在 2012 年 6 月就已举行万寿宫落成暨圣像开光庆典仪式，且目前该万寿宫内仍然供奉许真君，但由正一派道士担任住持，且并未在国家宗教事务局公布的道教活动场所名单之中，其活动尚需进一步规范。醴陵市美田桥万寿宫所祀神像，照例仍是传说中斩孽龙、为民除害的许真君，每年农历二月十八日和八月十二日，传说是真君老爷生日和得道升飞之辰，也是周围十里六村迎神赛会、燃香祭拜的庙会节日，这些活动具有教化功能。① 2016 年 10 月，由湖南省道教协会主办的首届正一派传度活动在溆浦水东船山玉皇宫举行。这也是 1985 年成立湖南省道教协会以来，全省第一次举办正一派传度活动，开创了湖南省道教史新篇章。② 江西西山万寿宫作为净明道祖庭，在面对湖南地区众多的信众、虔诚的信仰时，应该发挥积极作用。

（四）深入推进湘赣携手合作，盘活万寿宫文化资源

湘赣山水相连、人文相通，两省交流合作基础良好。当前，泛珠江区域合作面临"一带一路"建设、长江经济带建设、粤港澳大湾区建设等重要战

---

① 丁水生：《美田桥：吴楚边村古韵悠悠》，株洲社科网，http：//www.zzsskl.gov.cn/? thread - 1436 - 1. html。

② 杨江龙： 《湖南首届正一派传度活动在溆浦船山玉皇宫举行》，道教之音，http：// www. daoisms. org/article/sort028/info - 25886. html？ 1476692131。

略机遇，在众多领域取得了良好的成果，为开创湘赣双方合作新局面发挥了积极作用。在文化交流方面，湖南省和江西省双方也有拓展和提升的空间。具体而言，双方的高校和文物、宗教部门可以加强合作，可以围绕万寿宫的历史与文化、万寿宫的保护与开发利用、万寿宫文化与净明道的传播等问题，通过各种调研、考察、会议、课题等方式加强沟通与合作。当前，湖南地区的一些万寿宫文化已经得到较好的保护与传承，如为不断提升浦市古镇旅游的文化内涵、文化品位和魅力指数，泸溪县对浦市文化现象进行挖掘、整理，为传承辰河戏文化，泸溪开设传承所，成立戏剧家协会，修缮万寿宫供游客专门观看辰河戏。如今，浦市成为一座有"腔调"的千年古镇。[①] 南岳古镇南街万寿宫古戏台，最初隶属于明代在南岳的江西会馆，此戏台记录着南岳戏曲文化百年兴衰沉浮，凝聚了当地儒释道、民俗和戏曲艺术的精华，于2017年2月重新开台，百年戏台再现昔日辉煌，为南岳庙会添民俗，助推南岳区全域旅游。在确保建筑安全的情况下，将万寿宫作为景观和游赏对象，不仅可以丰富城市文化内涵，提高城市文化品位，还能拉动第三产业的发展。

在道教与万寿宫文化参与社会活动方面，湖南地区的做法也值得借鉴。湖南省道教协会依托南岳大庙万寿宫，成立湖南道教书画院，[②] 组建湖南道教经乐团，以恢复和弘扬道教传统全真、正一韵为己任，推动道教科仪与高雅艺术的融合与发展，赴澳参加了"澳湘道教音乐欣赏会"，喜获成功。同时，益阳市成立梅山道教文化研究院，南岳大庙开办玄门讲堂[③]，南岳坤道学院、中南大学道学国际传播学院、马来西亚道教学院结成友好学院，已签订合作意向书。[④] 湖南省道教协会的种种做法值得江西地区的宗教、旅游部门学习和借鉴。

---

① 龙莹：《当旅游插上文化的翅膀》，湖南省旅发委官网新闻，http://lyj.hunan.gov.cn/xxgk_71423/gzdt/mtjj/201609/t20160914_3263015.html。

② 贵德：《湖南道教书画院成立暨书画作品展在南岳大庙万寿宫举行》，道教之音，http://www.daoisms.org/shuhua/info-18542.html

③ 黄至安道长：《湖南省道教协会2016年工作总结及2017年工作计划》，道德之音，http://www.daoisms.org/article/sort028/info-27643.html。

④ 黄至安道长：《湖南省道教协会2016年工作总结及2017年工作计划》，道德之音，http://www.daoisms.org/article/sort028/info-27643.html。

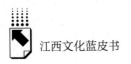

附表　湖南地区万寿宫简况

单位：个

市州（数量）	宫观名号	文献记载	文献来源及版本信息	地址	现所属地	备注
长沙（19）	万寿宫	顺治四年讼后收回，有真君殿、戏楼等	光绪《善化县志》卷三十《祠庙》	十一铜铺街	长沙市天心区铜铺	
	仁寿宫	祀萧公，附药王神位	光绪《善化县志》卷三十《祠庙》	十一铺黎家坡口	长沙市天心区	
	许真君庙	土人建万寿宫、崇真观	《岳麓书院志》，引《长沙府岳麓志》卷二《山水·旧志抱黄洞图说》，第208页	岳麓山报黄洞下	长沙市	明末毁于战乱，已成为岳麓书院一部分
	萧公庙	同治初年重修	嘉庆《长沙县志》卷六《水利》		长沙市	
	万寿宫	乾隆嘉庆始	《榔梨的江西帮》，《长沙县文史资料》第六辑	下正街原恒昌铺内	长沙县榔梨镇	有碑，20世纪90年代拆除
	江西会馆	民国办豫章小学	《靖港话旧》，《望城文史》第4辑，第123页	靖港保安街	望城区靖港镇	2010年重修
	万寿宫	清乾隆十三年江西帮林、谢、敖三姓合建，祀许真君	唐之享、周鼎安《这就是长沙》，第496页	望城乔口镇	望城区乔口镇乔口社区	江西会馆2011年重建
	真君庙	光绪末建	光绪《宁乡县志》	县南二十里	宁乡市	
	万寿宫	康熙三十一年建	《解放前宁乡的行帮会馆》，《宁乡文史》第7辑，第155页	玉潭镇城厢大西门	宁乡市玉潭镇	江西会馆
	南昌会馆	乾隆四十四年建	《解放前宁乡的行帮会馆》，《宁乡文史》第7辑，第155页	玉潭镇北正街	宁乡市玉潭镇	
	万寿宫		同治《善化县志》卷三十一《祠庙、会馆》	黄村下市	宁乡市黄材镇	
	许祖行宫	江右客民建	康熙《浏阳县志》卷十四《拾遗志》	县治东关外	浏阳市	许真君庙
	许真君庙	原庙毁，嘉庆二十一年重建被止，存西偏	同治《浏阳县志》卷十二《祀典》	南城外	浏阳市	万寿宫

续表

市州（数量）	宫观名号	文献记载	文献来源及版本信息	地址	现所属地	备注
长沙（19）	许真君庙	众姓建	同治《浏阳县志》卷十二《祀典》	陈家坊	浏阳市	
	许真君庙		同治《浏阳县志》卷十二《祀典》	高坪	浏阳市	
	许真君祠	祀"灵感普济之神"许逊，有"八月会"酬神	同治《浏阳县志》卷十二《祀典》	普迹市	浏阳市普迹市	
	许真君庙		同治《浏阳县志》卷十二《祀典》	张家坊	浏阳市张坊镇	
	万寿宫	雍正五年建。道光建观音阁。光绪三年重修	《湖南省浏阳市大围山镇志1922~2002年》	大围山东门市大溪河边上街头	浏阳市大围山镇东门市上街头	主体尚存，已作他用
	许真君祠		同治《浏阳县志》卷十二《祀典》	振冲市	浏阳市枨冲镇	
株洲（27）	万寿宫	乾隆初，江西人建。嘉庆壬申年重建	《株洲古今地名源流考释》，第557页	正街中心处	株洲县王十万乡	遗址尚存
	豫章会馆	"西帮"建	《古镇渌口》，《株洲文史资料》第5辑，第249页	五总官码头附近	株洲县渌口镇	万寿宫
	万寿宫	明建，乾隆重修，光绪复修	民国《醴陵县志·建置志·公所》，第26页	县志后街	醴陵市	豫章会馆
	万寿宫		民国《醴陵县志·建置志·公所》	治东官寮市，距城70里	醴陵市	
	万寿宫		民国《醴陵县志·建置志·公所》	治东白兔潭，距城60里	醴陵市	
	万寿宫		民国《醴陵县志·建置志·公所》	治东普口市，距城45里	醴陵市	
	万寿宫		民国《醴陵县志·建置志·公所》	治东王仙，距城30里	醴陵市	
	万寿宫		民国《醴陵县志·建置志·公所》	治东枧市，距城30里	醴陵市	

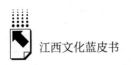
续表

市州 （数量）	宫观名号	文献记载	文献来源及版本信息	地址	现所属地	备注
株洲 （27）	万寿宫		民国《醴陵县志·建置志·公所》	治南泗纷市，距城30里	醴陵市	
	万寿宫		民国《醴陵县志·建置志·公所》	治南豆田桥，距城28里	醴陵市	
	万寿宫		民国《醴陵县志·建置志·公所》	治西神福市，距城45里	醴陵市	
	万寿宫		民国《醴陵县志·建置志·公所》	治西攸坞，距城45里	醴陵市	
	万寿宫		民国《醴陵县志·建置志·公所》	治西石亭，距城60里	醴陵市	
	万寿宫		民国《醴陵县志·建置志·公所》	治西昭陵，距城90里	醴陵市	
	万寿宫		民国《醴陵县志·建置志·公所》	治北东冲铺，距城30里	醴陵市	
	万寿宫		民国《醴陵县志·建置志·公所》	治北板杉铺，距城20里	醴陵市	
	万寿宫		民国《醴陵县志·建置志·公所》	治北花草桥，距城30里	醴陵市	
	万寿宫		民国《醴陵县志·建置志·公所》	治北渌口市。距城90里	醴陵市	
	万寿宫	明中建	民国《醴陵县志·建置志·公所》	治南美田桥，距城50里	醴陵市沈潭乡美田桥村	现为道教活动场所
	万寿宫	江西铺商建	同治《攸县志》卷二十七《寺观》	坐民都新市	攸县	江西会馆

续表

市州（数量）	宫观名号	文献记载	文献来源及版本信息	地址	现所属地	备注
株洲（27）	万寿宫	康熙四十六年建，奉许真君。乾隆复修。有豫章学校	同治《攸县志》卷二十七《寺观》	北城内	攸县	
	万寿宫	顺治建。民国初名江陵会。1938建豫章小学	《略谈茶陵的"江西同乡会"》，《茶陵文史》第7辑，第107页	县城外七总街（洣水街）	茶陵县	
	万寿宫	主营国药业、加工业，每年两次祭祀、聚会	同治《酃县志》卷五《祠庙》；《酃县商会片断》，《酃县文史资料》第1辑，第142页	南城内	炎陵县	
	晏公庙	晏公潭右有晏公庙	同治《酃县志》卷三《山川》	西六里	炎陵县	
	万寿宫			四都鹿庄	炎陵县	
	万寿宫	乾隆建。嘉庆十三年修。道光十六年重修	同治《酃县志》卷五《祠庙》	十二都沔陵	炎陵县	
	万寿宫	晚清祠堂式建筑。朱德、毛泽东首晤旧址	《株洲市志》第十三册《教科文》，第406页	十都圩东	炎陵县十都镇	2015年重修
湘潭（25）	万寿宫	官商共建	光绪《湘潭县志》	十二都易俗河市	湘潭市	
	万寿宫	官商共建	光绪《湘潭县志》	十七都石潭街	湘潭市	
	仁寿宫	临江府公所	乾隆《湘潭县志》卷九《祀典志》	十八总	湘潭市	江神祠
	临丰宾馆	临江、丰城县公所	光绪《湘潭县志》	十一总	湘潭市	
	富城宾馆		《日本驻长沙领事馆辖区内情况的报告（五）》，《长沙文史第十九辑》，第208页		湘潭市	
	吉安宾馆		《日本驻长沙领事馆辖区内情况的报告（五）》，《长沙文史第十九辑》，第208页		湘潭市	

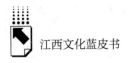

市州（数量）	宫观名号	文献记载	文献来源及版本信息	地址	现所属地	备注
湘潭（25）	安城宾馆	安福县公所，有记	光绪《湘潭县志》	篾竹街	湘潭市	
	石阳宾馆	庐陵县公所，乾隆建，光绪六年重修有记	光绪《湘潭县志》	十五总后街	湘潭市	
	袁州宾馆	袁州公所	光绪《湘潭县志》	梧桐街	湘潭市	
	禾川宾馆	永新公所	光绪《湘潭县志》	梧桐街	湘潭市	
	琴川宾馆	莲花厅公所	光绪《湘潭县志》	十六总后街	湘潭市	
	西昌宾馆	太和公所，有记	光绪《湘潭县志》	琴川馆旁	湘潭市	
	六一庵		光绪《湘潭县志》	十六总	湘潭市	
	普度庵	并江西省公所	光绪《湘潭县志》		湘潭市	
	财神殿	江西广货行公所	光绪《湘潭县志》	黄龙巷	湘潭市	
	万寿宫	始于许旌阳祠（旌阳观）。顺治七年重建。有《锅行承差办法布告》碑	《湘潭市志9（下）》，中国文史出版社，1997，第146页	十总平政路	湘潭市雨湖区十总正街	省级文物保护单位
	昭武宾馆	抚州公所	光绪《湘潭县志》	十总平政路	湘潭市雨湖区十总正街	
	晏公庙		光绪《湘潭县志》	十二都犁头觜	湘潭市雨湖区长城乡犁头村	
	晏公庙		《湘潭县文史》第三辑，第278页	大垅铺	湘潭县	
	万寿宫	江西商人建，每年两祭	《湘潭县文史》第三辑，第278页	姜畬横街西边	湘潭市雨湖区姜畬镇	"文革"时被拆毁
	万寿宫	嘉庆二十年建，1950年毁	《湘潭县文史》第四辑	花石市正街	湘潭市湘潭县花石镇	

续表

市州（数量）	宫观名号	文献记载	文献来源及版本信息	地址	现所属地	备注
湘潭（25）	万寿宫	宣德十年建，又称红庙	《湖南古今名胜词典》，第193页	湘潭县七都	韶山市银田	
	万寿宫	道光建。民国办旅涟小学、乙种女子师范学校	同治《湘乡县志》卷二十三《方外》；《湘乡社会力量办学史话》，《湘乡文史》第九辑	正街贺宅	湘乡市	
	江西会馆	豫章人建	光绪《湘乡县志》	十九都	湘乡市	
	江西会馆	民国创赣源小学	《湘乡社会力量办学史话》，《湘乡文史》第九辑	杨家滩	湘乡市	
衡阳（9）	万寿宫		乾隆《衡州府志》卷二十八《寺观》	柴埠门外	衡阳市	
	仁寿宫	乾隆十九年江西临江府众姓捐建	乾隆《清泉县志》卷五《营建志下·坛壝》	清泉县潇湘门雍和坊	衡阳市	
	万寿宫	祀许逊，崇祯五年建，康熙中修，乾隆十九年续修	乾隆《衡州府志》卷二十八《寺观》	城南新街	衡南县	
	万寿宫	康熙十八年建，乾隆二十五年修。江西庐陵众商建	乾隆《清泉县志》卷五《营建志下·坛壝》	清泉县宾日门外	衡南县	
	万寿寺		光绪《衡山县志》卷35《寺观》	福严寺旁	衡山县	
	万寿宫	嘉庆元年建，光绪二十二年重建	《常宁万寿宫及江西同乡会》，《常宁文史资料》第3辑	县城白衙口	常宁市	
	万寿宫	吉安人建，又称庐陵会馆	《常宁万寿宫及江西同乡会》，《常宁文史资料》第3辑	城内	常宁市	
	万寿宫	原建湘山寺后。道光十一年建，咸丰十年重修	同治《常宁县志》卷二《宫庙》	治北学宫左侧	常宁市	
	万寿宫	明建，"文革"古戏台遭破坏		南岳庙前	衡阳市南岳区南岳古镇南街	2017年重修古戏台

市州（数量）	宫观名号	文献记载	文献来源及版本信息	地址	现所属地	备注
岳阳（19）	万寿宫	明建，祀许逊，有吴獬撰联	光绪《巴陵县志》卷十二《建置志》	附郭南	岳阳市河口街	真君宫，江西会馆
	真君观		光绪《巴陵县志》卷十二《建置志》	县东百七十里	岳阳市	
	铁树宫	万寿宫江西客民建	光绪《华容县志》卷三《祠庙》	华容县	华容县	
	三神堂	原奉赵昱，宣德配五显、晏公号"三神"	光绪《华容县志》卷十五《志余》	石门山	华容县	
	萧公殿		同治《临湘县志》卷三《建置志》	楠木冲（株木冲）	临湘市	
	万寿宫	民国重建。系第一次长沙会战设立抗战司令部	《新市镇工商经济史话》《汨罗文史资料》第1辑，第74页	新市镇上市街	汨罗市	
	万寿宫	同治建，民国办旅平小学	《湖南古村镇·平江县长寿镇》，岳麓书院，2009，第304页	平江县长寿镇	平江县长寿镇	
	许真君庙	康熙建，祀许逊，乾隆四十六年增修，嘉庆十五年重修	乾隆《平江县志》卷二十八《祀典志二》	上西街	平江县	
	剑滩庙	祀许逊，"许斩蛟试剑于石，石犹存，故名剑滩"	光绪《湘阴县图志》卷二十三《典礼志》	北约一百一十里	汨罗市古仑乡渡头村	
	万寿宫		光绪《湘阴县图志》卷二十三《典礼志》	河塘市	湘阴县	
	万寿宫		光绪《湘阴县图志》卷二十三《典礼志》	城隍庙东	湘阴县	
	万寿宫		光绪《湘阴县图志》卷二十三《典礼志》	新市	湘阴县	
	萧公庙		光绪《湘阴县图志》卷二十三《典礼志》	南约十五里枫山塅	湘阴县	

市州（数量）	宫观名号	文献记载	文献来源及版本信息	地址	现所属地	备注
岳阳（19）	水府庙		光绪《湘阴县图志》卷二十三《典礼志》	县南白云峰	湘阴县	
	水府庙		光绪《湘阴县图志》卷二十三《典礼志》	县东二十里黄石滩	湘阴县	
	晏公庙	旧名水府庙,祀晏公	光绪《湘阴县图志》卷二十三《典礼志》	县南湾河口飞来寺	湘阴县	
	晏公庙	祀水神	光绪《湘阴县图志》卷二十三《典礼志》	县东六十里源塘冲	湘阴县	
	关山祠	祀平浪王,径易晏公封号为王	光绪《湘阴县图志》卷二十三《典礼志》	县北苏家山	湘阴县	
	水府庙	徐晏庙,合祀二神	光绪《湘阴县图志》卷二十三《典礼志》	城西濒江	湘阴县	
益阳（12）	万寿宫	有戏楼,民国初逐毁	《湖南戏曲志简编》,第348页	益阳市鹅阳池地段	益阳市	现为民房
	万寿宫	清后建,祀许仙	郭学仁:《湖南传统会馆研究》,第17页	益阳大厦	益阳市	
	晏公庙	祀晏公	余大常:《清代湖南祠神信仰的地域考察》,第45页	七里新桥观	益阳市资阳区新桥河镇	
	万寿宫	康熙五十八年增修。民国办"沅江私立豫章小学校"、维新小学校	嘉庆《沅江县志》卷十三《秩祀志．祠庙》		沅江市	
	万寿宫	咸丰元年立	《南县志》,湖南人民出版社,1988,第373页	南县	南县	
	万寿宫	江西商人组行会,农历四月二十八日聚宫祭祀	《桃江县志》,中国社会出版社,1993,第534页	桃江县	桃江县	
	万寿宫		《桃江文史资料》第4辑,第110页	马迹塘镇	桃江县	马迹塘镇卫生院
	万寿宫		郭学仁:《湖南传统会馆研究》,第17页	梅城镇十字街北门弄子东侧	安化县	

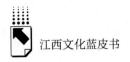

续表

市州（数量）	宫观名号	文献记载	文献来源及版本信息	地址	现所属地	备注
益阳（12）	万寿宫		郭学仁：《湖南传统会馆研究》，第17页	小淹镇胜利街	安化县	
	万寿宫		郭学仁：《湖南传统会馆研究》，第17页	大福镇	安化县	
	水府庙	祀许逊	同治《湘乡县志》卷二十三《方外》	城东南约一百二十里丰乐乡	安化县	
	水府庙	咸丰资江大水，许逊像浮水中不去，人立祠祀之	同治《湘乡县志》卷二十三《方外》	县西北三都湾渡潭	安化县	
邵阳（6）	万寿宫	旧在城东墙下，道光移东山寺左，祀许逊。咸丰九年毁	道光《宝庆府志》卷八十八；《邵阳市志》，湖南人民出版社，1997，第570页	东山寺左	邵阳市	
	水府庙	顺治建，祀英佑侯	康熙《宝庆府志》卷十六《秩祀志》，北图版第37册，第379页		邵阳市	
	万寿宫会馆	清末民初建	《洞口县志》，中国文史出版社，1992，第691页	石江	洞口县石江镇	
	万寿宫会馆	清末民初建	《洞口县志》，中国文史出版社，1992，第691页	高沙	洞口县高沙镇	
	万寿宫	清初建，民国衰落	《绥宁县志》，方志出版社，1997，第737页	在苏家巷	绥宁县	江西同乡会馆
	水府庙	萧公与陈、马二公同祠	道光《宝庆府志》卷八十八《礼书二》	东二里	新宁县	
常德（14）	英佑侯庙	祀萧晏二公	嘉靖《常德府志》卷一《祠祀志》，天一阁选刊第56册，第9页	东门外	常德市武陵区	
	英佑侯庙	祀萧晏二公	嘉靖《常德府志》卷一《祠祀志》，天一阁选刊第56册，第9页	清泥湾	常德市武陵区	
	铁柱宫	江西客民建	民国《澧县志》	澧州	临澧县	万寿宫
	万寿宫		同治《直隶澧州志》卷十四《祠庙志·寺观》	南门外下街中段升平街	临澧县合口镇澧阳村	江右会馆

市州（数量）	宫观名号	文献记载	文献来源及版本信息	地址	现所属地	备注
常德（14）	万寿宫		同治《直隶澧州志》卷十四《祠庙志·寺观》	新安市	临澧县新安镇	
	万寿观		同治《直隶澧州志》卷十四《祠庙志·寺观》	县市	石门县	抚州会馆
	万寿宫		嘉庆《石门县志》卷二十七《寺庙》	县治东15里易家渡	石门县	江右会馆
	万寿宫	嘉庆初建	同治《澧州志》	仙阳坪	石门县	
	万寿宫	江西商旅修，戏楼有对联	《湖南古村镇·石门县磨岗隘镇》，岳麓书院，2009，第344页	石门县磨岗隘	石门县磨市镇	江西会馆
	江西会馆	康熙元年建。民国十七年春江西会馆创办豫章小学，校长余同卿	《津市志》，教育科学出版社，1993，第542页		津市市	万寿宫
	昭武会馆	康熙建。祀许逊，后更名昭武会馆，系抚州同乡会，光绪三十年，芬兰传教士举办庆典	《中国名胜楹联大辞典》，中国旅游出版社，1993，第923页	皇姑山东麓	津市市	
	江西会馆	咸丰建	《津市文史》第四辑	澧州	津市市	
	豫章会馆	民国三十一年春，豫章会馆创办吉州半日学校	《津市志》，教育科学出版社，1993，第542页		津市市	
	万寿宫	江西会馆	民国《安乡县志》	西门	安乡县	
湘西州（28）	旌阳庙	江西客民建，祀许逊	乾隆《辰州府志》卷十八《坛庙考》	城东土垣内	吉首市	水府庙
	万寿宫	明末清初建，有戏台	乾隆《辰州府志》卷十八《坛庙考》	浦市河街	泸溪县浦市镇	江西会馆、水府庙，现为浦市小学
	水府庙	江西客民建，祀许逊	乾隆《辰州府志》卷十八《坛庙考》	城东二里	凤凰县	旌阳庙

续表

市州（数量）	宫观名号	文献记载	文献来源及版本信息	地址	现所属地	备注
湘西州(28)	万寿宫		凤凰县文物管理局：《万寿宫建筑群》，第3页		凤凰县阿拉镇	
	万寿宫		凤凰县文物管理局：《万寿宫建筑群》，第3页		凤凰县阿拉镇黄丝桥村	
	万寿宫	清嘉庆后建	《凤凰县建设志》，中国建筑工业出版社，1993，第350页	城东北四十五里得胜营	湘西州凤凰县吉信镇	
	江西会馆	乾隆二十年建。咸丰四年续建。民国设印钞厂、豫章小学	乾隆《辰州府志》卷十八《坛庙考》；《凤凰县建设志》，第346页	沱江岸边	凤凰县沱江镇沙湾	已修作旅游景点
	江西会馆	清末建，有观音堂	《佛烛红泪——古丈县佛教的兴衰》，《湘西文史资料》第5辑	县城	古丈县	
	万寿宫	清光绪年间，江西商人集资建	《花垣县志》，三联书店，1993，第596页	县城老正街	花垣县	江西会馆，"文革"破坏殆尽，基址为五金厂
	万寿宫	清末民初建	《花垣县志》，三联书店，1993，第596页	茶峒	花垣县边城镇	旧址现为"中国边城百家书法园"
	万寿宫	清末民初建	《花垣县志》，三联书店，1993，第596页	吉峒坪	花垣县	已改建民房
	万寿宫	始建年代不详，嘉庆六年重修，同治十三年和民国二十年两次维修	同治《保靖县志》卷六《寺观》；《中国文物地图集湖南分册》，第398页	保靖县迁陵镇老十字街西水河边	保靖县	江西庙，豫章会馆。现存真君殿及观音堂
	江西庙		同治《保靖县志》卷六《寺观》	十三都芭茅寨	保靖县	

市州（数量）	宫观名号	文献记载	文献来源及版本信息	地址	现所属地	备注
湘西州(28)	江西庙		同治《保靖县志》卷六《寺观》	十二都里耶	湘西州保靖县	
	江西庙	清同治十年以后	《毛沟镇》，《湘西文史资料》第22～23辑	九都茅沟寨永和场	保靖县毛沟镇永和村	
	许真君庙	乾隆建，嘉庆二十三年重修	同治《永顺府志》卷五	东门外	永顺县	
	许真君庙	江西人建	同治《永顺府志》卷五	城南	永顺县	
	万寿宫	乾隆建，光绪二十四年设育婴堂	《湘西州文化志》，第109页	城东门外坡子街	永顺县	江西会馆
	许真君庙	江西会馆	同治《永顺府志》卷五《典礼补编》	王村河马头上	永顺县王村镇	
	万寿宫		光绪《龙山县志》卷十《祠祀（下）·寺观》	农车塘	龙山县	
	万寿宫		光绪《龙山县志》卷十《祠祀（下）·寺观》	辰旗里汝池河	龙山县	
	万寿宫		光绪《龙山县志》卷十《祠祀（下）·寺观》	他沙里招头寨	龙山县	
	万寿宫		光绪《龙山县志》卷十《祠祀（下）·寺观》	明溪里茅长坪	龙山县	
	万寿宫	雍正建	《湖南古村镇·龙山县洗车河镇》，岳麓书院，2009，第513页	洗车河镇	龙山县	江西会馆
	万寿宫	祀许逊，江西人建	光绪《龙山县志》卷十《寺观》	城南	龙山县	
	万寿行宫	同治元年建	光绪《龙山县志》卷十《寺观》	县城东	龙山县	
	万寿宫		光绪《龙山县志》卷十《祠祀（下）·寺观》	董补里红岩溪	龙山县红岩溪镇	
	万寿宫	咸丰建，民国重修	《湖南古村镇·龙山县里耶镇》，岳麓书院，2009，第494页	万寿街中部	龙山县里耶镇	拟原址恢复

续表

市州（数量）	宫观名号	文献记载	文献来源及版本信息	地址	现所属地	备注
娄底（6）	万寿宫	祀许逊，江西客民建	同治《新化县志》卷十三《祠祀》	东门外	新化县	
	英佑庙	明成化建	《古今图书集成·职方典》第一千二百二十四卷《宝庆府部·汇考八》	县东	新化县	
	水府庙		道光《宝庆府志》卷八十八《礼书二》	北五里游家湾	新化县	
	水府庙		道光《宝庆府志》卷八十八《礼书二》	西南	新化县	
	临丰会馆	民国十四年到十五年建	《永丰万寿宫》，《双峰文史资料》第二辑，第137页	永丰市	双峰县永丰镇	
	万寿宫	同治建，民国十五年办"赣垣小学"	《永丰万寿宫》，《双峰文史资料》第二辑，第137页	永丰市	双峰县永丰镇	
怀化（29）	万寿宫	清末建，有戏台，1956年冬毁，有两碑	《湖南地方剧种志丛书》（一），湖南文艺出版社，1989，第193页	托口老街中段	洪江市托口镇老街	2011年拆除，2014年因修水库沉没
	万寿宫	道光二十四年建，同治十二年癸酉十一月重修。光绪元年续建	《湖湘文化述要》，湖南人民出版社，2013，第613页	黔城镇下河街	洪江市	江西会馆，主体尚存
	江西会馆	康熙十五年建；有戏台；民国创办赣才中学	《洪江市志》，三联书店，1994，第401页	大河边万寿正街	洪江市洪江区	
	万寿宫	江西会馆，嘉庆七年建，咸丰毁	光绪《会同县志》卷十三《形胜志·宫馆》	县城南门外左	会同县	存门墙
	江西会馆	原在洪江码头，康熙十五年移建大河边桅杆坪	《会同会馆点滴录》，《会同文史资料》第五辑，第82页		会同县	
	万寿宫	康熙丙辰年建	光绪《会同县志》卷十三《形胜志·宫馆》	洪江大河边	会同县	
	洞庭宫	南昌府会馆，南昌府人建	光绪《会同县志》卷十三《形胜志·宫馆》	县城东110里	会同县	

市州（数量）	宫观名号	文献记载	文献来源及版本信息	地址	现所属地	备注
怀化（29）	万寿宫	江西省乡祠	光绪《靖州乡土志》卷二《祠庙》	大南门外和坛	靖州县	
	万寿宫	原名宋公祠，嘉靖三十一年建，光绪作会馆	光绪《靖州直隶州志》卷三《祠庙》	县城	靖州县渠阳镇	县级文物保护单位
	江西会馆	明建，初在东门外，祀许逊。民国办旅芷小学校、豫章小学。抗战受降时为城内陆军总司令部	同治《芷江县志》卷十三《坛庙》	西正街	芷江县	许真君庙
	许真君庙	江右客民建	道光《晃州厅志》	龙溪市	新晃县	
	许真君庙	江右客民建	道光《晃州厅志》	大鱼塘	新晃县	
	万寿宫	有戏台。民国办豫章小学	《新晃城古迹简介》，《新晃文史资料》第1辑，第10~11页	龙溪口镇老街	新晃县	
	水府庙	乾隆九年建	乾隆《辰州府志》卷十八《坛庙考》	大江口	溆浦县大江口镇	
	水府庙	乾隆二十八年建	乾隆《辰州府志》卷十八《坛庙考》	低庄	溆浦县低庄镇	
	水府庙	乾隆十八年建	乾隆《辰州府志》卷十八《坛庙考》	桥江	溆浦县桥江镇	
	水府庙	祀许逊，万历二年建，乾隆十年重修	乾隆《辰州府志》卷十八《坛庙考》	西郊	溆浦县卢峰镇	
	抚州馆	抚州商民建	同治《溆浦县志》卷二《寺观》	城西门外	溆浦县城卢峰镇	
	南昌馆	南昌商民建	同治《溆浦县志》卷二《寺观》	城西门外	溆浦县城卢峰镇	
	万寿宫	江西商民建，祀许逊，前水府庙基址	同治《溆浦县志》卷二《寺观》	城西门外	溆浦县城卢峰镇	
	仁寿宫	同治建	同治《溆浦县志》卷二《寺观》	城东门外	溆浦县城卢峰镇	
	水府庙	万历二十四年建，康熙中修	乾隆《辰州府志》卷十八《坛庙考》	县临河	辰溪县	
	万寿宫	民国太和乡乡公所，有戏台	《湖南地方剧种志丛书》（二），第188页；《辰溪县志》，第568页	黄溪口	辰溪县黄溪口镇	俱毁

市州 （数量）	宫观名号	文献记载	文献来源及版本信息	地址	现所属地	备注
怀化 （29）	江西会馆	清建	《湖南地方剧种志丛书》（二），第188页	龙头庵	辰溪县龙头庵乡	剩基脚
	万寿宫	有戏台	《湖南地方剧种志丛书》（二），第188页	仙人湾	辰溪县仙人湾乡瑶族乡	俱毁
	万寿宫	明建，乾隆修。民国为桃源女子中学校址	《辰溪县志》，三联书店，1994，第566页	潭湾	辰溪县潭湾镇	江西会馆，维护较好香火不绝
	万寿宫	清初建。抗战前设"同善社"	《湖南地方剧种志丛书》（二），第188页	县城内北门阁正街	辰溪县辰阳镇	现为蔬菜公司门市部，剩残墙一面
	旌阳庙	雍正五年建，正殿祀许逊	《辰州府志》卷十八《坛庙考》	东郊	沅陵县	旌阳庙、水府庙
	万寿宫	雍正五年建戏台。抗战期间为桃源女子中学附属小学校址	《沅陵大事记》，《沅陵文史》第四辑	县城东关	沅陵县沅陵镇光明街	
郴州 （8）	江西会馆	道光二十一年建，有碑文，民国设茶叶同业工会、豫章小学	《郴州各同乡会馆琐谈》，《郴州文史资料》第三辑，第116页；《郴州市志》，第12页	裕后街	郴州市苏仙区	豫章会馆，现为历史文化街区
	万寿宫	清乾隆后建立。1931年，办豫章小学	《永兴县志》，中国城市出版社，1994，第148页	郴州府永兴县	资兴市	
	万寿宫		光绪《兴宁县志》	兴宁县蓼江镇蓼江河畔	资兴市蓼江镇	
	万寿宫	清建，有楹联。辛亥革命后重修。有戏台。1928年3月毛泽东率工农红军驻此，8月，陈毅等寓此	《全国重要革命遗址通览》（第2册），中共党史出版社，2013，第783页	沙田圩北端	桂东县沙田镇	江西会馆，1972年公布为省级文物保护单位

市州（数量）	宫观名号	文献记载	文献来源及版本信息	地址	现所属地	备注
郴州（8）	江西会馆	民国五年建	《汝城县志》，湖南人民出版社，1997，第161页	西关外桂枝岭东麓山脚	汝城县	20世纪80年代会馆房屋被拆除，原址在今县屠宰场西边门外院内
	江西会馆	民国初年	《临武县志》，中南工业大学出版社，1989，第267页	今下河街	临武县	
	万寿宫		同治《桂阳县志》卷九《典祀志》	城南	桂阳县	
	万寿宫	光绪建，有戏台。民国曾辟为戏园售票演出。1956年拆旧址建桂阳剧院	《湖南地方剧种志丛书》（四），第480页	回水街之东	桂阳县	
永州（11）	江西会馆	道光间向黄叶渡浮桥施庙街铺屋一间	光绪《零陵县志》卷二《建置》	永州府零陵县	永州市零陵区	
	旌阳宫	豫章乡祠	道光《永州府志》卷六《秩祀志·寺观附》	愚溪旁	永州市零陵区	
	晏公庙	祀水府神。康熙间重修。道光三十四年复修	光绪《道州志》卷二《建置·祠庙》	水南	道县	
	萧公庙	司水府事，康熙复建，有碑记	道光《永州府志》卷六《秩祀志》	东洲上	道县东门乡东洲山村	
	许真人万寿宫	咸丰初建	光绪《永明县志》卷二十四《祀典志二·民祀附》	县东啫莺亭外左偏	江永县	
	豫章宾馆	乾隆丙戌年重修，奉许逊像	同治《江华县志》卷二《建置》	东关外	江华县	
	万寿宫		《江华瑶族自治县志》，中国城市出版社，1994，第42页	城内	江华县沱江镇	

续表

市州（数量）	宫观名号	文献记载	文献来源及版本信息	地址	现所属地	备注
永州（11）	万寿宫	光绪十六年建	《探古钩沉》，《新田文史》第4辑，第179页	城北厢内中正街	新田县	2014年修缮
	万寿宫		张林海先生目睹	东安县	东安县	
	万寿宫	嘉靖八年，建万寿宫于炎帝街。康熙三十七年于朝京门大街建万寿宫，祀许逊	《祁阳县文史》第十七辑《大事记》，第12页；乾隆《祁阳县志》卷六《寺观》	炎帝街（在朝京门内）	祁阳县	
	水府庙	祀萧晏，正统重修，康熙初复修，乾隆二十八年改建	乾隆《祁阳县志》卷六《寺观》	东江桥南	永州市祁阳县浯溪镇	俗名老官庙
张家界（15）	许真君庙	江西客商修，奉许逊	同治《直隶澧州志》卷十四《祠庙志·寺观》	河街水府庙下	张家界市永定区	
	万寿宫		民国《永定县乡土志》卷三，第273页	茅溪	张家界市永定区	
	万寿宫		黄志繁、杨福林、李爱兵编《赣文化通典宋明经济卷》，第351页	西乡十三后平阑干庙地	张家界市永定区	
	万寿宫		黄志繁、杨福林、李爱兵编《赣文化通典宋明经济卷》，第351页	西北乡十四都茅冈司	张家界市永定区	
	万寿宫	嘉庆四年建，1922年设敦谊小学	《大庸文物志·历史文物部分》，附表三	永定区沿河街	张家界市永定区	昭武馆（三元宫）有短墙残留
	江西会馆	道光末建，民国办"赣江小学"	《桑植县志》，第566页	县城	桑植县	
	江西会馆	康熙末年建。每年正月28日庆贺许仙真君诞辰	《桑植县志》，第566页	今廖家村乡卫生院地址	桑植县	存四周围墙
	江西会馆	六姓建，每年正月28日及8月28日祭神、会餐	《桑植县志》，第566页	与今上河溪旅社相邻	桑植县	残存两间，一作民居，一成供销社屋址

市州（数量）	宫观名号	文献记载	文献来源及版本信息	地址	现所属地	备注
张家界（15）	江西会馆	四姓建。每年清明、中元、冬至节集会祀神、会餐	《桑植县志》，第566页	官地坪	桑植县官地坪镇	现尚完好
	江西会馆	乾隆末年建。清明祭扫。民国十八年（1929年）后会务活动停止	《桑植县志》，第566页	今凉水口粮站地址	桑植县凉水口镇	今凉水口粮站地址
	江西会馆	万历初年建	《桑植县志》，第566页	南岔村	桑植县洪家关乡南岔村	今南岔中学校址
	万寿宫	1940年创办澧西中学	《溪口镇》，《湘西文史资料》第22~23辑，第221页	溪口老街堰塘奄	慈利县溪口镇	
	万寿宫		《湖南古村镇·慈利县九溪镇》，岳麓书院，2009，第439页	九溪卫城区	慈利县江垭镇九溪村	
	万寿宫	同治初设私塾。1917年办私立赣籍小学	李云峰《湖南名校志》，第1146页	县城十字街旁	市慈利县零阳镇	
	万寿宫	1931年办联保学校。1935年迁址"大五庙"改称崇武小学	《张家界市情大辞典》，民族出版社，2001，第375页	永定大庸所周家拐	张家界市永定区后坪镇武溪村	

B.6
贵州地区万寿宫文化发展报告

彭志军*

摘　要： 作为江右商帮活动的一个重要地区，贵州省曾经有过数量众多的万寿宫，这些万寿宫分布在贵州省全境，绝大多数为江西旅黔者所建。随着时间的流逝，这些万寿宫的作用也不断发生变化。时至今日，贵州很多万寿宫已不复存在，但有一些仍焕发新的生机。总体而言，贵州现存的万寿宫规模较大，建造技术精湛，整体上保存较完整，它们既有江西文化的特色，也与贵州当地文化产生了较好的交融。但目前的状况是，贵州各地的万寿宫与江西文化及西山万寿宫的联系较少，其作为江西会馆的功能已经消失，而道教的色彩也已逐渐淡化，大多万寿宫仅为当地景区中的一个景点。因而，各种力量共同努力，从艺术及技术的角度对贵州万寿宫进行研究与利用，加强贵州万寿宫与江西文化及西山万寿宫的联系，以许真君信仰为纽带恢复贵州万寿宫的道教仪式等，成为今日开发及利用万寿宫的重要途径。

关键词： 文化保护利用　贵州　万寿宫文化

作为江右商帮活动的一个重要地域，贵州省曾集中了一大批江西

＊ 彭志军，历史学博士，江西科技师范大学历史文化学院讲师。

商人，这些旅黔商人在贵州创建了数量众多的万寿宫。但时至今日，贵州历史上曾出现的万寿宫许多已非原来的面貌，其用途也发生了变化。为了解中国西南地区万寿宫的状况，笔者曾与陈立立教授从2015年11月19日始，前往贵州、云南等地，对当地万寿宫展开了为期一周的调查，这为本文的写作奠定了坚实的基础。本文结合前次实地调查，并参考贵州省道教协会的相关资料，以贵州省万寿宫为研究的对象，从贵州万寿宫的演变及其遗址分布、贵州万寿宫现状及其庙会活动、贵州万寿宫文化开发中存在的问题以及贵州万寿宫文化发展对策四个方面展开论述。

一 贵州万寿宫历史演变及其遗址分布

早在宋元时期，江西先民即开始进入云贵地区，明清时期达到高潮。自宋元始，吃苦耐劳的江西先民与贵州的苗族、布依族等民族和睦相处，共同开发高寒山区。明洪武年间设立卫所，又有大批江西先民随军至贵州屯田。这些江西先民形成移民大潮，对云贵地区的开发发挥了重要的作用，这从今天贵州地区依然存在的"江西街""江西路"等名称便能看出。这些移民潮使大量江西先人扎根贵州，以至于现在很多贵州人当被问起自己的祖先时，他们都说祖籍江西。①

江西先民迁入，许真君信仰也随之而来，与此对应的便是贵州省大量万寿宫的兴建。笔者依据何建明先生主编的《中国地方志佛道教文献汇纂·寺观卷》等所列的相关资料，围绕"万寿宫"或"许真君庙"等关键词进行梳理，并以是否崇奉许真君为筛选的标准，共整理出1949年以前贵州省

① 笔者2015年11月至贵州考察当地万寿宫状况，在石阡万寿宫旁问及当地人时，很多人便非常肯定地说自己的祖先来自江西，至于来自江西的哪个府县，他们有些人回答说南昌，但大多数人回答不上来。当问及镇远万寿宫附近的居民时，很多陈姓居民说自己的祖先是江西人。

曾存在过的万寿宫153座。① 章文焕先生则依据相关地方志及实地访问资料，计算出贵州共存在过万寿宫108座。② 但可以肯定的是，由于记载的缺失及所用名称的不统一等原因，章先生与笔者的统计都可能存在遗漏，贵州省曾经存在过（含现存）的万寿宫数量应该要大于笔者的统计数。③ 现将笔者所统计的贵州万寿宫情况列成表1，以资参考。

表1　贵州省曾经存在过的万寿宫情况④

分布地区	宫观名	记载摘要	资料来源
平越府	万寿观	在黄平州城内，旧为水神庙，江西客民改建，祀许旌阳	《贵州通志》卷十《营建·寺观·平越府》，乾隆刻，嘉庆补修本
	万寿宫	在下地松	光绪《平越直隶州志》卷十
大定府	万寿观	在府城内中街，黔西平远亦□，江西人建，祀许旌阳以为会馆	《贵州通志》卷十《营建·寺观·平越府》，乾隆刻，嘉庆补修本
石阡府	万寿宫	城西，隔河，明末建	《贵州通志》，《古迹志八·石阡府》，民国三十七年
思州府	万寿宫	在城北，倚城面江，康熙年间江西客民公建，乾隆二十一年（1756年）筑堤拓基，增建戏台	《贵州通志》，《古迹志十二·思州府》，民国三十七年

---

① 笔者据《中国地方志佛道教文献汇纂·寺观卷》中的相关数据统计出贵州省曾存在的万寿宫有112座；《贵州省志·宗教志》所载的贵州历代主要万寿宫（或万寿观）共有51座，其中有10座与表1统计数据重复。但这远远少于实际数量。如将112座加上51座中非重复者41座，则贵州省存在的万寿宫总共有153座。分别参考何建明主编《中国地方志佛道教文献汇纂·寺观卷》第370～374册，国家图书馆出版社，2013；《贵州省志·宗教志》，贵州民族出版社，2007，第179～217页。

② 章先生在《江西省外万寿宫名录》中指出贵州省共有祭祀许真君的万寿宫或许旌阳庙、江西会馆等108座，其中贵阳市9座，安顺市8座，遵义市15座，铜仁市13座，黔东南苗族侗族自治州24座，毕节市12座，黔南布依族苗族自治州18座，黔西南布依族苗族自治州9座。参见章文焕《万寿宫》，华夏出版社，2004，第417～422页。

③ 参见贵州省地方志编纂委员会《贵州省志·宗教志》，贵州民族出版社，2007，第179～217页。

④ 本表的数据依何建明主编之《中国地方志佛道教文献汇纂·寺观卷》第370～374册所载方志资料统计而来，且按具体万寿宫创建时所在的府县进行。凡重复的数据，只统计一次，不重复计算。

续表

分布地区	宫观名	记载摘要	资料来源
兴义府	万寿宫	在兴义城北门外万寿山,峻拔高峻,林木秀野,宫之额曰"黔南第一峰"。门外有石栏,倚栏俯视城中,万家烟火,如展画图,为郡中第一奇景	《今日之贵州》,民国二十五年
	万寿宫	(兴义县)万寿宫,在城东兴隆街	《兴义府志》卷三十三《祠祀志·寺观》,民国三年
	万寿宫	(贞丰州)万寿宫,在册亭南门外	
	万寿宫	在城内。乾隆二十五年(1760年)建	《贵州省志·宗教志》,贵州民族出版社,2007,第214页
贵阳府	万寿宫	在青岩城西门,乾隆四十三年(1778年)江西客民建,道光十二年重修	《贵阳府志》卷三十六,道光修,咸丰刻
	万寿宫	在虎场堡北,嘉庆三年江西客民建。	
	万寿宫	广顺州城内七曰万寿宫,万寿宫……在来远里	
	万寿宫	关帝庙、万寿宫……皆在威远汛	
	万寿宫	城外四曰万寿宫,在西门外	
	万寿宫	在挑水门	
	万寿宫	万寿宫……旧建,道光八年(1828年)增修	
	万寿宫	在马玲乡,光绪年间建	《贵州省志·宗教志》,贵州民族出版社,2007,第180页
	万寿宫	在太平路。康熙十九年(1680年)建	《贵州省志·宗教志》,贵州民族出版社,2007,第179页
息烽县	万寿宫	在县城西北七十里九庄镇,明代建,光绪二十二年(1896年)补修,三十二年(1906年)设初级小学堂于内,民国元年(1912年)设两级女学堂于内	《息烽县志》卷三《建置志·祠祀》,民国二十九年
清镇县	万寿宫	在鸭池河街,兵燹被废,仅存废址	《清镇县志稿》卷三《建设中》,民国三十七年
开阳县	万寿宫	在城内复兴街,乾隆二十二年(1757年)抚州客民杨公友捐修。咸同乱后重建	《开阳县志稿》第十一节《寺观》,民国二十九年
	老万寿宫	在五区两流泉街后,碑记无存,有恶其害己者毁之也。故该庙残碣字画独完好,特读之不能成句耳。该庙建于康熙七年(1668年),有开山住持僧大圆刻置墙上之砖可据,升高而望,犹能辨认焉。咸同之乱,寺宇未毁	

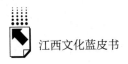

分布地区	宫观名	记载摘要	资料来源
开阳县	万寿宫	在白马洞,光绪初,知州龙声洋重建,龙时正开采汞矿也	《开阳县志稿》第十一节《寺观》,民国二十九年
修文县	万寿宫	祀许旌阳,江西会馆。在城内江西街,乾隆四十三年(1778年)建,苗乱被毁,光绪十九年(1893年)修复。 一在扎佐城中,清康熙三十七年(1698年)建。雍正八年(1730年),乾隆六年(1741年)、四十七年(1782年)皆补修; 一在县北八十里□岩□,清康熙二十五年(1686年)建,苗乱被毁,光绪间重修;一在县北九十里九庄,明季建,清光绪初及民国二年(1913年)皆培修; 在县北养□老场小街,清康熙间周、刘两姓创修,咸同苗乱后竟成阜土,民国初黄饥江、刘德戊子重修	《修文县志稿》卷四《秩祀志》,1948
普安直隶厅	万寿宫	在乐民里	光绪《普安直隶厅志》卷八《营建·寺观》
	万寿宫	在平夷里,因乱毁,今重修	
遵义府	万寿宫	在凤朝关外,旧为江西坡,本祀关帝,因乱毁。同治间建江西会馆,以帝像置殿外,十年偶像忽动,因捐资为建关帝殿,案地即同治间设南北场所	《续遵义府志》卷四《坛庙·寺观附》,民国二十五年
	万寿宫	一在苟江水场;一在团溪场。一在尚溪场	
	万寿宫	在板桥场	
桐梓县	万寿宫	一在城南门外,乾隆中建;一在城北二百六十里狮溪口,有万历四十四年(1616年)铸铁钟;一在松坎,乾隆壬午(1762年)建	《续遵义府志》卷四《坛庙·寺观附》,民国二十五年
	万寿宫	在二区响水田,民国四年(1915年)周国安、李芹香等重修,现附设团务办公处于此	《桐梓县志》卷三《舆地志中》,民国十八年
绥阳县	万寿宫	在旺六甲毛坳场,刘安邦、黄荣富建,赵三甲宽阔坝亦有此庙,宣统初年建。又野茶坝、枧坝场、岔坝子、朴老场、旺里各有万寿宫	《续遵义府志》卷四《坛庙·寺观附》,民国二十五年
	万寿宫	金里寺观:万寿宫……以上各庙皆在郑家场	《绥阳县志》卷二《营建[上]·坛庙寺观十四》,民国十七年
	万寿宫	旺里寺观:文昌宫……万寿宫……,以上各庙均在尹珍场	《绥阳县志》卷二《营建[上]·坛庙寺观十九》,民国十七年
	万寿宫	赵里寺观:万寿宫,在赵十甲枧坝场	《绥阳县志》卷二《营建[上]·坛庙寺观二十一》,民国十七年

续表

分布地区	宫观名	记载摘要	资料来源
湄潭县	万寿宫	豫人祀之,在城南象山下	光绪《湄潭县志》卷三《坛庙》
仁怀厅	万寿宫	在场下榨子内,道光壬辰年(1832年)豫省人捐助修建,光绪壬午(1882年)被火灾焚毁。	光绪《增修仁怀厅志》卷二《乡镇》
	万寿宫	在旺隆场中街	
	万寿宫	在下场,依山,豫省人修建	
	万寿宫	在葫市场下街	
	万寿宫	在猿猴镇	
	万寿宫	在土城城中	
	万寿宫	在东皇场左	
安顺府	万寿宫	在东大街,祀真人许逊,江西客民建。一在潮阳,另一在旧州	咸丰《安顺府志》卷十八《安顺普定坛庙》
	万寿宫	在城北门内,乾隆三十年(1765年)江西客民公建,道光二十九年重修。一在城西门外,嘉庆三年(1849年)江西客民建;一在六枝;另一在大岩脚	咸丰《安顺府志》卷十九
	万寿宫	在城北,乾隆甲辰年(1784年)创修	
	万寿宫	在城内北大街	《续修安顺府志》卷十三《名胜古迹志》,民国三十年
	万寿宫	在城内东街,祀许真人,江西客民建。俗称江西会馆。坝阳及旧州亦各有一座	
镇宁州	万寿宫	在城内北大街	光绪《镇宁州志》卷二
	万寿宫	在江龙城内,始建于清初,乾嘉中倾圮,同治末年徐军门映川率士绅重建,前后殿宇各三间,厢房二间,历设区公所、乡公所及学校于内	《镇宁县志》之《祠祀·寺观》,民国三十六年
永宁州	许真君庙	在城外中大街	道光《永宁州志》卷四《营建》
紫云县	万寿宫	城内庙宇有文庙、火神庙已倒毁无存、城隍庙、五显庙、天主堂、关帝庙、万寿宫等	《紫云县社会调查》第九节《庙宇寺观》,民国三十四年
大定府	万寿宫	在府城中街,江西人建,祀许旌阳	道光《大定府志》卷二十一
黔西州	万寿宫	在州署东,江西客民建	乾隆《黔西州志》卷三《寺观》
平远州	万寿宫	在州城南门外,前戏楼三间,正殿五间,后殿三间,江西客民新建	乾隆《平远州志》卷十三
	万寿宫	州南关外,江西客民建,乾隆六年(1741年)重建	道光《平远州志》卷十七《祠祀》

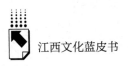
续表

分布地区	宫观名	记载摘要	资料来源
思南县	万寿宫	在城西许市中街,清嘉庆庚子年市人邬国顺倡捐创修,越七年丙午告成,有王道行题"西江砥柱"四字匾额	《思南县志稿》卷二《营建志·坛庙寺观》,民国九年
	万寿宫	在鹦鹉溪中街,有正殿三间,清光绪间建,两等学校附设其中	《思南县志稿》卷二《营建志·坛庙寺观》,民国九年
	万寿宫	在思唐镇。明正德年间已建	《贵州省志·宗教志》,贵州民族出版社,2007,第197页
	万寿宫	在板桥乡。明末建	《贵州省志·宗教志》,贵州民族出版社,2007,第180页
沿河县	万寿宫	在县北思渠之南,建于□初,清道光九年(1829年)里人田姓补修,咸丰元年(1851年)重修	《沿河县志》卷十七《古迹·寺庙》,民国三十二年
	万寿宫	在头□下街,建于乾隆五十四年(1789年),后毁于白号之乱,同治十一年(1872年)重建,光绪甲午年(1894年)增置戏台,今筑市□路折毁,中为女校	
镇远府	万寿宫	有二。一在祝圣桥侧,一在府街西	乾隆《镇远府志》卷十九《祠祀志》
	万寿宫	在溪阳镇。清中叶建	《贵州省志·宗教志》,贵州民族出版社,2007,第212页
	万寿宫	青溪镇街东。清代建	
黎平府	万寿宫	一在城东捕厅署左,即江西会馆,嘉庆二年(1797年)建;一在参将署右,为万寿、元旦、冬至节地方官朝贺处	光绪《黎平府志》卷二《坛庙》
	万寿宫	在南街,系江西会馆,道光十三年(1837年)建,咸丰年毁,重修	
	万寿宫	在南门内正街,系江西会馆,乾隆五十八年(1793年)建,咸丰五年(1855年)毁,光绪五年(1879年)邑绅民捐资重建	
	万寿宫	万寿宫,在城东门外,系江西会馆,道光二十三年(1843年)重建	
黄平州	万寿宫	在城东隅,江西人祝釐所也。雍正乙卯毁于苗,乾隆七年(1742年)重建,十二年讫,工址上下二十二丈,左右减一丈,为堂十,楹门四重,余屋二间,台一其乡人程京兆岩作记	道光《黄平州志》卷十二《寺观》
	万寿宫	原书未详	

分布地区	宫观名	记载摘要	资料来源
黄平州	万寿宫	城南	道光《黄平州志》卷十二《寺观》
	万寿宫	旧州城内	
	万寿宫	在新州镇西隅。清初建	《贵州省志·宗教志》,贵州民族出版社,2007,第211页
	万寿宫	重安镇北街。乾隆二十年(1755年)建	
	万寿观	在城内。乾隆年间建	
八寨县	万寿宫	在城内南街,清光绪八年(1882年)地方人士捐资修建	《八寨县志稿》卷五《祠庙寺观》,民国二十一年
	万寿宫	在城东七十里南皋场,清光绪二年(1876年)乡民募捐修造	
都匀县	万寿宫	万寿宫即江西会馆,有四,在城内大西街者清光绪初建,有正殿五间,后殿三间,戏台一座,两厢酒楼各六间;一在王司街;一在平浪;一在凯口	《都匀县志稿》卷十一《祠庙寺观》,民国十四年
瓮安县	万寿宫	在乾里	《瓮安县志》卷五《寺观》,民国四年
	万寿宫	在草里。为江西会馆,在场正街	
	万寿宫	在甕里。在岩坑场东隅,各局所在焉	
广顺府	万寿宫	在鸡场枝威远	道光《广顺州志》卷三《营建志·坛庙》
定番州	万寿宫	在城西南隅	康熙《定番州志》卷十七《祠祀》
	万寿宫	在城西隅,属第三区,摆金及第六区芦山均有	《定番县乡土教材调查报告》卷十三,民国二十八年
三和县	万寿宫	有三,又名江西会馆。一在治城江西路(上街),初建于乾隆时,有碑附录,今已设女子学校;一在烂土司;一在普安舍	《三和县志略》卷十二《营建略·祠祀》,民国二十九年
荔波县	万寿宫	即江西庙,祀许真君,在城北大街,同治五年(1866年)毁,今已建	光绪《荔波县志》
	万寿宫	在城北大街,即江西庙,祀许真君,同治五年毁。抄自李稿。后已修复。现设县党部。按三洞场下街有万寿宫一座,系钦语杨创修。民国二十六年迁至场坝起三洞小学校舍	《荔波县志稿》卷一《地理志·寺观》,民国三十六年
南笼府	万寿宫	在府城北关外万寿山	乾隆《南笼府志》
兴仁县	江西会馆	江西会馆,一名万寿宫,兴仁有三。治城一,巴林一,狮子坟一	《兴仁县志》卷二《建置篇·祠庙》,民国二十三年

从表 1 可以看出，这些万寿宫数量众多，遍布贵州各地，但各地的数量存在一定的差异。就兴建时间而言，大多数万寿宫兴建于清代，少数创建于明代。在有明确始建年份的 45 座万寿宫中，建于明代的有 5 座，清初的有 3 座，清康熙时的有 6 座，乾隆时的有 16 座，嘉庆时的有 4 座，乾嘉时的有 1 座，道光时的有 3 座，光绪时的有 4 座，清代的有 1 座，清中叶的有 1 座，宣统时的有 1 座，这说明康熙、乾隆时期是贵州万寿宫兴建的高峰，所建的数量占总数的 49%。至于贵州万寿宫的修缮，则历代均有。

就创建主体而言，贵州绝大多数万寿宫由旅黔江西籍人士所建，少数为贵州当地官员及河南等省份人士创建。有明确始建者及祭祀对象记载的 52 所万寿宫中，同时含有"江西客民"与"许真君"的有 12 所，含"江西客民"或"江西会馆"的有 28 所，含"许旌阳"或"许真君"的有 3 所，这些含"江西因素"的万寿宫占有明确始建者及祭祀对象记载的万寿宫数量的 83%。除江西客民外，其他力量也在贵州创建万寿宫，如湄潭县万寿宫即为河南籍人士所建，"豫人祀之，在城南象山下"[1]；合江县万寿宫"在场下榨子内，道光壬辰年豫省人捐助修建"[2]；仁怀厅万寿宫也是由豫省人所建[3]；坝寨县万寿宫则是"清光绪二年人民募捐修造"[4]。由于记载的缺失，河南籍先民在贵州所建万寿宫的崇祀对象是否为许真君就不得而知了。[5]

二 贵州万寿宫现状及其庙会活动

随着时间的流逝，贵州万寿宫的功能和作用也在不断发生变化，有些万寿宫已不复存在，而有一些在新时代重新焕发光芒。据章文焕先生研究，贵

---

[1] 《湄潭县志》卷三《坛庙》。
[2] 《增修仁怀厅志》卷二《乡镇》。
[3] 《增修仁怀厅志》卷二《乡镇》。
[4] 《八寨县志稿》卷五《祠庙寺观》。
[5] 就常理而言，许真君祖籍河南，所以河南人所建的万寿宫供奉的应该也是许真君，但由于材料的缺乏，其中具体供奉的是谁无从得知。

州有些万寿宫用途已经改变了，如赤水市万寿宫现为文化馆[1]，岑巩县 7 所万寿宫中有 6 所变成医院门诊部、税务局、仓库、学校等[2]。笔者查阅资料的结果与章文焕先生的研究结果相似，许多万寿宫早在民国时期，甚至更早的时候就已经改变用途了。在笔者所统计的贵州省曾存在过的 153 座万寿宫中，有14 座明确标明已改变了用途。如始建于明代的息烽县万寿宫于光绪三十二年（1906 年）变为小学堂，民国元年（1912 年）又设两级女学堂于其中。[3] 现将贵州省清末至现代改变用途的万寿宫概况列为表 2。

表 2　贵州省清末至现代改变用途的万寿宫概况

分布地址	宫观名称	改变后的用途	资料来源
贵阳府	万寿宫	在太平路。康熙十九年（1680 年）建。民国设小学	《贵州省志·宗教志》，贵州民族出版社，2007，第 179 页
息烽县	万寿宫	清光绪三十二年设初级小学堂于内，民国元年设两级女学堂于内	《息烽县志》卷三《建置志·祠祀》，民国二十九年
绥阳县	万寿宫	清宣统初年（1909 年）附设初等小学堂于此	《绥阳县志》卷二《营建上·坛庙寺观》，民国十七年
桐梓县	万寿宫	民国附设团务办公处于此	《桐梓县志》卷三《舆地志中》，民国十八年
镇宁县	万寿宫	民国历设区公所、乡公所及学校于内	《镇宁县志》之《祠祀·寺观》，民国三十六年
	万寿宫	民国二十九年（1940 年）设迎阳镇公所，三十一年设城区征收处	《镇宁县志》之《祠祀·会馆专祠》，民国三十六年
思南县	万寿宫	清光绪间建，两等学校附设其中	《思南县志稿》卷二《营建志·坛庙寺观》，民国九年
沿河县	万寿宫	民国筑市□路折毁，中为女校	《沿河县志》卷十七《古迹·寺庙》，民国三十二年
瓮安县	万寿宫	民国各局所在焉	《瓮安县志》卷五《寺观》，民国四年
三和县	万寿宫	民国已设女子学校	《三和县志略》卷十二《营建略·祠祀》，民国二十九年

---

[1] 章文焕：《万寿宫》，华夏出版社，2004，第 418 页。

[2] 章文焕：《万寿宫》，华夏出版社，2004，第 420 页。

[3] 《息烽县志》卷三《建置志·祠祀》。

续表

分布地址	宫观名称	改变后的用途	资料来源
荔波县	万寿宫	民国设县党部	《荔波县志稿》卷一《地理志·寺观》,民国三十六年
	万寿宫	民国三洞小学校舍	
兴仁县	江西会馆	一名万寿宫,巴林者计三进,每进五楹,后进左右厢全,民国设学校于内	《兴仁县志》卷二《建置篇·祠庙》,民国二十三年
赤水市	万寿宫	现为文化馆	《赤水县志》,1990
岑巩县	万寿宫	现为县医院门诊部	《岑巩县志》,1994
	万寿宫	现为税务局	
	万寿宫	现为大有仓库	
	万寿宫	改为仓库	
	万寿宫	改为学校	
镇宁自治州	万寿宫	改为学校	《贵州省志·宗教志》,贵州民族出版社,2007,第193页
	万寿宫	民国时期区公所占用	

　　资料来源：赤水市及岑巩县资料来自章文焕《万寿宫》，华夏出版社，2004，第418、402页；其他县的资料来自何建明主编《中国地方志佛道教文献汇纂·寺观卷》第370~374册所载方志资料统计及《贵州省志·宗教志》，贵州民族出版社，2007，第179~217页。

　　从表2可以看出，贵州省很多万寿宫在清代至民国时期已经改变了用途，有的仅存废址，很多万寿宫现今已经不存在了。2007年版《贵州省志·宗教志》列出了贵州省历代主要宫观，对2007年前贵州省万寿宫的状况做了详细的著录，在著录的51所万寿宫中，建筑和遗址都不存的有29座，现存（含遗址）的有22座；在这22座现存者中，改变用途的有2座，现为文物保护单位的有16所，非文物保护单位且仅存建筑或遗址的有4座。① 由此我们也可以看出，贵州省大量万寿宫已不存在，现存者仅占一小部分。这种情况与实际状况相符，其实贵州省万寿宫保存完好的不多，现存的占历史上万寿宫总数的比重极小。②

　　就现存的万寿宫而言，举行庙会活动者也较少。贵州省相当多的万寿宫基本无庙会活动，即便有，也只是道教节庆和民间风俗活动，与江西的万寿

---

① 《贵州省志·宗教志》，贵州民族出版社，2007，第179~217页。
② 资料来自笔者2017年8月28日对贵州省道教协会秘书长申辽原先生的电话访谈。

宫不同。^① 以笔者 2015 年底至贵州万寿宫进行的实地考察为例，现存万寿宫中较少有举行庙会活动的，它们基本丧失了原来所具有的道教功能。贵州地区的万寿宫绝大多数是文物保护单位，开放的时间大概在 2000 年，但其中很多已经不开展道教活动，不再是道教活动的场所，只是当地旅游景点的一个重要组成部分或当地居民休闲娱乐之处。尽管如青岩万寿宫至今仍有道教活动，但这样的万寿宫数量已很少，且青岩万寿宫已转为全真道的道场，道士也全都为全真道士，不再是净明道的道士了。石阡万寿宫也主要是一些老年居士在其中活动，但人数少，规模小，与西山万寿宫不可相提并论。镇远万寿宫虽然有道长和道士在其中活动，但也只是作为旅游景点青龙洞的一个组成部分，供游客游览。在我们几天的考察中，除旅游团之外，很少看到当地自发的香客进入万寿宫。除了这些居士与工作人员外，当地民众很少进入石阡万寿宫。^②

三　贵州万寿宫文化开发中存在的问题^③

虽然贵州在历史上存在过很多万寿宫，但其中有一些已改变用途，有些仅存遗址，甚至有些已经不存在了。就贵州目前仍存在并有较大影响的万寿宫而言，主要有青岩万寿宫、镇远万寿宫、石阡万寿宫及思南万寿宫，而这些万寿宫在开发中仍存在一些亟待解决的问题，这些问题也是其他仍存在的万寿宫共同面临的问题。现将贵州省现存影响较大的万寿宫的主要状况论述如下。

（一）贵州地区目前仍存在的主要万寿宫状况

1. 青岩万寿宫

贵州青岩万寿宫位于青岩古镇，是贵州省现在保存最好的万寿宫，该宫内每年会举行一次旅游文化节，平时也会做一些道场。该万寿宫是当年由江

---

① 资料来自笔者 2017 年 8 月 28 日对贵州省道教协会秘书长申辽原先生的电话访谈。
② 资料来自笔者 2015 年 11 月至贵州进行的实地考察。
③ 本部分的内容主要来自笔者于 2015 年 11 月底至贵州的实地考察。

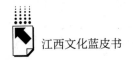

西八大富商集资兴建，彼时的用途是江右商帮的会馆。与其他万寿宫不一样，青岩万寿宫也是当时江右商人在贵州的一个陆码头，商人一般骑马经商，他们可经此前往广西、云南等地，直至新中国成立初期，当地人仍见到商人骑着高头大马经过万寿宫，马颈上所系铃铛非常大。

青岩万寿宫保存有完整的砖雕和古戏台，道长说大门上精美的砖雕均来自江西；戏台上的《韩信点兵图》所雕图案惟妙惟肖，除图案中人物手中武器被破坏外，整体保存较完整，这主要得益于当地人在"文革"期间用泥巴将这些木雕等覆盖起来，而且"文革"结束后，该万寿宫连续很多年是乡政府办公地点。

万寿宫前指示牌介绍，该万寿宫亦称"天柱宫"，又名"江西会馆"，于清乾隆四十三年（1778年）由江西客民建，嘉庆三年（1798年）和道光十二年（1832年）皆曾重修。该宫殿占地面积约为1500平方米，建筑面积为1194平方米。整座宫院坐东向西，正殿、配殿、两厢、戏楼和道众生活区组成一个大建筑群，正殿高明殿内供奉的是许真君，偏殿之一供奉的是观世音菩萨。戏楼檐口下有独具匠心的吊墩木质透雕"双狮争雄"撑拱，这在贵州地区的古建筑中实为少见，是一件难得的古建筑精品。其中内容有"鸿门宴""韩信点兵""十面埋伏""四面楚歌"等，让人叫绝。宫内还有两处"全国之最"，一是别具匠心的整木空雕"下山狮"，二是青岩镇的标志、栩栩如生的六十甲子将军神像的真身彩绘雕塑与十二生肖相对应。抗日战争时期，国立浙江大学西迁青岩镇时曾在此办学。

由于历史变迁，万寿宫建筑遭到破坏，至2000年，原宫内陈列荡然无存。2000~2002年，贵阳市人民政府、花溪区人民政府拨款对万寿宫进行修复，不仅修复了原来的古建筑，而且使原万寿宫中的许多景观重现。修复后的万寿宫现作为青岩道教文化的展示点，供游客观赏。2006年，青岩万寿宫被公布为贵州省省级文物保护单位。现存的青岩万寿宫位于清代的原址（但无文字记载），功能变为宗教场所，宫内偏殿中存两块石碑。2008年12月31日，青岩万寿宫作为道场重新对外开放，道场可接待100人左右，但相关文字记载较缺乏。目前青岩万寿宫属青岩古镇的景点之一，游客进宫参观须交门票，这在很大程度上限制了万寿宫信众的数量及万寿宫收入。而且，该万寿宫目前香客较缺乏，经费基本由国家拨款。

2. 镇远万寿宫

镇远万寿宫亦称"江西会馆""仙源天宫"，建筑在舞阳河东侧的邻近舞阳河的长45米的石基坎上，为中河山麓一连串从南往北延伸的具有江南风格的封火山墙式四合院建筑群，现在是青龙洞古建筑中规模最大的一组，也是该景区的重要组成部分。万寿宫北连中元洞，南通青龙洞，上居紫阳洞，是三教合一的典型。镇远万寿宫始建于清雍正年间（1735年前后），是由赣籍商人筹款修建的，现存建筑有大门牌楼、戏楼、厢房、杨泗殿、客堂和许真君殿（遗址）、客房及文公祠等。戏台建筑精美，中匾题"中和且平"四字，旁边柱子上有对联一副，左书"半真半飘水中明月镜中天"，右书"不典不经格外文章圈外句"，台下围栏板上有精巧的雕刻。

殿内供杨泗将军像，许真君像则偏处一隅。据相关介绍可知，杨泗殿在整个古建筑群中规模最为宏大、装饰最为典雅，为万寿宫正殿。殿堂明间原供有杨泗将军塑像，两次间供康公与财神塑像。杨泗将军顶盔披甲，手持戟斧，俗传他也在江西斩过蘖龙，被江西人当作镇煞之神供奉；康公为江西地方官员，因有"惠政"而被敬仰。大殿前面东、西次间置钟、鼓各一，天井内原置铁塔式化钱炉一座，后均被毁。现存建筑为清光绪五年（1879年）重修。

万寿宫中现存碑刻多块、铜钟多座，但碑刻大多字迹模糊，很难辨认。从石刻上依稀可见的字迹可知，其所刻内容多为万寿宫兴建及修葺时的捐募者姓名。

3. 石阡万寿宫

石阡万寿宫是目前全国规模最大、保存最完好的万寿宫，其在明代被称为"水府阁"，又被称"江西会馆"，亦被称"豫章阖省会馆"，位于石阡县汤山镇城北万寿路。原占地面积为2484平方米，工程浩大，布局严谨，巍峨壮观。明万历十六年（1588年），石阡知府林大经建水府阁，清顺治十四年（1657年）毁后重建。

清康熙五十八年（1719年）重修，更名"万寿宫"。清雍正十三年

（1735年）至乾隆三年（1738年）重修，乾隆二十七年（1762年）至乾隆三十二年（1767年）重修，嘉庆至道光年间（1796～1850年）将原坐北向南的建筑改为坐东向西（今仍为南北坐向）。成化、同治年间曾毁于兵燹。同治九年（1870年）至光绪三十四年（1908年）陆续修复成现今规模。该建筑依地势而建，由西向东渐次升高，占地面积为3800平方米，为二进院落，高凤火墙四合院式建筑，从正门进入院落，建筑由东、西两部分组成，西部为戏楼及长廊，东部则由北路的紫云宫、中路的过厅及正殿、南路的圣帝宫三路建筑组成，形成了院中带院、宫中套宫、墙内有墙，较为独特的平面结构形式。

山门为三门六柱牌楼式石拱门，其上斗拱、翼角及门额四周均镶嵌有精雕细刻的人物、花鸟图案，栩栩如生。山门内为石铺大院，院东三宫殿一字排列。中为正殿，现供奉许真君像，左为紫云宫，右为圣帝宫。两宫结构装饰与山门无异，且两宫在宫门左右两侧各设钟鼓楼一座，现分别存钟、鼓一套。沿石级进至各殿，左旋右转，形同迷宫。金碧辉煌的戏楼与三宫殿遥遥相对。戏楼三面围栏板雕刻精美。宫宇四周围墙高耸，上砌空心花砖，尤为壮观。

"文革"中，万寿宫内遭到严重毁坏，但部分建筑仍保存完好。1984年，石阡县人民政府将其列为县级文物保护单位，同年10月，贵州省文管会及石阡县人民政府拨专款维修万寿宫前院。1985年10月，贵州省人民政府将其列为省级文物保护单位。

该万寿宫是目前贵州省始建年代较早、经历多次修葺、至今保存较为完好的会馆类建筑之一，承载了明清以来石阡历史，特别是商业繁荣的重要历史文化信息，是明清时期东西部商业往来、文化交流、民族融合的重要实物见证。该万寿宫于2001年5月被公布为全国重点文物保护单位，内有碑刻多块。碑刻上所刻内容为万寿宫重修时捐款者的姓名，其中明确标识他们来自江西南昌、瑞州、吉安等府。

4. 思南万寿宫

因未能入内参观，思南万寿宫的具体情况我们不得而知，但从附近居民楼四楼楼顶俯瞰，我们依然能够较清楚地看到思南万寿宫浩大的规模，其为二进式院落，前后共三排建筑，院中可见石刻一块。思南万寿宫坐落于高地上，前有一牌坊，上书"豫章家会"四个大字，牌坊矗立于石阶上，离地面有十多级台阶；牌坊与山门之间有一较大的广场，由广场拾级而上才能到达山门，其石阶层数多于牌坊与地面之间台阶的数量，从牌坊前地面至万寿宫山门的台阶总体呈斜坡状。山门上书"万寿宫"几个大字，头门墙上绘有八仙、仙鹤等图案，同时还有两副对联，其中一副残缺而无法辨识。

据该万寿宫前的简介可知，思南县万寿宫又称"旌阳祠"，为纪念江西地方"福主"许真君而建。该宫始建于明代，占地面积为4284.99平方米，建筑总面积为2405平方米，为思南县城古建筑群的核心部分。该万寿宫由山门、牌坊、门楼、戏楼、正殿、厢楼等组成。整个建筑四周有砖砌高墙，空地用灰岩石板铺就，造型奇特；屋顶较宽大，系由数以百计的木质斗拱支撑，工艺精湛，十分壮观；戏楼屋顶亦由数以百计的木质斗拱支撑。思南万寿宫结构独特，造型优美，于2006年被列为全国重点文物保护单位。

（二）万寿宫开发中存在的问题①

根据调查了解及与相应万寿宫道长的访谈，笔者将贵州地区万寿宫开发中存在的问题做如下总结。

1. 建筑整体基本保存完好，但许真君所处位置尴尬

本次调查中，笔者发现贵州地区的万寿宫虽然由于各种原因曾遭到破坏，但目前各万寿宫整体建筑基本完好，各山门及戏楼上的雕刻均基本保存完好。相对于旁边的建筑物来说，万寿宫的建筑规模大、工艺精，是当地的古建筑标志，而且我们本次考察的万寿宫无一例外都是国家级或省级文物保护单位。而许真君在其中的位置未免有些尴尬。如镇远万寿宫虽以"万寿宫"为名，但主殿中供奉的是杨泗将军，两次间供康公与财神塑像；许真君则屈居主殿前方院落左侧的壁龛中，而且神像很小，小到一般游客很难注意到。这种布局肯定与原初意义上的万寿宫布局差异甚大。

---

① 如无特别说明,本部分资料均来自笔者2015年11月至贵州的实地调查采访。

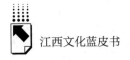

2. 用途方面，万寿宫基本丧失了其原来所具有的道教功能

从我们所调查及了解到的情况可知，贵州地区的万寿宫绝大多数是全国重点文物保护单位或省级文物保护单位，开放的时间大概在 2000 年，但其中很多已经不开展道教活动，不再是道教活动的场所，只是当地旅游景点的一个重要组成部分或当地居民休闲娱乐之处，与往日的繁华不可同日而语。尽管如青岩万寿宫至今仍有道教活动，但这样的万寿宫数量已很少，且青岩万寿宫已转为全真道的道场，道士也全都为全真道士，不再是净明道的道士了。

国家宗教事务局官网"宗教活动场所基本信息"显示，贵州省登记在册、有正常道教活动的万寿宫只有贵阳市花溪区青岩万寿宫，且已成为全真道的道场，不再是万寿宫原本意义上的正一道场了。①

3. 信众缺乏，经费不足

因当地有本土的信仰对象，所以贵州万寿宫中信仰许真君的信众较少。在一些万寿宫中，信众主要是外地的游客，本地的香客极少。即便如石阡县万寿宫每天上午会有一些老年居士在其中举行道教活动，但人数少，规模小，与民间的信众自发举办的活动有较大的差别。在我们几天的考察中，除旅游团之外，很少看到当地自发的香客进入万寿宫。除了这些居士与工作人员外，当地民众很少进入石阡万寿宫。而缺少香客，一方面降低了万寿宫的人气，另一方面缺少香客这一收入来源，使贵州很多万寿宫只能完全靠政府拨款，经费相对来说不是很充裕。

4. 与江西万寿宫及江西文化的联系不多

贵州地区万寿宫主要为当时经商于其地的江右商人所建，因而其建筑打上了很深的江西文化的烙印；同时，贵州地区的万寿宫作为南昌西山万寿宫的分支，理应在道教仪式等方面与西山万寿宫有相似之处。但从我们的调查得知，除建筑风格及山门上、牌坊上的"万寿宫""豫章家会"等几个大字之外，我们几乎很难看出其与西山万寿宫及江西文化的联系，而道教仪式更

---

① 国家宗教事务局官网，http：//sara. gov. cn/csjbxx/index. htm。

是差异明显。当我们提起西山万寿宫时，很多道长表示知道或听说过，但真正到过西山万寿宫的则没有，这就不难理解这些地区的万寿宫今日在道教仪式上与西山万寿宫的差异了。[①] 可以说，当地的万寿宫已经"本土化"了。源远才能流长，如抛开西山万寿宫，西南各地万寿宫的发展在一定程度上是不完整的。

5. 万寿宫文化开发力度有待加强

据笔者的调查采访可知，由于受古建筑保护条例的限制，贵州省的万寿宫建筑除作为宗教道场开发外，建筑本身基本未得到开发，万寿宫文化资源开发的力度亦有待加大；即便是全国最大、保存最完好的石阡万寿宫也是由政府管理，仅是借给道教使用而已；有些万寿宫正在恢复重建，但有些万寿宫并未开放。总体而言，贵州省万寿宫在旅游开发方面的力度基本与贵州全省的旅游业发展同步，开放力度仍有待加大。[②]

四 贵州万寿宫文化发展对策

针对贵州地区万寿宫的现状，笔者提出以下几条开发建议，以便有关部门参考。

1. 从艺术及技术的角度对万寿宫古建筑进行研究与开发

贵州的万寿宫大多由江西商人捐建，建筑规模宏大、工艺精湛，融合了江西文化与当地文化，是中国古代建筑的典型代表，是当时高超建筑技术的展现，也能代表当时人的审美观念。而万寿宫建筑本身就是当地文化的一张较好的名片，如能从建筑技术与艺术的角度展开研究及开发，则对万寿宫的适当利用及当地经济的发展均有重要作用。

2. 挖掘贵州万寿宫与江右商帮及江西文化的联系

贵州省内的万寿宫为经商于其地的江西商人所建，理应具有江西商人及

---

① 2016 年 10 月，在南昌举行了"首届万寿宫庙会文化研讨会"，贵州省道教协会及个别万寿宫分别派代表与会。

② 资料来自笔者 2017 年 8 月 28 日下午对贵州省道教协会秘书长申辽原先生的电话访谈。

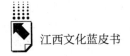
江西文化的烙印，如能以此为切入点进行挖掘，突出其作为江右商帮活动场所的功能，挖掘其与江西商人及江西文化的联系，将更能吸引游客的眼球，对当地的旅游业及万寿宫收入的增加助益不少。

3. 以许真君信仰为纽带，恢复贵州万寿宫的道教信仰活动

庙会和其他道教活动是万寿宫的生命和灵魂，只有恢复万寿宫的道教活动，才能让万寿宫重新焕发生机与活力，使万寿宫不再仅是一栋栋古建筑或文物保护单位。贵州省的万寿宫作为江右商人在经商地发展的一个见证，反映了江右商帮在当地"土著化"的过程，真君信仰也是他们带过去的，所以如能恢复贵州省内万寿宫的道教活动，并引入南昌西山万寿宫的道教科仪，不仅能加强其与"祖庭"西山万寿宫的联系，而且能在一定程度上增加贵州省内各万寿宫的收入及提高社会地位。

4. 在政府部门的指导与协调下，发挥万寿宫文化对经济社会的促进作用。

贵州地区的万寿宫绝大多数是江西移民所建。江西移民在促进民族融合、推进当地经济社会发展、稳定社会秩序等方面起到了巨大的作用。时至今日，大多数万寿宫已不存在了，保存完好的几所万寿宫，仅一所是宗教场所，其他的皆是文物保护单位或被占用。面对如此现状，亟须在政府指导与协调下，充分发挥道教界积极性，调动经济界的力量，将多种力量会聚起来，使贵州万寿宫文化重新焕发生机和活力。

云南地区万寿宫文化发展报告

彭志才　嵇慧琪[*]

摘　要： 早在宋代，龙虎山道教就已传入云南巍山。明代，许真君信仰，晏公、萧公信仰传入云南大地，并开始建筑万寿宫。据统计，云南地区万寿宫（含江西会馆、萧公庙）共有156所，主要分布在交通干线上的曲靖、昆明、大理等重点城市和铜、盐资源丰富的滇东北东川、会泽和滇西云龙、大姚及滇南个旧、开远、蒙自等地区。在组织形式上，云南地区的万寿宫（含江西会馆）下多有各府县会馆，尤其以吉安、抚州移民建设的"萧公祠"数量最多，影响深远。云南万寿宫是商贸文化、移民文化、边屯文化的集中体现。云南地区的万寿宫保护欠佳，现仅存16所。应当加强对现存万寿宫古建筑的保护；抢救万寿宫相关碑刻资料与文献；充分利用赣、滇两地的历史渊源，加强人文联系；加强对赣、滇两地中医药、陶瓷等传统优势产业资源的挖掘，促进优势产业发展；以万寿宫为载体传承红色文化，讲好江西故事。

关键词： 文化保护利用　云南　万寿宫文化

　　云南与江西虽然山川阻隔，但是历史上江西移民和江西商人克服交通不

＊ 彭志才，历史学博士，江西科技师范大学历史文化学院讲师；嵇慧琪，江西科技师范大学文物与博物馆学专业学生。

便等多种客观困难，一路跋山涉水，前往红土高原安家立业，成就一段开拓进取的伟绩，也为后人留下厚重的历史文化。散落在七彩云南的万寿宫，宛如历史遗珠，等待人们去再认识、再发现。

一 云南地区万寿宫发展的历史脉络

云南道教历史悠久，主要分布在昆明、保山、临沧、大理等地，为部分汉族群众所信仰。

云南与道教重要流派五斗米道的发源地四川毗邻。张陵在四川创立五斗米道，置二十四治教化治民，二十四治中的蒙秦治就设在金沙江南和滇东北及滇西的部分地区。因"民俗略与巴蜀同"和特殊的地缘关系，道教在东汉末年便传入云南。① 近年来在云南出土的一些魏晋南北朝时期的文物表明，道教对这一时期的云南文化已有较深的影响。② 魏晋时期，孟优"高士幽栖独闭关"在深山修行的历史传说，反映早在三国两晋时期，就有道教隐士栖居于滇西巍宝山修道，并行医济世。③

南诏和大理国时期，传入云南的道教与云南彝族的巫教相结合，以大理巍山为中心很快发展起来，大理巍山至今流传太上老君点化细奴罗的民间故事。佛教信仰在洱海地区逐渐成为宗教信仰主流，但道教崇信依然流行，道教炼丹术也在唐中叶传入南诏。④ 宋代，江西与云南两地在道教方面的交流也更加丰富。如道教的西河派，约于宋代从江西传来，盛行于巍山一带。⑤ 灵宝派，据称为江西龙虎山西河派传莲所倡，道谱与西河派同，多在滇西巍

① 萧霁虹：《道教传播在云南》，《中国社会科学报》2015 年 2 月 4 日，第 B01 版。
② 王爱国、郭武：《多元融合的云南宗教文化·道教》，《中国民族报》2011 年 4 月 26 日，第 7 版。
③ 萧霁虹：《道教传播在云南》，《中国社会科学报》2015 年 2 月 4 日，第 B01 版。
④ 萧霁虹：《道教传播在云南》，《中国社会科学报》2015 年 2 月 4 日，第 B01 版。
⑤ 《道教·教派》，云南省民族宗教网，http://www.ynethnic.gov.cn/pub/ynethnic/zjzc/zjzs/dj/jp/201506/t20150626_10507.html。

山一带活动，其历史可上溯到宋代大理国时期。[①] 随着元朝的统一，纷呈的道教派别逐渐融合，形成正一和全真两大教派。元代云南设立行中书省，政治中心从洱海地区转移到了滇池地区。

明清两代是云南道教发展的鼎盛时期，出现了繁荣兴盛的局面。明永乐年间，高道刘渊然在云南传播道教，开宗立派，创立长春派，设置道官，招收门徒，对云南道教产生了广泛而深刻的影响，使明代云南的道教逐渐走向兴盛。[②] 明清时，云南各地兴造宫观，明代兴造103所，清代兴造142所，加上前代所建及年代无考的200余所，至清末，云南共有道观465所。[③] 明代以后，大批的军户、民户逐渐涌入云南境内，同时也将其所信奉的道教携至了云南各地。随着江西移民和江西商人跋涉千里来到云南，万寿宫文化和许真君信仰，晏公、萧公信仰（萧、晏二公均为江西水神，凡二公之祠庙皆有许真君神位）也在云南大地传播开来，从入滇要道滇东北，到矿冶基地滇南个开蒙地区，从邻近藏区的滇西北迪庆到深入边陲的滇南西双版纳，都有江西人创建的万寿宫。如鲁甸县曾有过江西人所建的"江西庙"，内供许逊真君，疑曾有《诸真宗派总簿》所记的"许真君净明派"。[④] 云南道教明清以来还多与儒、佛相融并向民间发展，形成了具有云南地方特色的融儒、释、道为一体的民间宗教组织，如圣谕坛、洞经会、青莲教、同善社、普缘社、常斋教等。[⑤]

清末至民国时期，云南道教急剧衰微。道教信仰在今天的云南依旧普遍。中国共产党的十一届三中全会以后，随着国家宗教信仰自由政策的逐步落实，云南各地道教活动场所逐渐恢复开放。2003年10月，云南省道教协

---

① 《道教·教派》，云南省民族宗教网，http：//www.ynethnic.gov.cn/pub/ynethnic/zjzc/zjzs/dj/jp/201506/t20150626_ 10507.html。
② 萧霁虹：《刘渊然与云南道教》，《云南社会科学》2008年第4期。
③ 萧霁虹：《道教传播在云南》，《中国社会科学报》2015年2月4日，第B01版。
④ 《道教·教派》，云南省民族宗教网，http：//www.ynethnic.gov.cn/pub/ynethnic/zjzc/zjzs/dj/jp/201506/t20150626_ 10507.html。
⑤ 王爱国、郭武：《多元融合的云南宗教文化·道教》，《中国民族报》2011年4月26日，第7版。

会正式成立，标志着云南道教在新的历史条件下的进一步发展。

目前，云南的万寿宫大部分已经不存在了，保存下来的是极少数的，而恢复原来功能的万寿宫几乎没有，要么改作他用，要么作为旅游景点。据国家宗教事务局公布的《各省市依法登记的佛教道教活动场所基本信息》统计，云南省道教宫观场所一共有160处，其中正一派有62处，全真派有98处，而以"万寿宫"命名的只有昆明市盘龙区茨坝街道和平社区的万寿宫1处。该万寿宫原名"庆丰庵"（俗称"观音寺"），历史上该庙由僧道主持，1990年重建后更名为"万寿宫"，取万众"增寿多福"之意，与许真君信仰和江右商帮并无直接关联。从这个意义上说，云南地区的许真君信仰和晏公、萧公信仰已经绝迹，再无庙宇供奉。

二　云南万寿宫的存量情况

根据章文焕先生的《万寿宫》①，云南省先后有59所万寿宫。以此为依据，我们查找了古今地方志、地方文史资料、各地文物保护单位名单和各类专著、专题论文，并结合媒体报道和考察资料，对云南省内万寿宫（含江西会馆、萧公庙、晏公庙及江西各府县会馆）进行统计。发现云南省有万寿宫（江西会馆、萧公庙、晏公庙等）共计156所，按今之市、州统计，分别为昆明10所、曲靖18所、昭通19所、楚雄19所、大理16所、红河17所、玉溪9所、保山9所、丽江5所、迪庆1所、文山18所、临沧8所、普洱6所、西双版纳1所。关于云南地区156所万寿宫名录，参见文末附表云南地区万寿宫简况一览。

云南地区的万寿宫建设较早，但保护欠佳。早在明初，云南各地就陆续建筑万寿宫。如楚雄州禄丰县萧公庙始建于明初。昆明万寿宫，又名"江西会馆"，始建于明代，为江西士庶客滇者建，祀萧公。同治年间，又在昆明城南龚家村新修"江右新馆"。昆明市晋宁区昆阳镇万寿宫，亦为明时

---

① 章文焕：《万寿宫》，华夏出版社，2004。

建，清康熙间重修。然时过境迁，当年的 156 所万寿宫，保存至今的只有 16 所，其中保存较为完好、得以开发利用的有 14 所，这 14 所万寿宫均已被列为不同级别的文物保护单位；另有昭通市绥江县副官村万寿宫、版纳州勐腊县倚邦村万寿宫 2 处仅存遗址。现将云南省保存至今的万寿宫列表如表 1。

表 1　云南地区现存万寿宫（江西会馆）简况

宫观名号	文献记载	地址	现所属地	保存状况
万寿宫	康熙五十年（1711 年）始建，雍正八年（1730 年）毁，乾隆二十七年（1762 年）重建	会泽县城北门内	曲靖市会泽县金钟镇	又名真君殿，全国重点文物保护单位
豫章会馆	乾隆四十三年（1778 年），南昌府和瑞州府合建	位于二道巷北侧	曲靖市会泽县金钟镇	会泽县县级文物保护单位
临江会馆	乾隆四十七年（1782 年）建，现存碑 1 通	县城西内街	曲靖市会泽县金钟镇县	又名"药王庙"，会泽县县级文物保护单位
万寿宫	清道光四年（1824 年）建	会泽县娜姑村白雾街	曲靖市会泽县娜姑镇白雾街	又名"江西庙""江西会馆"，属国家级历史文化名村
江西会馆	咸丰六年（1856 年）始建。为 1935 年红军扎西会议会址	威信县扎西镇老街	昭通市威信县扎西镇	又名"江西庙"，1976 原址重建，云南省省级文物保护单位
万寿宫	道光十九年（1839 年）建，现存有碑刻。	永善县城北	昭通市永善县溪渡镇	现存戏台，县级文物保护单位
万寿宫	元至正年间创建，清代重修，又名上寺庙	城内上街	玉溪市元江县澧江街道	又名"上寺庙"，云南省省级文物保护单位
万寿宫	清代改建为三公祠		大理州大理市大理古城护国路	大理州大理市大理古城
萧公祠	明万历建，咸同毁。光绪二十四年（1898 年）重建	巍山县南诏镇	大理州巍山县南诏镇	2013 年为全国重点文物保护单位
万寿宫	传始建于元代，嘉靖年间李琼重修，有碑刻 1 通，明末改为"万寿宫"。		大理州云龙县诺邓古村盐局前	村民住处，云龙县县级文物保护单位

宫观名号	文献记载	地址	现所属地	保存状况
江西会馆	清雍正七年(1729年)江西客商建。有碑6通	普洱府城东街口	普洱市宁洱县宁洱镇	又名"萧公祠",恢复重建
万寿宫	康熙三十五年(1696年)建,乾隆五年(1740年)增修		文山州文山市开化镇佛寿街	县级文物保护单位
吉安会馆	康熙三十五年建,乾隆五年增修		文山州文山市开化镇佛寿街	县级文物保护单位
江西会馆	始建年代不详,于清嘉庆年间重修	剥隘临江路街头	文山州富宁县剥隘新镇	2005年迁址重建
万寿宫	建于明代,清乾隆重修,清末重建	副官县副官村	昭通市绥江县中城镇金江社区	现存一个戏台及基址
江西会馆	乾隆二十年(1755年)前	普洱府倚邦街	版纳州勐腊县象明山乡倚邦村委会	存遗址

三 云南万寿宫文化的特点

从笔者统计的云南地区156所万寿宫及其相关资料分析,云南省万寿宫文化具有如下特点。

(一)沿交通干线的重点城镇呈带状集中分布

云南地处西南边疆,北界四川、贵州,东临广西,西连西藏,南临越南、老挝、缅甸,既是中国之边疆,又是通往东南亚、南亚的枢纽,是茶马古道上的重要区域。历史上,云南地区与中原腹地的联系,多依靠滇东北金沙江和曲靖富源胜境关等地,或经滇东富宁县剥隘镇与广西交通。云南省内的重要通道,首推由中庆经大理至金齿(今德宏)的道路。[①] 在这些重要的交通沿线的节点城市,往往有较多的万寿宫分布,如昆明有万寿宫10所,曲靖有18所,昭通有19所,楚雄有19所,大理有16所,红河有17所,

---

① 方铁:《唐宋元明清的治边方略与云南通道变迁》,《中国边疆史地研究》2009年第1期。

文山有 18 所，7 个地（州）共有万寿宫 117 所，占云南省全部万寿宫的 75%。其中典型如楚雄州双柏县石羊古镇，"逮哀牢道路开通，镇、普、元、威客货多就此经由……行商坐贾，渐次凑集，要之江右客居多，因无萧祠，俱为歉然。特是购料倩（请）工，不资其费"①，修建萧公祠。

（二）万寿宫多聚集在铜、盐等矿产资源开发的地区

明清时期云南社会经济发展的一个重要特征是矿业经济异军突起。明代云南与内地间交通的重要性凸显的重要动力是朝廷积极开发矿藏，并将银课与铜钱、铜锭内运。明中叶江西流民麇集，赣商遍州县，云南不少县有江西街，很早就有江西人兴建的萧公庙。② 清廷重视开发云南的矿藏，其涉及范围之广、开采规模及诸矿产量之大均超过前代。③ 清中期，允许民间开矿，"矿禁大弛"，"云贵各省矿厂甚多"，"各省矿厂大半皆江西之人"。④ 这一现象在云南万寿宫所在地的小地名如"井""厂"中亦可以看出，如滇东北的东川、会泽、鲁甸等地的巧家厅汤丹厂、棉华厂，会泽县娜姑村白雾街、迤车（以扯）、者海（者家海）都是著名的铜、银产地与交易、运输重镇；滇西的云龙诺邓古村、大姚县白盐井盛产矿盐，云龙州白羊厂盛产铜、银，鄂嘉县（今双柏县）石羊厂盛产银、铅、锌；滇南的个开蒙地区的个旧厂是著名的锡产地。江西商人在此聚集，修建了万寿宫、江西会馆、萧公庙。如玉溪市通海县萧公庙，为明崇祯年间江右客民建。江西帮以此为大锡转运站，兼销瓷器，收购土药材。⑤ 鲁甸乐马厂在今昭通市鲁甸县龙头山乡八宝村，清乾嘉时期，办矿者达数万人之众，年产银 150 万～200 万两，各地矿商均分籍结伙，组织同乡会，江西人在鲁甸乐马厂亦建有万寿宫。⑥

---

① （清）罗仰锜、王聿修著《（乾隆）鄂嘉志书草本·告谕》，云南大学出版社，1994，第 102～103 页。

② 章文焕：《万寿宫》，华夏出版社，2004，第 181 页。

③ 方铁：《唐宋元明清的治边方略与云南通道变迁》，《中国边疆史地研究》2009 年第 1 期。

④ 陈宏谋：《请开山林之利疏》，《清高宗实录》卷四百一十八。

⑤ 《新纂云南通志》卷 112《祠祀考四》，云南人民出版社，2007，第 90 页。

⑥ 邹永飞主编《鲁甸县志》云南人民出版社，1995，第 566 页。

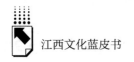
（三）萧公祠和吉安、抚州下属各县会馆众多，吉安、抚州移民的影响深远

清初云南绿营兵中也有不少江西兵及其家属，因此在云南省各地都有江西人及其所兴建的万寿官。① 明朝万历年间王士性曾往云南各地巡视，发现"作客莫如江右，而江右又莫如抚州。余备兵澜沧，视云南全省，抚人居什之五六"，又说："滇云地旷人稀，非江右商贾侨居之则不成其地。"而这些"江右商贾"，又多属"抚州客"即抚州商人。② 江西移民中，抚州人占大多数，反映在江西会馆的命名上，就为萧公祠数量众多。吉安、抚州移民影响尤其深远。如云南地区 156 所江西各类会馆、万寿宫中，吉安人修建的会馆有 8 所，包括大姚县石羊镇的安福祠，系吉安客民建，③ 保山市隆阳区二忠祠，"吉安客民建"④。此外，曲靖市会泽县、大理州弥渡县、文山州文山市、昆明市三合营和蒙自市、个旧市鸡街镇都有吉安会馆。

云南地区万寿宫的另一个特点就是萧公祠特别多，萧公崇拜盛行，前引双柏县石羊古镇，"江右客居多，因无萧祠，俱为歉然"⑤，于是修建萧公祠；大理古城萧公祠也是"吉安府人士建于榆城"⑥。对云南地区 156 所江西万寿宫的名称的统计得出，以萧公庙为名的达 49 所之多，此外还有肖公庙（4 所）、萧晏二公祠（4 所）、晏公庙（2 所）、英佑侯祠（1 所）、昭武祠（1 所）、水府庙（3 所），累计数量达到 64 所；而崇祀许真君的万寿宫只有 58 所，另有江西会馆 8 所、江西庙 9 所、许真君庙 1 所、真君殿 1 所，累计 77 所。吉安、抚州人建立的萧公庙几乎达到与万寿宫分庭抗礼之势。

① 章文焕：《万寿宫》，华夏出版社，2004，第 181 页。

② 方志远、谢宏维：《江西通史（明代卷）》，江西人民出版社，2008，第 103 页。

③ 《新纂云南通志》卷 113《祠祀考五》，云南人民出版社，2007，第 120 页。

④ 民国《保山县志》卷七《建置一》。

⑤ （清）罗仰锜、王聿修著《（乾隆）鄂嘉志书草本·告谕》，云南大学出版社，1994，第 102~103 页。

⑥ 《大理丛书·金石篇》，云南民族出版社，2010，第 2642~2643 页。

而其他地区的会馆数量就少了很多，如盱江庙仅有1所，临江会馆有2所，南昌会馆、豫章会馆、清江会馆各为1所，可见吉安、抚州移民和商人不仅在云南的江西商人中人数最多，经济实力也最为雄厚，影响也最为深远。

（四）云南万寿宫文化内涵丰富

在异乡他处依忠义传说而建立的万寿宫和萧公庙，在其中进行祭祀所满足的主要是乡民灵魂关怀方面的信仰需求，集中体现许真君信仰、萧公信仰，这与古代人们难以抵御水患，江西人口大量迁移或外出经商、为官以求生意兴隆和人身平安相关。同时，万寿宫或萧公庙也是身处异乡的江西老表组成共同体，保护江西籍商人的共同利益，解决同乡生活、生意上的困难，团结同乡的一个载体；各地万寿宫和萧公庙是商贸文化、移民文化的集中体现。

此外，云南移民的边屯文化内涵亦十分丰富。明朝洪武年间实施的"寓兵于农，屯民实边"政策，即"洪武调卫"，调派大量军户、民户进入云南屯田戍守。明初沐英镇守云南期间，屯垦荒地百万余亩，仅洪武二十二年（1389年），沐英就"携江南、江西人民二百十余万入滇"，较为典型的即为毛泽东祖先之一的毛太华便来自江西吉水。明清时期，还有一些江西商人、官员定居云南。如嘉靖年间李琼，"乃抚州府南昌县三都人也"，任云龙州五井提举后"不复有游宦之志，因随员落籍，卜居云龙之诺邑"。①

在这种大规模的移民过程中，江西文化也被大规模带入云南，尤其是江西的戏曲文化在云南大地广泛传播，并与云南本地文化融合。明清时期，江西万寿宫内一般建有戏台，上演与许真君有关的剧目和其他经典的传统剧目。弋阳腔也因此在云南、贵州、四川等地甚为流行。如滇西北维西县的大词戏，原名大慈戏，就是在清乾隆时江西籍维西通判曾守维和同治后期江西人刘绩超的影响下，吸收弋阳腔特点而形成的戏曲流派。② 在民间文艺层

---

① 李文笔：《千年白族村——诺邓》，云南民族出版社，2004，第54页。
② 云南省文化厅编《云南省志》卷七十三《文化艺术志》，云南人民出版社，2002，第272页。

面，如永胜民歌的小调很多，流传至今的有100多首，其中也保留了不少湖广、江西等内地的民间曲调。①

四　云南万寿宫发展的对策建议

（一）提高现存万寿宫古建筑保护等级，加强对历史遗产的保护

万寿宫不仅是江西先民创造的文化遗产，还是云南人民的共同记忆，承载着中华民族的宝贵记忆。当前，云南地区保存下来的万寿宫已经屈指可数，这14所万寿宫中，永善县和文山县万寿宫损毁严重，万寿宫建筑群格局已经遭到重大破坏，现存建筑保护等级也不高。万寿宫曾是古时客商驻地，而云龙县诺邓古村万寿宫，始建于元朝，既是会馆，又是货栈。② 今存之万寿宫是村中最古老的建筑，也是村中平面面积最大的民宅，其中仍留存有诺邓古村现存最早的碑刻。③ 然而诺邓万寿宫现作为民宅使用，内部杂乱，保护欠佳，居民也并不富裕，难以承担保护的重任。2007年，富宁县剥隘古镇的江西会馆、粤东会馆、观音庙、老人庭、剥隘大码头、石板街等主要文物古迹实施异地迁建，真实地再现了文物的原貌，完整地保存了文物的价值，使古镇的历史和文化得以延续传承。④ 万寿宫在剥隘新镇焕发新姿，成为富宁县剥隘景区休闲娱乐文化项目建设的重要内容。

（二）加强对万寿宫相关碑刻资料的整理与研究

云南的万寿宫数量众多，少数保存下来的多已成为各级文物保护单位，

---

① 云南省永胜县志编纂委员会编《永胜县志》，云南人民出版社，1989，第770页。
② 李文笔：《千年白族村——诺邓》，云南民族出版社，2004，第24页。
③ 明嘉靖丙辰提举李琼题《修祝寿寺》，文曰："残垣废刹一僧无，陋殿空虚三像孤。蓑笠每将暑雨避，擎撑乱把危梁扶。捐金引募新禅院，绘彩新朱焕佛都。朝贺明时习拜舞，万年祝寿听山呼。嘉靖丙辰提举李瑗题。督工杨谦、杨辉、杨大升、杨明、李享、陈桂荣、杨用。"转引自舒瑜《微盐大义——云南诺邓盐业的历史人类学考察》，世界图书北京出版公司，2010，第76页。
④ 国家文物局编《中国文物年鉴2007》，华夏出版社，2008，第330页。

即便一些建筑已经灭失的万寿宫，也有残碑断碣保留下来，成为研究云南万寿宫发展的重要资料。如楚雄州姚安县肖公庙，始建于康熙五十年（1711年），今祠已毁，其道光二十六年（1846年）《重修萧公祠碑》尚存于姚安县博物馆，[①] 曲靖市会泽县临江会馆（药王庙）也存有乾隆四十七年（1782年）《东川会泽县药王庙碑》[②]，永善县万寿宫有《兴建万寿宫碑》和《神仙府》碑刻[③]，红河州蒙自市文化馆有光绪十年（1884年）《重修南昌会馆碑》1通[④]，红河州蒙自市江西吉安会馆今存记载建馆始末的石碑4通[⑤]，普洱市宁洱县江西会馆现存6块乾隆年间的南昌府、建昌府、吉府灯油记碑。[⑥] 这些碑刻，或碑石损毁，仅存拓片，或因宫观不存而流落在外，或因宫观被改为旅游单位而无人问津。以上种种，反映对万寿宫历史文化发掘不够、重视不足，学术界对此并未展开集中的收集与整理。随着万寿宫文化研究的深入和开展文化旅游的迫切需要，加紧抢救万寿宫文化遗存，加强对万寿宫相关碑刻收集整理已经成为一项迫在眉睫的工作，也是提升地方历史文化内涵、打造地方文化特色的有效途径。

（三）寻根祭祖，沟通血脉，加强人文联系

江西客商奔走四方，却始终未曾忘记自己源于赣鄱大地。康熙五十年，在楚雄州姚安县任土官的高厚德不忘原籍江西吉安府，因倡彼地贸易，吉安客民崇奉祀奠安而捐地率建萧公祠，以慰乡思。[⑦] 乾隆年间谢圣纶在《滇黔志略》中说："滇、黔各处，无论通衢僻村，必有江西人从中开张店铺，或往来贸贩。凡郡邑商贾辐辏之所，必醵金建'萧公祠'以为会馆，而美其

---

① 杨成彪主编《楚雄彝族自治州旧方志全书·姚安卷（下）》，云南人民出版社，2005，第1730页。
② 王日根主编《中国老会馆的故事》，山东画报出版社，2014，第127页。
③ 云南省文化厅编著《中国文物地图集云南分册》，云南科学技术出版社，2001，第278页。
④ 程民主编，蒙自县志编纂委员会编《蒙自县志》，中华书局，1995，第852页。
⑤ 程民主编，蒙自县志编纂委员会编《蒙自县志》，中华书局，1995，第852页。
⑥ 《新纂云南通志》卷113《祠祀考五》，云南人民出版社，2007，第104页。
⑦ 杨成彪主编《楚雄彝族自治州旧方志全书·姚安卷（下）》，云南人民出版社，2005，第1730页。

名曰'万寿宫'。"① 保山市施甸县的江西同乡共建万寿宫，塑有萧公、康公神像，祭祀祖先，并集资置公田地数十亩，成为同乡互助的基金。② 江西乡民在异地他乡建设万寿宫、萧公祠，无不是表达自己对故乡的思恋。

随着社会经济的发展，越来越多的客居异地他乡的江西人后裔回乡寻根祭祖。如普洱江西会馆也被称为"萧祠"，距今已有 280 年，现在普洱市宁洱城和附近的居民都认为自己的祖籍是江西。据《韶山毛氏族谱》记载，韶山毛氏始祖为江西吉水人氏毛太华，曾屯军云南"澜沧卫"。1997 年 4 月，毛泽东的女儿李讷来到云南永胜县，与永胜县有关人士座谈，证实了湖南韶山冲毛氏与云南永胜毛氏为同源共祖，引起社会的广泛关注。随后，云南永胜方面建设了边屯文化博物馆，并将其列入云南省社会科学普及示范基地。2017 年 3 月，为纪念云南省道教中兴之祖刘渊然诞辰 666 周年，云南省道教协会组织了朝圣团前往江西南昌万寿宫，赣州万松山玉虚观、老紫阳观等道教宫观旧址寻访刘渊然祖师足迹。相关部门应当利用这种血缘与乡情的联系，加强人文交流，在适当的时候，在云南重建或恢复万寿宫的部分功能，强化故乡认同，加强人文联系。

（四）加强对传统产业资源的挖掘，促进优势产业发展

江西商人行走在云南大地，也将江西传统优势产业——中医药业、陶瓷业等带到云南，促进了当地社会经济发展。如曲靖市会泽县临江会馆（药王庙）即为临江府移居会泽的移民所修建，因为临江府下辖樟树镇，会馆中供奉药王孙思邈的神像。③ 清末民国时期，云南蒙自一共有 17 家较为重要的药店（药房），其中属于江西帮的共有 12 家，尤为重要的是，江西帮掌控了蒙自县大多数的医药业务，也为当地社会经济发展做出了重大贡献。④ 明代江西陶瓷工人迁往云南，建水窑出现"湖广"籍名窑，临安府所

① 方国瑜主编《云南史料丛刊》第十一卷，云南大学出版社，2001，第 679 页。
② 云南省施甸县志编纂委员会编《施甸县志》，新华出版社，1997，第 566 页。
③ 王日根主编《中国老会馆的故事》，山东画报出版社，2014，第 127 页。
④ 陈振翔：《解放前蒙自中医药业商号》，《蒙自文史资料》第 3 辑，第 126～128 页。

辖华宁境内的《重修慈云寺功德碑》载：“冶北里华盖山下，大明洪武年间，有车姓江西景德镇人来滇办厂于此。”这说明内地陶瓷手工业者迁移到云南促使陶窑兴起。^① 而明崇祯年间，江西商人在云南通海修建萧公庙，江西帮以此为大锡转运站，兼销瓷器，收购土药材。^② 这些都加强了云南与江西两地的经济文化交流。

当前，滇赣两地的交流愈发频繁，云南独特的山水人文风情和丰富的自然资源是双方合作的良好资源。而万寿宫作为净明道的重要内容，在开发万寿宫文化资源的同时，融入江西传统医药文化，将道家养生的相关经验予以吸收，打造符合现代科学养生规律、强调自然和谐，同时强调养德养心的文化品牌，从而扩大万寿宫文化的影响力，促进地方经济的发展。政府有关部门应将这项工作作为一项重大的文化工程，大力支持专家学者与文化部门的工作人员共同参与这项工作，并做出全面规划设计，提出切实可行的措施。

（五）进一步加强滇赣两省道教界的交流，促进万寿宫文化的传播

云南各地的万寿宫、萧公祠对云南宗教的发展影响深远。如道教的西河派，约于宋代从江西传来，盛行于巍山一带。此派有60字道谱，在巍山大仓区尚有第五十一代传人官纯全等人健在。^③ 灵宝派，据称为江西龙虎山西河派传莲所倡，多在滇西巍山一带活动，1986年尚有第五十一字“纯”字号道士存在。^④ 滇东北的鲁甸县曾有江西人所建的“江西庙”，内供许逊真君，疑曾有《诸真宗派总簿》所记的“许真君净明派”。^⑤ 这些都是加强江

---

① 马行云编著《云淘》，云南大学出版社，2015，第7页。

② 《新纂云南通志》卷112《祠祀考四》，云南人民出版社，2007，第90页。

③ 《道教·教派》，云南省民族宗教网，https：//www.ynethnic.gov.cn/pub/ynethnic/zjzc/zjzs/dj/jp/201506/t20150626_10507.html。

④ 《道教·教派》，云南省民族宗教网，https：//www.ynethnic.gov.cn/pub/ynethnic/zjzc/zjzs/dj/jp/201506/t20150626_10507.html。

⑤ 《道教·教派》，云南省民族宗教网，https：//www.ynethnic.gov.cn/pub/ynethnic/zjzc/zjzs/dj/jp/201506/t20150626_10507.html。

西与云南地区道教信众交往的最好的基础。同时，还可以充分利用道教界的重大节日、纪念日，加强双方道教信众之间的交流。如云南道教史上的最重要人物之一——刘渊然，为江西赣县人，师事江西于都紫阳观赵原阳等，身兼全真、清微、净明诸派之传，后赴云南开宗长春派，对后世影响深远。2017 年，云南省道教协会曾组团前往江西西山万寿宫、赣州于都紫阳观等地拜谒刘渊然，寻访刘渊然足迹。加强滇赣两省道教界各层次、多方面的交流与合作，不仅有利于促进万寿宫文化的传播，还是借由道教文化交流活动，搭起两地人民交流的桥梁，进一步深化两地宗教、文化交流，共同传承发扬中国传统优秀文化，在新的历史时期传承和弘扬万寿宫文化，并深入挖掘和阐发其时代价值的良好契机。

（六）传承红色文化，讲好江西故事

江西与云南同为红土地，都有光辉灿烂的红色文化。历史上，大批江西先贤曾在云南大地挥洒热血，清末江西武宁人李烈钧在昆明担任讲武学堂教官时，以昆明万寿宫为学校，培养过一批有民主革命思想的青年，为他后来在云南起义、反对袁世凯帝制做过历史贡献。遵义会议确立了毛泽东在党内的领导地位。1935 年 2 月，中央红军长征到云南威信县扎西镇，党中央在扎西江西会馆召开了政治局扩大会议，决定缩编红军并确定了新的作战部署，为四渡赤水、巧渡金沙江、实现北上抗日的战略目标奠定了胜利的基础。1940 年，江西籍西南联大的学生、毕业生张德基、刘伟、邓衍林和熊德基 4 人在昆明江西会馆的帮助下创办的天祥中学，站在历史爱国民主运动前列，培养了大批革命骨干，被称为"人才基地"和"民主堡垒"。① 江西先贤在云南大地书写的壮举，将进一步丰富万寿宫文化的内涵，成为传承红色基因、弘扬革命传统的精神高地，是大力发展红色旅游，推动红色教育入心入脑的重要基础。

---

① 王明坤：《历史记述的天祥中学》，载昆明市盘龙区政协文史资料委员会编《盘龙文史资料》第 21 辑《盘龙纵横：献给盘龙区建区 50 周年》，中国文史出版社，2006，第 170 ~ 171 页。

附表　云南地区万寿宫简况一览

单位：个

市州（数量）	宫观名号	文献记载	文献来源及版本信息	地址	现所属地	备注
昆明（10）	万寿宫	江西士庶客滇者建，祀萧公	光绪《云南通志》卷九十一《祠祀志二之一》	城东太平桥左	昆明市	一名万寿宫，又名江右会馆
	萧公祠	祠前为吴西桥	道光《昆明县志》卷三《建置》	城南门外	昆明市	
	江西吉安会馆		《五华区志》，四川辞书出版社，1995，第532页	三合铺	昆明市五华区	
	江西会馆	明代为大型寺庙。同治年间新修"江右新馆"	光绪《云南通志》卷九十一《祠祀志二之一》	昆明南城脚龚家村	昆明市盘龙区拓东路	江右新馆
	万寿宫	有道光二十五乙巳年（1845年）撰《万寿宫碑记》	《新纂云南通志》卷一百《金石考二十》，第445页	县城内	富民县永定镇	
	万寿宫	明时建。清康熙间重修	《新纂云南通志》卷一一五《祠祀考七》，第156页	昆阳州扬光寺右	晋宁区昆阳街道	
	万寿宫	同治十年（1871年）杨益林建	《新纂云南通志》卷一百三十五《祠祀考五》，第117页	北门外	禄劝县	肖公庙
	江西庙	祀晋旌阳令许逊	光绪《东川府续志》卷一《寺观》。	巧家厅汤丹厂	东川区汤丹镇	
	江西庙	民国东川县派韦光洁创办保国民小学	《东川市志》，云南人民出版社，1995，第557页	会泽县托布卡	东川区拖布卡镇	粮店
	万寿宫	乾隆三十二年（1767年）前，江右客民建	乾隆《宜良县志》卷三《杂稽志》	城北门外八九铺	宜良县	江右会馆
曲靖（18）	萧公庙		《新纂云南通志》卷一百一十三《祠祀考五》，第111页	会泽六里村	会泽县	
	万寿宫	康熙五十年（1711年）始建，雍正八年（1730年）毁，乾隆二十七年（1762年）重建	《话说万寿宫》，载《会泽文史资料》第2辑，第111~115页	会泽县城北门内	会泽县金钟镇	真君殿，全国重点文物保护单位

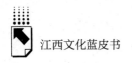

市州（数量）	宫观名号	文献记载	文献来源及版本信息	地址	现所属地	备注
曲靖(18)	豫章会馆	乾隆四十三年（1778年），南昌府和瑞州府合建	王日根主编《中国老会馆的故事》，第127页	位于二道巷北侧	会泽县金钟镇	现存
	吉安会馆	乾隆初年建，又名二忠祠（即祀文天祥、李邦华）	王日根主编《中国老会馆的故事》，第127页	县城西内街西段南侧	会泽县金钟镇	
	清江会馆	江西临江府清江县所建	王日根主编《中国老会馆的故事》，第127页	米市街对门火巷内	会泽县金钟镇	又称"仁寿宫""萧公庙"
	临江会馆	乾隆四十七年（1774年）建，现存碑1通	王日根主编《中国老会馆的故事》，第127页	县城西内街	会泽县金钟镇县中医院内	药王庙，现存，已经维修
	万寿宫	清道光四年（1824年）建	《娜姑镇文物志》，云南民族出版社，1999，第36～37页	会泽县娜姑村白雾街	会泽县娜姑镇白雾街	江西庙、江西会馆
	万寿宫	祀许真君	《话说万寿宫》，载《会泽文史资料》第2辑，第112页	会泽县迤车（以扯）	会泽县迤车镇	
	万寿宫	祀许真君	《话说万寿宫》，载《会泽文史资料》第2辑，第112页	会泽县者海(者家海)	会泽县者海镇	
	萧公庙	康熙四十八年（1709年）建	民国《罗平县志》卷三《典礼志》	罗平州城东大街	罗平县	江西会馆
	万寿宫	康熙四十五年（1706年）建	民国《罗平县志》卷三《典礼志》	城北一百六十里	罗平县	
	许真君庙		咸丰《南宁县志》卷三《祠祀》	南宁县城内东门街	曲靖市麒麟区	江西会馆

续表

市州（数量）	宫观名号	文献记载	文献来源及版本信息	地址	现所属地	备注
曲靖（18）	万寿宫	清初江西人公建	《云南地方志道教和民间宗教资料琐编》，第176页	宣威市水月殿东	宣威市	亦曰"江右会馆"
	萧晏二公祠		民国《宣威县志稿》卷八	宣威市	宣威市	
	万寿宫		《云南地方志道教和民间宗教资料琐编》，第176页	阿角村	宣威市板桥镇阿角村	
	万寿宫		《云南地方志道教和民间宗教资料琐编》，第176页	上土目	宣威市乐丰乡上土木村	
	万寿宫		《云南地方志道教和民间宗教资料琐编》，第176页	兔场	宣威市羊场镇兔场村	
	真君殿	光绪间已存	光绪《沾益州志》卷三《祠祀》	城南	沾益区	
昭通（19）	江西庙	乾隆四年（1739年）建，祀许逊。咸同毁。光绪重修	光绪《东川府续志》卷一《寺观》	巧家厅城内新莱市	巧家县	真君庙
	江西庙	祀晋旌阳令许逊	民国《巧家县志稿》卷二《天文舆地》	巧家厅棉华厂	巧家县	
	江西庙		《云南省志》卷三《地震志》，第65页	鲁甸城	鲁甸县	
	江西庙	清雍正九年（1731年）建，咸同毁，同光间续修	《鲁甸县志》，第566页	鲁甸县古寨巡检署	鲁甸县龙树乡新乐村古寨	古寨小学校址
	万寿宫	清乾隆七年（1742年）至嘉庆七年（1802年）间江西的办矿者建	《鲁甸县志》，第566页	鲁甸乐马厂	鲁甸县龙头山乡八宝村	
	江西庙	道光年间建	光绪《东川府续志》卷一《寺观》	巧家厅蒙姑	巧家县蒙姑镇	真君庙

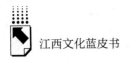

续表

市州（数量）	宫观名号	文献记载	文献来源及版本信息	地址	现所属地	备注
昭通(19)	万寿宫	建于明代,清乾隆重修,清末重建	民国《绥江县志》卷二《舆地》	副官县副官村	绥江县中城镇金江社区	现存一个戏台及基址
	江西会馆	咸丰六年（1856年）始建。为1935年扎西会议会址	《云南威信江西会馆——扎西会议会址》,《中共重要会议会址考察记》,第154页	威信县扎西镇老街	威信县扎西镇上街60号	江西庙,江西会馆,1976原址重建,省级文物保护单位
	万寿宫	咸同间颓败,光绪时重修	民国《盐津县志》卷三《舆地·寺庙》	上滩中街	盐津县	即萧公庙、肖公庙、江西会馆
	万寿宫		民国《盐津县志》卷三《舆地·寺庙》	牛鞞寨	盐津县牛寨乡	
	万寿宫		民国《盐津县志》卷三《舆地·寺庙》	普洱渡	盐津县普洱镇	
	万寿宫		民国《盐津县志》卷三《舆地·寺庙》	兴隆场	盐津县兴隆乡	
	江西庙	民国初年创办牛街乡立初小	《昭通地区志（下）》,第12页	彝良县牛街乡	彝良县牛街镇	
	万寿宫	清末创办东区第一初小	《昭通地区志（下）》,第12页	永善县大井坝	永善县大兴镇	
	万寿宫	清末创办西区第二初小	《昭通地区志（下）》,第12页	永善县井田乡	永善县井田镇（现溪落渡镇）	
	万寿宫	清末创办私立北区那哈坪初小	《昭通地区志（下）》,第12页	永善县那哈坪	永善县青胜乡那哈坪	
	万寿宫	道光十九年（1839年）建,现存有碑刻	《中国文物地图集云南分册》,云南科学技术出版社,2001,第278页	永善县城北	永善县溪落渡镇永善一中校内	现存戏台,县级文物保护单位

续表

市州（数量）	宫观名号	文献记载	文献来源及版本信息	地址	现所属地	备注
昭通(19)	万寿宫	乾隆二十四年（1759年）建，光绪十三年（1887年）续修	民国《昭通县志稿》卷一	恩安城内怀远街	昭通市昭阳区	即江西会馆
	万寿宫	清咸丰间，兵燹毁。同治十二年（1873年），豫章客民重修。光绪二十一年（1895年）重修	《新纂云南通志》卷一一三《祠祀考五》，第112页	镇雄州	镇雄县	豫章会馆
玉溪(9)	万寿宫		康熙《宁州郡志》	宁州城西北蟠桃山	华宁县宁州镇	
	萧公庙	神有保障州治之验，知州禄安立祠祀之	正德《云南志》卷四	宁州西南一里	华宁县宁州镇	
	萧公祠	江西客民建	宣统《宁州志》《坛庙》	圣母庙右	华宁县宁州镇	江西会馆
	萧晏二公祠	建于康熙年间	乾隆《续修河西县志》	河西县城北门外	通海县河西镇	江西会馆
	萧公庙	明崇祯江右客民建	《新纂云南通志》卷一一二《祠祀考四》，第90页	迎恩桥之左	通海县秀山镇	今已废
	萧公祠	清乾隆年间建，光绪初年豫章客民重修	《新纂云南通志》卷一三五《祠祀考五》，第117页	新平城北门外东关庙旁	新平县	一名玉隆万寿宫
	萧公祠	咸同或光绪年间建	光绪《云南通志》卷九十一《祠祀志二之一》	易门四会	易门县龙泉镇中心街社区四会村	
	万寿宫	元至正年间创建，清代重修，又名上寺庙	《全国各省、自治区、直辖市第一批文物保护单位名单汇编》，第303页	城内上街	元江县澧江街道	又名"上寺庙"，省级文物保护单位

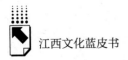

续表

市州（数量）	宫观名号	文献记载	文献来源及版本信息	地址	现所属地	备注
玉溪(9)	万寿宫	乾隆五十四年（1789年）地震倾圮，道光三年（1823年）重建	《云南省志》卷三《地震志》，第34页	城西北隅	江川区西门街西头	
保山(9)	萧公祠	江西客民建	光绪《永昌府志》卷二十六《俗祀》	厅治左	龙陵县	
	昭武祠	康熙前江西客民建，萧公祠之右	《新纂云南通志》卷一一三《祠祀考五》，第106页	永昌府保山县城内马大街	保山市隆阳区	
	萧公祠	康熙前江西客民建。咸丰十一年（1861年）毁，光绪重建	《新纂云南通志》卷一一三《祠祀考五》，第106页	永昌府保山县城内马大街	保山市隆阳区	
	二忠祠	吉安客民建，兵燹拆毁，光绪重建	民国《保山县志》卷七《建置一》	内城萧祠街昭武祠左边	保山市隆阳区	
	万寿宫	康熙四十九年（1710年）改邓子龙祠建	《施甸县志》，新华出版社，1997，第566页	施甸县	施甸县甸阳镇县生资公司	又名"江西同乡会馆""真君庙"
	江西会馆		《施甸县志》，新华出版社，1997，第566页	姚关	施甸县姚关镇供销社	
	万寿宫	陈宗海撰《重建万寿宫碑记》	《新纂云南通志》卷一百《金石考二十》，第454页	腾冲市	腾冲市	
	萧公祠	江西客建	乾隆《腾越州志》卷四《城署》	城南五保街	腾冲市	江西会馆老萧祠
	萧公祠	江西人建	乾隆《腾越州志》卷四《城署》	六保街	腾冲市	万寿宫，又名"新萧祠"

市州（数量）	宫观名号	文献记载	文献来源及版本信息	地址	现所属地	备注
楚雄(19)	萧公祠	江西客民胡国栋建	康熙《楚雄府志》卷二《建设志》	楚雄县西古山寺麓	楚雄市西山峨碌公园古山亭	江西会馆
	万寿宫		光绪《大姚县志》卷九	城内西街	大姚县	旧名"肖公庙"
	万寿宫		光绪《大姚县志》卷九	下节街	大姚县	旧名"肖公庙"
	万寿宫		光绪《大姚县志》卷九	大田	大姚县	旧名"肖公庙"
	万寿宫		雍正《白盐井志》卷三《寺庙》	白盐井	大姚县	萧公祠
	安福祠	吉安客民建。民国八年(1669年)重修	《盐丰县志》卷七	大姚县	大姚县石羊镇	
	萧公庙	明初建	民国《禄丰县志条目·寺观》	第四镇	禄丰县	
	万寿宫		《牟定县志》,云南人民出版社,1993,第560页	县城	牟定县共和镇散花村	
	萧公祠	康熙八年(1669年)建,光绪十四年(1888年)重修	光绪《镇南州志》卷五《祠祀略》	镇南州州治东	南华县	
	萧公祠		《古今图书集成·职方典》第一千四百八十二卷	镇南州定边县治南	南涧县	
	萧公祠	江右客居多,集众力建	乾隆《鄂嘉志书草本·告谕》	楚雄府鄂嘉县石羊厂	双柏县	
	萧公祠	乾隆二年(1737年)客民杨士洪买房修奉专祠	方国瑜主编《云南史料丛刊第十一卷》,第679页	楚雄府鄂嘉县	双柏县	
	肖公庙	位于关帝庙隔壁	朱宪荣《罗婺历史与文化》,云南大学出版社,2009,第129页	城南南街南段	武定县食品公司	江西庙

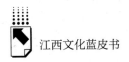

续表

市州（数量）	宫观名号	文献记载	文献来源及版本信息	地址	现所属地	备注
楚雄(19)	晏公庙	在府城西	《楚雄彝族自治州旧方志全书·姚安卷·（下）》，第1730页	姚州府城西	姚安县	
	萧公庙	原在城西，康熙五十五年移入南街	《楚雄彝族自治州旧方志全书·姚安卷·（下）》，第1730页	姚州城南	姚安县	江西会馆
	肖公庙	康熙五十年(1716年)建。现存道光二十六年(1846年)《重修萧公祠碑》	《中国文物地图集云南分册》，云南科学技术出版社，2001，第317页	光禄镇北关	姚安县	
	肖公庙	道光前建	《永仁县志》，云南人民出版社，1995，第652页	大田	永仁县	
	肖公庙	道光前建	《永仁县志》，云南人民出版社，1995，第652页	下节街	永仁县下节街	
	江西会馆		《民国元谋县地志·城市、村镇》，云南人民出版社，2005，第448页	元谋马街	元谋县	
大理(16)	萧公祠	有许逊、吴猛诸尊神像，盖江右人所建	王昶《春融堂集》卷四九《游鸡足山记》，上海文化出版社，2013，第867页	宾川州牛井街	宾川县牛井街道办事处	
	萧公祠		《新纂云南通志》卷一一二《祠祀考四》，第84页	城西南城隍庙左	大理市大理古城	
	萧公祠	吉安府人士建于榆城，有乾隆碑记	《大理丛书·金石篇》，云南民族出版社，2010，第2642～2643页	太和县城东南隅或城南门外	大理市大理古城	江西吉安会馆
	万寿宫	民光绪或宣统年间，有碑刻文	大理州博物馆藏民国十五年《修复榆城万寿宫记》		大理市大理古城	
	萧晏二公祠	康熙三年(1664年)迁建门内	康熙《大理府志》卷十七	太和县南门外	大理市大理古城	

续表

市州（数量）	宫观名号	文献记载	文献来源及版本信息	地址	现所属地	备注
大理（16）	万寿宫	清代改建为三公祠	《大理古城内的宗教建筑》，载《大理市文史资料》第13辑，第212页		大理市大理古城护国路	
	万寿宫	民国十八年（1929年）万寿宫成立"凤仪县立师资训练所"	《凤仪志》，云南大学出版社，1996，第382页	凤仪县凤鸣镇学前街	大理市凤仪镇西背街	
	萧公祠	光绪六年（1880年）江西众姓由本祠公项筹建	《大理丛书·方志篇》卷九《光绪剑川志稿·祠祀》，民族出版社，2007，第688页	旧在城东门街，后在城西门外	剑川县金华镇	
	万寿宫	清光绪十年（1884年）豫章旅滇商人创建	民国《弥渡县志》卷十一《寺观》	青螺山南	弥渡县弥城镇	江西会馆
	吉安会馆	道光二十年（壬辰，1840年）之前建，有《弥渡江西吉安府会馆碑记》	道光《赵州志》卷五《艺文志》，第323页	县城内东街	弥渡县弥城镇	
	萧公祠	江西人李嵩山建，同治己巳（1869年）毁，光绪间重修	民国《蒙化志稿》卷十五	蒙化府城东北隅	巍山县	
	萧公祠	明万历建，咸同毁。光绪二十四年（1898年）重建	《巍山县新增全国重点文物保护单位简介》，《大理日报》2013年7月3日，A3版	巍山县南诏镇	巍山县南诏镇文华中学内	全国重点文物保护单位
	萧公祠	旧在南门外。康熙三年（1664年），迁建南门内。咸丰七年（1857年）城陷遂圮。	《新纂云南通志》卷一一二《祠祀考四》，第86页	云南县城南门内	大理州祥云县	
	萧公祠	江西客民建	光绪《永昌府志》卷二十六	永平县城内	永平县	
	萧公祠	江西客民建。咸丰战乱毁。同光间重修	《白羊厂汉回械斗案》，载荆德新《云南回民起义史料》，第35页	云龙州白羊厂	云龙县	

续表

市州（数量）	宫观名号	文献记载	文献来源及版本信息	地址	现所属地	备注
大理(16)	万寿宫	传始建于元代，嘉靖年间李琼重修，有碑刻1通，明末改为"万寿宫"	《云龙风物志》，德宏民族出版社，2008，第87页	诺邓井	云龙县诺邓古村	村民住处
红河(17)	水府庙	江右客民建	《古今图书集成·职方典》第一千四百七十五卷	蒙自市个旧	个旧市	
	江西会馆		乾隆《蒙自县志》卷三《祠祀》	蒙自市个旧厂	个旧市个旧乡锡厂	
	万寿宫	乾隆前建，江西吉安会馆	宣统《续蒙自志》卷三《社会志》	蒙自市鸡街	个旧市鸡街镇	吉安会馆
	万寿宫	建万历间建，道光地震崩颓，清光绪重修	《全国各省、自治区、直辖市第一批文物保护单位名单汇编》，第302页	市北区乍甸	个旧市乍甸镇	
	晏公祠	元时建，清道光二年（1822年）重修	《新纂云南通志》卷一一二《祠祀考四》，第89页	临安府建水县府城东	建水县	
	英佑侯祠		《云南地方志道教和民族民间宗教资料琐编》，第230页	河西县治北	建水县	
	萧公庙	在府曲江	《云南地方志道教和民族民间宗教资料琐编》，第230页	建水县曲江驿	建水县曲江镇	
	萧公庙	清顺治钱弘业建，江右客民增建	康熙《阿迷州志》卷九《坛塘》	治东门外	开远市	
	萧晏二公祠	萧晏二公祠，萧晏皆水神。	乾隆《广西府志》卷十二《祠祀》	云南府广西州城西门	泸西县	
	临江会馆	乾隆三十三年（1768年）临江府人建	乾隆《蒙自县志》卷三《祠祀》	西门外仁寿街	蒙自市	仁寿宫
	水府庙	江右客民建	《古今图书集成·职方典》第一千四百七十五卷	城南门内	蒙自市	

续表

市州（数量）	宫观名号	文献记载	文献来源及版本信息	坐落地址	现所属省（市）	备注
红河(17)	水府庙	江右客民建	《古今图书集成·职方典》第一千四百七十五卷	蒙自市南	蒙自市	
	南昌会馆	建于清嘉庆三年(1798年)，有光绪十年（1884年)碑刻	《蒙自县志》，中华书局，1995，第852页	蒙自市西门外	蒙自市人民中路（武庙街公安局）	
	江西吉安会馆	乾隆五十年(1711年)建，存石碑4通	《蒙自县志》，中华书局，1995，第852页	蒙自市城南门内	蒙自市阁学街26号	
	江西庙	抚州、瑞州会馆。建于乾隆年间，存碑两通	《蒙自县志》，中华书局，1995，第852页	蒙自市城南门外	蒙自市公安局内	又名水府庙
	万寿宫		乾隆《弥勒州志》卷十五《祠祀》	城南门外	弥勒市	
	万寿宫		乾隆《石屏州志》	城南	石屏县	
丽江(5)	萧公祠	雍正十二年(1734年)建。乾隆四年(1739年）重修。光绪间复修	民国《丽江府志》卷四	城南义和乡	丽江市大研古镇义和路	
	萧公祠	在清水驿	《新纂云南通志》卷一一三《祠祀考五》，第115页	清水驿	永胜县期纳镇清水古镇	
	萧公祠		《新纂云南通志》卷一一三《祠祀考五》，第115页	永北直隶厅金江	永胜县涛源乡金江古渡	
	萧公祠	在府城南门外。咸丰六年(1856年)至同治十二年(1873年)间毁。光绪十年重修	《新纂云南通志》卷一一三《祠祀考五》，第115页	永北府城南门外	永胜县永北镇	
	萧公祠		乾隆《永北府志》卷十五《祠祀》	三公殿后	永胜县永北镇	

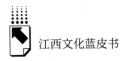

续表

市州（数量）	宫观名号	文献记载	文献来源及版本信息	地址	现所属地	备注
临沧(8)	萧公祠	雍正三年（1725年）前建	雍正《顺宁府志》卷四《坛庙》	锡腊	临沧市	江西会馆
	萧公祠	天启五年（1625年）抚州人何文魁建	雍正《顺宁府志》卷四《坛庙》	顺宁府城内	临沧市	
	万寿宫	乾隆至咸丰年间建，咸丰毁，光绪十一年（1885年）重建	光绪《续顺宁府志》卷十九《俗祀》	东城外里许	临沧市	
	萧公祠	建于乾隆二十六年（1761年）之前，咸同毁，后重建。	光绪《续修顺宁府志》卷十九《俗祀》，载《顺宁府（县）志五部》，第383页	顺宁县城内新顺宁府署右	凤庆县	江右会馆
	万寿宫		光绪《续顺宁府志》卷十九《俗祀》	顺宁城外北一里	凤庆县	
	萧公祠	江右客家重修	《古今图书集成·职方典》第一千四百九十四卷	云州城北	云县	
	萧公祠	江右王道人重修	雍正《顺宁府志》卷四《坛庙》	云州猛郎	云县	
	萧公祠		雍正《顺宁府志》卷四《坛庙》	猛麻	云县	
普洱(6)	萧公祠		民国《景东县志稿》卷四	在治北门内	景东县	
	萧公祠		《新纂云南通志》卷一一三《祠祀考五》，第105页	威远厅抱母尾井	景谷县	江西会馆
	萧公祠		《新纂云南通志》卷一一三《祠祀考五》，第104页	他郎厅城东门外	墨江县	
	江西会馆	清雍正七年(1729年)江西客商建。有碑6通	《新纂云南通志》卷一一三《祠祀考五》，第104页	普洱府城东街口	宁洱县宁洱镇	又名"萧公祠"
	盱江庙	清光绪八年（1882年），郡人李兆祥倡修	《新纂云南通志》卷一一三《祠祀考五》，第104页	城内大街	宁洱县宁洱镇	

市州（数量）	宫观名号	文献记载	文献来源及版本信息	地址	现所属地	备注
普洱(6)	萧公祠	同治元年(1862年)之前	光绪《普洱府志》卷三,载《清代普洱府志选注》,第11页	思茅厅城南门外	普洱市思茅区思茅镇	
文山(18)	万寿宫	有碑	云南大学尤中教授口述	皈朝镇	富宁县皈朝镇	
	江西会馆	始建年代不详,嘉庆间重修		剥隘临江路	富宁县剥隘镇	2005年搬迁重建
	江西会馆	清乾隆建	民国《广南县志》卷三《舆地志》	县城西街	广南县今公安局	江西庙
	江西会馆	建于咸丰六年(1856年)前。咸丰毁,光绪重修	《文山州志》第3卷,云南人民出版社,2002,第50页	麻栗坡街街中	麻栗坡县麻栗镇	
	万寿宫		《云南地方志道教和民族民间宗教资料琐编》,第260页	马关县本关	马关县	
	万寿宫		《云南地方志道教和民族民间宗教资料琐编》,第261页	马关县中区别格街	马关县	
	万寿宫		《云南地方志道教和民族民间宗教资料琐编》,第261页	马关县西区八寨	马关县八寨镇	
	万寿宫		《云南地方志道教和民族民间宗教资料琐编》,第261页	马关县西区大栗树	马关县大栗树乡	
	万寿宫		《云南地方志道教和民族民间宗教资料琐编》,第261页	马关县西区古林箐	马关县古林箐乡	
	万寿宫	明代始建	《文山州志》第3卷,云南人民出版社,2002,第181页	马者龙乡	丘北县双龙营镇马者龙	
	萧公祠		《新纂云南通志》卷113《祠祀考五》,第110页	新现	文山市	

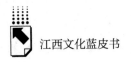
续表

市州（数量）	宫观名号	文献记载	文献来源及版本信息	地址	现所属地	备注
文山(18)	萧公祠	清乾隆二年（1737年）建	《新纂云南通志》卷一一三《祠祀考五》，第110页	文山市城北门外	文山市	万寿宫
	萧公祠		《新纂云南通志》卷一一三《祠祀考五》，第110页	城西乐农里	文山市德厚镇乐龙村	万寿宫
	万寿宫	北区古木有万寿宫	《云南地方志道教和民族间宗教资料顼编》，第261页	马关县北区古木	文山市古木镇	
	萧公祠	乾隆二年江右客民建	《新纂云南通志》卷一一二；道光《开化府志》卷二《建置》	城北门外	文山市古木镇	
	万寿宫	康熙三十五年（1696年）建，乾隆五年（1740年）增修	《中国文物地图集云南分册》，云南科学技术出版社，2001，第386页		文山市开化镇佛寿街25号	县级文物保护单位
	吉安会馆	康熙三十五年建，乾隆五年增修	《中国文物地图集云南分册》，云南科学技术出版社，2001，第386页		文山市开化镇佛寿街25号万寿宫东侧	县级文物保护单位
	万寿宫	乾隆六十年（1795年）建，嘉庆元年（1796年）焚毁，同治年间重建	《文山州志》第3卷，云南人民出版社，2002，第94页	平坝街	文山市平坝镇	
版纳(1)	江西会馆	乾隆二十年（1755年）前	蒋文中《茶马古道研究》，云南人民出版社，2014，第120页	普洱府倚邦街	勐腊县象明山乡倚邦村委会	存遗址
迪庆(1)	万寿宫	清乾隆建，同治二年（1863年）毁，光绪十五年（1889年）重建	《有关维西社会历史文化方面的几件资料》，载《维西文史资料》第1辑，第29页	城外东北印星坡	维西县保和镇	

B.8
南昌地区万寿宫文化发展报告

李友金　熊国宝*

摘　要： 南昌是江西省会城市，江西文化经济发展的中心。南昌地区
是我国道教的重要发源地之一，道教在南昌的踪迹，相传最
早的为黄帝时代掌管礼乐的洪崖先生留下来的，他曾在西山
的洪崖丹井修行炼丹，至今该处仍有碑刻；西汉时期，又有
南昌县尉梅福，辞官隐居西山修道，其修道处因而被称为
"梅岭"；三国两晋时期，净明道祖师许逊在西山开坛修道，
由此而派生的万寿宫遍布全国各地。许逊、吴猛、郭璞、朱
权、朱道朗、马道常等全国著名的道教人物，都出在南昌。
目前，西山万寿宫、铁柱万寿宫、净明道院、李渡万寿宫被
列为江西省重点道观。2011 年，"万寿宫庙会习俗"被列为
国家级非物质文化遗产保护项目。新时代，传承和保护万寿
宫文化资源迫在眉睫，本文将从传承万寿宫文化、城市发展
进程中"万寿宫庙会习俗"合理转型等方面做进一步思考。

关键词： 文化保护利用　南昌万寿宫　净明道

---

* 李友金，中国道教协会常务理事，江西省道教协会副会长，南昌市道教协会会长，南昌西山
万寿宫住持；熊国宝，南昌市道教协会副秘书长，西山万寿宫办公室主任，净明道文化研究
室主任。

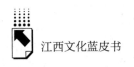

一 南昌道教文化的传播及净明道传承

（一）南昌道教文化的传播

道教在南昌最早的踪迹，相传是黄帝时代掌管礼乐的洪崖先生在西山留下来的。道教作为中国本土宗教，在南昌的广泛传播始于许逊。旧志载，东晋时在南昌的广润门和西山镇，建起了纪念许逊的祠庙，说明道教在当时群众中已有相当的影响力。许逊，字敬之，生于东吴赤乌二年（239年），20岁时，求道于吴猛，尽得其秘，后举孝廉。晋太康元年（280年），出任旌阳县令，广施仁政，深得民心。永熙元年（290年），弃官东归，旌阳民众3000余人跟随，定居西山（今许家村）。许逊弃官归家后，倡兴水利，传授医术，同时与其12个弟子广泛布道。晋宁康二年（374年），许逊136岁时，终于"修成正果，拔宅飞升"。后人为了纪念他，就在他住过的地方建造许仙祠，后改称游帷观，即今西山万寿宫。万寿宫祭祀的许逊，后来被净明派尊为祖师，他不仅在南昌地区受到广泛崇仰，而且在全国的道教中也有相当的地位。

从隋朝到唐初，由于皇朝崇佛抑道，道教呈衰弱之势，真君庙"焚修中辍，观亦寻废"。唐贞观十一年（637年），太宗颁诏推崇道士，使以游帷观为中心的道教在南昌得到振兴。唐高宗永淳元年（682年），天师胡慧超来到西山，重修游帷观，编撰《晋洪州西山十二真君内传》，使许逊教派流传更广。

宋代是道教的鼎盛时期，北宋的历代皇帝对许逊的信奉达到狂热程度。西山万寿宫一再得到皇帝的敕旨封赐，香火鼎盛，气派非凡。宋太宗、真宗、仁宗皆赐御书，把游帷观改为玉隆观、玉隆宫。政和六年（1116年），自称教主道君皇帝的宋徽宗，在"玉隆"两字后面，加添了"万寿"二字，改为"玉隆万寿宫"，还册封许逊为"神功妙济真君"尊号，并下旨塑仁宗皇帝像，供奉在万寿宫中。

元代初期，道教曾一度呈现衰微之势，直至元成宗元贞元年（1295年）加封许逊"至道玄应"尊号，南昌的道教活动又得到了推动和复兴。元贞三年（1297年），玉隆万寿宫刘玉对繁杂的"净明之秘法"加以整理，开创了"净明忠孝道"，并成为净明道的开山祖师。

在明代，道教继续传播。明太祖第十七子朱权隐居梅岭学道，自称臞仙、涵虚真人。明亡之后，明宗室朱良月隐居青云谱道院当了道士，并将净明道派与全真道派融合，取道号为道朗。他把自己看作入清以来净明道派第一代道师。后来传至1949年时，净明道派传人已达21代，有韩守松、胡守梅等传人。

清代统治者崇信佛教，道教活动受到抑制。但在百姓中，由于千余年的传播与影响，许真君已成为备受南昌地区群众崇拜信仰的江西福主。万寿宫的香火不断，特别是每年农历八月庙会，周边县市的老百姓成群结队来南昌与西山两处万寿宫进香，成为南昌独具特色的一项重大宗教活动。清同治年间，南昌市内有道教宫观近十座，后因军阀战乱和日军占领，道教衰弱，宫观遭到严重破坏，至解放初仅存道宫6所、道士20人。

1949年新中国成立后，政府执行宗教信仰自由的政策，道教的宗教活动正常进行，每年农历八月的万寿宫进香活动，规模虽然不及以往，但仍有相当多的信众参加，玉隆万寿宫、铁柱万寿宫、青云谱道院被列为省、市的重点文物保护单位。青云谱道院当家人韩守松被选为全国道教协会理事。据1958年统计，全市有道教当家人4位（韩守松、胡廷芝、李宗性、王理玉）、道士7人。在道教组织方面，解放初期，南昌地区有道教宫观7处。这些道教宫观，一般由道长、当家或住持管理，其宗教活动或有条件从事的生产劳动也都由他们负责安排；宫观的道人都要遵守道教的清规戒律，违反清规戒律者由当家道长处置。此外并无其他严密的组织机构。但南昌市的万寿宫因为庙产较多，需要有人管理和收取出租房屋的租金，因此，就设有相应的机构和人员。

1. 商会管理寺庙

解放前南昌铁柱万寿宫庙产甚多，每月收取的房屋租金也多。加之，每年农历八月初一许逊生日前后一个月香火极盛，前来朝拜者数以万计，道观收入可观。这些收入，当时均由南昌市商会管理，道人不得过问。抗日战争期间，曾一度由道士管理，1941年商会请韩守松来庙担任住持，抗战胜利后，由陈守华继任住持。解放后，由韩守梅（廷芝）任住持。

2. 铁柱万寿宫庙产管理委员会

解放后，人民政府为了落实宗教信仰自由政策，成立南昌市庙产管理委员会，以江西省副省长欧阳武为主任委员，南昌市副市长李善元以及王明选为副主任委员，侯中和（民政局局长）、龚师曾、伍硫瑞为委员，抽调3名干部成立了办公室，负责铁柱万寿宫房租与香火收入，供万寿宫庙宇的维修，做到以庙养庙。1958年经南昌市人民委员会同意撤销铁柱万寿宫庙产管理委员会，将庙外收取房租的房屋交由房管部门代管。铁柱万寿宫本身则由道人管理，直到1966年8月神像被毁和1970年殿堂被毁为止。1978年中共十一届三中全会后，落实宗教政策，由政府拨款和群众捐助300余万元，着手修复西山万寿宫，道教活动随之恢复。

（二）净明道的传承

净明道源于晋名士许逊，起初是对晋代民间朴素的许逊孝道的崇拜，兼对许逊法术、飞升的信仰。净明道初步形成于唐代，正式创立于宋代，兴盛于元代。净明道倡行忠孝神仙，融合儒家伦理思想，把忠孝视为道的根本，主张忠孝立本，忠孝建功才能修道有成，融合了儒家圣人思想，迎合中华民族传统美德，重点突出忠孝的社会教化作用，在我国道教史上有重要的影响力。明代著名的心学家高攀龙在《高子遗书》中说："仙家唯有许旌阳最正，其传只'净明忠孝'四字。"净明道以倡行孝道为特征，得到历代宗师的不断阐扬和士人的维护。净明道教化世人净明以正心诚意、忠孝以扶植纲常，并当由此上升于修道，"贵在忠孝立本，方寸净明，四美俱备，神渐通灵，不用修炼，自然道成"。核心则是要以真祛妄,一诚是实,大忠大孝,一物不欺,一体皆爱,心定神慧,合道清宁。不仅传扬中华民族的文化传统,还蕴藏华夏民族的人文精神,宋元时成为凝聚民族精神的一个重要道派。民间崇拜许逊的活动更充满伦理孝道的内容。

净明道传承序列如下所示。

第一传人:兰期祖师。

第二传人:谌婴祖师。

第三传人:许逊真君。

第四传人:十二真人,即吴猛神烈真人、陈勋正持真人、周广元通真人、曾亨神惠真人、时荷洪施真人、甘战精行真人、施岑勇悟真人、彭伉潜惠真人、盱烈和靖真人、钟离嘉普惠真人、黄仁览冲道真人、郭璞临度真人。

第五传人:刘玉真祖师。

第六传人:黄元吉祖师。

第七传人:徐慧祖师。

第八传人:赵宜真祖师。

第九传人:长春刘真人、涵虚朱真人、逍遥张真人。

第十传人;朱道朗祖师、马道常祖师。

净明道祖许真君,名逊,字敬之,吴赤乌二年(239年),许真君出生于今南昌县麻丘乡武溪村,生性聪慧,好道家神仙修炼法术。20岁拜著名的道士西安吴猛为师,得其丁义神方之秘传。30岁与堪舆大师郭璞相得逍遥山下金姓桐园为九龙会聚之风水宝地、修道之佳境。许真君在桐园炼丹修道时常用自己的道术为民治病,以自己的德行感化乡民,享有很高的声誉。晋武帝太康元年(280年),许逊任蜀旌阳县县令,为官十载,清正廉明,减刑罚,去贪鄙,重教化。晋永熙元年(290年),晋室宦官弄权,政局动荡,许逊深感国事不可为,辞官隐退于西山桐园故地继续布道炼丹。关于许逊忠国报君、孝感动天的传说很多,其中流传最为广泛的是许逊镇蛟治水、造福于民的事迹。

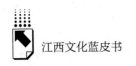

二 南昌地区万寿宫分布现状

明清以来南昌地区万寿宫分布概况见表 1，南昌所辖各地万寿宫分布数量概况见表 2，南昌地区现存万寿宫概况见表 3。

表 1 明清以来南昌地区万寿宫分布概况

区位名称	名称	备注	资料来源
市区	铁柱万寿宫	广润门内，晋建，现正在恢复重建中	光绪《逍遥山万寿宫志》
	真君观	广润门外，对岸黄牛洲上，一名冲仙观	
	妙济观	惠民门外蓼洲，元建，有许真君铸剑丹井	
	袁州许真君庙	进贤门外，里州前，明嘉靖间，袁州士商公建，道光十五年(1835年)复修，为行旅公所	同治《袁州府志》
	万载万寿宫	惠民门外里州，道光庚子(1840年)同人堂油号捐地基而建，殿前戏台，两廊复阁，后为公所，背后码头	民国《万载县志》
	沙井万寿宫	洪崖乡，道光年间丁西林倡建	光绪《逍遥山万寿宫志》
青云谱区	象湖万寿宫	南昌市象湖公园内	南昌市民宗局登记信息
	太极观	许旌阳尝游憩于此，又名太乙观，在灌城乡，清建净明道院	光绪《逍遥山万寿宫志》
青山湖区	慈母万寿宫	罗家镇慈母村	南昌市民宗局登记信息
	福主庙	罗家镇棠溪村北熊村	南昌市民宗局登记信息
	丹霞观	钟陵乡，青山湖口，晋建，有许旌阳丹井	光绪《逍遥山万寿宫志》
新建区	西山万寿宫	晋建，又名"玉隆万寿宫"	南昌市民宗局登记信息
	黄堂宫	松湖镇	
	许家祠	西山镇许家祠	
	弟子庙	西山镇西山村	
	至德观	善政乡生米镇，祀许、施二真君，晋建，咸丰三年(1853年)毁	光绪《逍遥山万寿宫志》

区位名称	名称	备注	资料来源
湾里区	石富观	宫北十七都,距宫十里,雍正时重建,一名紫极宫,许祖饮马于此	光绪《逍遥山万寿宫志》
	广福观	在宫北西山之南,许真君诛大蛇时仗剑处	
	高峰殿	在洪崖乡,有许真君倒插柏二株及剑泉	
	茶岭观	旧名"通真观",位于罗亭镇茶岭,晋建,宫北,许真君曾炼丹于此	
	福清宫	县东20公里,依仁乡东冈杨基侧祀许旌阳,明初杨姓建	同治《安义县志》
	旌阳庙	依仁乡,前有大门,高广数丈,有茅生其上,有仙茅石、磨剑石	
南昌县	万寿宫	9都分路口,道光二十七年(1847年)建	光绪《南昌县志》
	万寿宫	26都高山村东	
	万寿宫	27都渡口,名真君殿	
	万寿宫	28都前坊新集,道光二年(1822年)建	
	万寿宫	41都慈母村东	
	万寿宫	44都溪南村,其地有泉,相传旌阳插剑所出	
	万寿宫	50都莲塘,嘉庆二十四年(1819年)建	
	万寿宫(冲真观)	57都沙埠塘,每年八月乡人朝拜香火甚盛	
	万寿宫	36都田湖村,曰"福主殿",宋建	
	万寿宫	36都广福墟	
	万寿宫	65都明德庙	
	符落观	泰浦乡,近湖东,许真君飞符驱蛇符落处	光绪《逍遥山万寿宫志》
	集真观	邓坊,宁淳熙间建,有旌阳炼丹池	
	灵仙观	南乡梓溪,旌阳隐处,晋咸和二年(327年)建	
	昭仙观	东乡剑湖之南,旌阳施剑斩蛟处,晋建	
	玉台观	西乡,晋建,祀许旌阳	
进贤县	李渡万寿宫	李渡镇	光绪《逍遥山万寿宫志》
	焦石万寿宫	李渡镇	
	白圩万寿宫	白圩乡	
	三阳万寿宫	赵埠乡	
	许旌阳祠	县东南20公里香炉峰	光绪《逍遥山万寿宫志》
	万寿宫	三里乡三里街、庄溪、雷家、吟口何、小郁黄、夏、杨、胡8所	雷飞龙教授口述
	真君庙	23都梅庄集市	同治《进贤县志》
	真君庙	迎恩门(北门口)附近,康王庙旁	道光《进贤县志》

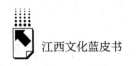
表2　南昌所辖各地万寿宫分布数量概况

单位：个

地名	市辖区	青云谱区	青山湖区	湾里区	新建区	南昌县	进贤县	总计
数量	6	2	3	6	5	16	15	53

表3　南昌地区现存万寿宫概况

分布市县	场所名称	所在地址	完残状况	资料来源
西湖区	铁柱万寿宫	广润门内	恢复重建中	
青云谱区	象湖万寿宫	象湖公园内	遗址重建	
青山湖区	慈母万寿宫	罗家镇慈母村	现代重建	
新建区	西山万寿宫	西山镇万寿宫	保存完好	南昌市民宗局登记信息
	黄堂宫	松湖镇	现代重建	
	许家祠	西山镇许家祠	现代重建	
	弟子庙	西山镇西山村	现代重建	
进贤县	李渡万寿宫	李渡镇	现代重建	
	焦石万寿宫	李渡镇	现代重建	
	白圩万寿宫	白圩乡	现代重建	
	三阳万寿宫	赵埠乡	现代重建	

（一）净明道祖庭西山万寿宫

1. 西山万寿宫沿革

东晋宁康二年（374 年），人们为了彰显并纪念许逊为民治水的功绩，修建了"许仙祠"。南北朝时，升"祠"为"观"，改名"游帷观"，直至宋代，"游帷观"始得宋朝历代皇帝的重视，太宗、真宗、仁宗都曾颁赐御书。宋真宗大中祥符三年（1010 年），升"游帷观"为"玉隆宫"，并赐"玉隆"御书匾额。政和六年（1116 年），宋徽宗亲颁诏书敕令：以西京（洛阳）崇福宫为蓝本，重建玉隆宫，共建六大殿（高明殿、关帝殿、谌母殿、三清殿、老祖殿、玄帝殿）、六阁（玉皇阁、玉册阁、三官阁、紫微阁、敕书阁、冲升阁）、十二小殿（轮殿、列仙等）、七楼（钟楼、鼓楼、迥鹤楼等）、三廊（十二廊房等）、七门（中山门、东山门、西山门、道院门等）。宫外还建有太虚观、偶耒松下、接仙台、会仙阁等附属建筑，宫旁还建有三十六堂。宋徽宗颁赐御书"玉隆万寿宫"匾额，并赐真君神像，铜铸香炉、花瓶、钟磬、烛台、银器、法器、玉案等一批法器。重修后的西山万寿宫雕梁画栋，斗拱层叠，飞檐仰空，金碧辉煌，气势宏伟，蔚为壮观。金兵侵入西山时，把玉隆西院的"王朝宸及真君玉册"洗劫一空，宫中殿宇楼阁亦多被毁损。宝庆元年（1225 年），宋理宗赐给国帑，对玉隆万寿宫进行了全面重修，并命礼部侍郎奚德秀任提举官，还派道官 21 人来逍遥山福地开设道场。"羽士云集，道风高倡"，为东南祀典第一。

明洪武年（1368～1398 年），西山各乡绅捐款捐物，百姓出力，在被毁的玉隆宫遗址上重建许真君正殿。明正德十五年（1520 年），武宗敕令在玉隆宫旧址上重建高明大殿，并赐"妙济万寿宫"匾额一方。明万历年（1573 年），在大臣司空吴桂芳、司冠李迁、司马万恭的倡议下重修玉隆万寿宫。明末清初，玉隆万寿宫又遭战乱的破坏。

清顺治年间，吏部侍郎熊文举会同新建地方官吏筹款捐物重修万寿宫。清康熙二年（1663 年），西山万寿宫住有全真道道士并募建万寿宫。乾隆二年（1737 年），江西巡抚岳浚重修万寿宫，今宫内仍留有巡抚岳浚重修万寿宫的碑文。咸丰十一年（1861 年）六月二十八日，谌母殿、夫人殿、三清殿、玉皇阁、关帝殿、三官殿、全真堂、道院、望仙楼遭火焚。同治六年（1867 年）重修西山万寿宫大殿，高明殿、关帝殿、三官殿保留至今，其三座大殿横梁上仍刻有"同治十一年吉旦重修"的字样。

1930 年 7 月 30 日，毛泽东、朱德率领红一军团西渡赣江，经高安抵达新建县西山，红军总部设在西山万寿宫，红军在此展开一系列革命活动。西山万寿宫内围墙上现仍留存有墨写的"红军是工农的军队"的标语。"文革"中宫墙被毁，仅保存了这条 4 米长的一段标语墙，至今上面的标语字迹依稀可见。新中国成立后，党和人民政府十分重视对历史名胜的维修和保护工作。1952 年和 1955 年江西省人民政府文物管理委员会两次拨出专款维修西山万寿宫。1957 年西山万寿宫被列为省级文物保护单位。1959 年和

1960 年，江西省人民政府又两次拨款，重修西山万寿宫 5 座大殿以及仪门、宫墙。1962 年，全国人大常委会委员长朱德在江西省省长邵式平的陪同下视察西山万寿宫，指示要保护和修缮好这座珍贵的古建筑物。"文化大革命"时期，西山万寿宫遭到破坏，道人被遣散种田。

1984 年新建县政府落实党的宗教政策，决定重点修复万寿宫，成立西山万寿宫修复领导小组。在有关部门和各方人士的大力支持下，先后筹资 300 多万元，采取边修复边开放的办法，到 1992 年已修复高明殿、三清殿、关帝殿、三官殿、谌母殿等，修复山门、仪门、围墙等建筑，新置大型香炉、帛化炉等一批法器。同时，特请末代皇帝溥仪之胞弟溥杰题写"妙济万寿宫""玉隆万寿宫""普天福主"的匾额；特请溥仪另一胞弟溥任题写"德高九州""飞升福地"匾额和"珠帘暮卷西山雨，画栋朝飞南浦云"的对联；特请全国政协副主席、中国佛教协会会长赵朴初，中国道教协会会长黎遇航分别题写"西山远翠""文昌阁"等匾额。

2. 西山万寿宫庙会

西山万寿宫庙会沿袭传统习俗，具有 1000 多年的历史。参加庙会的主体为民间信众，每年庙会自农历七月下旬开始，延续至十一月上旬渐近尾声，其间高潮迭起，热闹非凡。周边十几个县市的善男信女，扶老携幼，顶礼膜拜，进香朝仙，祭礼许祖，禳灾祛祸，求福祈祥，尽唱太平丰年。今日西山万寿宫庙会已成为集朝仙、旅游、商贸于一体的道教盛会。

3. 西山万寿宫重要文物

高明殿乃西山万寿宫的主殿，供奉净明忠孝道道祖许逊，是西山万寿宫的重要文物。许逊祖师像前面两边的站将是当时西山言家岭的山寨王，后受许逊德行感化，拜其为师，弃恶从善，立志修道。东边站将是胡云，西边站将是詹天弼。高明殿两边的坐像是许逊的十二大弟子，即历史上著名的净明道十二真人。

瘗剑柏为许真君亲手所栽，距今已有 1680 多年的历史。相传许真君擒住蛟龙之后，就把斩蛟剑埋于此树下，并留言于后人：若再有蛟龙危害百姓，可以从树下取宝剑斩蛟除害。

八角井为许真君在此修道时所挖，其中有许真君放置的丹药，井水清如猫眼，千年不枯，据传许真君擒住蛟龙后将蛟龙镇于此井中，故该井亦称"镇蛟井"。

（二）南昌铁柱万寿宫

铁柱万寿宫位于南昌市内广润门左，洗马池之南，翠花街西面，始建于晋代永嘉元年（307 年），是南昌市区中心的一座著名道教宫观。

唐懿宗咸通年间（860~873 年）赐额为"铁柱观"。宋真宗大中祥符二年（1009 年）赐名"景德观"。曾巩（1019~1083 年）知洪州时曾将该观修葺一新，并请王安石撰写了一篇掷地有声的《重修旌阳祠记》。记中批驳了一般腐儒的偏见，历数许氏为政廉明、爱民如子、斩蛟治水、造福后代的不朽功绩，认为"世降俗末之日，仕于时者，得人如公（许逊），亦可谓晦冥之日月矣"。还进一步指出："能御大灾，能捍大患者则祀之，礼经然也。"

宋徽宗政和八年（1118 年）改名为"延真观"，又降玉册，上许逊尊号曰"神功妙济真君"，改观为宫并加"万寿"二字。南宋宁宗嘉定元年（1208 年）又改名为"铁柱延真宫"，并御书匾额置于宫门上。明代正统元年（1436 年）又复名"铁柱宫"，天顺二年（1458 年）门毁坏，地方人士聚铜万余斤，铸造许真君铜像于宫中。嘉靖二十五年（1546 年）世宗朱厚熜赐名为"妙济万寿宫"。神宗万历二十八年（1600 年）毁而复建。张位《重建万寿宫记》述其重建经过云：万历二十八年冬十二月兴工，"首创真君殿一重，高若干，方广若干，悉从旧制……继前门、二门；继诸仙殿、两廊、铁柱池、钟鼓楼；又继圣像，易铜以塑；继画四壁仙迹；继建玉皇阁；继前街门外，用墙围之，左右开瓮门；又前辟小沼，深三尺，宫以内诸水皆储焉。至万历戊申（1608 年）冬告成"。

清代几经兴废，多次重修重建，并定名为"万寿宫"，沿用至今。顺治十四年（1657 年）、康熙十四年（1675 年）、雍正二年（1724 年）、乾隆四十六年（1781 年）、道光二十三年（1843 年）、同治十年（1871 年）先后

六次重修，耗资巨大。民国四年（1915年），宫旁商店失火，延烧宫内，两座大殿被毁。省、市各界十分痛惜，于是集资重修，聘请能工巧匠，历经5年，费工30万人，终于修缮完工万寿宫。抗日战争期间，南昌沦陷，万寿宫损坏严重。解放后，南昌市商会主持整修铁柱万寿宫，后被毁改建为南昌二十一中，现南昌市政府重视打造万寿宫历史文化街区，原址恢复重建铁柱万寿宫。

（三）象湖万寿宫

象湖万寿宫坐落在南昌市区西南隅的象湖风景区内，为南昌市民族宗教事务局所管辖的宗教活动场所。象湖由南江、北江、东江、西江，以及青山湖的水流会聚而成，面积约为7.81平方公里，湖的平面图颇似一头大象，故得名象湖。象湖中有一座小岛，总面积约为40000平方米，被人们称为"祈福岛"，万寿宫位于此上，被称为"象湖景中之圣"。在象湖建万寿宫，是因为南昌铁柱万寿宫被毁，原址被万寿宫商城、学校、民居等所占，民间要求恢复的呼声很高，适值开发象湖景区，于是南昌市政府决定，投资2700万元，于2000年将万寿宫迁至象湖重建。万寿宫于2004年5月31日落成开光，6月1日正式对外开放。江西省道教协会成立之初，曾在此办公。

象湖万寿宫布局合理，设计大方，雕画精美，且翠林修竹与湖光水色交相辉映，宛如人间仙境。沿象湖的东岸和西北岸均有宽5米的长堤石桥通入万寿宫。东边、西北边的进宫处都有高过10米的石砌牌坊。东边的牌坊正书"铁柱仙踪"，背书"永镇江城"（王羲之题）；西北边的牌坊正书"昌大南疆"（苏东坡题），背书"西江福地"（黄庭坚题），气势巍然。沿湖畔到宫前广场。万寿宫进深150余米。入口处由南向北，依次为宫门、仪门，仪门上有"万寿宫"三字。进门为戏台、真君殿、铁柱井、玉皇殿，两侧为钟楼、鼓楼，东为谌母殿，西为斗姆殿，后为玉册阁。真君殿为重檐歇山式屋顶，高大宏阔，金碧辉煌，神像庄严。玉皇殿气势雄伟，门楣上高悬"天德无量"和"宇宙无极"两个匾额，东、西双壁上有《群仙朝圣图》。玉皇大帝神像背面有八仙过海的大型浮雕。老君殿又名"玉册阁",殿内正中供奉道教开山祖师太上老君的汉白玉雕像(整石,重5吨),两侧室壁上嵌有《道德经》《阴符经》石刻。玉册阁,既是收藏道教典籍和帝王册封诰命之所,又是万寿宫道士讲经习经之地,门楣上方高悬"万法归宗"的大匾。老君殿左前方侧放着专程由新疆远道运来的长约2米、直径约60厘米的道观镇宫法宝,白垩纪"恐龙时代"奇观——硅化木。老君殿后侧为建筑师、园艺师精心打造的巧夺天工的由巨石堆成的气势恢宏的大靠山。在大靠山内又精心塑造了"长流水"、天然溶洞景观和形象逼真的大象,形成了另外一道美丽的风景线,供香客、游人赏玩。象湖景区还将在东南妙济山上建设一座高60米的万寿塔,与万寿宫遥相呼应。

万寿宫建筑群属皇家建筑形式,主体建筑屋盖均为黄色琉璃,斗拱三重,梁与斗拱上均设宫廷彩绘,柱涂大红漆,所有外墙为土黄色,匾额、楹联均为黑底金字,内墙施以壁画,以许真君出道升天为题材,特别是古戏台天棚绘有以中国古代"四大名著"为主题的彩绘,挂落镂空后内外贴金。宫内所有神像及神龛都为贴金彩绘,所有木雕、石作均平滑细腻,精致而生动,尽显皇家建筑的庄重典雅和富丽堂皇。东侧道宅作为道士的生活区建筑,与主体相比较为简洁,屋面为亚光黑筒瓦,外墙涂土黄漆,内为白粉墙,梁、柱涂红褐漆,显示建筑群内的主与次。

(四)南昌净明道院

净明道院位于青山湖区昌东工业区沈桥村。始建于汉朝,原名"郭西古庙""郭西古宫"。相传刘邦建汉后,开国将军文忠、文贤、文孝三兄弟无心仕途,辞官隐修于此,后人建庙祀之。晋时净明福主许逊曾在此布道,其奶母之冢遗迹尚存于罗家集慈母村内,这也是慈母村名称的由来。至今,罗家集一带仍流传着"张家打蛟,许家登仙"的说法。唐玄宗年间,由于道教在中原、江南大地的蓬勃发展,郭西古庙得以光大,发展成为道家修炼的福地。

郭西古庙供奉三清、玉皇、许逊等道教神明，为古代南昌四十八大庙之一，当地有"晓闻城隍钟，暮听郭西鼓"之说。据文献记载："郭西福地，礼神明庙，建千秋，镇太平，慕鼓髣匕，传亨祀堂，然谬旧遗声，郭西祷祀，日升平暮。"由此可见，郭西古庙是南昌历史悠久的百姓祀神祈福地之一。

郭西古庙旧时占地面积为 20000 多平方米，其中供庙上耕作的田地就有 6000 多平方米，古庙内建有玉皇殿、三清殿、地母殿和观音殿等，香客络绎不绝。抗日战争时期，被侵华日军毁坏严重。解放后，古庙福地尚存，占地近万平方米，殿堂齐全，法像庄严。"文革"期间，古庙神像尽毁，道人被逐出宫门，各类建筑改作他用或被毁坏。1990 年，在余香倡导下，开始重建郭西古庙。1995 年经南昌市宗教事务局审核、南昌市郊区政府批准登记对外开放。1998 年，郭西古庙更名为"郭西古宫"，后更为今名"净明道院"。目前，南昌净明道院建有玉皇殿、三清殿、地母殿、财神殿、观音殿等大小殿堂 13 栋，建筑面积为 4800 平方米，占地面积为 8800 余平方米，是江西省重点宫观。

（五）进贤县李渡万寿宫

李渡万寿宫位于进贤县李渡镇翠花街北头抚河码头口岸，占地 10 余亩，是抚河沿岸闻名遐迩的道教活动圣地。相传许逊真君曾在李渡珠山桃花崖修炼，后经仙人指点才到西山开业肇基。据《临川县志》记载，李渡万寿宫为唐贞观年间抚州巡抚李德年与本地高士吴道南捐资创建，距今约有 1380 年，有"旌阳行宫"之美称。历史上规模十分宏大，五进五殿，三楼一堂，有高明殿、玉皇殿、三清殿、关帝殿、财神殿、仙女楼、会仙楼、小姐楼、观音堂以及牌坊、亭阁等，风雨祈台螺丝旋顶，更是风格独特。传说铁拐李到此游历，小憩会仙楼，品尝李渡高粱酒，连称"好酒，好酒"，招来其他 7 位神仙共饮，留下了"李渡酒香飘万里，会仙楼醉倒八仙"的千古佳话。

由于历史上抚河经常泛滥成灾，当地百姓把李渡万寿宫看成是阻挡洪水肆虐的"保护神",与自然灾害作斗争赖以寄托的精神支柱。昔日香火鼎盛,道众礼拜,信上云集,除本地信士外,道众遍及金溪、南城、抚州、丰城等地,有"日有千人朝,夜有万盏灯"之说。许多名人名士曾慕名而至,晏殊、晏几道、李瑞清等曾多次在此顶礼朝拜。1927 年 8 月 3 ~ 5 日,朱德率领南昌起义部队南下,短驻李家渡(今李渡)万寿宫。5 日,在李家渡万寿宫风雨台发表演讲,宣传南昌起义的意义,并招募 40 多名李家渡人参加部队。

李渡万寿宫毁于"文革"初期,20 世纪 90 年代中期开始在原址恢复,建设一直延续至今。1997 年 9 月,面积为 160 平方米的真君殿开光,台湾道教长老龚群、龙虎山天师府住持张金涛主持开光仪式。谌母殿、财神殿、三清殿、文昌殿、玉皇殿、关帝殿、阎罗殿、罗汉堂、观音堂等殿堂,以及山门等附属建筑、绿化设施相继恢复建成。殿宇内主神像高达丈余,两旁众神侍列,威严肃穆,雄伟壮观。藏经楼等其他建筑恢复工程也在有序地进行中。2009 年,经江西省道教协会评选,李渡万寿宫被江西省民族宗教局定为全省重点宫观。负责人为李友金,管委会主任为李静德。

(六)新建区黄堂宫

黄堂宫曾先后有"黄堂祠""黄堂观""崇元观""隆道宫"等名称,位于南昌市新建区松湖镇抗援村,为南昌市级文物保护单位。

松湖黄堂宫建成后,屡有修葺,已知元、明、清三代皆有重修。抗战时期,西山万寿宫被日寇占据,道众护许真君神像到松湖黄堂宫供奉。解放后,尚存有谌母殿、三清殿、真君殿、三官殿、文昌殿、灵官殿、元帝殿 7 座殿。"文革"时期,惨遭毁坏。1990 年,新建县、松湖乡两级政府及当地乡民出资,重建了黄堂宫谌母殿,殿前两尊石狮为原宫遗物。1996 年,经过政府相关部门批准登记开放,后陆续建成三清殿、真君殿,以及部分附属设施。1998 年,黄堂宫交由道教界管理,成立了以住持傅国强道长为主任的管委会。目前,黄堂宫有谌母殿、三清殿、真君殿、王灵官殿和文昌殿 5 殿,以及部分附属设施,形成了一定规模。现占地面积为 33000 平方米,建

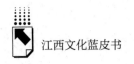

筑面积为 2200 平方米，为道众自主管理模式，管委会主任为道长毛和兴，有常住道职人员。黄堂宫庙会历史悠久，是为纪念谌母农历八月初四诞辰而自发形成的民间习俗，史称"南朝"。有民谚云："黄堂拜师，万寿进香。"又有"先到黄堂宫，再到（西山）万寿宫"之说。元朝文人虞集咏题："俨然师弟子，岁来会秋清；遗民千载后，高宴从箫笙。"现在，每年农历八月，来自新建及周边市县的朝拜队伍，租用大巴成群赶来，高举锦幡，弦乐奏鸣，朝拜者或胸佩红花，或头插松柏，逐一进入各殿进香祈福，人数多达几十万人。

（七）新建区许家祠

许家祠位于南昌市新建区西山镇西山村鞠家自然村。许逊任四川旌阳县令 10 年，因晋朝宦官当权，许逊预感晋室不久将动荡，于是决定弃官东归，回西山桐园修道。旌阳县百姓听说此事后，纷纷前来劝说，极力挽留，希望许逊能留在旌阳，可是许逊向道心定，去意已决。在许逊离开旌阳之日，旌阳百姓自发地成群结队、自带干粮前来送行，有的送至百里之远才回去，有的竟一直送至千里之外的南昌西山桐园。从旌阳县来的百姓舍不得离开真君，看到西山环境优美、风景如画，真君又在此处行医布道，于是就不返回旌阳，在许真君的房屋东边空地上搭起草屋，决定在西山定居，追随许真君左右。这些定居在西山的旌阳县百姓，自愿改为"许"姓，由于他们建造的茅房形似营垒，后来人们就把这个地方称为"许家营"。许逊飞仙后，这些追随许真君的旌阳百姓在许家营内建祠祭礼许真君，许家祠由此而得名。千百年来，西山许家祠庙堂威仪，常有丰城、高安、樟树等周边县市的信众前来进香祈福，可谓香火绵延，是新建区历史悠久的千年古庙之一。现占地面积为 2700 平方米，建筑面积为 540 平方米，管委会主任为唐桂清。

（八）进贤县焦石万寿宫

焦石万寿宫位于进贤县李渡镇焦石村古渡口边，是进贤县最早供奉许真君的道观。焦石万寿宫建有福主殿、观音殿、孔子殿等殿堂及戏台、牌楼，占地面积为 3000 多平方米，建筑面积为 1000 平方米。管委会主任为邓永水。

（九）进贤县白圩万寿宫

白圩万寿宫位于进贤县白圩乡白圩街。当地老人回忆，白圩万寿宫始建于清朝年间，几经损毁。2001 年 8 月重建，占地面积为 4000 多平方米，建筑面积为 600 平方米。主要建筑有山门、福主殿、玉皇殿，供奉的主要神像有许真君、玉皇大帝、慈航真人等。每年主要的宗教节日有正月十五日游龙灯、二月十九日慈航真人生日、六月十九日、九月十九日，特别是每年农历八月初二牛会节，周边十几个村庄的村民都会争相牵着自己家的牛前来进行斗牛比赛，其间还要唱戏，热闹非凡。管委会主任为朱仁玉。

（十）进贤县三阳万寿宫

三阳万寿宫位于进贤县三阳集乡三阳街。占地近 4000 平方米，由高明殿、三清殿、观音庙、斋堂、丹房和经堂组成。负责人为胡晓明。

三 万寿宫庙会习俗合理转型的思考

万寿宫庙会习俗是由宗教信仰而派生，以万寿宫为依托的一种宗教文化和民俗文化，源自东晋，流传至今。

（一）西山万寿宫濒临流失的习俗

时代在进步，社会在变革，经济在发展，虽然如今的万寿宫庙会习俗承袭了古时的庙会习俗，但历史的变迁、科技的发展、社会人口结构的改变，使一些万寿宫庙会的传统习俗濒临流失。

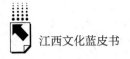

1. 鞭路驱毒虫习俗

古时万寿宫庙会时，丰城、樟树、高安等地的信众一般是由山路步行而来，为了防止山路的毒虫野兽侵扰，按照惯例，会进行三天的洒水和鞭路。鞭路用的是专门的响鞭，鞭路声音很清脆，响声很大，山林野兽闻声而逃，这样的话，信众从山路来朝拜许真君，就能在很大程度上免受毒虫野兽的袭扰。如今，庙会前期的鞭路驱毒虫的习俗已经失去了存在的意义，主要原因是社会经济的发展、交通工具的发达、交通线路的便利，现在各地信众绝大多数是包车过来。

2. 南朝习俗

南朝是西山万寿宫较为重要的传统宗教仪式之一，据《逍遥山万寿宫志》记载："八月三日，仙仗往黄堂观谒谌母，前一夕，降殿宿斋南庑，次日，昧爽启行，少息于憩真靖，晚宿紫阳靖。次日，早登龙城坊，渡小蜀江，临午至黄堂朝谒谌母，乡之善士咸集，陈宴享之。礼毕回銮，宿松湖。初五早由西路以还宫中。"南朝习俗每三年一次，农历八月初三那天，乡人从西山万寿宫抬出许真君塑像前往松湖黄堂跪拜谒谌母，具体的巡游路线及仪式安排约定俗成，沿袭久远。现南朝习俗濒临流失，自20世纪80年代初期万寿宫修复开放以来，没有承袭南朝习俗。

3. 西抚习俗

《逍遥山万寿宫志》记载："上元日，宫中先迎（真君神像）至前殿，陈斋供三献之礼，诘朝乃行。初出东门，即南过望仙桥，经茂涌入黄姑庵，次至安里，迈入元都坛少憩（坛在庙侧），次登师姑岭，入元仙靖。寻出驿路，再迈入小路二里许至朱塘。复出大路，至暗山头，遂至三十里铺。从者午食，乃渡九岗九溪，过龙陂桥，抵祥符观。瑞人多出城迎谒，号曰接仙。真君降舆与黄君宴于殿前。十七日，复受享礼，主首侍从仙驾者，乃诣后殿，供献于许氏仙姑。次日未五鼓而返回。"这一具体巡游路线及仪式与南朝一样，由来已久，起源于当年许逊每隔三年要去高安祥符看望其女儿、女婿的传说。

4. 宫馆一体习俗

自明代开始江右商帮的会馆就自称万寿宫，内祀许真君。江西移民及江右商帮在省外谋生，一般会建万寿宫，作为江西人在外聚会联系感情和祭祀江西地方神——福主菩萨的场所。据不完全统计，国内先后存在过这种具有双重功能的万寿宫1000多座。万寿宫不但可以起到凝聚江西移民的作用，而且可以方便江西人朝拜许真君，祈望在外无灾无难、平平安安、生意兴隆。江西民间有"九州三省有会馆，江西只认万寿宫"这样的俗语。江西移民及江右商人，早已把万寿宫当成他们的精神家园，早已把江西福主神仙许真君当成商业兴隆的保护神。历朝历代江西移民及江右商人筹款兴建的万寿宫，包含乡缘、地缘、亲缘、道缘，已经成为赣人在外谋生的一种标识，发挥着议事裁决、公益慈善、祭祀朝拜、集资融资等功能和作用，至今，在我国西南地区的云南、贵州、四川还保留一些非常完整的具有"江西会馆"标识的万寿宫。

云南会泽万寿宫又称"江西会馆"，是县城规模最大、保存最为完整的古建筑。始建于清康熙五十年（1711年），雍正八年（1730年）毁于战火，乾隆二十七年（1762年）经东川、南昌、临江、瑞川、建昌五府人士公议，并由参加公议的五府及九江、南安等共十四府人士捐银重建。清道光、咸丰及民国年间均进行过多次修葺。会泽万寿宫建筑风格既有江西万寿宫的特点，又有本地建筑元素。

洛带万寿宫位于四川省成都市龙泉驿区洛带镇中街，布局小巧玲珑，雕梁画栋的回廊、屏风、戏台等建筑让人叹为观止，是四川省级文物保护单位。清乾隆十八年（1753年），为江西籍客家移民筹资兴建，故又名"江西会馆"，是目前国内保存较为完好的江西会馆之一。

贵州青岩万寿宫位于贵阳市花溪区青岩古镇西街，清乾隆四十三年（1778年）为江西客商所建，嘉庆三年（1798年）重修。万寿宫最早由移居青岩的8户人家集资而建，称"八家祠"。到了清代，张圣道、张圣德两兄弟购置下来，捐作江西会馆。

（二）南昌地区万寿宫文化传承与发展建议

习总书记说：无论哪一个国家、哪一个民族，如果不珍惜自己的思想文

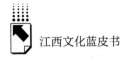
化，丢掉了思想文化这个灵魂，这个国家、这个民族是立不起来的。社会结构在变化，科技经济在发展，外来文化不断冲击传统文化，如何传承与发展万寿宫庙会习俗？在城市化进程中，万寿宫庙会习俗如何进行合理的转型？对于这两个问题应该有更多的思考。

1. 重视对万寿宫文化的整理与挖掘

在对万寿宫文化的整理挖掘中，须注重新媒体与传统媒体的结合，多层面地宣传万寿宫庙会文化的正能量，避免出现道教信仰的断层。从历年来万寿宫庙会敬香群体来看，中青年的敬香者占的比例很小。在万寿宫庙会时期，笔者曾经问过几个年轻的香客：知道许真君吗？有的说是大菩萨，有的说并不了解，只是跟着来玩的。几十年后，认同万寿宫文化、接受许真君信仰的人会不会越来越少？这是值得担忧的重要方面。道观管理者可以发挥新媒体强大的传播功能，通过官方网站、微信公众号、新浪博客、文化数据库等，吸引中青年人了解和接受万寿宫文化、传承万寿宫庙会习俗。

2. 科学论证，逐渐恢复万寿宫庙会的传统习俗

前文所述的鞭路驱毒虫习俗、南朝习俗、西抚习俗已经濒临失传，令人担忧，当然，现代社会科技发达，鞭路驱毒虫习俗已经没有存在的意义，但南朝习俗、西抚习俗具备恢复的条件。南朝习俗源自净明道祖师许真君感恩之情；西抚习俗源自净明道祖师许真君对晚辈的慈爱之心。如今，有南朝习俗的新建区松湖黄堂宫本身就是一个合法的道教场所，其信仰的主神仍是许真君的师父"谌母元君"；有西抚习俗的高安市至今还有祥符镇，还有祥符宫的遗迹。承袭南朝习俗、西抚习俗，不但是回归本源，而且可以传承祖师爷对长辈的感恩、对晚辈的慈爱这些美德，不但可以传承万寿宫文化的正能量，而且对扩大万寿宫的影响力也大有裨益。

3. 注重万寿宫庙会服务意识，完善服务功能，尽可能全面地给信众提供服务

净明道是伦理性的宗教，注重的是人文关怀，万寿宫庙会期间，虽说进入了初秋时期，但天气还是比较炎热，还有现在的敬香者多为中老年人，作为庙会的主体万寿宫，应该更多地考虑给信众提供服务设施，让他们感受到

人文关怀。比如 2017 年庙会时期，万寿宫设立了义工服务点，全天候地给香客提供茶水、开水，还设立了医疗救助服务点，信众对此就非常满意。可以说这是传承万寿宫庙会习俗、巩固香客基础的好举措。

4. 关于城市化进程中万寿宫庙会习俗转型的一些思考

由于历史的原因，在过去的庙会期间，万寿宫香客有娱神的陋习，特别是过度的娱神，很容易造成一些纠纷，甚至是械斗事件的发生。比如给许真君"换袍"、争敬头香等。近年来，西山万寿宫管委会做出决议，不管是丰城信众还是安义信众，给许真君定制的"袍"，皆由万寿宫的道职人员接收，由教务处统一组织道长给许真君换袍，从源头上杜绝了"许真君换袍"引发的械斗事件。随着对"文明敬香、文明礼神、禁放爆竹、禁烧高香"，建设环保道观等理念的大力宣传，万寿宫庙会期间烧高香、大香，燃放爆竹烟花的陋习也得到了有效的遏制。

5. 发挥各地万寿宫商会功能

江右商人筹资修建的万寿宫，是赣商在外谋生的历史记忆，具有丰富的赣文化元素，因此应该更多地思考怎样回归本源，加强与这些万寿宫的联系，做大做强万寿宫文化品牌，发挥各地万寿宫的商会功能。前文已述历史上江右商人与万寿宫有密切的联系，西南一带保存较好的万寿宫至今还有"江西会馆"的印记，这些宗教文化印记本身就是万寿宫"诚信、慈善、和同"的文化标识，作为天下万寿宫的发源地，西山万寿宫应该以万寿宫为平台，筹备成立全球万寿宫联谊会，吸引更多江西商人加入万寿宫联谊会，满足身处外地的江西商人的宗教需求，融合宗教与商业的关系，做大做强万寿宫的品牌，接力万寿宫的精神，打响"万寿宫"这张南昌的城市名片，凸显西山万寿宫的祖庭地位。

6. 充分开发万寿宫道医文化元素

万寿宫庙会习俗流传千年，不仅是一种信仰，还是赣鄱百姓对净明道祖师许真君的一种感恩，感恩许真君镇蛟治水，用道医治病，为百姓解忧造福，这说明传统的道教是与中医治病有紧密的联系的。从万寿宫发展历史来看，许真君多次被帝王赐封，如北宋徽宗皇帝曾梦见江西福主（许真君）

抚摸了他生有叮疮的背部，随后叮疮消除，病全好了，遂赐封许真君为"神功妙济真君"；从道教神仙谱系来看，许真君位列仙班，被尊崇为道教四大天师之一、天医大帝，享有千年香火。据《历世真仙体道通鉴》卷二六《许真君传》记载，晋武帝太康元年（280年），许逊在任蜀郡县令时，正值当地瘟疫流行，许逊植竹水中，以符咒神方拯治："岁大疫，死者十七八，真君以所授神方拯治之。符咒所及登时而愈，至于沉疴之疾无不愈者。"又如丛桂堂汪氏辑《经验百方》载有许真君祖师的"救荒妙方"："倘岁值大荒，饥饿者众，有许真君救荒方可用，即：黄豆七斗，水淘净即蒸；黑芝麻三斗照前淘净同蒸，蒸过即晒，黎明入甑，午时取晒，三蒸三晒……为丸如核桃大，日服二丸，可止一日之饥，此方所费不多，一料可济千人。"当时，旌阳县流传民谣："人无盗窃，吏无奸欺，找君活人，病无能为。"这说明旌阳祖师在四川为官时，很受当地百姓的拥戴和尊崇。俗话说"十道九医"，道医是传统中医的重要组成部分，随着国家对传统文化的重视，中医也越来越受国人的推崇，净明道的道医妙方也是一笔财富，筹办净明道医馆，不但是回归本源，而且可以更好地服务信众，巩固信众基础。

综上所述，道教文化济世利人、慈爱谦让、重生贵生，有丰富的文化积淀，是中华民族历史的见证；万寿宫文化倡导"忠孝神仙"，倡行"大忠者一物不欺，大孝者一体皆爱"，崇尚人道为仙道之基。万寿宫庙会习俗不仅仅是道教信仰的传承，民俗文化的传承，更是江西人文精神的传承。毫无疑问，传承这种信仰有助于社会的教化，传承这种文化有益于社会的进步，传承这种精神有利于社会的和谐。

B.9
抚州市万寿宫文化发展报告

张志军*

摘　要： 万寿宫文化是江西独有的地方历史文化标志。抚州市境内很多县区在历史上都曾经受到万寿宫文化的影响与辐射，是万寿宫文化信仰群体的重要活动区域。大大小小的万寿宫建筑也随着万寿宫文化的广泛传布逐渐深入抚州各地的市、镇、乡村。这些万寿宫在见证抚州经济社会变迁历程的同时，也记录下了抚州民众的文化生活的诸多侧面。随着我国非物质文化遗产保护进程的持续推进，完善抚州万寿宫的谱系并记录其生存现状，发掘抚州地区万寿宫文化的非遗保护与开发价值，对于弘扬江西万寿宫文化，进一步发展抚州旅游经济具有非常重要的价值。

关键词： 文化保护利用　抚州　万寿宫文化

一　抚州市万寿宫的历史演变及遗址分布

抚州古有"襟领江湖、控带闽粤"之谓，位于江西省东部。东邻福建，南接赣州，通达广东，西近京九铁路，与吉安、宜春相连，北临鄱阳湖，与南昌、鹰潭毗邻。

抚州最早作为县一级行政机构是在三国时期。257年（吴太平二年），

---

* 张志军，历史学博士后，江西科技师范大学历史文化学院副教授。

东吴析原豫章郡的临汝县和南城县为临川郡，其后又在原南城县的东南部创制东兴、永城、南丰3县，在原临汝县的西南部划设西平、新建、西城、宜黄、安浦5县，构成临川10县，治设临汝。到隋文帝开皇九年（589年），废临川创设抚州，此为抚州地名之始。

其后，至明洪武元年（1368年），改抚州路为抚州府，改建昌路为肇昌府，同年，再改肇昌府为建昌府。其时，抚州府辖临川、崇仁、宜黄、金溪、乐安5县，治临川。建昌府辖南城、南丰、新城、广昌4县，治南城。清雍正九年（1731年），抚州、建昌两府改隶江西省南抚建道，辖县、治所不变。民国元年（1912年），废府及直隶州，原抚州、建昌两府所辖11县均直属江西省。①

新中国成立后，抚州的辖境屡有微调，今抚州下辖南城县、崇仁县、黎川县、乐安县、宜黄县、金溪县、资溪县、广昌县、东乡区和临川区。

作为江西一个市的抚州，"境内有流域面积10平方公里以上的河流470条"②。其中，发源于广昌县境内血木岭、为江西省第二大河的抚河全长将近350公里，沿途受其影响的支流有数十条，流域面积近16000平方公里。水资源的充沛在造福一方的同时也给流域内的民众带来了潜在的水患影响，尤其是在生产力条件落后的古代。仅就明清之际的1509～1870年的不完全统计，抚河在这361年间发生的不同程度的水灾就不少于73次。平均不足5年就发生1次的水灾自然会给流域内的民众生产、生活造成巨大破坏。事实上，江西是许真君信仰的祖源，身为道教四大天师之一的许真君在江西人眼中更因其在省内斩蛟治水的功业被视为"江西福主"。分析今天万寿宫保留的，时间上起清光绪年间、下至民国初年，为数多达数百方的记载各地香会到万寿宫进香捐献情况的香碑，不难发现参与进香活动比较多、比较活跃的区域主要有丰城、高安、南昌、新建、清江、进贤、奉新、临川、安义和

---

① 《江西省行政区划志》编辑委员会：《江西省行政区划志》，方志出版社，2005，第112～114页。

② 刘祥睿、王磊：《福州市中小河流治理工程初探》，《江西建材》2012年第5期。

鄱阳等 10 余县。① 而其中的丰城、南昌、进贤、临川 4 县为受抚河水系影响的地方。因此也就不难理解为什么历史上受抚河影响的崇仁县、乐安县、宜黄县和抚河流经的临川、进贤、丰城、南昌等地区都曾是许真君信仰比较活跃的区域了。

但嘉道以降，千年未有之大变动的江西不得不直面战火兵燹的现实。百余年间，太平天国运动、北伐战争、土地革命和抗日战争都或多或少地以江西为主战场或主战场的一部分，抚州地区的很多县区更多次成为敌对双方争夺鏖战的重要场域。形格势禁之下，战争场域内的万寿宫建筑，以其空旷的外部视野和较之于民居更加恢宏的内部空间，往往最容易成为被战场组织者征用、改造并因之遭受破坏的建筑。战火兵燹的直接破坏对抚州地区各县市的万寿宫及相关建筑造成了非常重大的影响，甚至在很多时候直接导致大量原存在于人烟稠密、人口集中之处，具有区域影响力的万寿宫建筑灰飞烟灭。战争导致的经济残破问题更使区域内民众无力从事信仰活动，并进一步导致区域内许真君信仰活动的恢复和万寿宫建筑的复建活动欲振乏力。

表 1 所列为文献资料中关于抚州市辖境内的万寿宫信息。

表 1　文献资料中关于抚州市辖境内的万寿宫信息

宫观名号	文字记载	文献来源及版本信息	地址	现所属地	备注
许旌阳祠	在港东厢，嘉庆十六年（1811 年）六属捐建	道光《临川县志》	港东厢	江西省抚州市临川区	又称"玉隆别境""抚州会馆"，内有旌阳祠
许真君庙	在流坊	道光《临川县志》	长宁乡，流坊	江西省抚州市临川区湖南乡	今废无存
许真君庙	在上顿渡	道光《临川县志》	灵台乡，上顿渡	江西省抚州市临川区上顿渡镇县粮食局内	今废，存残墙

---

① 张志军：《西山万寿宫庙会与区域农业发展》，《农业考古》2007 年第 6 期。

宫观名号	文字记载	文献来源及版本信息	地址	现所属地	备注
许真君庙	四十五都焦石市、李家渡并建	道光《临川县志》	明贤乡，四十五都	江西省抚州市临川区	今废无存
许真君殿	三十八都尽安乡，妙济源	道光《临川县志》	三十八都、尽安乡	江西省抚州市临川区	今废无存
许真君庙	在四十七都、云山墟	道光《临川县志》	长乐乡四十七都云山墟	江西省抚州市临川区云山镇	今废无存
许真君庙	在四十九都、八位村	道光《临川县志》	长乐乡四十九都八位村	江西省抚州市临川区	今废无存
许真君庙	在五十一都、白家墟	道光《临川县志》	长乐乡五十一都白家墟	江西省抚州市临川区	今废无存
许真君庙	在百五都龙骨渡	道光《临川县志》	新丰乡，百五都龙骨渡	江西省抚州市临川区七里岗乡	今废无存
真君殿	在县治北、耆黄洲桥上	同治《崇仁县志》	县治北	江西省抚州市崇仁县	今废无存
真君阁	在二都青云乡	同治《崇仁县志》	二都	江西省抚州市崇仁县	今废无存
真君庙	在九都	同治《崇仁县志》	九都	江西省抚州市崇仁县	今废无存
万寿宫	在四十一都、洲上	同治《崇仁县志》	四十一都	江西省抚州市崇仁县	今废无存
万寿宫	在四十三都、大同墟口	同治《崇仁县志》	四十三都	江西省抚州市崇仁县	今废无存
万寿宫	在四十四都、秋溪街头	同治《崇仁县志》	四十四都	江西省抚州市崇仁县	今废无存
真君庙	在四十六都、东来墟	同治《崇仁县志》	四十六都	江西省抚州市崇仁县	今废无存
万寿宫	在五十六都	同治《崇仁县志》	五十六都	江西省抚州市崇仁县	今废无存
万寿宫	在五都	同治《崇仁县志》	五都	江西省抚州市崇仁县	今废无存
万寿宫	在十四都、左港墟	同治《崇仁县志》	十四都	江西省抚州市崇仁县	今废无存

宫观名号	文字记载	文献来源及版本信息	地址	现所属地	备注
万寿宫	在惠德桥下首,咸丰六年(1856年)毁于寇,仅存基址	同治《新城县志》	惠德桥下首	江西省抚州市黎川县	今废无存
万寿宫	在安济桥下首,咸丰六年毁于兵,后捐资修复	同治《新城县志》	安济桥下首	江西省抚州市黎川县	今废无存
万寿宫	在钟贤,居民众建	同治《新城县志》	钟贤	江西省抚州市黎川县	今废无存
万寿宫	在钟贤,陈姓众建	同治《新城县志》	钟贤	江西省抚州市黎川县	今废无存
万寿宫	在四十八都西城桥,乾隆五十九年(1794年)监生杨先沛同邓、杨、薛、朱、包、郭等姓捐建	同治《新城县志》	四十八都西城桥	江西省抚州市黎川县	今废无存
万寿宫	宏村寺庙众多。镇内与民居和谐共生的寺庙就有六七家之多,有供奉孔子的"圣庙",供奉吕洞宾的道观"紫府",供奉关羽、张巡、岳飞的"三忠祠",供奉许仙真君的"万寿宫",有尼姑庵"广福庵"	宏村简介	宏村镇	江西省抚州市黎川县	现址尚存,有庙会
万寿宫	黎川县湖坊村于1998年戊寅年重建万寿宫	重建万寿宫"功德榜"	湖坊乡湖坊村	江西省抚州市黎川县	1998年重建,有庙会
万寿宫	在五十一都,桃溪中大街,额曰"真君阁"	同治《新城县志》	五十一都,桃溪中大街	江西省抚州市黎川县	今废无存
万寿宫	向在西门内,咸丰六年兵毁,同治九年(1870年)创于县治后詹家坊内	同治《乐安县志》	西门内	江西省抚州市乐安县	今废无存

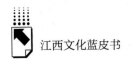

续表

宫观名号	文字记载	文献来源及版本信息	地址	现所属地	备注
万寿宫	集祭祀、庙会于一体,建于清乾隆四十八年(1783年)。呈长方形状,进深35米,宽16.4米,面积574平方米,共四进,由"古戏台""万寿宫""关帝庙""莲花庵"四部分组成	水南万寿宫简介	牛田镇水南村	江西省抚州市乐安县	抚州市第二批市级文物保护单位
真君阁	位于村东南乌江西岸边,因祀奉许真君而得名。又名"镇江门"	流坑村简介	流坑	江西省抚州市乐安县	"真君阁"系炮楼式二层楼阁,建于清康熙年间
真君殿	在崇二都,祀许旌阳真君	道光《宜黄县志》《祠庙》	二都	江西省抚州市宜黄县	今废无存
许真君殿	在崇二十都,东陂	道光《宜黄县志》《祠庙》	二十都	江西省抚州市宜黄县	今废无存
万寿宫	已上仙十都	道光《宜黄县志》《祠庙》	十都	江西省抚州市宜黄县	今废无存
许仙院	在八都	道光《宜黄县志》《寺观》	八都	江西省抚州市宜黄县	今废无存
真君阁	南源合坊创建	道光《宜黄县志》《寺观》	南源	江西省抚州市宜黄县	今废无存
万寿宫	在硖石	道光《宜黄县志》《寺观》	硖石(七都)	江西省抚州市宜黄县	今废无存
万寿宫	旧名文昌宫	道光《宜黄县志》《寺观》	七都	江西省抚州市宜黄县	今废无存
许真君庙	永丰社,道光十六年(1836年)邑人合建	同治《东乡县志》	永丰社	江西省抚州市东乡区	今废无存

宫观名号	文字记载	文献来源及版本信息	地址	现所属地	备注
望仙观	东乡延奉乡,有吴许二真君祠	同治《东乡县志》	延奉乡	江西省抚州市东乡区	今废无存
万寿宫	在县城北隅	1989年《东乡县志》	县城	江西省抚州市东乡区	1970年拆
真君殿	在十九都	同治《金溪县志》	十九都	江西省抚州市金溪县	今废无存
许真君庙	东城外,长塘。嘉庆八年(1803年)傅姓修建	同治《泸溪县志》	东城外长塘	江西省抚州市资溪县	今废无存
许真君庙	西关外。洲上校场西偏。嘉庆八年众姓创建,十三年(1808年)重建	同治《泸溪县志》	西关外	江西省抚州市资溪县	今废无存
万寿宫	北关郭家塝,祀许逊。嘉靖间祝嘏于此,嘉庆十三年重修,咸丰六年(1856年)兵毁,同治五年(1866年)修复	同治《南城县志》	北关郭家塝	江西省抚州市南城县	今废无存
万寿宫	十一都,泺牛仙山。康熙年间建	同治《南城县志》	十一都	江西省抚州市南城县	今废无存
万寿宫	二十一都祥岗山	同治《南城县志》	二十一都	江西省抚州市南城县	1992年复建,2008年扩建。属祥岗山旅游景区
万寿宫	三十六都,水溅桥西	同治《南城县志》	三十六都	江西省抚州市南城县	今废无存
万寿宫	三十七都,双江渡庵,名真君殿	同治《南城县志》	三十七都	江西省抚州市南城县	今废无存
许旌阳庙	奉亲坊,邑人曾伴资赀创建	《南丰县志》	奉亲坊	江西省抚州市南丰县	今废无存
许旌阳庙	南台山之巅,明嘉靖三十二年(1553年)建	《南丰县志》	南台山	江西省抚州市南丰县	今废无存
清修观	县北门,世传吴许二真君炼丹于此	光绪《江西通志》	县城北门	江西省抚州市南丰县	今废无存
万寿宫		抚州市依法登记的道教活动场所基本信息	桑田镇新圩上村新屋里组	江西省抚州市南丰县	现存,登记为宗教活动场所

宫观名号	文字记载	文献来源及版本信息	坐落地址	现所属省（市）	备注
万寿宫		抚州市依法登记的道教活动场所基本信息	市山镇陶田村石壁岭组	江西省抚州市南丰县	现存，登记为宗教活动场所
万寿宫		抚州市依法登记的道教活动场所基本信息	付坊乡石咀村上街村小组	江西省抚州市南丰县	现存，登记为宗教活动场所
万寿宫		抚州市依法登记的道教活动场所基本信息	付坊乡董溪村街上村小组	江西省抚州市南丰县	现存，登记为宗教活动场所
万寿宫	赤水镇、抗日战争时犹存	章文焕《万寿宫》	赤水镇	江西省抚州市广昌县	现存，曾经为苏区政府驻地
万寿宫	清道光年间建筑，该建筑坐东向西，占地160平方米，为两层砖木结构。该万寿宫是敬奉降蛟神仙许真君的，故有大小木雕神仙像7尊	驿前镇简介	驿前镇赤岭村宋家村小组	江西省抚州市广昌县	现存，驿前镇为江西特色小镇

二 抚州地区万寿宫现状及其庙会活动

从目前已有的资料来看，历史上抚州地区的万寿宫分布的范围是非常广的。但有文献可考的存续时间并不很长。以正德年间的《抚州府志》及《建昌府志》和清同治年间所修撰的抚州地区各县的县志为资料进行对比，不难发现在明代的地方志中，对于万寿宫及相关信息的记载并不多，专以文字提及万寿宫及相关活动的不过寥寥几处。而同治年间修撰的抚州地方县志中，关于万寿宫及许真君崇奉的信息则有很多。可见明清时期，抚州境内的万寿宫文化的影响有一个持续扩张的过程。

此后，"千年未有之大变局"的江西各地市不可避免地受到近代社会巨变的冲击。相应地，抚州市境内的各万寿宫也难免受这种世事流变冲击，多有凋零，至今存世有文化影响力的万寿宫已屈指可数。

抚州地区目前有地面建筑保存、有人员活动的万寿宫的存世情况大致可以分为三种。

第一种是影响较大，历史脉络比较清晰，文物价值极高，并被列入文物保护名单，成为文物保护单位及旅游开发景点的万寿宫。这一类万寿宫中，抚州玉隆万寿宫最为典型。这组包含前庭、石门坊、乐楼、前厅、南北耳楼、旌阳祠、火神庙、文兴庵和后楼阁的建筑群占地面积为4320平方米，分前、中、后三进，是目前可知的万寿宫建筑群中保存体量较大、建筑架构保存较为完好、建筑雕刻艺术价值极高的一座非常稀少的存世精品。

玉隆万寿宫正面门楼上有篆刻有"玉隆别境"四个大字的浮雕花岗岩装饰，其上的花鸟鱼虫、山水人物纤毫毕现、纹理清晰，具有文物属性和极高的艺术价值。有研究专家认为像玉隆万寿宫这种保存完好、体量恢宏的万寿宫建筑群全国不会超过10座。因之，其于2006年被列为江西省省级文物保护单位，2013年更进一步被列为第七批全国重点文物保护单位。

但从万寿宫本身的信仰细节去考察，能发现一些别有旨趣的所在。这座可以细分为前、中、后三进的建筑，内部实际上应该细分为位居左侧、筹建于嘉庆二十二年（1817年）、以防治县城火灾为目标的火神庙，位居右侧、原属抚州名寺正觉寺下院的佛教建筑文兴庵[1]（有文献将该建筑的时间上溯到宋时）和位居中间的、兴建于嘉庆十六年（1811年）的许仙祠（又名"许旌阳祠"）。可见，现址与许真君密切相关的、最早的建筑只是嘉庆十六

---

[1] 江西省文物考古研究所、江西省抚州市文物管理所：《江西抚州玉隆万寿宫文兴庵旧址考古调查与发掘简报》，《南方文物》2015年第1期。

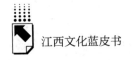

年由抚州府所属6县民众捐建的许仙祠。

由此许仙祠的命名模式及坐落于文兴庵右侧的选址方式不难猜想，该建筑在建设之初应是依托于原址已存的佛教建筑文兴庵并附祀许逊。而该建筑群得以转化为以许真君祭祀为主的场所，则显然更多地归因于特殊的历史事件而非信仰的自然演化。

从陈立立等人点校出版的《万寿宫通志》的相关记载中不难发现这个演变的痕迹。《万寿宫通志》记载，咸丰三年（1853年），太平军围攻省城南昌的时候，当时的江西巡抚张芾"迎铁柱宫真君行像，安奉德胜门城楼"，并在获胜后将此归因于许真君庇佑，上表朝廷获咸丰帝颁发"诚祈应感"的匾额。所以，当咸丰十年（1860年）太平天国军进攻抚州城时因水患被迫退兵之后，当地百姓纷纷附会是真君显圣至"发匪"退兵。至此，当光绪八年（1882年），抚州府所属6县商人再次筹资对文兴庵、许旌阳祠、火神庙进行维修时，自然就借机将这些建筑合为一体并命名为"万寿宫"（玉隆别境），将之转化为主要祭祀许真君的道场。

其后，随着近代化的进一步展开，清政府在各地倡设商会，因玉隆万寿宫在筹措和修复过程中都有商人力量介入，近代化的商人商会遂以此为集结点，并投入较多资金对建筑群进行维护，使之成为主要是商人活跃于其间的抚州会馆。

但是，在中华人民共和国成立之后，随着商会力量退出社会舞台，这类万寿宫建筑所蕴含的宗教意味及对应的社会功能进一步丧失。随着社会的发展，最终成为纯粹意义上的文物保护单位和旅游开发景点。

第二种万寿宫是附属于某些旅游景点，在历史上传承并不很明晰，但因旅游景点开发，形成一定区域影响力的万寿宫。抚州地区这一类万寿宫的典型是抚州市南城县株良镇的祥岗山万寿宫。部分材料显示，祥岗山万寿宫始建于明末清初，但该万寿宫在建设之初就是道佛同构的模式。事实上，目前祥岗山万寿宫内与许真君崇奉有关的建筑只有旌阳殿，与旌阳殿共存的还有佛教的大雄宝殿。虽然每年农历八月十九日，附近乡民会于此集会纪念许真君，但这些活动的民俗意义较宗教意义更为重要。

　　第三种万寿宫则是分布于相对偏僻乡村的部分万寿宫。这一类万寿宫虽被明确登记为宗教场所,但其信仰影响力较弱。这类万寿宫的典型代表是表2所列的南丰县和黎川县部分乡村万寿宫。这一类万寿宫往往建筑架构简朴,组成人员简单。活动场所最多不过是殿宇一间,除崇奉许真君外往往还掺有其他信仰对象,活跃其间的信仰活动组织者不过寥寥数人,个别单位甚至只有一个看守者。但是,这类万寿宫在社会活动中多是小区域的中心,区域性的庙会活动多以万寿宫为舞台而展开,这也是这一类万寿宫在20世纪90年代以后多被村民集资修复的一个重要原因。

表2　抚州地区现存万寿宫一览

宫观名号	现所属区县	坐落地址	场域性质	备注
万寿宫	抚州市临川区	市城区炉子厂路	文保单位	市级文物保护单位
万寿宫	抚州市南城县	株良镇祥岗山旅游景区	旅游景点	修建于1992年,扩建于2008年,主体建筑有旌阳殿、大雄宝殿、六角亭和牌坊、门楼等
万寿宫	抚州市广昌县	驿前镇赤岭村宋家村小组	文保单位	市级文物保护单位
万寿宫	抚州市广昌县	赤水镇	文保单位	曾是苏区政府驻地
万寿宫	抚州市乐安县	流坑村	旅游景点	位于村东南乌江西岸边,因祀奉许真君而得名。又名"镇江门"。"镇江门"由四块方砖拼成,镶在真君阁南门门额上
万寿宫	抚州市乐安县	牛田镇水南村	文保单位	抚州市第二批市级文物保护单位
万寿宫	抚州市黎川县	宏村镇	宗教场所	有庙会
万寿宫	抚州市黎川县	湖坊村湖坊乡	宗教场所	1998年重建,有庙会
万寿宫	抚州市南丰县	桑田镇新圩上村新屋里组	宗教场所	抚州市依法登记的道教活动场所
万寿宫	抚州市南丰县	市山镇陶田村石壁岭组	宗教场所	抚州市依法登记的道教活动场所
万寿宫	抚州市南丰县	付坊乡石咀村上街村小组	宗教场所	抚州市依法登记的道教活动场所
万寿宫	抚州市南丰县	付坊乡董溪村街上村小组	宗教场所	抚州市依法登记的道教活动场所

三 抚州地区万寿宫文化开发中存在的问题

综观抚州市境内现存的万寿宫，从发展和发掘以万寿宫文化为核心的区域文化建设和旅游资源开发的角度来看，或多或少存在一些问题。

首先，万寿宫的文化开发不足。抚州市区域内目前保存、保护最好的万寿宫无疑是位于抚州市区的玉隆万寿宫。在抚州市政府的大力推动下，这个万寿宫不但是省级文物保护单位，还进一步成为国家重点文物保护单位。在地方政府的旅游开发规划和投资之下，建筑本体已经修复完成，雕梁画栋不可谓不精美。但是，不管是从道教信仰文化，还是从万寿宫商帮文化的角度来看，这个万寿宫都丧失了应有的基本内核。这里的日常旅游活动，既没有作为道教文化活动场所应有的信仰者的香烟与朝觐，也没有大规模的文化旅游者穿行其间的身影。即使是零星开展的汤显祖文化展演，也不过是利用这里的古韵舞台进行的一种文化宣传，只是抚州市旅游发展规划大局中的不甚鲜明的一环而已。这种既没有信仰文化内核，无法吸引万寿宫文化信仰群体参与其间，也没有万寿宫商帮文化传承的万寿宫，显然是缺乏生命力的，一旦脱离旅游开发规划的强力政策支撑，必然后继乏力，更谈不上持续的文化影响力。从这个角度讲，明确抚州万寿宫的文化属性，大力强化对抚州万寿宫的文化底蕴开发，无疑是目前抚州地区开发万寿宫文化首先需要解决的一个基础性问题。

其次，大量乡土文献中记载的万寿宫于今已消失无存。从前面的文献记载不难看出，历史上的抚州是万寿宫信仰群体活动的一个重要地区，境内各县都有万寿宫的存在，这些万寿宫在通都大邑、在乡野田间都有自己的文化影响。但今天，抚州市各地万寿宫的存在数量已经大大减少，即使不是十不存一，也可以说极度凋敝。如果再进一步地具体到万寿宫的区域文化影响的话，几乎全部的现存万寿宫都存在杂祀佛教神或其他民间信仰主体的行为，这从另一个侧面明确地说明万寿宫文化影响力的丧失。可以想象，没有了这些乡土文献中记载的抚州境内的万寿宫体系，试图发现抚州万寿宫的历史脉络，探寻发展以万寿宫文化为基础的旅游产品无疑是不现实的。从这个角度讲，通过乡土文献进一步厘清抚州万寿宫的全景式生存状态是非常必要的。

最后，地方政府对万寿宫文化的价值认识不够、重视不足。从抚州市辖境内各级政府的政策指导性文件，以及相应的舆论引导信息来看，抚州地方的行政部门对万寿宫文化的体系性价值的认知是有缺失的。在目前所见的公开性资料中，几乎看不到"关于开展万寿宫文化""研究万寿宫文化开发"的提法，围绕玉隆万寿宫的一系列保护与开发不过是基于开发旅游的需要，筹措一个景点建设而已。在具体的实施过程中，地方文化品牌开发重心着落于对汤显祖文化的发掘。而对文化体系更庞大、影响更大、民间信仰基础更深厚的万寿宫文化，不管是研究力量还是经济力量，抚州地方的投入都是严重匮乏的。在政策的具体执行过程中，在各地乡土传说发掘和现代文化建设事项中几乎看不到与万寿宫文化或净明道信仰、许真君信仰有关的举措。

总而言之，目前抚州地区万寿宫文化的生存状态是脆弱的，其在抚州市各级政府的文化发展规划中所占据的比例也是微乎其微的。相较于近年来抚州地方在汤显祖文化开发方面投入的力量更是毫无可比性。从万寿宫文化在抚州的历史地位来看，这个现状本身就能够说明抚州地区万寿宫文化开发所存在的问题：没有现实影响力。

四　抚州万寿宫文化发展对策

从各地万寿宫发展的历程来看，万寿宫文化得以存在的一个重要原因是，其在乡村社会的发展演变过程中为区域社会内的民众经济文化活动提供了交流场域，承担了区域社会活动的经济文化交流活动中心的功能。

但是，随着社会经济的进一步发展和近代交通方式的改变，不管是文化交流还是经济流通，都突破了原有模式的束缚。随着原始的一村、一乡、一镇自成格局的区域交流模式被破坏，各个万寿宫原有的居于交流场域中心的

天然地位受到动摇，万寿宫文化所赖以生存的土壤遭到破坏。

近代以降，以科技和文明为价值取向的现代化进程一度将所有的传统信仰活动都视为迷信，欲除之而后快。这也使万寿宫及其所依赖的许真君信仰丧失产生影响的可能。

当大量散处于乡间、村社，居于区域性社会交流中心的万寿宫，既不能提供信仰产品，也不能为经济文化交流提供渠道的时候，万寿宫的生存必然受到影响。这在某个层面上也是近代以来抚州地方的万寿宫文化标志大量消失的一个原因。所以，发展万寿宫文化必须有视角的创新，在正视其原有生存基础已经受到严重削弱的前提下，着手寻找万寿宫文化的新舞台，为万寿宫文化的发展注入新的活力。

首先，要从学术研究的层面厘清万寿宫文化发展的定位问题。关于万寿宫文化，应该看到，它本质上虽然是一种民间信仰活动，但这种信仰无论是形式还是内容都是附属于传统文化的，归根结底它还是中国优秀传统文化的一部分，万寿宫文化中关于"忠、孝、廉、谨、宽、裕、容、忍"的所谓"垂世八宝"的信条，更是中国传统文化精华的一部分。所以，不管是从弘扬中华民族的优秀传统文化的角度，还是从为建设社会主义和谐社会提供助力的角度，都应该明确意识到，万寿宫文化具有正面性。而从这个角度展开一定的学术研究，厘清万寿宫文化的定位，强化万寿宫文化的生存能力和影响力，无疑是具有重要意义的，也是有必要迅速推进的。

其次，要大力发掘本地万寿宫文化的非物质文化遗产属性，申请非物质文化遗产保护。2011年公布实施的《中华人民共和国非物质文化遗产法》，对非物质文化遗产进行了定义："各族人民世代相传并视为其文化遗产组成部分的各种传统文化表现形式，以及与传统文化表现形式相关的实物和场所。"并进一步规定"国家鼓励和支持开展非物质文化遗产代表性项目的传承、传播"。近年来，在万寿宫文化的非物质文化遗产开发方面，南昌地区已经做出了很好的表率。西山万寿宫庙会也已经成功申请国家级的非物质文化遗产。这说明，循非物质文化遗产保护路径，加强对抚州市万寿宫文化的代表性样本的保护与开发，申报非物质文化遗产项目是可能的。而且，非物质文化遗产法第二十一条规定"相同的非物质文化遗产项目，其形式和内涵在两个以上地区均保持完整的，可以同时列入国家级非物质文化遗产代表性项目名录"。也就是说，通过加强对抚州市万寿宫文化代表性项目的差异化研究，申报国家非物质文化遗产是可行的。而一旦申遗成功，其对于区域旅游事业的发展和深化旅游产品的开发无疑是具有深远影响的。这也有助于打破目前抚州旅游开发主要以汤显祖为单一资源主轴的局面。

最后，应努力发掘与本地万寿宫文化相关的历史与传说。许真君被称为"江西福主"，在历史上，抚州地区，尤其是抚河流域曾是许真君信仰的重要影响区域之一。在各地的民间也必然存在大量的与许真君斩蛟治水有关的传说和故事。根据现代旅游资源开发的理论，这些传说和故事都是抚州悠久历史文化的见证和说明，能够为旅游者提供思幽古之情的材料。对这些故事的追寻和琢磨不但能引起旅游者进行旅游产品消费的欲望，还能够极大地促进旅游者在旅游目标地域流连，延长旅游产品的生命。

而且，目前传世的许真君斩蛟治水的传说和故事都具有强烈的传奇性色彩。可以想见，对抚州地区的相应传说的发掘也应有同样的效果。从旅游产品开发的角度来看，这种基于神话本身的传奇性，在很多时候会展现一种出人意料又似乎内蕴合理性的文化吸引力，再将其与本区域具体的地名和风物联系起来，就更能强化旅游者消费旅游文化产品及衍生产品的冲动。

从这个角度来说，强化发掘与本地万寿宫文化相关的历史与传说，开发以万寿宫文化为基础的旅游产品，有助于改变抚州市旅游产品市场目前存在的引不来外来游客、留不住本地游客的双重困局。

综上所述，从历史的角度看，抚州地区的万寿宫文化是有传统生命力的。但在时移世易的今天，抚州万寿宫文化已经受到非常严重的削弱，渐趋衰微也是不争的事实。对于像万寿宫文化这样一个在江西地域曾经产生过重

要历史影响，成为赣文化重要符号，见证了江右商帮的兴衰，甚至在很多时候成为江右商帮的标志，在今天的世界各地华人和赣商圈子中仍有较强生命力的文化现象来说，抚州市的缺位是非常遗憾，也是非常可惜的。发掘并开发抚州市的万寿宫文化资源，对于提升抚州的历史文化影响、助力抚州市的经济文化建设无疑具有重要的作用。

B.10
赣州市万寿宫文化发展报告

吴启琳*

摘　要： 赣州万寿宫是信仰江西许真君的祠庙，亦是历史时期江右商帮的重要联络点。明清时期，万寿宫信仰文化在赣南大地广为传播，万寿宫在赣州各地亦纷纷兴建。从万寿宫的分布情况来看，赣南各地均有万寿宫存在，但集中分布在兴国、宁都、于都等地，就其区位而言，较多集中于墟市，这反映了其与商品交易有密切的联系，有深厚的商业文化内涵。赣南万寿宫是在地方官员与士绅的积极倡导和直接参与下不断兴起的，他们或捐钱捐物，或出力出谋划策，主导赣南许真君信仰和万寿宫文化的传播与扩散。随着净明道的不断兴盛，赣南原有的一些佛教和民间信仰场所逐渐与许真君信仰联系，并出现了佛道之融合现象。因此，一些地区的万寿宫是作为净明道道教场所存在的，另有不少万寿宫作为佛教场所而仍发挥作用，还有一些则成为民间信仰之寄托，成为地方文化资源的文化要素。要之，如何进一步发掘赣州万寿宫文化及其延伸出来的庙会文化，为当前赣南地区的社会经济发展服务，已然成为当前社会各界普遍思考的重大问题。

关键词： 文化保护利用　赣州　万寿宫文化

---

* 吴启琳，历史学博士，江西科技师范大学副教授。

赣州，简称"虔"，亦称"虔州""赣南"，位于江西省南部，是江西省的南大门，包括章贡区、经济技术开发区、南康区、赣县区、蓉江新区、瑞金市、兴国县、信丰县、龙南县、定南县、全南县、上犹县、崇义县、大余县、石城县、宁都县、于都县、安远县、寻乌县、会昌县20个区、市、县，该区域面积为39379平方公里，是江西最大的地级市。赣州地处赣江上游，"南抚百越，北望中州"，据五岭之要会，扼赣闽粤湘之要冲。赣州历史悠久，山川秀丽，民风淳朴，人杰地灵。历史时期，赣南先民就在这块丰腴的土地上繁衍生息、辛勤劳作、历经沧桑，创造出了灿烂的历史和文化，万寿宫文化就是其中之一。

江西万寿宫是江西民间祀奉"江西福主"许真君的祠庙。许真君（239~374年），名逊，生于南昌，东晋道教净明派祖师，有"忠孝至道"、"诛蛟治水"与"拔宅飞升"等历史典故，是江西民间信仰中的福主，被人们尊称为真君，省城建有西山万寿宫与铁柱万寿宫以专其祀奉，全省各地形成了规模盛大的万寿宫庙会文化。赣南地区民间尚"巫鬼"，无论城乡，庙宇甚多。如同治《赣县志》所载："赣俗崇尚神会，城内外百余庙。每岁灯节后即划龙舟，祀奉连月，一庙或七八会，至十余会，俱盛筵演剧，送神旗伞蔽天，络绎塞路，观者千百成群。"[①]上犹"万寿宫，同治九年邑人于庙前创建戏台"，说明万寿宫文化信仰及庙会在赣南的民间信仰中占有一席之地。章文焕认为，北宋末年，靖康之变，金兵灭宋，大批中原士民"渡江到达赣南山区以至闽粤边境山地，他们为了保存中原的语言风俗，筑围屋合族共居，强烈尊祖敬宗的孝道观念和反抗异族的忠义意识，清正廉洁的民风素养与许真君的人格精神极其相近"[②]。应当指出，万寿宫庙会活动除了有热闹的拜神演戏之外，一般都有一定量的商品交易，因此可以说，在赣南，万寿宫庙会与市场往往是合一的。

以下就赣州地区的万寿宫历史演变及分布、现状、庙会情况做一梳理，

---

① 同治《赣县志》卷八《风俗》。
② 章文焕：《万寿宫》，华夏出版社，2004，第110页。

进而分析赣州万寿宫之兴衰流变及商业因素并揭示当前赣州万寿宫文化开发中存在的问题，以期为发挥其丰富的社会文化功能而提出相应的赣州万寿宫文化发展对策。

一 赣州万寿宫历史演变及其遗址分布

根据李晓文的研究，赣州真君庙最早出现于宋代的宁都刘坑，其最初为佛教场所，始建于唐开元年间，因宋代净明派兴起，遂改成佛、道合一的寺庙，且专祀许真君；元代以后，赣南开始出现有关许真君信仰的记载，特别是经刘玉改革和赵原初、刘渊然的传道，净明道兴盛一时，许真君信仰亦在赣南广为传播，[①] 历经明清两朝，万寿宫在赣南各地兴建，对赣南地方文化的塑造起了重要的助推作用。

根据章文焕、刘晓文等人提供的线索，我们可从赣南地方县志中一窥万寿宫的历史演变及遗址情况，参见表1。

表1 历史时期赣州万寿宫空间分布

区位名称	名称	资料记载	资料来源
市辖区、赣县	真君庙	米市街，乾隆五十九年（1794年）吴元祥倡修，道光二十年（1840年）重建。在米市街，郡人姚武芳倡修。乾隆五十九年（1794年），典史吴元祥倡修。郡人邹腾芳、詹科枟等重修。吏部主事谢重毅记	同治《赣县志》、同治《赣州府志》
	真君庙	贡水东，道光二十三年（1843年）士民创建于马祖岩	同治《赣县志》
	万寿宫	在文昌阁，咸丰壬子（1852年）吴凌云等倡建	同治《赣县志》
南康区	万寿宫	周汝筠与武举廖镇三等捐建。在县东大街。知县周汝筠创建。咸丰六年（1856年），兵毁。邑人刘明达倡捐复修，又买心连下地基，三丈三尺（约11米），增添店房3间，砌宽码头，庙貌焕然一新	同治《南康县志》、同治《南安府志》
	万寿宫	朱坊乡有戏台	章文焕《万寿宫》，第405页

---

① 李晓文：《赣南客家地区许真君信仰研究》，硕士学位论文，赣南师范学院，2007，第9页。

续表

区位名称	名称	资料记载	资料来源
瑞金市	万寿宫	治西洪二紫鸡坂大古寺左,乾隆间柯汉光兄弟捐建,同治重建	同治《会昌县志》
	真君阁	(邑人刘芳捐地)雍正三年(1725年),重修楼阁。乾隆四年(1739年),前建亭,左建翼屋。五年,阁后建僧房	同治《赣州府志》
兴国县	许真君庙	祀许逊,西山塔下,道光元年(1821年)建	同治《兴国县志》
	许真君庙	龙坪,明嘉靖五年(1526年)建,清嘉庆二十四年(1819年)重建	同治《兴国县志》
	许真君庙	龙冈头墟,顺治间建	同治《兴国县志》
	许真君庙	枫边墟,嘉庆元年(1796年)建	同治《兴国县志》
	许真君庙	竹坝福兴陂,嘉庆五年(1800年)钟广京建	同治《兴国县志》
	许真君庙	方太九兴墟,嘉庆九年(1804年)建	同治《兴国县志》
	许真君庙	城冈墟,嘉庆十年(1805年)建	同治《兴国县志》
	许真君庙	麻坑,嘉庆十二年(1807年)重建	同治《兴国县志》
	许真君庙	崇兴墟,嘉庆十二年(1807年)建	同治《兴国县志》
	许真君庙	高兴墟,嘉庆十二年(1807年)建	同治《兴国县志》
	许真君庙	竹坝狮子口,嘉庆二十三年(1818年)建	同治《兴国县志》
	许真君庙	长教,道光三年(1823年)建	同治《兴国县志》
	许真君庙	文溪水口	同治《兴国县志》
	许真君庙	圆峰山	同治《兴国县志》
	许真君庙	三僚	同治《兴国县志》
	许真君庙	江口墟	同治《兴国县志》
	许真君庙	冷水坳	同治《兴国县志》
	许真君庙	杉团都坝背村,头水口	同治《兴国县志》
	许真君庙	马窝	同治《兴国县志》
	许真君庙	槎口墟	同治《赣州府志》
	许真君庙	永丰墟	同治《赣州府志》
	许真君庙	黄田	同治《赣州府志》
	许真君庙	约溪	同治《南丰县志》
	许真君庙	印丘	同治《南丰县志》
	许真君庙	中州	同治《南丰县志》
	许真君庙	南坑	同治《南丰县志》
	许真君庙	良村上墟	同治《南丰县志》
	许真君庙	良村下墟	同治《南丰县志》
信丰县	真君庙	小江墟街西,乾隆年间堡内众姓建(庙内有严禁抢夺、开标采茶大戏之碑;屯租定价,永不再增之碑)。每岁仲秋,祝许旌阳报赛,颇盛)	同治《信丰县志》

区位名称	名称	资料记载	资料来源
龙南县	真君庙	在县署前东隅,乾隆六十年(1795年)契买十一姓之地基建,庙三栋,壮丽可观。嘉庆二年(1797年),在县署东城隍庙右(重修)	光绪《龙南县志》、同治《赣州府志》
定南县	真君庙	在厅治南门外,道光二十九年(1849年)士民醵金创建	同治《定南厅志》
	真君庙	高沙堡三亨墟,本处士民捐建	同治《定南厅志》
	许真人庙	下历,道光三十年(1850年)建,咸丰六年(1856年)兵毁,同治八年(1869年)重修,九年(1870年)又修戏台	同治《定南厅志》
	许真人庙	小石堡中城墟,同治四年(1865年)胡文台等倡募建	同治《定南厅志》
上犹县	万寿宫	东门外宝乘寺前栋	同治《上犹县志》
	万寿宫	西门外大街南,同治十一年(1872年)建	同治《上犹县志》
	万寿宫	营前太傅墟	同治《上犹县志》
	万寿宫	寺下墟	同治《上犹县志》
	万寿宫	社溪墟	同治《上犹县志》
	万寿宫	清湖墟	同治《上犹县志》
崇义县	万寿宫	北门外利达坊,咸丰三年(1853年)邑绅士倡捐重修。万寿宫,在北门外河口。邑绅倡捐重修。同治九年,邑人于庙前创建戏台	光绪《崇义县志》、同治《南安府志》
	万寿宫	寺下,同治十年(1871年)邑人徐东榜等改建	光绪《崇义县志》
	万寿宫	上堡白枧坑	光绪《崇义县志》
	万寿宫	罕坑桥	光绪《崇义县志》
	万寿宫	尚德里	光绪《崇义县志》
	万寿宫	旗山口	光绪《崇义县志》
	万寿宫	扬眉寺	光绪《崇义县志》
大余县	万寿宫	光绪初年,知府杨镐倡捐于老城丁字大街创建	1984年《大余县志》
石城县	真君庙	丰田许姓建	道光《石城县志》
	真君庙	亨田洪石寨下,城南四十里,黄普郎建	道光《石城县志》
宁都县	真君观	太平乡十都严坊,乾隆四十六年(1781年)众建	道光《宁都直隶州志》
	万寿宫	太平乡十一都,周坊众建	道光《宁都直隶州志》
	真君观	十四都山塘,李少一等建	道光《宁都直隶州志》
	真君观	十六七都新田,嘉庆二十四年(1819年)众建	道光《宁都直隶州志》

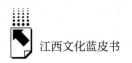

续表

区位名称	名称	资料记载	资料来源
宁都县	万寿宫	十六七都池富,乾隆五十七年(1792年)符良仲率众重建	道光《宁都直隶州志》
	万寿宫	安福乡钦仁里湛田,嘉庆二十四年(1819年)宋族建	道光《宁都直隶州志》
	真君堂	安福乡钦仁里李家坊,雍正二年(1724年)李方美重修	道光《宁都直隶州志》
	真君堂	乾隆五年(1740年),真君堂,安福乡长乐里底(众重修)	道光《宁都直隶州志》
	真君寺	乾隆十二年(1747年),真君寺,清泰乡五都锦富岭(黎添鹏裔建)	道光《宁都直隶州志》
	万寿宫	安福乡三十都石人岭,道光二年(1822年)众建	道光《宁都直隶州志》
	万寿宫	县城三元殿右。州人罗亨接倡建	道光《宁都直隶州志》
	真君阁	北镇安门外真君巷,嘉庆五年(1800年)大水冲废,遗基存。嘉庆九年(1804年),移建县城拱辰桥水府庙右	道光《宁都直隶州志》
	真君阁	县南一里黄芝团。邑人重建,嘉庆十一年(1806年)火	道光《宁都直隶州志》
	真君阁	安福乡钦仁里井源村,嘉庆二十年(1815年)众建	道光《宁都直隶州志》
	万寿宫	黄陂	据章文焕《万寿宫》,第404页"宁都博物馆电话核实"
	万寿宫	小布,规模甚大	据章文焕《万寿宫》,第404页"宁都博物馆电话核实"
	真君庙	蔡江,名真君庙	据章文焕《万寿宫》,第404页"宁都章圣艺师傅提供(电话核实)"

区位名称	名称	资料记载	资料来源
宁都县	万寿宫	梅江镇刘坑	据章文焕《万寿宫》，第 404 页"宁都章圣艺师傅提供（电话核实）"
	万寿宫	青塘乡	据章文焕《万寿宫》，第 404 页"宁都章圣艺师傅提供（电话核实）"
于都县	许真人庙	北乡黄屋乾，距城一百四十里，康熙间重修，咸丰七年（1857 年）粤匪毁，同年捐修（武进士宋应桂创首）	同治《雩都县志》
	许真人庙	城内县治东南隅，咸丰六年（1856 年）城陷四次，此庙幸存	同治《雩都县志》
	许真人庙	北乡岭北	据章文焕《万寿宫》，第 403 页"台湾江西文献钟岳先生记载"
	许真人庙	南乡小溪羊石	据章文焕《万寿宫》，第 403 页"台湾江西文献钟岳先生记载"
	万寿宫	银坑，建筑较早，土地革命时期为苏区兵工厂	据章文焕《万寿宫》，第 403 页"电话采访"
	万寿宫	赖村谢村堡中华山（博罗令宋应奎建立）	同治《雩都县志》
安远县	许真君庙	西门外永安坊，乾隆四十年（1775 年）合邑建，创始劝缘董理监生欧阳子谦、成章等。咸丰十年（1860 年），兵毁，移祀真君神于城内昭忠祠	同治《安远县志》
	许真君庙	濂江坊石角湾，兵燹毁去	同治《安远县志》
	万寿宫	龙泉山森林公园，近年新建	据章文焕《万寿宫》，第 405 页"（2004 年）最近查出"

续表

区位名称	名称	资料记载	资料来源
寻乌县	真君庙	弦歌门外太平桥	光绪《长宁县志》
会昌县	万寿宫	在广福桥	同治《会昌县志》
	万寿宫	在邑西街	同治《赣州府志》
	万寿宫	赣郡会昌码头真君街	同治《赣州府志》
	真君阁	县东步云桥侧	同治《会昌县志》
	真君庙	水东	同治《会昌县志》

　　表1是根据章文焕《万寿宫》和李晓文《赣南客家地区许真君信仰研究》所参照的地方志对赣南地区万寿宫的分布所做的较为系统的整理。值得注意的是，由于文献记载本身存在漏载、错载和名称不一的情况，以上所列表格仍不能反映明清以降赣南万寿宫兴建的全貌。如赣县"各乡多建，不及备载"（同治《赣县志》）；在1991年《赣县志》亦称："县内曾建万寿宫30余座，祀许真君，各地组织庙会。"大余县的情况，根据《大庾县志》记载："万寿宫，向未建专祠，每附祀焉。"① 尽管如此，表1所列却基本反映了赣南万寿宫的分布情况：从以上所列赣州万寿宫分布情况来看，赣州各地均有万寿宫的分布，虽然宫观名称不一，但基本都是作为许真君信仰的载体以供奉江西福主——许逊；万寿宫的分布区域多集中于兴国、宁都、于都等地，且与墟市联系紧密，反映了其与赣南特定区域的商品交易有密切的联系，其有深厚的商业文化内涵。

　　众所周知，赣南在地形上分为中部平原山区、东部盆地丘陵区、东南丘陵区、南部山区、西部山区5个部分②，是一个相对独立的地理单元，但赣南山区并非完全与吉安、广东、福建和湖南隔离，也并非完全是山地和丘陵，在山地和丘陵之间，分布着五十几个大小盆地，其中比较大的有于都盆地、兴国盆地、宁都盆地、石城盆地、瑞金盆地等。这些盆地地

---

① 民国《大庾县志》卷四《祀典志》之《庙坛》，第133页。
② 周红兵：《赣南经济地理》，中国社会出版社，1993，第304页。

势平坦，有江河贯流，有较为宽阔的平地和河谷阶地，土壤肥沃，是主要的农耕地，成为赣南历史上开发较早的地区；此外，这些盆地由于位于江西和广东的交界之地，赣南又是大庾岭商道所在地，素来是两广与中原商品交流的必经之地。

在这样的自然、社会背景之下，明清赣南经济出现了一个引人注目的特点，即从明中期开始，相对萧条的山区得到大面积开发，伴随着美洲旱地高产作物等经济作物的广泛种植，至清代，山区开发基本完成，商品经济发展也随之达到高峰。[①] 伴随着商品经济的繁荣，赣南的宗族与乡村集市不断建立，特别是清代赣南开发加剧，人口增多，市场数量增多，为了获得商业利益和控制地方，宗族设立的墟市日渐增多，一些地方甚至墟市丛集，密度极高。如于都县面积为 2893 平方公里，但同治年间有墟市 54 个，约每 100 平方千米有 2 个墟市，这个密度不仅大大超过赣南本身的 1.02 个/100 千米^2，而且相当于发达的成都平原的水平 2.18 个/100 千米^2。[②] 因此，与商业贸易紧密联系的万寿宫和赣南的这些墟市紧密融合便不难理解。

赣南山区的兴国、于都以至上犹、崇义等地的纷纷崛起，促成了县城周围小城镇墟市的发达，而万寿宫亦成为大小城镇商业的依托，节日庙会、文化娱乐的中心，许真君则成为当地航运、商贸的保护神，[③] 以至出现同治《赣州府志》所记兴国万寿宫兴建的盛况："真君庙，一在西山塔下，道光元年建。后因为塔圮，庙亦毁。十八年合邑重建。一在龙坪，嘉庆二十四年旧址重建。一在龙冈头墟，顺治间间。一在枫边墟，嘉庆元年建。一在竹坝福兴陂，嘉庆五年钟广京建。一在方太九兴墟，嘉庆九年建。一在城冈墟，嘉庆十年建。一在麻坑，嘉庆十二年建。一在崇兴墟，嘉庆十二年建。一在高兴墟，嘉庆十八年建。一在竹坝狮子口，嘉庆二十三年建。一在长教，道光三年建。一在文溪水口。一在圆峰山。一在三

---

① 黄志繁、廖声丰：《清代赣南商品经济研究》，学苑出版社，2005，第 6、7、71 页。
② 黄志繁、廖声丰：《清代赣南商品经济研究》，学苑出版社，2005，第 93 页。
③ 章文焕：《万寿宫》，华夏出版社，2004，第 112 页。

僚。一在江口墟。一在冷水坳。一在坝背水口。一在马窝。一在槎口墟。一在永丰墟。一在黄田。"① 在这一记述中，提及的万寿宫达22所，其中不少即在墟市中。

二 赣州万寿宫现状及其庙会活动

作为祀奉净明道祖师的祠庙，万寿宫承载着明显的宗教和民间信仰的社会功能；由于万寿宫信仰的广泛传播，赣州各地仍保留不少万寿宫场所及相应的庙会活动。赣南乡村祀奉许真君的庙宇大多为道佛型宫观，少部分为效仿西山万寿宫专门祀奉许真君的宫观，其表现在：一方面，祀奉许真君的大殿的旁边一般设有大雄宝殿、观音堂等佛教类庙宇，有些地方直呼为真君寺、真君堂或真君阁，有些地方甚至将供奉许真君的庙作为寺庙的一部分，神像也比正殿的神像小；另一方面，由于民众佛道不分，只要有神灵便虔诚祀奉，以满足其"有求必应"的心理诉求，故如于都黄屋乾万寿宫、宁都小布万寿宫等，庙内的庙祝已不是纯粹的道士，很多甚至是出家的和尚在宫观内管理日常事务。

章文焕曾在2004年出版的《万寿宫》一书中对赣南地区的万寿宫分布数量做了细致的统计，其言："赣州市及赣县30多所，兴国28所，宁都15所，于都约10所（乡镇难计），会昌3所，安远3所，瑞金、寻乌、信丰、龙南、大余各1所，南康2所，定南4所，上犹6所，约计115所。"② 然而，根据最新登记在册的宗教场所的情况，其分布数量与章先生此前统计的分布数量稍有出入，根据其宗教性质可将现存赣州万寿宫分布制成表2、表3。

---

① 《舆地志》之《祠庙》，《赣州府志》。参见李晓文《赣南客家地区许真君信仰研究》，硕士学位论文，赣南师范学院，2007，第22页。
② 章文焕：《万寿宫》，华夏出版社，2004，第116页。

表2　作为道教场所的现代万寿宫分布一览

序号	万寿宫名称	区域位置	登记负责人
1	赣县湖江镇万寿宫	赣县湖江镇松树村松树组	王显倬
2	赣县小坌万寿宫	赣县韩坊乡大屋村2组	韩道林
3	赣县韩坊万寿宫	赣县韩坊乡韩坊村罗陂下组	曾朝坤
4	上犹县紫阳万寿宫	上犹县紫阳乡店背村	黄沅渊
5	安远县江口万寿宫	安远县高云山乡铁丰村	陈文生
6	安远县古秀山真君庙	安远县车头镇车头村	古喜胜
7	安远县升雾光真君庙	安远县欣山镇阳光村	蓝添年
8	安远县太平真君庙	安远县孔田镇太平村	魏召兴
9	安远县固营真君庙	安远县双芫乡固营村	朱顺瑞
10	安远县龙泉湖万寿宫	安远县欣山镇东门社区龙泉山	欧阳聪红
11	于都县真君阁	于都县仙下乡乱石村	朱地长
12	于都县银坑万寿宫	于都县银坑镇银坑村	刘年生
13	于都县小溪万寿宫	于都县小溪乡簸箕村	易功远
14	于都县黄屋乾万寿宫	于都县葛坳乡黄屋乾村	潘前远
15	于都县罗坳万寿宫	于都县罗坳镇罗坳村	赖子辉
16	于都县新陂圩万寿宫	于都县新陂乡新陂村	丁宏光
17	于都县禾丰万寿宫	于都县禾丰镇麻芫村	刘盈瑞
18	于都县梓山真君庙	于都县梓山镇大陂村	孙先福
19	于都县岭背万寿宫	于都县岭背镇庙角组	钟会生
20	于都县黄麟真君庙	于都县黄麟乡阳村	刘善辉
21	于都县桥头万寿宫	于都县桥头乡固石村	谢佛连
22	于都县上脑村万寿宫	于都县葛坳乡上脑村	谭年相
23	于都县利村圩真君庙	于都县利村乡利村圩	郭平发
24	于都县连塘村真君庙	于都县利村乡连塘村	谢祖辉
25	于都县宽田真君庙	于都县宽田乡桂龙村	肖承辉
26	兴国县永丰万寿宫	兴国县永丰乡永丰村永丰组	余招挂
27	兴国县鼎龙真君庙	兴国县鼎龙乡鼎龙村鼎龙组	廖伦金
28	兴国县桐林村真君庙	兴国县兴江乡桐林村街上组	杨传方
29	兴国县圩上万寿宫	兴国县良村镇溪溪村圩上组	张明义
30	兴国县佛祖前真君庙	兴国县兴江乡南村村坛石背	陈越亮
31	兴国县长冈乡万寿宫	兴国县长冈乡园塘村太平组	张声仁
32	兴国县梅窖镇真君庙	兴国县梅窖镇寨脑村下坳组	曾凡秀
33	兴国县肖南真君庙	兴国县樟木乡肖南村沉背	陈玉修
34	兴国县新城村真君庙	兴国县樟木乡新城村寨子下	李汉桃

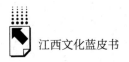

续表

序号	万寿宫名称	区域位置	登记负责人
35	兴国县万寿仙宫	兴国县兴莲乡富溪村五坑组	张功徽
36	兴国县枫边乡万寿宫	兴国县枫边乡石印村	邱传接
37	兴国县杰村乡万寿宫	兴国县杰村乡里丰村	谢金发
38	兴国县杰村乡真君庙	兴国县杰村乡古境村	赖书桂
39	兴国县西山万寿宫	兴国县永丰西山村	何烈盛
40	兴国县永丰乡真君庙	兴国县永丰乡永丰村划船坊组	余洪镇
41	兴国县茂段村真君庙	兴国县均村乡茂段村水背组	李良富
42	兴国县黄田村真君庙	兴国县均村乡黄田村水口组	吴定槐
43	兴国县隆坪乡万寿宫	兴国县隆坪乡吾立村吾立组	涂奇发
44	兴国县茶园圩万寿宫	兴国县茶园乡茶园村上街组	熊祖渊
45	兴国县许真君庙	兴国县崇贤乡太坪村社口组	张清声
46	会昌县珠兰乡真君庙	会昌县珠兰乡必应山	曾石庆
47	会昌县麻州镇真君庙	会昌县麻州镇麻州圩	王华贵
48	会昌县站塘乡真君庙	会昌县站塘乡站塘圩	文兴茂
49	会昌县益寮万寿宫	会昌县永隆乡益寮村云莱山	兰永富
50	会昌县万寿宫	会昌县右水乡右水圩	张有娇
51	宁都县万寿宫老官庙	宁都县湛田乡吉富村	宋训武
52	宁都县真君庙	宁都县蔡江乡蔡江村	李二秀
53	宁都县固村万寿宫	宁都县固村镇固村村	陈旭辉
54	宁都县小布万寿宫	宁都县小布小布村	黄金保
55	宁都县竹笮万寿宫	宁都县竹笮乡九塘村	李古盛

表3　作为佛教活动场所的万寿宫分布情况一览

序号	万寿宫名称	区域位置	登记负责人
1	信丰县八角亭万寿宫	信丰县大桥镇八角村	邱永生
2	信丰县青林万寿宫	信丰县大桥镇青林村	赖山发
3	安远县南坑真君庙	安远县天心镇南坑村	陈道敏
4	于都县真君庵	于都县贡江镇蔬菜场村	释慧藏
5	宁都县石上万寿寺	宁都县石上镇湖岭村	邱宏法
6	宁都县黄陂万寿宫	宁都县黄陂镇大桥村	廖悟性
7	宁都县洛口万寿宫	宁都县洛口镇严坊村	罗维金
8	宁都县真君堂	宁都县会同乡谢家坊村	彭先接
9	宁都县梅江万寿寺	宁都县梅江镇刘坑村	释常妙

表2、表3只是根据宗教管理部门的登记对赣州各地万寿宫分布做的一般梳理，因漏登或附祀缺登等原因的存在，这两表尚不能代表赣南各县市万寿宫现状的全貌。整体而言，现存的赣州市万寿宫基本沿袭了明清以来赣州各地万寿宫分布的趋势，依然是以兴国、于都、宁都为多；就其宗教性质而言，则道教性质活动场所较佛教活动场所多，以净明道道教万寿宫为母体，逐渐演化为佛教活动场所的万寿宫，正说明赣州地区万寿宫具有明显的佛道融合及地方民间信仰的多元性、复杂性的特征。

万寿宫信仰文化在赣南影响深远，现存赣州各地万寿宫中，兴国县茶园圩万寿宫、城冈万寿宫、白石万寿宫、鼎龙真君庙、冷水坳万寿宫，于都禾丰镇下堡万寿宫、新陂圩万寿宫、簸箕村羊石下万寿宫、黄屋乾万寿宫、大陂村真君庙，宁都刘坑万寿宫、小布万寿宫、蔡江乡万寿宫、赖村万寿宫、固村镇万寿宫，会昌永隆乡万寿宫、马州万寿宫和赣县湖江镇万寿宫、小垒万寿宫等最具代表性。择其要者分述如下。

1. 茶园圩万寿宫

茶园圩万寿宫位于兴国县茶园乡茶园圩场中心，供奉许真君、关云长、吴祖师、土神等神明，许真君居于中殿，两边为三官太帝和其他神明。2009年重建万寿宫前殿，现重建的万寿宫殿宇宽12.40米，进深19.75米，建成面积为220平方米，包括前殿和后殿以及厨房等附属建筑。每年农历八月十三日为庙会，有唱戏和醮典法事，持续时间约一周。

2. 城冈万寿宫

城冈万寿宫位于兴国县城冈乡城冈圩西南侧，目前是兴国县保存最完整的万寿宫，前有戏台，总面积为500平方米，殿宇建筑面积为350平方米。"文革"前，万寿宫旁为财神庙，万寿宫后面是文昌阁。1989年城冈信众组织理事会，推选蓝华章为负责人，杨积桂为会计，刘信才为保管，萧文俊为出纳。由于当时兴国县未成立道教协会，万寿宫旁边建了一座地藏寺，统一办证为"地藏寺万寿宫"，确定为佛教场所。从2009年开始，万寿宫供奉许真君和护法共三尊神像，属于道教场所，每年农历八月初一许真君纪念日，香火最盛，来客可达50多桌。平时每月十五做圣诞，宾客也有20桌左右。

3. 鼎龙真君庙

鼎龙真君庙位于兴国县鼎龙乡鼎龙村圩场东侧长冈水库码头旁。每年农历八月初一至初三，许真君圣诞举行庙会，举行醮典法事三天。春节期间前来进香祈福的信士甚多。殿前有戏台。每年农历元月、二月、九月均为真君圣诞月，农历每月初一、十五时香火鼎盛。庙里由廖伦金等人组成理事会管理，黄道华首士从 1984 年开始驻庙护法，一直驻庙管理日常香灯。

4. 兴国良村万寿宫

兴国良村万寿宫位于兴国良村镇与永丰交界的山区，原由永丰划来。根据章文焕先生《万寿宫》一书的介绍，良村镇全为客家人，有尊祖孝亲传统，乐于修建万寿宫，旧有良村上、下墟及约溪 3 所，20 世纪 30 年代，苏区反围剿时期，毛泽东、朱德等革命家曾以此万寿宫为指挥中心和红军营地，涌现了不少革命先烈。良村上墟万寿宫有大戏台，保存良好，抗战时期做过江西商校校舍，现已装修一新，安奉上、下墟两座万寿宫有许真君神像，另有观音殿，添置寿星图及人物壁画，释宏度虔诚管理香火，接待国内外观光游览人士，促进了红色旅游和招商引资。①

5. 黄屋乾万寿宫

黄屋乾万寿宫位于于都县石灶村排上组的黄屋乾真君庙，又名"万寿宫""真君阁""妙济仙宫"，已有数百年的历史，1984 年被于都县人民政府列为文物保护单位。每年农历八月初一至十二日，此宫举办庙会，兴国、瑞金、于都、宁都、石城 5 地前来朝拜人数可达八九万人。

6. 新圩真君庙

新圩真君庙位于于都县梓山镇大陂村，古名"栖兴圩真君庙"，今称"新圩真君庙"。1982 年，刘建飞首倡恢复修建真君庙，在原址建起庙宇，塑成神像。2002 年，因赣龙铁路建设需要，真君庙在原址前近百米处择地重建，并推选出刘敬明、曾子情具体组织真君庙的搬迁重建工作。真君庙主

---

① 章文焕：《万寿宫》，华夏出版社，2004，第 132 页。

祀许真君（许逊）和佛门三宝，主殿内道教、佛教融合，既有许真君神像，也有观音、地藏等神像。每年农历八月为许真君圣诞之期。其间，请戏班子来此演戏，信民大举庆祝，并自备香烛礼品来庙朝拜。法事延续数天至半月，县城、黄麟、岭背、段屋等周边乡镇及安远、会昌、瑞金均有信民来此朝拜，香客之众，有时一天达千人。

7. 刘坑万寿宫

刘坑万寿宫原名俗称"真君庵"，位于城西两三华里的刘坑村福船岗。万寿宫始建于唐朝，至今已有1300多年的历史。万寿宫原址在刘坑村北端，20世纪60年代，此处被刘坑完小占用并被改建为校舍，20世纪80年代迁建于本乡三石仙山麓，1995年迁至刘坑村福船岗。刘坑万寿宫历史之久长、信徒覆盖面之广、庙会热闹之程度，为全县祀奉真君的宫观中少有。其信众除了刘坑村管辖的15个自然村外，还有东面的县城，北面的七里、罗江，西面的黄贯，西南隅的竹笮乡侧排的居民，覆盖面为一乡一镇。其庙址近百年来三度迁变，20世纪90年代初才迁到现址。每年农历正月二十七日，附近十几个村庄，如刘坑、上下背村、中心塅、虎溪、杨梅、王贯、碧岸、甑篦岭、土围、李面、富垱、梅江北门、西厢等地的群众都会自愿前来刘坑万寿宫纪念许真君寿诞。每年农历八月上旬，各村村民们都会自愿筹款在这里举办十几天的文艺演出活动，并形成别具特色的传统节目——马灯盾牌舞，丰富农民的文化生活。每年农历八月初一至十二日，长达12天的"真君斋"使很多善男信女戒荤茹素。刘坑万寿宫这期间举行庙会，许许多多的妇女成群结队进香，个别老年妇女燃着香，三步一揖，其心也诚，其礼也重。同时，在宫里演戏，娱神更娱人。庙会期间，方圆二三十里的群众，只要刘坑村有亲戚，都会攀亲投戚来看戏，不少小商贩也来赶商机。

整体而言，万寿宫信仰文化作为优秀民族文化遗产，在当代影响依然十分深远，赣州现存万寿宫分布仍然较多，其庙会活动亦十分活跃。就万寿宫庙会而言，农历八月是赣南客家人许真君信仰活动的高潮，庙会活动也十分盛大，其中，朝拜许真君、唱戏、打醮、游神以及商品贸易是庙会活动的重头戏，成为赣南地方特色民俗事项的重要内容。

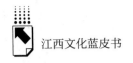

三 赣州万寿宫文化开发中存在的问题

万寿宫信仰文化不仅是一种道教和民间信仰文化，还是一种地域民俗文化事项。俗语有云："九州三省有会馆，江西只认万寿宫。"万寿宫文化是赣文化的主流，也是赣州客家人对于敬祖忠孝精神的张本；与此同时，万寿宫庙会流传至今历史悠久，其作为一种非物质文化遗产可以丰富地域文化内涵，为地方增添旅游文化资源，而庙会期间的商品贸易对于地方经济发展更具有重大意义。然而，随着现代社会经济不断发展，赣州万寿宫文化资源并未得到很好的开发和利用，其文化功能的纵深发挥受到制约。概括而言，赣州万寿宫文化开发过程中，主要存在以下几个方面的问题。

（一）宗教场所与旅游景点关系尚待进一步理顺

作为江西地方文化资源的万寿宫，既是道教净明道宗教活动场所，又承载着地方民间信仰的社会功能，其中蕴含丰富的宗教科仪、信仰民俗文化符号，构成了地方人文景观中的一抹亮丽的色彩。然而，目前赣州各地万寿宫相互联系不多，与省城万寿宫文化更无系统交集，且大多作为道教或佛教场所独立进行活动，没有被很好地纳入地方旅游开发的整体框架中加以发展。特别是万寿宫信仰文化所特有的万寿宫建筑文化、仪式文化和作为非物质文化遗产的庙会民俗文化并未在区域旅游景点的开发和地方旅游规划中得到凸显，与省城将万寿宫作为江西的一张文化名片来挖掘万寿宫历史文化及打造相应的旅游景点的做法相差甚远。

（二）万寿宫的历史文化与庙会文化亟待挖掘

李晓文在《赣南客家地区许真君信仰研究》一文中指出："长期以来，由于人们认识上的偏差，宗教信仰、风情礼俗等一直没有登入学术的大雅之堂，仅以'迷信'二字代之。但民间信仰作为一种社会现象，而且携带着丰富的信息被当今的新社会史研究频繁地引用，并作为探究地域社会历史与变迁的一个崭新的视角。"① 毫无疑问，赣南万寿宫信仰文化及庙会活动与赣南客家人的迁移、民俗、信仰和社会变迁一脉相承，反映了赣南区域社会的开发、社会结构的演进、民众社会精神文化风貌的变迁和许真君信仰在全省的传播轨迹，因此，赣州万寿宫信仰作为江西万寿宫文化的一个重要组成部分，有必要将其置于整个万寿宫信仰文化和赣南区域社会变迁中加以考察。

目前对赣州万寿宫的历史文化的发掘还不够深入，特别是在万寿宫科仪、庙会文化及其在整个江西万寿宫信仰文化体系中的地位和赣州万寿宫庙会与省城万寿宫庙会之间的联系等方面的研究还不够，这制约着赣州万寿宫文化内涵的发掘及针对万寿宫信仰文化和万寿宫庙会文化而展开的产业的开发和发展。众所周知，万寿宫庙会活动往往伴随一定量的商品贸易，其所带来的经济价值和社会效益十分可观，因此，赣州万寿宫庙会活动应得到各级党政部门和社会各界的更多保护和支持，应将其作为赣州经济社会发展和招商引资的一个重拳。

四　赣州万寿宫文化发展对策

独特的生活环境与自身独具的社会历史变迁，造就了赣州万寿宫特定的兴衰轨迹与万寿宫信仰文化网络。作为赣州的地域文化特色和江西人的精神家园，万寿宫及其庙会活动的文化内涵对赣州社会经济发展、地域文化建设具有重要意义。鉴于赣州万寿宫当前发展状况，特提出以下传承、发展赣州万寿宫文化发展策略，希冀为相关部门所关注。

（一）传承万寿宫文化精髓，注重万寿宫文化建设

赣州万寿宫文化是赣南客家地区"底层文化"的一个重要组成部分，万寿宫文化与赣南客家传统社会的历史文化一脉相承，万寿宫庙会文化是赣州客家人的一个民俗事项，彰显赣南客家人的精神文化风貌。国盛则教兴，

---

① 李晓文：《赣南客家地区许真君信仰研究》，硕士学位论文，赣南师范学院，2007，第1页。

净明道作为传承文明、净化身心、造福社会、服务社会的一种宗教，其教旨以许逊"垂世八宝"为核心，强调忠、孝、廉、谨、宽、裕、容、忍，与社会主义核心价值观的爱国、敬业、文明、和谐等理念阐述不谋而合。因此，要大力弘扬万寿宫文化精髓，要借助万寿宫庙会活动的公众参与性，引领信众践行社会主义核心价值观的同时，积极传承万寿宫及其庙会文化，为社会经济发展、传统优秀文化的复兴贡献自己的力量。

（二）挖掘万寿宫庙会文化元素，创建赣州万寿宫民俗旅游品牌

赣州万寿宫在长期的文化传承过程中，留下了大量而又十分珍贵的非物质文化遗产的物质载体如建筑、戏台、雕塑、科仪工具，及非物质载体如庙会、科仪仪式、民俗技艺等。每一件物质与非物质载体都有深刻的文化遗产的功能，蕴涵赣南客家人的智慧与创造力，讲述客家人的动人故事和文化底蕴，彰显爱家爱国的忠孝精神和情怀。因此，将万寿宫及其庙会文化作为非物质文化遗产进行申报并建立赣州万寿宫非物质文化遗产博物馆，可以进一步挖掘万寿宫历史文化内涵，促使万寿宫庙会文化得以活态传承。在此基础上，可以考虑融合赣州各地万寿宫实际情况，创建赣州万寿宫民俗文化旅游品牌，设计相应的万寿宫庙会文化旅游路线。

（三）加强对万寿宫文化的重视和保护力度

万寿宫文化是赣文化的名片，赣州万寿宫是江西万寿宫的一个重要组成部分，是赣南客家人宗教和民间信仰的标志。赣州万寿宫是地方文化资源，赣州各级党政机关应提高对其的认识，增大对其的文化宣传力度，为人们认识赣州、了解赣州万寿宫文化提供便利，同时还应加强忠孝传统道德教育，开发旅游事业，以服务赣州经济建设。近年来，我们看到赣州道教协会领导，市、县民族宗教局领导多次前往罗坳万寿宫、黄屋乾万寿宫、龙泉湖万寿宫、小布万寿宫、固村万寿宫等处调研和考察，这充分说明政府部门对其发展的重视。然而，这些工作对于万寿宫文化——宗教文化综合传播体的保护还远远不够，特别是随着城镇化建设的加快，旅游业的不断发展，继承和

发展万寿宫信仰文化及庙会文化，还应正确处理万寿宫文化与赣州区域文化发展的关系、万寿宫庙会文化与旅游开发的关系、万寿宫文化与国学教育及社会主义核心价值观的关系。万寿宫庙会虽然与商品市场及现代经贸往来的关系稍有淡化，更多是一种地方民俗表达和适量的商品交易，但对于构建一个地方品牌、挖掘地方特色、加强对外文化交往、服务社会经济发展仍有一定的作用，应当引起决策部门的注意。

B.11
吉安市万寿宫文化发展报告

贺梅开 *

摘 要: 从东晋开始，吉安就建有祭祀许真君的下北帝观、招仙观、崇元观、高明宫和真君楼等，主要祭祀的是许真君，随着社会经济发展，到了明清时期，各种类型的万寿宫得到长足发展。到了现代，经过社会的动荡和历史变迁，许多万寿宫或不复存在，或存在这样那样的问题。万寿宫，作为特定历史的产物，在历史艺术、文化价值和社会稳定等方面有不可估量的价值和意义，也是江西一张标志性的地方文化名片。因而，有必要找出万寿宫文化发展存在的问题，寻找发展对策，打造好万寿宫这张文化名片，促进江西经济和社会的发展。

关键词: 文化保护利用 吉安 万寿宫文化

吉安市的万寿宫是从东晋建立、发展起来的，经过唐宋元明清，得到了长足的发展，尽管它们的名称不同，但它们都与许真君存在紧密的关系，所以被统称为"万寿宫"。在后来的历史变迁中，许多万寿宫遭到严重的破坏，甚至消失殆尽。虽然如此，但是万寿宫的历史意义和现实价值不容忽视。所以，本文试图全面梳理吉安地区万寿宫的历史演变、现实状况和存在的问题，提出发展的对策，为江西万寿宫文化的发展抛砖引玉。

---

* 贺梅开，江西科技师范大学讲师。

一 吉安万寿宫历史演变及遗址分布

（一）吉安万寿宫的历史演变

1. 不同历史时期演变过程

根据明清江西县志和《逍遥山万寿宫志》的记载，东晋时期，吉安新干县城西北部就建有下北帝观，主要用于祭祀许真君。南北朝、隋唐到宋元时期，随着经济和文化的发展，吉安地区先后建立了一些祀奉许真君的宫观，其中标明了是元朝皇庆年间所建的有高明宫。没有明确标明的其他万寿宫多属道观，如崇元观、下北帝观和招仙观等，虽然数量不多，但这些是吉安地区在万寿宫的历史起步阶段建立起的宫观。明清时期，吉安地区的万寿宫得到了长足发展，而且清代数量远胜于明代，80%以上是在清代乾隆、嘉庆、道光、同治、光绪年间兴建的。明清兴建的万寿宫大都命名万寿宫、许真君庙、旌阳祠或真君庙、真君殿，很少称观，与前代的道观有明显区别。① 据此，从万寿宫的命名来看，吉安地区可查的万寿宫有52所，4所建于明清前，48所建于明清时期。

2. 演变的时代背景

（1）客家人的融入。近年来江西考古专家论证，自春秋战国开始，通过秦汉的发展，到北宋，江西境内形成了赣语区和埋头耕读、安土重迁、风俗淳朴的江西土著民性。② 北宋末年，中原大批士民到达赣江中上游的山区，即现在的吉安和赣州地区，建筑围屋共同居住，形成了一支和赣语区土著不一样的客家语民系。他们强烈的尊祖敬宗的孝道观念、清正廉洁的民风素养和敢于反抗的忠义意识，非常接近于许真君的人格精神。所以，客家人定居下来后，很快就与土著人一样，热烈崇拜许真君。同时，南昌西山万寿

---

① 章文焕：《万寿宫》，华夏出版社，2004，第109页。
② 章文焕：《万寿宫》，华夏出版社，2004，第110页。

宫创建了净明忠孝道，道士徐慧将它传播到吉安一带，净明忠孝教义与客家人的忠孝信仰一拍即合，如血相融。这两股力量最大限度地激发了吉安土著人与客家人对许真君的信仰崇拜和兴建万寿宫的热情。表1 吉安地区万寿宫遗址分布可以清楚地说明，客家人集中的永丰县和遂川县正是万寿宫的密集区。

（2）商品经济的发展。从吉安万寿宫的创建时间来看，有48 所建于明清时期，占吉安地区所有万寿宫的92%以上。其中一个很重要的原因就是明清中国南方商品经济的发展。明清时期，"南赣①地方天地山场，坐落开旷，禾稻竹木，生殖颇蕃，利之所共趋"吸引赣北、赣中平原破产农民"结党成群，前去谋求生理"②，赣南商品经济得到迅速发展。吉安，特别是赣中山区的永丰、遂川和泰和，纷纷崛起。以遂川县为例，兴建起来的万寿宫，成为城镇商业的依托、文化娱乐和节日庙会的中心。以永丰县为例，许真君成为当地航运和商业贸易的保护神。所以可以得出，为什么遂川县的万寿宫命名大多为万寿宫，而永丰县的万寿宫大多命名为许真君庙。这与明清以来商品经济的发展是密不可分的。伴随商品经济的发展，永丰县和遂川县等地热心传统文化和急公好义的官绅主动捐建万寿宫，甚至攀比成风，万寿宫被建到了乡镇和自然村，永丰县就是再好不过的例子。

（3）特大洪水的灾害。吉安地区对许真君的崇拜和信仰，还有个重要的客观历史原因，就是经常遭受特大洪水灾害。根据近年江西水利部门研究③，明清江西的水旱灾害几乎是两三年一遇，有的是特大洪水。明代江西的19 处出蛟记载中，就有吉安的永新县和遂川县，其中洪武元年（1368年），永新县与修水和永修同时出蛟。清代江西的54 处出蛟记载中，宁冈（井冈山）、泰和和吉安就在30 县的里面。"每次出蛟数常在数百或无可计

① 1517 年初，王阳明以"南赣巡抚"身份到江西赣州剿匪。当时南赣地区包括现在的江西、福建、湖南、湖北、广东的部分地区。清顺治十年（1653 年）至康熙八年（1669 年），先后撤销南赣守抚和巡、守两道。康熙十年（1671 年），置分巡赣南道，辖赣州府、南安府。雍正九年（1731 年），改分巡赣南道为分巡吉南赣道，增辖吉安府。

② 《乞专官分守地方疏》，《西江志》。

③ 江西省水利厅水利志总编辑室编《江西历代水旱灾害辑录》，江西人民出版社，1988。

数，蛟发时大都伴随山崩地裂，地底涌水，平地水高数丈，导致山体滑坡，泥石流下倾，湮没民居，男女溺死。"[①] 由此，百姓普遍认为，倘若没有许真君铁拳制巫的神威、铁柱锁蛟的"灵柱"是不可能遏制洪水、保一方平安的。这是吉安地区明清时期各地普遍兴建万寿宫的又一客观原因。[②]

（二）吉安万寿宫遗址分布

根据章文焕 2004 年版《万寿宫》的江西省内万寿宫名录[③]，现将吉安地区的万寿宫分布情况整理如表 1 所示。

表 1　吉安地区万寿宫遗址分布

序号	名称	详细情况	资料来源	所在地
1	高明宫	县治演武场后真君山上，元皇庆间林浚、梅曜德建，元季复建，明重葺	民国《吉安县志》	吉安市区
2	万寿宫	横江镇，有戏台	周銮书先生口述	吉安县
3	万寿宫	陂头镇渼陂村，1930 年，毛泽东、朱德、曾山在此建江西省苏维埃政府	胡刚毅、朱文鸿先生文摘	吉安县
4	万寿宫	县城沿河街与永叔路之间，南昌、星子人建	李大伦先生口述	吉安县
5	许旌阳祠	县治西大街，道光元年（1821 年）邑人公建	光绪《吉水县志》	吉水县
6	崇元观	距县治 10 公里，许逊逐蛟，以铁盖镇之，名"元潭观"	康熙《江西通志》	吉水县
7	许旌阳庙	县治下西坊，一都公建	同治《永丰县志》	永丰县
8	许真君庙	明德乡沙溪市		永丰县
9	许真君庙	明德乡汉下市		永丰县
10	许真君庙	明德乡潭头市		永丰县
11	许真君庙	明德乡龙冈市		永丰县
12	许真君庙	明德乡军埠市		永丰县
13	许真君庙	明德乡坪头市		永丰县
14	许真君庙	明德乡罗坊市		永丰县
15	许真君庙	明德乡松木磜		永丰县

---

① 江西省气象局资料室编《江西气候史料上下册》，1978。
② 章文焕：《万寿宫》，华夏出版社，2004，第 114 页。
③ 章文焕：《万寿宫》，华夏出版社，2004，第 395～397 页。

序号	名称	详细情况	资料来源	所在地
16	许真君庙	明德乡良村市		永丰县
17	许真君庙	明德乡其他地方另有11处		永丰县
18	许真君庙	三十四都上堡		永丰县
19	许真君庙	三十五都南坑		永丰县
20	许真君庙	三十六都严溪中村市		永丰县
21	许真君庙	三十六都严溪水口		永丰县
22	许真君庙	四十五都回龙		永丰县
23	许真君庙	四十六都陂头		永丰县
24	许真君庙	四十七都银龙		永丰县
25	许真君庙	四十八都石头坑		永丰县
26	许真君庙	四十九都兰石		永丰县
27	万寿宫	徐家巷财神庙左,道光庚子(1840年)建,咸丰七年(1857年)兵毁,同治八年(1869年)建	同治《新干县志》	新干县
28	万寿宫	县治南十里中溪坪,创于道光十年(1830年)		新干县
29	万寿宫*			新干县
30	下北帝观	县治西北15公里,许逊修道处,晋建	光绪《江西通志》	新干县
31	招仙观	新干七里陂,有许逊炼丹井,马蹄剑迹		新干县
32	真君楼	楼距城1公里,巴丘人建楼祀之(今峡江县镇南门社区)	袁隆《峡江县志》	峡江县
33	万寿宫	在城北道光乙酉年(1825年)公建	同治《安福县志》	安福县
34	万寿宫	四保	民国《宁冈县志》	井冈山市
35	万寿宫	七保		井冈山市
36	许真君祠	县西七都玉华山	嘉庆《泰和县志》	泰和县
37	万寿宫	万历六年(1578年)建	新编《泰和县志》	泰和县
38	真君庙	十三都睹碑	同治《泰和县志》	泰和县
39	许真君庙	银山下长堤江畔,明崇祯丁丑年(1637年)建,今称真君祠,咸丰六年兵毁	同治《龙泉县志》	遂川县
40	万寿宫	九都良陂州,方聚贤兄弟捐址建,乾隆时落成		遂川县
41	万寿宫	县署之右,嘉庆丙寅年(1806年)邑建,咸丰六年(1856年)兵毁,同治九年(1870年)募修		遂川县
42	万寿宫	雩溪大悲院前,道光元年(1821年)合邑捐建		遂川县
43	万寿宫	在下七,张凤诏捐银八百两倡建		遂川县

续表

序号	名称	分布区域	资料来源	所在地
44	万寿宫	藻林,道光九年(1829年)合乡捐建		遂川县
45	万寿宫	二十二都黄坑墟,道光二十八年(1848年)里人捐建		遂川县
46	万寿宫	二十七都淋洋,咸丰四年(1854年)里人捐建		遂川县
47	万寿宫	南江市西偏,左为广生宫,右为财神祠,同治九年(1870年)里人捐建		遂川县
48	万寿宫	左安圩,嘉庆六年(1801年)里人捐建,有观音堂、文昌阁、财神祠、铁林府等		遂川县
49	万寿宫	禾源墟		遂川县
50	万寿宫	在县南,咸丰五年(1855年)兵毁,同治年邑人醵赀重建	同治《永新县志》	永新县
51	万寿宫	芙蓉门内,嘉庆五年(1800年)合邑公建,咸丰六年(1856年)兵毁	同治《万安县志》	万安县
52	万寿宫	三十二都弹子前,同治十二年(1873年)新建		

* 见于各乡者不备载。

（三）吉安万寿宫的类型

根据历史记载和现存万寿宫的情况，按类型划分，吉安地区的万寿宫是多种多样的，但归纳起来，主要为以下三种类型。

1. 单一的道教型

吉安市区的高明宫，新干县的下北帝观、招仙观，峡江县的真君楼和吉水县的崇元观属于该类型，它们以许真君的遗址和传说为基础，其中高明宫，传许旌阳曾到过此地，元皇庆年间林浚、梅曜德前往南昌的西山，获得了许真君的像而建，元复建，明刘循然等重葺；下北帝观是许逊修道的地方；招仙观留有许逊炼丹井和马蹄剑迹；相传许逊葬母于虎岭，停枢于江湄，巴丘人建真君楼祀之（今峡江县镇南门社区）；崇元观是许逊驱逐蛟龙的地方，以铁盖镇之，亦名元潭观。这些宫观的建立受宋元时期南昌西山净明道的影响颇深，具有道教的历史渊源，有的是净明道派弟子的传道基地，有的就是净明道人建立的，宗教性比较强，讲究清静，由道士控制和管理，

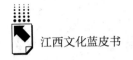

有道观戒律，保留了旧名，与其他的万寿宫、真君庙、许真君庙、许真君祠和许旌阳祠有明显的区别。

2. 儒道合一型

吉安县乡级的万寿宫大部分属于此类。以许真君祠、许真君庙为代表，它们具有道观传统，又具有祠庙性质，道儒合一，既有道士供奉神灵祈祷，又有地方官绅在重大节日携带祭品开展祭祀祖先或先贤活动，从其性质归属来看，有的万寿宫被列入祠庙系列，有的被列为寺观系列。从国家宗教事务局的官方网站公布的注册情况来看，只有极少部分的万寿宫被列入寺观系列。张位在《重修万寿宫记》中则明白表示"若拔宅之事，邱里之言，则吾不知之矣。窃观上古至人通幽明之故，具识鬼神情状，乃其驱邪救患，有非恒情所能测度者，世儒少所见，多所怪，遂谓圣人之外，更无神人，何其暗于大通"①。他说的就是万寿宫不只是祭祀功德的，也是祭祀神仙的，万寿宫是儒道合一、官绅商人和平民百姓们共同祭祀的场所。

3. 道佛合一型

道佛合一型万寿宫有两种形式：第一种是许真君和观音大士同祀于一殿，两者或左右排列，或前后排列；第二种是观音寺与万寿宫两者建在一处，分别有殿。② 吉安地区的万寿宫大多属于第一种，遂川左安墟万寿宫、吉水八社万寿宫和遂川银山下万寿宫就是代表。其中，吉水八社万寿宫建有真君、观音和福神三大殿。这样的做法凸显了忠孝神仙的主神地位，同时搭配观音娘娘或其他神祇，既使主神不单调，也满足了信众的多方面需求，增强了万寿宫的神威，符合中国老百姓的文化品位，备受各地崇拜。

二 吉安万寿宫的现状和庙会活动

在历史的不断变革中，经过近代以降的多次战争，特别是经过"文化

---

① 章文焕：《万寿宫》，华夏出版社，2004，第120页。
② 章文焕：《万寿宫》，华夏出版社，2004，第121页。

大革命",吉安地区的万寿宫大部分被损毁,保留者寥寥无几,以万寿宫为依托的庙会活动也日渐衰微。

(一)吉安万寿宫的现状

通过走访吉安市宗教事务局的有关负责人、实地调查,发现吉安地区的万寿宫现状主要包括四种情况:一是由于时间久远,万寿宫被破坏,然后土地改作其他性质,不复存在了,这是大部分的情况;二是改为其他用途了,如峡江县万寿寺,现在已经成为佛教场所;三是被列为全国重点文物保护单位和革命博物馆,如吉安永丰县的君埠万寿宫和遂川万寿宫;四是仍然为道教祭祀的场所,如吉州区真君观、吉水县八社万寿宫和吉水县沙元万寿宫。为有针对性地介绍吉安万寿宫的情况,本文列出以下几个有代表性的万寿宫。

1. 永丰县君埠万寿宫

永丰县君埠万寿宫位于君埠老街中心地带,在君埠乡老圩东侧,距乡政府300米,为祭祀道教许真君的祠宇建筑,并有戏台。始建于明末清初,后屡废屡建,现存为民国年间重修建筑,坐北向南,砖木结构,墙体替代檐柱承重。大三开间,一进二栋,前栋二层,上层为戏台,下层为通道;后栋三层,为观戏台;中间为"四水归堂"式天井,两边有回廊相连,于廊厢与后栋连接处设宽板木梯供人上下。旧址面宽17米,进深39米,总占地面积为663平方米。1931年国民党第三次"围剿"苏区时被烧毁,后群众集资按原基脚重建。1983年10月,被列为县级文物保护单位,1987年经江西省人民政府批准公布为江西省省级文物保护单位。1989年、2009年、2011年,江西省文化厅三次拨款对其进行维修,最后翻修了屋顶,修复了南面倾斜墙体,更换了腐烂的木质构件,清理整顿了周边环境。现旧址平面布局和构架形式完好,结构稳定,保存完好,并作为红色旅游景点对外开放。2013年3月被公布为全国重点文物保护单位。

2. 遂川万寿宫

遂川万寿宫位于遂川县城名邦街,清代建筑,是一幢清代庙宇式青砖与木结构硬山顶与歇山顶相融,屋顶高度成梯形的建筑,三沙地面。坐北向南，面宽17米，进深55.2米，占地面积为938.4平方米，旧址正面为三扇双开大门，门楼式，正面墙体刷红色，漆成荸荠色高大的正门立于正中，左右次门矮于正门1米，旧址内有前、中、后三进三厅，各厅之间都有天井相连，两边建有戏楼和厢房。[1] 1928年1月24日，毛泽东亲手创造的第一个红色政权——遂川县工农兵政府成立后，在两边的厢房里办公。现为省级文物保护单位，国家AA级旅游景区。1928年2月，毛泽东率领工农革命军回师井冈山，遂川县工农兵政府随军撤离，迁往黄坳办公。红军撤离井冈山后，工农兵政府旧址被国民党军队烧毁。

1968年，遂川县对县工农兵政府旧址万寿宫按原貌进行了修复，修复后的万寿宫全部为砖木结构，分前、中、后三进，整栋房屋占地面积为2000多平方米，并在此设立"遂川县工农兵政府旧址"陈列馆，1987年12月列为全省重点革命文物保护单位。[2] 2001年被江西省委、省人民政府命名为爱国主义教育基地，年接待观众4.5万人次。2006年被国务院公布为全国重点文物保护单位。[3]

3.洋溪万寿宫

洋溪万寿宫位于安福县西部武功山下的洋溪镇，是洋溪镇的地理标志，是当地道教文化、儒学教育、红色革命文化教育及人们的政治生活、群众集会的场所，也是安福县苏区红色政权行政所在地。据《安福县志》和《洋溪万寿宫碑刻》记载：洋溪万寿宫建造于明代初年，由当地郁、刘、姚、赵等24姓村民捐资建造。该宫坐南朝北，前后有四进，为砖木结构，长63.5米，宽15.10米，占地面积为958.85平方米。门楼面墙高15米，正中间为5米高、2.5米宽的大门，门槛、门框均由青石条砌成，在门框上5米处有万寿宫的石牌坊。20世纪60年代大修时将石牌坊掩盖住，墙面刻有

---

[1] 中国网络电视台官网，http：//www.cntv.cn/nettv/2011/homepagegaiban/，最后访问日期：2016年11月2日。

[2] 江西红色旅游，http：//www.jxhsly.cn/，最后访问日期：2015年1月5日。

[3] 中国网络电视台官网，http：//www.cntv.cn/nettv/2011/homepagegaiban/，最后访问日期：2016年11月2日。

"革命纪念堂"字样、五角星图案。大门两侧分别是一扇相对称的侧门，后改为窗户，在窗户上面 2 米处曾有题字；面墙由水磨青砖块砌成。进入室内，房屋由厢房、戏台、天井、正厅、后厅和侧祠组成，加上室外活动场所、警卫营房、宫后院墙，整个院落占地面积为 1200 多平方米。据当地老人介绍，万寿宫原来的戏台设在前厅，中间是天井，为了便于人们进出，20世纪 60 年代修复时将戏台移至后厅，前厅为过道，天井填平，天井上露天部分用木架支撑，两向倒水。为增加室内亮度，采用透明琉璃瓦盖顶。在正厅中间有 6 根直径为 30 多厘米的杉木柱子均匀分布支撑，厅两侧靠墙处是若干根木柱相互牵连，并装有楼板。室内雕梁画栋、飞鸟走兽、人佛肖像，惟妙惟肖，栩栩如生。在屋檐下挂有"明德远矣"的牌匾，正堂梁上挂有"东孝神迁""鱼龙漫衍"的牌匾，字体遒劲，美不胜收；屋顶是飞檐翘角，青砖黛瓦，青石雕刻的鳌鱼压顶，气势恢宏。正厅曾供奉许真君神像，后堂则供奉观音菩萨等神像，两侧是厢房，供内道士居住和前来朝仙信士落脚歇息，右边侧祠是厨房和官家客房、杂物安放处，左边侧祠是民国时期学生活动场地和营房驻地。

（二）万寿宫庙会活动

从宗教局登记在册的万寿宫情况来看（见表 2），吉安万寿宫有少部分开展庙会活动。以吉水八社万寿宫为例，它是合法的正规宗教所，在经济上有信众和国家非物质文化遗产项目资助。住持有龙虎山道士证。每年农历八月初一是天使告之日，农历八月十五是上升之日，农历八月十二日是庙会之日。每个信众都持有万寿宫发放的证明身份的庙会证，参与庙会朝拜是有严格规矩的，如来月经的妇女，头天吃了狗肉、牛肉、乌鱼和甲鱼等的人不能去，去庙会的日子要沐浴和整衣，心要诚才会有灵念。道士作法事前三天不能吃荤，当天可以吃荤，做神像时可以吃荤，装灶这一天应吃斋。游神活动则须经政府相关部门批准。

吉安地区信仰许真君的民众为传承万寿宫的祭祀活动和表达对"江西福主"许真君的信仰，会比较灵活地参与万寿宫庙会活动。比较常见的庙会活动有两种，一种是在农历八月初一，即许真君得道成仙之日，每年这个时间，万寿宫的祖庭西山万寿宫都会举办庙会。除了南昌市民外，吉安等地的许真君信徒都会前往几百公里外的西山万寿宫敬山、烧香祈福。还有一种就是在家里供奉神像，在万寿宫有重大的祭祀活动的日子里，信众会在家里祭祀。吉安永丰等县的部分农家，在客厅正对门的墙上设有一个神龛，里面供奉许真君的画像，神龛下面是香炉。逢重要节日他们就会给许真君敬香，祈求五谷丰登、全家安康。

表 2　吉安地区登记在册的万寿宫遗址分布

序号	名称	坐落区域	性质	管理人
1	吉州区真君观	吉州区长塘镇臻溪桥村	道教	王招娣
2	峡江县万寿寺	峡江县巴邱镇南门社区	佛教	张海干
3	吉水县八社万寿宫	吉水县螺天镇新建村增田组	道教	李声唐
4	吉水县沙元万寿宫	吉水县螺天镇沙元自然村	道教	徐高忠

三　吉安万寿宫文化发展中存在的问题

吉安万寿宫是吉安地区具有广泛代表性和影响力的地方文化，具有悠久的历史，在历史变迁中对地方民众的民间信仰、区域稳定和社会经济发展等都产生了深远的影响，在新时代中国特色社会主义伟大事业的建设中，吉安万寿宫是地方文化与经济发展的一个重要连接点，对其进行深度全面开发，具有非常积极的意义。但目前仍面临许多问题，主要包括以下几个方面。

（一）对万寿宫功能作用的准确定性

从现存的吉安万寿宫来看，其功能和作用有少部分是已经定位了的。如永丰君埠万寿宫，2013 年 3 月被公布为全国重点文物保护单位；遂川万寿宫，2006 年被国务院公布为全国重点文物保护单位；还有吉州区真君观、吉水县八社万寿宫、吉水县沙元万寿宫和峡江县万寿宫被宗教管理部门列为道教或佛教场所，登记在册，还有管理人员。但是，有更多的吉安万寿宫处于"真空"地带，既不是国家或地方文物保护单位，也不是宗教场所。有的由村民或社区自发管理，有的根本没有人管理。这些万寿宫的开发，首先面临的问题就是如何定位，定位问题说白了就是归宿和归谁管的问题。只有明确了具体的管理部门、具体作用，才能解决如何开发的问题。当然，定性无非分为这五大类：一是成为各级文物保护单位；二是转型为博物馆；三是确定为宗教场所；四是定义为非物质文化遗产即民俗单位；五是其他。

（二）万寿宫宗教文化资源开发有瓶颈

吉安有的万寿宫是可以作为宗教文化资源进行旅游开发的，它们面临一些共性的问题。首先，信众单一且淡旺季数量变化很大。"以西山万寿宫为例，在旺季时旅游人次约 15 万人次/天，摩肩接踵，拥挤不堪，在淡季只有约 20 人次/天。"① 西山万寿宫如此，更不用说吉安地区的小万寿宫。其次，知名度不高，缺乏强劲的竞争力。通过实地走访和调查，笔者发现许多当地人不怎么知道当地的万寿宫，连当地人都不知道，可见许多地方的万寿宫确实缺乏知名度，不比龙虎山和西山万寿宫那样的道教之地。随着社会生活变迁，道教的信众数量逐渐减少。最后，从国家宗教事务局网站的登记注册的宗教场所可以看出，吉安地区佛教的信众数量远远超过道教的信众数量。从某种程度上看，道教的信众根基其实是非常浅的。这样的背景下，将万寿宫作为宗教文化资源去开发，就成了横亘在前面的瓶颈问题。

（三）万寿宫的民俗文化资源开发艰难

吉安的万寿宫可以作为比较好的民俗文化资源进行开发。因为在上千年对许真君的信仰崇拜和祭祀过程中，逐渐形成了以万寿宫为载体的区域民俗文化，这种文化有一定的群众基础，地方特色极其鲜明。这种万寿宫文化是

---

① 尚永梅、葛素瑞、周孜琦：《江西道教旅游发展对策研究》，《经济师》2015 年第 7 期。

与地方民俗紧密相连的，包括与许真君有关的地名和遗址，与万寿宫有关的故事、典故、传奇、庙会活动、戏曲表演、商业活动，等等，这些都是非常宝贵的民俗文化资源，具有较高的开发潜力和价值。但是，许多遗址没有得到有效保护，或者被破坏殆尽，有些典故和故事的文字已经失传，庙会祭祀活动也被简化或者取消了。具有地方特色的戏曲被新媒体、新科技冲击得快要消失了。万寿宫民俗文化遭到严重破坏，要完全挖掘出来，面临很大的阻力和困难。

（四）吉安万寿宫文化发展对策

吉安万寿宫文化的发展立足点在这三方面：一是万寿宫建筑的修复和保护；二是万寿宫文化的挖掘和宣传；三是对某些区域性的万寿宫的功能进行重新定位。吉安万寿宫文化是赣文化和庐陵文化的重要组成部分，是一个需要深入挖掘的历史品牌文化。修复万寿宫建筑、深入全面挖掘万寿宫传统文化，可以进一步推进吉安社会、政治、经济和生态文明建设。

1. 修复和保护万寿宫建筑，将其纳入地区发展规划

万寿宫建筑是吉安万寿宫的本体，也是万寿宫文化发展的根本。所以，首先要修复和保护好万寿宫建筑。吉安现在保护得比较好的万寿宫，是开展红色旅游的文物保护单位的万寿宫，如遂川万寿宫和永丰君埠万寿宫。其他的万寿宫都面临着建筑修复规划、人才、技术和资金四大瓶颈问题，要突破这个瓶颈，必须采取有针对性的措施，从总体上来看，尽量将万寿宫纳入国家和地区的发展规划当中，纳入新农村建设、古村落古建筑的专项保护建设中等，有了专项支持，万寿宫建筑的保护才能更快更有效地落到实处。

2. 推进万寿宫庙会文化发展，带动地方经济文化旅游

万寿宫庙会的经济功能是万寿宫文化的核心内容之一，是地方区域性文化经济的一种特色，也是万寿宫传统文化与现代社会经济的纽带和桥梁。吉安地区的万寿宫庙会有自己的特点：一是庙会上演的戏曲都与本地的民间文艺特色项目紧密结合，如盾牌舞和龙灯等；二是庙会物产与地方的特产交易紧密结合；三是与本地民俗的禁忌密切相关，如装灶之日不能参加庙会活

动；四是庙会文化具有浓厚的红色文化因素。许多万寿宫在革命战争时期曾成为红军和苏维埃政权活动的场所，毛泽东、朱德等一大批共产党的高级领导人在此运筹帷幄，留下许多红色革命故事。这些故事与民间传说相融，极大地丰富了万寿宫庙会文化的内涵。

目前来看，吉安的万寿宫庙会文化处在停滞或放松的状态，没有很好地开展起来。相比之下，南昌万寿宫庙会文化做得比较突出，每年都会开展大规模的西山万寿宫庙会活动和绳金塔商业庙会活动，取得了很好的效果，这是值得吉安地区的万寿宫学习的。吉安地区拥有非常丰厚的历史文化资源、红色文化资源、宗教文化资源，这些文化资源是吉安万寿宫庙会文化的宝贵来源，要充分加以利用。一方面要融入江西万寿宫庙会文化当中，突出地方特色；另一方面要与当地独特的红色革命文化和区域文化结合起来，融入地方特色文化当中。以此为着力点，加强万寿宫庙会文化宣传，与地方高校、文化机构、旅游机构和研究机构通力合作，召开区域性的万寿宫文化研讨会，打造自己的特色和品牌。有了这样的融入和融合，吉安万寿宫文化才会重新走进世人的视野，成为当地精神文明建设的重要的组成部分。

3. 挖掘万寿宫民间文化，丰富万寿宫文化内涵

吉安有万寿宫的历史起始于东晋，各地万寿宫基本是围绕许真君本人、弟子、家人斩蛟治水故事传说而建的。在近代历史上，吉安万寿宫成为红军的驻地、战争指挥场所和重要会议召开地等。由此，吉安万寿宫与许多历史名人之间有大量的故事和传说，著名的有徐慧、王安石、王阳明、毛泽东、朱德等。这一系列的故事和传说内容非常丰富，只是长期流落在民间，口口相传，也有分散在档案馆、图书馆等故纸堆里或零乱地记载在各类书籍和宣传资料中。因此组织专人围绕万寿宫文化这个中心，全面挖掘万寿宫民间文化，力求完整、原汁原味，将其整理归类，形成系统，为万寿宫文化的传承打下扎实基础。

4. 把握好地域性宗教发展脉络，重新定位万寿宫

吉安从古至今是一个宗教资源非常丰富的地方。吉安建立起来的大大小小的万寿宫都与许真君有或多或少、或直接或间接的关系。尽管影响和决定

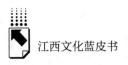
万寿宫建立的直接因素多种多样，但是所有的万寿宫都与道教有关联。因此，要发展吉安万寿宫文化，就要全面了解在万寿宫历史发展过程中净明道教的传承情况、佛教和儒家思想的融合情况。因为其间隐藏地域性宗教信仰的发展脉络。万寿宫的兴衰转替，从某种程度上间接反映了宗教的地域性传承。厘清了包括净明道教在内的宗教在吉安地区的发展和传承脉络，就能够很好地认知当下作为宗教场所的万寿宫可以承载哪些宗教，该如何承载，如何定位，如何发展。所以，我们要从宗教的角度入手，重新定位吉安万寿宫，把宗教性质的万寿宫与用作商业场所的万寿宫明确地区分开来，使万寿宫文化得到更好的传承和发展。

B.12
九江市万寿宫文化发展报告

徐 敏 王 涛*

摘 要： 历史时期，九江地区的万寿宫最早出现在晋代，集中创建于明清时期，其特点是数量多、区域分布不均。至今，九江地区万寿宫文化发展存在的主要问题是原有功能丧失和弱化、历史遗存偏少、地理位置偏僻、旅游价值较低。此外，九江地区的万寿宫管理还有待加强，教职人员和信众的整体水平有待提升。建议在深化九江万寿宫文化历史资料的搜集、整理和研究的同时，全面启动九江万寿宫现状调查，以此为基础，着力诠释许逊信仰的精神内涵，充分发挥万寿宫文化在精神文明建设和社会治理中的价值。

关键词： 文化保护利用 九江 万寿宫文化

万寿宫是江西重要的传统文化符号，它既是道教活动场所，也是江西人聚集的公共空间，是精神信仰的物化形式。历史时期，万寿宫分布广泛，不仅遍布江西省内各地域，随着移民、经商等活动的开展，万寿宫还扩散到江西以外的其他省份，乃至海外。时至今日，万寿宫虽辉煌不再，但仍有不少存留，且在江西民众日常生活中仍占有重要地位。九江市地近省会，是许真君信仰的主要辐射地，欲全面了解历史时期和当下万寿宫的情况，这一地区无疑是不可忽视的地方。有鉴于此，本文拟

---

* 徐敏，江西省社会科学院实习研究员；王涛，江西省社会科学院助理研究员。

在实地调查的基础上，对九江市万寿宫文化的历史、现状及存在的问题进行探讨，并提出对策性建议。

一　历史时期九江地区的万寿宫及其特点

（一）　九江万寿宫的发展历程

九江地区的万寿宫，文献中有所记载，但其中很多记载没有时间信息，无法判断具体年代，下面仅就部分有时间信息的万寿宫，对九江地区万寿宫的发展历程进行勾勒梳理。九江地区较早出现的万寿宫是今永修县境内的七靖观，相传该观与许旌阳比照北斗七星作七靖镇蛟有关①，一般文献中认为该观建于晋代，这是九江地区唯一的与许逊有关的晋代道观。据文献记载，江西境内晋代建立的宫观有 51 处，其中奉祀许逊的有 17 处。应当说，七靖观之名并非晋代称谓，章文焕指出："这批（含七靖观——引者注）标明晋建的千年古观，因东晋时尚无'观'名，只有'祠'称，除新建游帷观、南昌铁柱观外，其原名大都不明，后来适应道教发展，才改名为观。"② 明洪武年间，都纪潘心古在九江府治南不远处创立万寿宫③，建昌县的广福观也是这一时期建成的④。乾隆十二年（1747 年）德安县知县崔潨在城隍庙左侧创建真君庙⑤，乾隆二十六年（1761 年），清江街创建万寿宫⑥，乾隆年间柯汉光兄弟在瑞昌县也建有万寿宫，嘉庆二十一年（1816 年）瑞昌城东南东岳庙左侧建真君庙⑦。

---

① 《江西通志》（《古今图书集成》本），载何建明主编《中国地方志佛道教文献汇纂·寺观卷》第 208 册，第 94 页。

② 参见章文焕《万寿宫》，华夏出版社，2004，第 108 页。

③ 《九江府志》卷十四《外志·观》，第 5 页。

④ 《江西通志》卷二十五《寺观·南康府》，载何建明主编《中国地方志佛道教文献汇纂·寺观卷》第 208 册，第 28 页。

⑤ 《九江府志》卷十一《建置志·庙祀》，第 9 页。

⑥ 《武宁县志》卷二十一《寺观》，载何建明主编《中国地方志佛道教文献汇纂·寺观卷》第 221 册，第 118 页。

⑦ 同治《九江府志》卷十一《建置志·庙祀》，第 9 页。

需要说明的是，上述记载了明确建设年代的万寿宫，除明清万寿宫外，其余万寿宫所记载的时间信息远远晚于宫观建设的年代，可靠性还需进一步检验。

从上述可提取建设年代的万寿宫的信息可以看出，九江地区的万寿宫主要是在明清时期创建的，这与江西地区的万寿宫创建时间分布是一致的。除上述明确记载有创建时间的万寿宫外，还有一些万寿宫只能推测出大致的创建时间。如：湖口县的真君庙只是讲嘉庆重修①，当在嘉庆以前建成；宁都十三都李村的万寿宫言"宋江铃统制使帅逢源裔施建"②，并不能判断确切时间；武宁县的旌阳祠言"今西改为义学，东更建旌阳祠"③，只能判断出该万寿宫在方志纂修的时段已创建。而更多的是没有时间信息，无法得知其具体建设时间，如福主观、甘泉观等。

（二）数量众多，呈现区域分布不均的特点

今九江市辖有庐山市、濂溪区、浔阳区、柴桑区、瑞昌市、共青城市、武宁县、修水县、永修县、德安县、都昌县、湖口县、彭泽县，东西长270公里，南北宽140公里，总面积为1.88万平方公里，占江西省总面积的11.3%，涵盖了清代九江府的德化、瑞昌、湖口、彭泽、德安5县，南康府的星子、都昌、建昌3县，南昌府的武宁县、宁州〔嘉庆三年（1798年）改为义宁州〕及新建县的吴城镇。④ 章文焕先生依据同治《德化县志》、同治《南康府志》、同治《德安县志》、同治《建昌县志》、同治《新建县志》、同治《武宁县志》、同治《义宁州志》、同治《九江府志》、同治《湖口县志》等资料，统计出今九江市辖区内同治时期万寿宫分布情况。⑤ 大体

---

① 《湖口县志》卷十八《别记》，载何建明主编《中国地方志佛道教文献汇纂·寺观卷》第220册，第203页。
② 《义宁州志》卷十一《建置志·寺观》，载何建明主编《中国地方志佛道教文献汇纂·寺观卷》第221册，第69页。
③ 《江西通志》卷一百二十一《胜迹略》，载何建明主编《中国地方志佛道教文献汇纂·寺观卷》第211册，第316页。
④ 德化县即九江县，1914年改名，2017年改为柴桑区，今湖北黄梅县的小池口镇曾属德化县管辖，于清代改属湖北。
⑤ 参见章文焕《万寿宫》，华夏出版社，2004，第383~387页。

是：九江市辖区及九江县有 9 座，修水县有 36 座，武宁有 27 座，湖口有 6 座，瑞昌、星子、德安、都昌各有 1 座，共计 82 座。[①] 需要指出的是，章先生所言九江万寿宫的情况，虽然绝大多数是依据历史文献而来，但不是全部指历史时期，如九江市区的永安万寿宫，即是根据许真君研究会的调查，被指出为"近年新建"。从中可以看出，九江地区万寿宫数量多，但区域分布不平衡，集中在修水、武宁地区。

历史时期万寿宫在九江地区分布如此之多，有以下几个原因。一是许逊信仰有一个以南昌为中心不断扩散和塑造的过程，在历代地理志和地方志记载中，许逊信仰是以洪州为中心的，而其中又以南昌县为最著。[②] 九江地近万寿宫的发源地南昌，有地缘之便，是许逊信仰的主要辐射地。二是今九江市不仅继承了明清时期九江府辖区，还包含南康府的大部分地区、南昌府的部分地区，其范围较之历史时期的九江府大大增加，客观上也使万寿宫的数量大增。三是九江地区依江带湖，地处长江和鄱阳湖之畔，是历史上洪水泛滥之地，这样的自然环境易于接受和传播许逊信仰。

（三）名称复杂，反映了丰富的历史文化内涵

历史时期万寿宫的称谓有复杂的演变过程。"万寿"一词源自《诗经·豳风·七月》中的"万寿无疆"，与道家的追求长生不老的思想相吻合，将其用为道教宫观之名，始于唐高宗时期建置的万寿观，宋大中祥符五年（1013 年），尊赵玄朗为始祖，各地不少道观升为宫，作为道教场所的"万寿宫"极有可能出现于此时，而有明确文献记载的万寿宫，是宋崇宁二年（1103 年）徽宗为泰州道士徐有翁兴建的仙源万寿宫。[③] 北宋年间，各地敕建万寿宫，同时，一些道观也改名为万寿宫，万寿宫开始在各地大量出现。

---

① 章文焕：《万寿宫》，华夏出版社，2004，第 116 页。
② 陈曦、王忠敬：《宋明地方志与南昌地区许逊信仰的变迁》，《武汉大学学报》（人文科学版）2014 年第 2 期，第 56～64 页
③ 章文焕：《万寿宫》，华夏出版社，2004，第 2～3 页。

与之相应，在文献的记载中，道教宫观也并不像后世那样统称为"万寿宫"，而是各有其名。到了宋代，该地区才出现以万寿宫命名的道教宫殿。① 实际上，众多与许逊信仰有关的道教宫观还有多种称呼，如武宁的甘泉观②、旌阳祠③、福主观④，宁州的义翔宫⑤，建昌的广福观⑥，湖口县、星子、德安的真君庙⑦，通常研究者把上述与许真君信仰有关的宫观归为"万寿宫"的范畴。⑧ 这就使"万寿宫"名称显得异常复杂。需要指出的是，"万寿宫"只是现代人对上述宫观的笼统称谓，并不表示必然代替其他宫观名称。在资料中还可以看到万寿宫改称真君庙的例子，如乾隆《湖口县志》言"真君庙，坛原名万寿宫，在垄开岭，嘉庆戊辰重修，今为奉新会馆，每朔望知县行香"⑨。万寿宫名称众多，是万寿宫丰富历史文化内涵在宫观名上的映射，如"神宵万寿宫"来源于温州道士林灵素的说辞："天有九霄，而神宵为最高，其治曰府。神宵玉清王者，上帝之长子，主南方，号长生大帝君，陛下是也。"⑩"真君庙"之"真君"则是道教的叫法，是对神仙的尊称，也源于许逊曾受封"神功妙济真君"，而"旌阳祠"一称则是因为许逊做过旌阳县令。

---

① 《义宁州志》卷十一《建置志·寺观》，载何建明主编《中国地方志佛道教文献汇纂·寺观卷》第 221 册，国家图书馆出版社，2013，第 69 页。
② 《江西通志》卷二十五《寺观·南昌府》，载何建明主编《中国地方志佛道教文献汇纂·寺观卷》第 208 册，国家图书馆出版社，2013，第 18 页。
③ 《江西通志》卷一百二十一《胜迹略》，载何建明主编《中国地方志佛道教文献汇纂·寺观卷》第 211 册，国家图书馆出版社，2013，第 316 页。
④ 《武宁县志》卷二十一《寺观》，载何建明主编《中国地方志佛道教文献汇纂·寺观卷》第 221 册，国家图书馆出版社，2013，第 117 页。
⑤ 《江西通志》卷一百一十一《寺观》，载何建明主编《中国地方志佛道教文献汇纂·寺观卷》第 208 册，国家图书馆出版社，2013，第 163 页。
⑥ 《江西通志》卷二十五《寺观·南康府》，载何建明主编《中国地方志佛道教文献汇纂·寺观卷》第 208 册，国家图书馆出版社，2013，第 28 页。
⑦ 《湖口县志》卷十八《别记》，载何建明主编《中国地方志佛道教文献汇纂·寺观卷》第 220 册，国家图书馆出版社，2013，第 203 页；章文焕：《万寿宫》，华夏出版社，2004，第 383 ~ 387 页。
⑧ 章文焕：《万寿宫》，华夏出版社，2004，第 380 ~ 439 页。
⑨ 乾隆《湖口县志》卷十八《别记》，载何建明主编《中国地方志佛道教文献汇纂·寺观卷》第 220 册，国家图书馆出版社，2013，第 203 页。
⑩ 郭树森：《万寿宫杂谈》，《文史知识》1998 年第 1 期。

（四）宫观渊源，均与许逊有关

目前我们熟知的万寿宫主要是指道教宫观和商人会馆，此外还有用作祭祀场所的万寿宫。[①] 放眼全国，称万寿宫者并不全部与许逊有关，如建于元代的山西高平县的圣姑庙，也叫万寿宫。九江地区的万寿宫属于前两种类型，均与许逊信仰密切相关。如武宁县的甘泉观"在武宁县十二都，世传许旌阳捕蛟就此憩息，其徒甘战插剑于地，泉涌出，甚甘，人因立观以祀旌阳，有亭覆井，名曰甘泉井"[②]。宁州的仪翔宫"在宁州治北，凤山之麓，晋有玉光坛，许旌阳游息之所。明洪武二年□士刘日新重建殿坛，本朝康熙丁巳知州任暄献重建"[③]。建昌县的广福观"世传许旌阳卓剑于此，明洪武间建"[④]。三地宫观虽名称各异，且都未冠名"万寿宫"，但文献追溯其渊源时均提及"许旌阳"，均与许逊有关。

二　九江万寿宫现状及存在的问题

（一）　九江万寿宫现状

九江地区不仅历史时期万寿宫数量众多，而且现存万寿宫数量相当可观，对现实发展而言，活态的文化资源更易于为人们感知，在现实发展中，应该摆在优先保护和开发的位置。

国家宗教事务局官网上专辟有"宗教基础信息查询"一栏，记录了全

---

① 万寿宫三种含义的表述，参见汪红亮《略论江西万寿宫文化》，《江西广播电视大学学报》2016年第3期，第29~33页；朱虹、方志远《人文江西读本》，二十一世纪出版社集团，2017，第198页。

② 康熙《江西通志》卷二十五《寺观·南昌府》，载何建明主编《中国地方志佛道教文献汇纂·寺观卷》第208册，国家图书馆出版社，2013，第18页。

③ 雍正《江西通志》卷一百一十一《寺观》，载何建明主编《中国地方志佛道教文献汇纂·寺观卷》第208册，国家图书馆出版社，2013，第163页。

④ 康熙《江西通志》卷二十五《寺观·南康府》，载何建明主编《中国地方志佛道教文献汇纂·寺观卷》第208册，国家图书馆出版社，2013，第28页。

国各地宗教活动场所的登记信息。从表1中可以看到，九江市现存万寿宫有13座，其中浔阳区、九江市经济开发区、柴桑区、都昌县、瑞昌市各有1座，武宁县有3座，修水县有5座。

表1 九江市现存万寿宫一览

所在地	宗教内涵	详细地址	负责人
浔阳区	道教正一派	浔阳区金鸡坡街道游岭村6组	何连英
九江市经济开发区	道教全真派	九江市开发区永安乡官湖村一组	李宗花
柴桑区	道教全真派	柴桑区江洲镇同兴村11组公路东旁	涂宜东
都昌县	道教正一派	都昌县大沙镇三里村委会新屋组	夏学华
瑞昌市	道教全真派	瑞昌市肇陈镇八门村	方诚耀
武宁县	道教全真派	武宁县石门楼镇新牌村	胡至敏
	道教全真派	武宁县上汤乡上汤村	刘至坤
	道教全真派	武宁县清江乡大田村	杨春彪
修水县	道教全真派	修水县四都镇彭姑村3组	刘安详
	道教正一派	修水县渣津镇集镇明星路25号	熊国保
	道教全真派	修水县庙岭乡小山口王府里	徐庭干
	道教正一派	修水县上杭乡上杭村18组	熊化心
	道教正一派	修水县港口镇沙笼桥村	黄国傲

资料来源：国家宗教事务局网站，https：//sara. gov. cn/csjbxx/index. htm，最后访问时间：2017年9月25日。

国家宗教事务局网站的资料截止时间是2014年12月4日，在网站说明里特别指出"今后，我局将陆续公布其他省（自治区、直辖市）佛教道教活动场所基本信息，并根据各地佛教道教活动场所变化情况，定期更新相关信息"[①]。然而在2014年12月4日以后，江西宗教活动场所信息再未更新。

笔者在随机的调查中，除国家宗教事务局公布的九江13座万寿宫外，还发现修水县有全丰镇全丰村的真君殿、三溪口的万寿宫、西港镇湾台村石口的万寿宫，武宁县还有新宁镇宋家村和船滩镇坳下村的万寿宫。而实际上

---

① 《关于部分省市依法登记的佛教道教活动场所基本信息公告》，https：//sara. gov. cn/csjbxx/zjhdcsjbxx_ zxdt/79383. htm，最后访问时间：2017年10月6日。

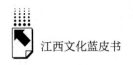

当代文献中记载的现存万寿宫数量更多，如修水县"保存和恢复的万寿宫有 33 座，规模大且保存比较完整，常年有香火的有渣津、全丰、路口、石坳、大桥、赤江、上杭、溪口、港口、潭溪、白桥等地万寿宫"①。

（二）九江万寿宫存在的问题

1. 九江万寿宫历史时期重要功能丧失或弱化

一是同乡会、商会的功能丧失。历史时期万寿宫发挥商会、同乡会的作用，万寿宫的建立主要是为了联络同乡、交流感情、互帮互助，赣籍商人也依托此平台聚会联络，建立人际网络，商谈贸易，可以说万寿宫是赣籍人士重要的公共活动空间，发挥老乡会和商会的功能，如今这个重要功能已经完全丧失了，九江地区的万寿宫亦不例外。

二是宗教功能弱化。万寿宫本来发挥承担信众精神寄托的职能，主持日常宗教事务、定期组织祭祀活动是万寿宫的基本功能。但由于万寿宫人力有限，加之现代社会人口流动性强，其基本的宗教功能也未得到有效发挥，存在弱化的现象。

三是敦睦乡谊、救济同乡的功能丧失。历史上的江西会馆有独立的田产、房产，拥有一定的经济实力，他们会拿出相当资金救济贫苦同乡，目前，九江万寿宫的这一功能已经完全丧失。

四是促进教育发展的作用丧失。历史时期万寿宫重视教育，兴办学校，奖掖后学，培养了大量赣籍人才。当下台北万寿宫仍坚持每年奖励一批学生，依然保持优良传统，发挥培育人才的功能，而目前九江地区的万寿宫自身维持尚且困难，更别说腾出余力关注教育了。

五是娱神活动相对减少。历史时期各地万寿宫都建有戏台，是娱神和赣籍客民同乐的场所，每逢节日演出各种剧目，民众共同观看，各地还有娱神的民俗表演，群众喜闻乐见，参与的积极性很高，这些活动如今也不复往昔了。

---

① 修水县志编纂委员会：《修水县志（1986—2008）》，江西人民出版社，2014，第 753 页。

2. 九江万寿宫受社会大环境的冲击严重

一是受到许真君信仰淡化的影响。中国当前的主流思想宣扬无神论，在这种背景下，许真君信仰存在淡化的趋势，加之道教在中华宗教体系中处于弱势，这就导致许真君信仰在民众中复兴得非常缓慢。

二是人口外流加速了乡村万寿宫的凋敝。我国当前城乡发展不平衡，农村地区发展明显滞后，此种背景下，农村人口流入城市寻找更好的就业机会和更大的生存空间已经成为常态。人口流失，乡村的各方面建设都相对滞缓，原来大量分布于乡村的万寿宫作为乡民精神活动的空间逐渐缺乏持续的活力，不可避免地走向凋敝。

三是个别万寿宫受到城市建设的冲击。如游岭村万寿宫原来的信众集中在本村，但因当地建设炼油厂，村民搬迁，现在宗教活动相对减少，开始居民由于惯性还经常返回万寿宫活动，时间久了则与万寿宫的疏离感越来越明显，现在举办宗教活动，工作人员相当难找，且参与人员也大不如以前。

3. 九江万寿宫历史遗存少，地处偏僻，旅游价值不大

一是万寿宫建筑多为新建，历史遗存稀少。历史遗存的万寿宫保有独特的建筑风格，其中雕塑、楹联以及由此延伸的书法、神话故事也是丰富的文化资源，但九江地区的万寿宫历史遗存较少，最初建设的万寿宫多被毁坏，今日存留的万寿宫主要为后来新建。如位于武宁县船滩镇坳下自然村的万寿宫，始建于同治十三年（1874年）八月，1953年被毁，1994年重建；位于都昌县大沙真大埠岗山的万寿宫，毁于"文化大革命"，2009年重建；位于九江市浔阳区金鸡坡街道游岭村的万寿宫，"文化大革命"中被毁，1997年建龙王殿，2005年扩建正殿；位于武宁县新宁镇宋家村的万寿宫，1945年重建；位于武宁县上汤乡的万寿宫1974年毁坏，2001年重建。

二是地处偏僻，交通不便。国家宗教事务局公布的九江13座万寿宫无一处在人口集中的县城，除渣津万寿宫在渣津镇外，其余全部在农村地区，有些极为偏远，交通相当不便。以九江市柴桑区江洲镇同兴村万寿宫为例，由于万寿宫所在的江州镇为长江中下游的冲积岛，四面环水，该镇与外界保持联系的唯一途径是轮渡。

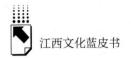

三是信仰覆盖的范围过于狭窄，知名度普遍不高。当前江西的万寿宫，除了比较有名的西山万寿宫和南昌铁柱万寿宫进入公众视野较多外，其他的都籍籍无名。九江地区的万寿宫信仰在小区域范围内，地域性强，影响范围极为狭窄，知名度普遍不高。如浔阳区金鸡坡街道游岭村万寿宫的信众只是游岭村的村民，而同兴村万寿宫的影响也仅限于其所在的自然村而已，相邻的村落基本不参与其宗教活动，对其基本情况也缺乏了解。上述情况，加之九江地区万寿宫分布零散、内容雷同，使万寿宫作为旅游资源开发的价值大大降低。

4. 九江万寿宫管理有待加强，教职人员和信众的整体水平有待提升

一是宗教管理部门对万寿宫的跟踪管理不够。如九江地区部分万寿宫在宗教事务局登记的负责人和主持日常事务的实际负责人不一致，有的是因为一人负责多个宫观，有的则是因为负责人常年在外务工，不能履行职责；有的基层万寿宫变成了佛教活动场所，而在登记信息里，依然为道教场所；部分万寿宫疑似存在漏登记问题，如 2008 年修水县万寿宫只有两处是依法登记发证的道教场所[①]，而2014 年的县志明确记载保存和恢复的万寿宫有 33 座，据 2014 年国家宗教事务局公布的宗教活动场所基本信息，进行登记的仅有 5 处[②]。《宗教事务条例》规定，宗教活动场所经政府宗教事务部门登记，取得"宗教活动场所登记证"后，方可从事宗教活动。

二是部分信众甚至宫观负责人对万寿宫宗教的内涵缺乏认知。九江万寿宫多数地处偏僻的农村，宫观负责人一般为本地居民，受限于本身的文化水平，他们往往对宗教知识一知半解，对万寿宫本身的文化内涵缺乏全面了解和认知，而一般民众从实用主义出发，并不深究信仰的内涵，更是缺乏对相关知识的了解。

① 修水县志编纂委员会：《修水县志（1986—2008）》，第 753 页。
② 国家宗教事务局网站"宗教活动场所基本信息"，http：//sara. gov. cn/csjbxx/index. htm，最后访问时间：2017 年 7 月 27 日。

三 发挥九江万寿宫作用的若干建议

（一）启动九江万寿宫现状调查工作

一是充分利用非物质文化遗产调查、第三次全国不可移动文物普查、中国传统村落调查、传统建筑调查、第二次全国地名普查工作等各项调查的前期成果，结合宗教部门掌握的情况，组织有关人员进行实地调查，核实清楚九江市万寿宫的总体数量和在各区县的分布情况。

二是对各个万寿宫进行深入调查，了解其位置所在、规模大小、负责人和信众信息、宗教文化内涵和宗教活动情况。

三是在上述两项工作的基础上汇总各种数据，建立九江万寿宫基本信息数据库。

四是及时掌握万寿宫的最新情况，做到动态跟踪、实时搜集，建立九江万寿宫动态变化追踪机制。

（二）深化九江万寿宫历史资料的搜集、整理和研究工作

一是以章文焕先生《万寿宫》一书内的《江西省内万寿宫名录》《中国地方志佛道教文献汇纂》为线索，以今九江地区为范围，从该区域涉及的历代《江西通志》《九江府志》《南康府志》《南昌府志》《宁州志》《德化县志》《瑞昌县志》《湖口县志》《彭泽县志》《德安县志》《星子县志》《都昌县志》《建昌县志》《武宁县志》《新建县志》中辑录万寿宫资料。除方志外，还应按照道书、文集、日记、碑刻、契约文书、档案等文种尽可能补充搜集万寿宫资料。

二是在搜集手段上，应充分利用中国古籍库、中国方志库等电子资源，以提高工作效率，扩大搜集范围。

三是要加强万寿宫的研究工作。目前九江地区万寿宫研究作品仅有《修水万寿宫》，且未正式出版，关于九江万寿宫还未见专著出版，其研究状况也不甚清晰。当前应组织相关力量，尽快梳理九江万寿宫研究现状，汇编前人研究成果，深入探讨九江万寿宫文化的发展演变及社会影响。

（三）着力诠释许逊信仰的精神内涵

九江地区的万寿宫均与许逊信仰有关，而关于许逊的事迹，文献记载纷纭，有的甚至出入很大，信众中详细了解许逊事迹的也不多。在这种情况下，以戏曲、壁画、动画、影视剧、话剧等群众喜闻乐见的形式讲述许逊故事，阐释许逊事迹中所体现的优秀文化传统、人格魅力和家国情怀显得尤为重要。应在以下几个方面重点阐释许逊生平事迹。

一是许逊在旌阳为官时"去贪鄙，除烦细"，提出"忠、孝、慈、仁、忍、慎、勤、俭"八字作为吏民的共同守则，经过他的苦心经营，十年之间，旌阳之地物阜民安，百姓安居乐业。

二是在豫章诛蛟治水的事迹。许逊虽然求仙问道，但并不是一心只求自身超脱，而是以天下苍生安危为己任，彼时洪水泛滥，蟒蛇出没，民不聊生，许逊一方面剪除惑乱人心的淫祠小庙，另一方面组织队伍治理水患。水患既平，豫章面貌为之一改，从此"地方千里，水陆四通，风土爽垲，山川特秀，奇珍异货，此焉是出"，成为宜居之地。许逊之于南昌正如大禹之于华夏，其功甚伟，遗泽千秋。

三是宣扬道义，阐释净明真铨。许逊以"忠、孝、廉、慎、宽、裕、容、忍"八字教化众人，强调"道以忠孝为本，德以阴骘为先"，指斥不忠不孝，妄求成仙是徒费精力，这种教义与传统道家清静无为、远离尘世的思想迥然不同，实质上与儒家思想息息相通，是中华民族的文化精髓。

（四）重视万寿宫在精神文明建设中的作用

城市中的万寿宫重在商会和公共文化空间的功能，而乡村的万寿宫则重在信仰和民俗的传承，两者功能不同，发展思路也需因地制宜。随着国家在乡村建设上的投入不断加大，习近平同志在十九大报告中提出实施乡村振兴战略，美丽乡村建设成为我国农村发展的重要目标，乡村的振兴需要文化作为依托，万寿宫作为九江市所辖乡村中重要的文化因素，可以乘势而上，承担起民众信仰和民俗传承的重要文化功能。约略言之，应着重发挥九江乡村万寿宫的以下五种作用。

一是崇拜信仰功能。江西民众对许真君的信仰源远流长，这种信仰有很深厚的民众基础，江西民众也存在对这种信仰的心理习惯，不能仅仅以迷信为由而斥退之。民众的精神需要慰藉和疏导，而宗教信仰很好地承担了这个功能，是纾解矛盾、促进和谐的重要方式。这样的信仰环境对万寿宫的发展和复兴无疑是十分有利的。

二是庙会功能。各地万寿宫为纪念许真君，于农历八月初一到十五举行庙会，庙会上物产丰富、人群会聚，形成各具特色的风俗活动，当前应重点发挥万寿宫的这一功能，着重促进乡村地区物质交流，丰富乡民精神生活和物质生活。

三是游神赛会功能。每逢春节、元宵节等重要传统节日，许多地方的万寿宫会举行游神赛会，这也是传统风俗和民众庆祝的重要形式。

四是民俗表演功能。重要节日里舞龙、舞狮、唱戏等娱乐活动丰富，民众参与的积极性很高，广大民众的精神文化生活得到了丰富和发展，这一传统也可以加以传承和发扬。

五是商贸活动功能。万寿宫既然曾作为赣商商会，它在促进商贸活动方面也是一个有效的载体，乡村发展离不开商业推动，万寿宫发挥其商贸功能也是乡村发展的急切需求。

（五）发挥万寿宫在社会治理中的价值

一是充分发挥宗教职能部门和道教协会的作用，加强万寿宫的登记管理工作，定期培训万寿宫负责人，丰富他们的宗教知识，增强他们对万寿宫历史文化、宗教法律法规和国家农村政策的了解。

二是对于长年在外不能履职的宫观负责人，应及时掌握实际负责人情况；一人负责多处万寿宫的，应根据实际情况予以调整，充分发挥宫观负责人的作用。

三是在有万寿宫的村落，加强宗教相关法律法规教育，积极引导信教群众正确开展宗教活动，自觉抵制宗教极端活动，引导宗教活动与社会主义社会相适应。

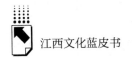

四是创新宗教工作，在不插手宗教事务的情况下，由村组织协助维持万寿宫日常运转，努力把万寿宫打造成村落公共活动空间，把万寿宫建设成村民生产知识学习、宗教知识学习、感情交流、娱乐活动和矛盾化解的重要场所。

（六）整合多方资源，协力复兴万寿宫文化

一是在人口密集和条件较好的区县复建万寿宫。九江地区现存万寿宫无一在城市中心区，这种情况导致万寿宫的影响力极为有限，万寿宫维系市民情感的纽带作用未能充分发挥，应结合城市建设，整合政府、商会、基金会、公益组织等多种力量，在人口较为密集的九江市区和万寿宫分布较为集中的修水县、武宁县县城复建万寿宫，打造九江地区的万寿宫文化地标。万寿宫复建要保持同中有异、和而不同——既彰显万寿宫的共同特征，又要根据各地的风土人情，融入区域特色，通过万寿宫呈现地方优秀的传统文化、历史名人、风俗习惯等，力争将其建设为本地的文化地标。

二是加强交流，学习借鉴其他地区万寿宫的发展经验。万寿宫随着赣人的足迹遍布全国各地，甚至走出国门，远播海外，新加坡、日本、马来西亚各地均建有万寿宫。有些万寿宫今日仍然保持良好的发展势头，如台北万寿宫，占地500坪（约1500平方米），规模宏大，活动丰富，心系乡梓，每年向在台求学的江西学子颁发奖学金。九江万寿宫应与国内外其他运行良好的万寿宫建立联系，学习借鉴其经验，规避管理发展中可能存在的问题，充分发挥后发优势，将本地万寿宫建出特色、建出水平、建出成效。

三是拓展万寿宫作为公共文化空间的功能。首先发挥万寿宫作为赣商交流平台的功能，为商业交流、商务活动提供公共活动空间；其次发挥万寿宫民俗活动功能，一方面设立地方民俗博物馆、姓氏博物馆等静态的展览馆，另一方面可以举办活态民俗活动；最后发挥万寿宫作为公共活动空间的功能，繁荣市民的文化生活。

四是善用新媒体，扩大影响力。有效扩大万寿宫的知名度和影响力，新媒体是非常重要的媒介，应利用网站、微信公众号等，及时发布九江万寿宫动态，宣传九江万寿宫文化，展示九江万寿宫研究成果。

B.13
萍乡市万寿宫文化发展报告

凌 焰*

摘 要： 萍乡曾是江西万寿宫文化发展的重要地区，不仅历史时期数量众多，而且现存万寿宫数量相当可观，规模大。萍乡万寿宫发展受移民文化影响巨大，与市镇发展密切相关。当前，萍乡万寿宫历史时期的会馆功能与宗教功能弱化；政府部门对万寿宫文化价值普遍认识不到位，无发展措施；万寿宫历史遗存少，地处偏僻，旅游综合效果差；对万寿宫管理有待加强，管理人员和信众的整体水平亟待提高。万寿宫是江右商帮的标志，作为具有丰富内涵、特色鲜明的文化符号，在当下具有重要的社会价值与文化价值。应尽快启动萍乡万寿宫现状调查工作，大力推进萍乡万寿宫历史资料的收集与研究工作，建立萍乡万寿宫基本信息数据库。将万寿宫文化纳入特色小镇和民俗特色村镇的营造之中，发挥许真君信仰在社会治理中的作用。同时，积极利用许真君的传说故事、庙会文化，整合周边宗教文化资源，打造湘赣边区万寿宫文化新名片。

关键词： 文化保护利用 萍乡 万寿宫文化

万寿宫文化是赣文化重要组成部分，万寿宫既是道教活动之地，也是江西人的会馆。明清时期江西各府县兴建了众多祭祀许真君的庙宇——万寿

---

* 凌焰，历史地理学博士，萍乡学院讲师，非物质文化遗产研究中心副主任。

宫，形成了以西山万寿宫为核心的文化网络。萍乡位于江西中西部，地处湘赣边界，素称"湘赣通衢"，因为"地界吴楚，水接潇湘"，"当江楚孔道"，这里是"商旅往来坌集"的地方。"五里一将军，十里一傩庙"是形容萍乡傩庙数量多的一句谚语。然而，万寿宫也是萍乡重要的文化符号。据相关文献与实地调查，清至民国时期萍乡市镇、县城、乡村建立了许多万寿宫，万寿宫的数量与萍乡傩庙的数量不相上下。因此，萍乡是许真君信仰的重要分布区，想要全面了解历史时期和当前万寿宫的情况，萍乡市是一个不可忽视的地方。本文采取历史文献与田野调查相结合的方法，对萍乡地区万寿宫的历史、现状及存在的问题进行探讨，并在此基础上提出了若干建议，以便保护好万寿宫这一文化遗产并使其焕发新的生机，为新时代中国特色社会主义建设服务。

一 历史时期萍乡地区的万寿宫及其特点

（一）萍乡万寿宫的发展历程

萍乡地区的万寿宫在清以前的方志中并没有相关记载。至清康熙时期，方志中开始有许真君的记载，但并不是专门祭祀许真君的宫庙的记载。康熙《萍乡县志》卷三《山川·寺观志》中记载了3处奉祀许真君的道观：

卓剑泉，在萍实迎祥观，传许旌阳卓剑于此。

仙游观，在县南十里仙桂里，晋永和三年道士张统一创。旧传许旌阳曾游于此，以剑插地得泉，观旁有井尚存。元末兵毁，洪武初重创。

紫清观，在县北八十里同唐里，旧名道堂。相传晋许旌阳曾游此，宋景德间改今额，元末毁，重建。

清乾隆以降，萍乡的许真君信仰快速发展，县城已经开始出现专门祭祀许真君的庙宇，城东与城南两座许旌阳庙被列入官方祀典。如乾隆《袁州府志》之《祀典志》记载：萍乡县许旌阳庙，一在县城东，一在县城南。乾隆《萍乡县志》中的《祠庙志》表明县城南的许旌阳庙系乾隆八年（1743 年）由市民杨登吉等建，而且提到县东的市镇芦溪和县西的市镇湘东都兴建了祭祀许真君的庙宇。嘉庆年间，萍乡出现了一大批许真君庙，分布在上栗市、蜡树下、宣风、赤山桥、荷尧桥等处。这些许真君庙由商民与萍乡土著共同兴建。至清末，萍乡境内的万寿宫数量大增，遍布城乡，且都具有一定的规模，民国《昭萍志略》中就记载有 11 所万寿宫。如民国《昭萍志略》卷二《坛庙》记载："真君庙，在县南门外，祀晋真人许逊，清乾隆八年市民杨登吉等建。同治九年，邑绅会商吉瑞临抚建，赣七郡绅商纠资新之。查现时邑中真君庙甚多。一在东门外，一在湘东，一在上栗市，一在赤山桥，一在彭家桥，一在清溪，一在芦溪，一在麻山，一在白竺，均称万寿宫，规模宏大，堂宇壮丽。"需要说明的是，上述方志中记载的万寿宫只是萍乡万寿宫的一部分，只是记载了位于县城与市镇的万寿宫，大量分布在乡村中的万寿宫并没有记载。如萍乡东源乡银子窝万寿宫系道光庚戌年（1850 年）闽粤移民所建，经历光绪壬辰年（1892 年）、民国七年（1918年）两次大修。又如萍乡南坑万寿宫系当地 64 户捐集而成，每年唱戏置酒，清末被改为南区小学堂，万寿宫捐户与当地办学绅士为此发生械斗。再如，萍乡湘东火烧桥万寿宫曾经是当地最具规模的寺庙，据说火烧桥万寿宫在历史上曾辖萍西四十八境，名扬江西九府。类似这样位于乡村没有被县志收录的还有芦溪茅店万寿宫、张家坊万寿宫。由于以上这几所万寿宫被毁，缺乏文献记载，无法得知其具体建设时间。

（二）萍乡万寿宫的特点

1. 万寿宫分布与市镇发展密切相关

综合文献记载与田野调查可知萍乡许真君信仰的正统化与万寿宫的发展是在清乾隆以后，大规模出现是在清嘉道之际，而这一时期又恰恰是萍乡市镇繁盛之时。从各地万寿宫兴建情况来看，万寿宫与外来的商人群体有十分密切的联系。如上栗清溪万寿宫的创建就是在乾隆四十六年（1781 年），庐陵、安福、永新、泰和、吉水 5 县的 42 名商人捐钱成立了名为"五邑会"的组织，倡导建立万寿宫，开始时由于资金紧张，一直到嘉庆十七年（1812 年）5 邑商人群体与本地乡民合作，万寿宫终于竣工。又如芦溪茅店万寿宫是由南昌商人群体于乾隆五十一年（1786 年）一同建立。再如清道光年间，吉安商人兴建了芦溪万寿宫，占地 1000 余平方米。同治九年（1870 年），瑞州、临江、吉安、建昌、赣州、抚州 6 郡商人重修了位于萍乡县城南门的万寿宫。清嘉道以后出现的万寿宫，均是在交通便利、商业繁荣的地方。如嘉庆《萍乡县志》记载：

> 芦溪市，在县东名教里，距城五十里。水东流入秀江，舟行始此，商旅辐辏如县市。
> 宣风市，在宣风里，距城七十里，街三里，商民四百余家。
> 麻山市，在永平里，距城二十里，街半里，商民四十余家。
> 湘东市，在怀信里，距城三十里，街二里，临水通舟，商民四百余家。
> 蜡树下市，在仙居里，距城三十里，街半里，商民百余家。
> 彭家桥市，在县北积善里，距城二十里，街半里，商民六十余家。
> 青溪市，在清教里，距城三十五里，街半里，商民百余家。
> 赤山桥市，在宣化里，距城三十五里，街一里，商民二百余家。
> 上栗市，在萍实里，距城八十里，街里半，商民三百余家。

蜡树下一度是萍西地区一个很繁华的市镇。清嘉庆年间建立了蜡树下万寿宫，道光年间又建立了一座万寿宫。人们为了区别这两座万寿宫，将最先建的万寿宫称为"上万寿宫"，将后建的万寿宫称为"下万寿宫"。萍乡各地万寿宫的兴建与市镇的兴起、商人群体关系密切。江西师范大学李平亮教授曾撰文指出，清代萍乡的许真君信仰不仅有正统化的转变，还有一个市场化的过程。

2. 万寿宫与移民

萍乡万寿宫还有一个突出的特点是出现了一座以粤东客家移民为主体的万寿宫。粤东客家以许真君信仰为纽带，联结成了一个跨村落、跨宗族的团体。万寿宫的各种仪式和万寿宫图册的编修强化了移民群体之间的认同。于是在当地形成了一个这样的现象——祭拜许真君的就是寄居者（客家人），祭拜傩庙的就是土著人（图家人）。这种区分一直延续至今。

这座万寿宫位于萍乡上栗县东源乡镜山村银子窝，这是一个十分偏僻的小村落，居民分散。这座万寿宫是由散居在东源乡的粤东移民所建。当地图家人并不拜，认为这是客家人供奉的神庙。然而，移民则声称万寿宫是属于寄居者的，每年的农历八月十三日必须来这里拜真君老爷。当地人讲，万寿宫的最初选址并不在银子窝，而是在上埠。因为上埠村那里的贸易很发达，人员密集，许真君老爷又喜欢这样热闹的地方。但是，这一举动遭到了图家人的反对，为此双方还打了一架，由于寄居的人少，打输了，只好把万寿宫选在现在的这个地方。万寿宫最初建庙的选址只是从口传资料中获得，不见于文献。然而，银子窝万寿宫的始建年代和捐资建万寿宫的群体是有史料可寻的。笔者在田野调查中找到了一本民国十年（1921年）的《银子窝许祖真君惠册》，该图册详细记录了万寿宫的历史及捐户。图册表明银子窝万寿宫是在道光庚戌年（1850年）建的，每年许真君诞辰日农历八月十三日在万寿宫举行聚会，请戏班子唱采茶戏酬谢神明。同庆会负责管理万寿宫的事务。光绪壬辰年（1892年）各户续捐钱若干，还清了万寿宫欠下的债务，赎回了万寿宫原来的产业。民国七年（1918年）进行了第二次续捐，这次续捐"获款不下千金"，经过数月，扩大了庙宇的规模，改造了万寿宫的前后两栋，使庙宇巍峨，焕然一新。然而，鉴于举办义塾之事一直没有获得实质进展，出于"造就人材，臻于衣冠文物之乡，上以展先人之志愿，下以启后世之颛蒙"的需要，最终在万寿宫立校办学。可见，民国七年，万寿宫不仅是神明祭祀和移民群体集会的场所，还是移民子弟读书的场所。

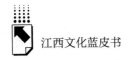
3.纂修万寿宫图册与制作捐牌

萍乡万寿宫的另一特点是纂修了大量的万寿宫图册与制作了象征捐户的万寿宫铜牌。笔者在田野调查中发现，清代至民国时期，萍乡的寺庙、图会、义仓会、育婴会、宾兴会纂修了大量图册。万寿宫也不例外，为了记载万寿宫的历史、财产以及确认捐户的资格也纂修了大量万寿宫图册或者称许真君图册。笔者在田野调查的过程中发现了两套万寿宫图册。

萍乡万寿宫还给捐户发放铜牌，将此作为参加万寿宫祭祀与管理的凭证。萍乡芦溪南坑万寿宫有田租162硕，店租56挂，系由64户捐集而成。每户拥有一块铜制的万寿宫捐牌。凡来万寿宫祭祀、吃席者必须将铜牌悬挂于衣扣上。无铜牌者不得参与祭祀和宴会。

二　萍乡万寿宫现状及存在的问题

（一）萍乡万寿宫现状

萍乡地区万寿宫不仅历史时期数量众多，而且现存数量相当可观，且建筑规模大。

1.官方公布的万寿宫情况

国家宗教事务局官网上专设有"宗教基础信息查询"一栏，记录了全国各地宗教活动场所的登记信息，为此，笔者制作了萍乡地区现存万寿宫的一览表。从表1可以看到，萍乡市现存万寿宫有10座，其中上栗县有5座，湘东区有5座。

表1　国家宗教事务局网站收录萍乡市现存万寿宫一览

所在地	宗教内涵	详细地址	负责人
上栗县	道教正一派	上栗县赤山镇兰田村	杜庭生
	道教正一派	上栗县长平乡长平村	苏怀生
	道教正一派	上栗县上栗镇北上街	刘国庭
	道教正一派	上栗县福田镇清溪村	曾凡勤
	道教正一派	上栗县赤山镇楼下村	许锡华

续表

所在地	宗教内涵	详细地址	负责人
	道教正一派	湘东区荷尧镇荷尧村	周仲发
	道教正一派	湘东区麻山镇麻山村	宋甲生
湘东区	道教正一派	湘东区腊市镇腊市村	彭立卓
	道教正一派	湘东区老关镇油塘村	刘树财
	道教正一派	湘东区排上镇大路里村	罗云高

资料来源：国家宗教事务局，http：//sara.gov.cn/csjbxx/index.htm，最后访问时间：2017年10月25日。

2. 田野调查中发现的万寿宫

笔者田野调查发现萍乡有不少万寿宫没有被国家宗教事务局网站收录。上栗县东源乡银子窝万寿宫和湘东区腊市万寿宫就没有被收录。莲花县城万寿宫曾是召开莲花县第一次工农兵代表大会的地方，目前仍保存。据《莲花县志》等文献记载，莲花县的六市乡、琴亭镇均建有万寿宫。由于没有完成对莲花县万寿宫的田野调查，对于目前莲花县到底还保存多少座万寿宫仍不可知。

（二）萍乡万寿宫现存的问题

1. 萍乡万寿宫历史时期的会馆功能与宗教功能弱化

历史时期万寿宫发挥着商会、同乡会馆的作用。万寿宫是江西商人聚会联络感情、商谈贸易的场所，如今这个重要功能已经完全丧失，萍乡地区万寿宫也不例外。李平亮教授在《清代萍乡许真君信仰的发展与乡村权力格局的演变》一文中指出，这座原本由江西五邑会主导建立的清溪万寿宫，在清同光之际发生了变化，万寿宫管理权由商人、多姓掌握变为由一族掌握，萍乡万寿宫经历了地方化的过程。宗教功能弱化是萍乡万寿宫的一个普遍问题。万寿宫是信众定期举行道教仪式与祭拜许真君的场所。历史时期，各大万寿宫都会每隔3年或5年打一次太平清醮或每年在真君老爷生日那天举行游神的仪式。如今这些活动不再举行，只是在许真君诞辰那天人们来祭拜许真君，办一次酒席。萍乡现存的万寿宫只有清溪万寿宫会在许真君生日

的那天请戏班子演戏。萍乡万寿宫因为人力与财力有限，加上现代化社会人口流动性强，其基本的宗教功能并没有得到有效发挥。历史时期萍乡万寿宫有田产、庙产，具备一定的经济实力，因此自清末开始，萍乡地区万寿宫兴办教育，为江西培养了大量人才。目前，萍乡地区万寿宫经济情况不乐观，没有多余的钱来关注教育。

2. 政府部门对万寿宫文化价值普遍认识不到位，无发展措施

萍乡地处赣西，历史时期佛寺道观林立，是宗教文化繁荣之地。近年来，"文化搭台，经济唱戏"被各级政府反复强调，萍乡宗教文化中的杨岐佛教文化和傩文化被世人所熟知。萍乡市政府将传承与弘扬杨岐佛教文化和傩文化写入了萍乡市国民经济与社会发展第十三个五年规划。为此，萍乡市的特色小镇建设充分吸收了这方面的内容。然而，万寿宫没有受到官方的认可，其历史文化价值没有被政府部门所认识。因而，万寿宫只是作为普通的宗教活动场所。那座保存了清代建筑原貌的清溪万寿宫，虽然仍有大量历史遗存，却没有受到政府重视。文物部门没有将清溪万寿宫列为市级文物保护单位。莲花县地处萍乡、永新、安福、湖南攸县的交界之地，其地理位置重要，这里曾是商旅云集的地方。历史上这里建立了不少万寿宫，有些规模很大。但是，长久以来没有人对莲花万寿宫进行调查。莲花县各级政府部门也没有把万寿宫文化列入精心打造的优秀传统文化之中。万寿宫在有些官员的眼中仍是封建迷信的代表。

3. 万寿宫历史遗存少，地处偏僻，旅游综合效果差

一是万寿宫建筑多为新建，历史遗存少。万寿宫的历史遗存保有独特的建筑风格，其中雕塑、楹联书法、神话故事都是丰富的文化资源，但萍乡地区的万寿宫历史遗存少，历史时期的万寿宫大多被毁坏，今日存留的万寿宫主要为后来新建。目前，只有上栗清溪万寿宫保存了清代的原貌，留有不少历史遗存。如位于湘东区麻山镇大街上的万寿宫，始建于同治十一年（1872年）八月，1956年被毁，1998年重建；位于湘东区荷尧镇的万寿宫，毁于"文化大革命"，2009年重建；位于湘东区老关镇油塘村的万寿宫，在"文革"中被毁，1997年建龙王殿，2005年

扩建正殿；位于上栗县长平乡长平村的万寿宫 1999 年重建；位于上栗县赤山镇的万寿宫 1974 年被毁坏，2001 年重建。笔者在田野调查中发现两根清同治年间的赤山万寿宫石柱被丢弃在河边。很令人惋惜的是，萍乡的一些万寿宫躲过了"四清"与"文革"的打击，却在后来的城市扩建中遭到破坏。大量记有万寿宫历史的石碑被掩埋，一些石柱、名人题词等历史遗存被毁坏。

二是地处偏僻，交通不便。国家宗教事务局公布的萍乡 10 座万寿宫无一处在人口集中的县城，除麻山万寿宫在麻山新区街上外，其余全部在农村地区，有些极为偏远，交通相当不便。以上栗县东源乡镜山村银子窝万寿宫为例，由于万寿宫所在的村落十分偏僻，且一天只有 4 趟班车到镇上，从镇上到万寿宫没有班车，只能靠摩托车。

三是信仰覆盖的范围过于狭窄，知名度普遍不高。当前江西的万寿宫，除了西山万寿宫和南昌万寿宫进入公众视野外，其他的都没有什么名气。萍乡地区的许真君信仰在小区域范围内强，影响范围很狭窄，知名度普遍不高。如上栗县东源乡镜山村银子窝万寿宫的信众只是粤东移民的后裔，而同村的何姓、彭姓等大姓并不是该万寿宫的信众。又如上栗福田镇清溪万寿宫的信众只是清溪村内的居民，相邻的村落基本不参与其宗教活动。萍乡现存的万寿宫基本属于村里社庙，信仰圈小。上述情况，加之萍乡地区万寿宫分布零散、历史遗存少、宗教活动不多，使万寿宫作为旅游资源开发的价值大大降低。

4. 对万寿宫管理有待加强，管理人员和信众的整体水平亟待提高

首先是宗教管理部门对万寿宫的跟踪管理不够。萍乡地区部分万寿宫在宗教事务局登记的宗教归属与实际宗教归属不一致，如萍乡市上栗县上栗镇北上街万寿宫在国家宗教事务局登记中，既有道教记录，也有佛教记录，而且万寿宫的负责人与登记的也不一致。这样的情况令人摸不着头脑。有的基层万寿宫变成了佛教活动场所，而在登记信息里，依然为道教场所。其次是部分信众甚至万寿宫负责人对万寿宫宗教的内涵缺乏认知。一些万寿宫地处偏远山区，其管理者年纪偏大，文化水平偏低，他们自己对万寿宫的宗教性

质认识不清，又没有专业人士辅导，总是根据一知半解的知识去开展活动，往往闹出笑话，亟须提高他们的水平，加强宗教管理。

三 打造万寿宫文化名片的若干建议

万寿宫是江右商帮的标志，且万寿宫庙会入选了国家非物质文化遗产名录，这样一个具有丰富内涵、特色鲜明的文化符号，具有重要的社会价值与文化价值。萍乡地区万寿宫数量相对较多，可积极利用许真君的传说故事、庙会文化，整合周边宗教文化资源，打造湘赣边区万寿宫文化新名片。

（一）尽快启动萍乡万寿宫现状调查工作

首先是充分利用文物普查、非遗调查、地名普查、传统村落调查等成果，结合宗教部门、道教协会掌握的情况，组织萍乡学院相关专业教师进行地毯式的调查，尤其是对莲花县万寿宫的情况进行大规模调查，梳理清楚萍乡市万寿宫的总体情况与各区县的分布。其次是对一些有历史遗存与文献的万寿宫进行个案调查，如清溪万寿宫与银子窝万寿宫。最后是建立萍乡万寿宫基本信息数据库。

（二）大力推进萍乡万寿宫历史资料的收集与研究工作

一是历史时期萍乡地区万寿宫曾纂修了大量的图册和账簿，这些是研究万寿宫文化不可多得的第一手资料。萍乡民间历史文献的保存有一个特点，即将家谱与图册一并保存。因此，大力开展萍乡家谱文化的调查有助于挖掘万寿宫文献。二是万寿宫捐牌是萍乡的一大特色。因此，加强与当地文物收藏协会的合作，可以发现一些万寿宫的捐牌。三是加强万寿宫的研究工作。目前九江地区有《修水万寿宫》；赣南地区万寿宫的研究大多收录在《客家传统文化丛书》中；萍乡、宜春等地市还未见专著出版，高质量的论文也比较少见。因此，当地高校相关研究专业应该将万寿宫文化研究纳入日常的科教研中，深入探究万寿宫文化与地域社会关系。

（三）将万寿宫文化纳入特色小镇和民俗特色村镇的营造之中

萍乡市政府在"十三五"规划中指出，要打造一批特色小镇，将重点镇作为促进本地农民就地城镇化的重要载体，推动小城镇发展与疏解中心城市功能相结合，与特色产业、特色文化相结合。湘东区麻山镇是萍乡市重点打造的省级重点镇，而且麻山镇的乡村旅游这几年非常红火，具有极高的人气。麻山镇万寿宫位于麻山镇街上，宗教活动贫乏，娱神娱人的庙会没有形成。因此，应将麻山万寿宫积极纳入特色小镇的建设中来。开发一批关于许真君崇拜、祭祀活动的民俗表演项目，如典型的建醮、割瓜和剪柏会等，弘扬与传承古老民俗文化，可以提高麻山乡村旅游的文化附加值，对外宣传许真君、净明道和万寿宫。恢复麻山万寿宫"庙会文化节"，编排关于万寿宫文化的戏曲、话剧等。福田清溪村已经被列为萍乡市政府重点打造的历史文化和民俗特色村镇。这给清溪万寿宫带来了发展的难得机会。离清溪不远的地方是被誉为"天下第一洞"的孽龙洞。相传此处是许真君在萍乡斩杀孽龙的地方，这个故事在萍乡家喻户晓。应将清溪万寿宫与孽龙洞联系起来，使游客在游览孽龙洞之后，来参观清溪万寿宫。因此，清溪万寿宫要有效利用现有历史遗存，讲好清溪万寿宫民间故事。关于万寿宫的民间传说内容丰富，故事很多。我们可以将真君降生、真君求学、真君获剑、真君嫁女、真君孝道、真君战蛟龙等传说故事讲好。另外，有许多萍乡历史名人与万寿宫的故事。如祖孙翰林清溪喻氏、郭嵩焘拜师进万寿宫等，这些都可以作为万寿宫民间故事进行讲述与传承。

（四）发挥许真君信仰在社会治理中的作用

在中国传统社会的乡村，国家为了保证赋税征收、派遣劳役、维护地方治安，设立了里甲、保甲等一系列的地方组织。但是在约束乡村社会、教化乡民等方面，则不能发挥很大的德治效能。罗勇等客家学者指出，民间信仰能够对乡村社会进行调控。民间信仰在整个社区中代表"公"的一面。许真君的故事与中国传统文化所提倡的"忠、孝、慈、仁、忍、慎、勤、俭"

相契合。许真君以"忠、孝、廉、慎、宽、裕、容、忍"八字教化世人，强调"道以忠孝为本，德以阴骘为先"，与社会主义核心价值观颇有相通之处。萍乡万寿宫可以利用庙会，以壁画、戏曲、话剧等形式讲述许逊故事，让民众感受到神明身上的正能量。另外，萍乡宗教管理部门可以与萍乡凯天动漫公司合作，制作关于许真君故事的动漫，让许真君的故事变得妇孺皆知。

B.14
宜春市万寿宫文化发展报告

谈志娟*

摘　要：　作为传统时期江西经济文化较为发达的地区之一，宜春地区曾存在过很多万寿宫。随着时间的推移，万寿宫大部分仅存遗址或者根本不存在了，只有较少的一部分留存下来，成为当前宜春地区较有影响力的宗教和民俗活动场所。这些现存的万寿宫也面临发展困境，主要表现在经费不足、道场性质发生转变、信众步入老龄化、供奉的神灵谱系混杂、有些万寿宫建筑仍未交付万寿宫专用等，经研究我们提出政府与宗教界加强指导合作、恢复和重建曾经影响较大的万寿宫、还万寿宫给道教界管理、在全社会宣扬和传播万寿宫文化等建议，促进万寿宫文化更好地发展。

关键词：　文化保护利用　宜春　万寿宫

传统时期，宜春存在过数量众多的万寿宫，这些万寿宫分布在宜春各地，不仅在宜春城区和所辖各县有很多分布，还有较多分布在田野乡村。本文在前人已有的研究基础上，结合笔者 2017 年 9 月对宜春地区万寿宫的实地调查、访谈，并参考宜春道教协会的相关资料，以宜春万寿宫为研究的对象，从宜春万寿宫的演变及遗址分布、宜春万寿宫现状及庙会活动、宜春万寿宫文化发展中存在的问题以及宜春万寿宫文化发展对策四个方面展开论述。

＊　谈志娟，南昌大学 2017 级汉语国际教育专业硕士研究生。

一 宜春万寿宫历史演变及遗址分布

宜春位于江西省西部,而赣西相对较为优越的地理位置和秀丽的自然景观,为宜春地区宗教文化的发展准备了良好的自然条件,使宜春地区宗教文化特别发达。笔者对康熙《袁州府志》卷十三《寺观》记载的寺观做了统计,仅宜春市(不含当时袁州府所管辖的其他县)存在过的寺观就达60所之多。[①] 如对宜春地区所辖各市、县的寺观进行统计,数量将远远大于这个数字,仅道教一派——净明道之万寿宫便有很多。据章文焕先生的研究,宜春地区曾存在过169座万寿宫(含供奉许真君的许真君庙和真君殿等建筑)。[②] 其实,宜春地区以许真君为信仰对象的建筑(含万寿宫、许真君庙、真君殿等)的数量要超过章文焕先生的统计数据。笔者在章文焕先生已有研究的基础上,结合实地调查和其他资料,统计出宜春地区万寿宫类建筑共有177座。[③] 但可以肯定的是,由于记载的缺失及所用名称不统一等原因,章先生与笔者的统计都可能存在遗漏,宜春地区曾经存在过(含现存)的万寿宫数量应该要大于笔者的统计数。宜春地区曾存在过的万寿宫类建筑列成表1,以便参考。

表1　宜春市万寿宫(含现存)一览

分布地区	名称	区域位置	资料来源
宜春市	许真君庙	灵泉池,乾隆五十八年(1793年)众买民屋改建	同治《宜春县志》
	许真君庙	荐外乡竹亭	
	许真君庙	西村	
	许真君庙	□村	
	许真君庙	石外乡金瑞	
	许真君庙	迁乔乡栗村	
	许真君庙	化北乡彬江	

---

① 康熙《袁州府志》卷十三《寺观》。

② 章文焕:《万寿宫》,华夏出版社,2004,第388～394页。

③ 在章文焕先生所统计的169座基础上,笔者加入了铜鼓县万寿宫、丰城金凤山万寿宫、樟树市万寿宫、樟树大万寿崇真宫,并在奉新县万寿宫中加入了4所万寿宫。

续表

分布地区	名称	区域位置	资料来源
宜春市	许真君庙	化北乡槎村北坊	同治《宜春县志》
	许真君庙	府城东门内	
	许真君庙	城南绛桥,嘉庆二年(1797年)众建	
	玉虚观	袁州城南50里,许旌阳与郭璞访王朔处,有栖梧山香茅	《逍遥山万寿宫志》
铜鼓县	万寿宫	武乡二十三都铜鼓帅祠下街口,嘉庆乙亥年(1815年)建	同治《义宁州志》
	万寿宫	武乡二十六都大坭,嘉庆中里人公建	
	万寿宫	武乡二十三都黄梅市虎泉街。合都捐建	
	万寿宫	武乡二十八都,胡全霞建	
	万寿宫	崇乡幽溪鸬鹚山,乾隆己亥年(1779年)王见文捐倡建	
	铜鼓县万寿宫	铜鼓县高桥乡胆坑村潭湾组	国家宗教事务局官网
万载县	万寿宫	一名真君庙,县署旁。嘉庆丙子年(1816年)合邑建	民国《万载县志》
	万寿宫	九仙宫侧,嘉庆戊寅年(1818年)张庆枢等筹建	
	万寿宫	大北关马脑山下,龙江坊众建,道光庚子(1840年)重建	
	万寿宫	厂塘,乾隆二十一年(1756年)巢起仑等筹建	
	万寿宫	范塘水口,饶山合乡众建	
	万寿宫	景衢市,乾隆五十二年(1787年)刘宗沐等捐建	
	万寿宫	周陂桥,乾隆癸丑(1793年)陈春魁等捐建	
	万寿宫	楮树潭中街,嘉庆己未年(1799年)乡民重建	
	万寿宫	白水阳澄桥下街,嘉庆庚辰年(1820年)欧阳洄等筹建	
	万寿宫	白良桥头,道光辛丑年(1841年)众姓建	
	万寿宫	仙源村,潭埠,雍正十年(1732年)邹元万等募建	
	万寿宫	高城,道光壬寅年(1842年)合乡建	同治《万载县志》
	万寿宫	中茭芜下街,道光甲辰(1844年)彭士楷等劝捐建,有戏台	
	万寿宫	治亭里源古路祠,曹姓建	
	万寿宫	五百兴,道光年间募建,有雨亭戏台	
	万寿宫	三百兴下街,合乡众建,道光辛丑(1841年)重建	
	万寿宫	大畲口,道光三年(1823年)谢易辛倡建	
	万寿宫	麻田垅中,同治四年(1865年)谢继宗等筹建	
	万寿宫	高村,乾隆丙申年(1776年)饶开运建	
	万寿宫	水浒水口,同治丙寅年(1866年)创,彭姓众建	
	万寿宫	周坡桥,咸丰间众建	

续表

分布地区	名称	区域位置	资料来源
万载县	广极观	县西门外锦衣坊,宋政和三年(1113年)改万寿宫,祀许真君,靖康元年(1126年)改广极观	同治《万载县志》
	九龙祠	祀许旌阳,在二十三都藏溪上水,元末创建	
	水府祠	祀许旌阳,在龙河门外,元建	
	康乐古祠	小水双江桥侧,原祀晋康乐伯,今祀许旌阳	光绪《江西通志》
	万寿宫	黄茅乡	新编《万载县志》
宜丰县	万寿宫	县左街正北佑圣观	同治《新昌县志》
	真君庙	旧六都古亭,今桥西乡	熊步成先生核实现址
	真君庙	凌江上岸,今石市镇凌江村	同治《新昌县志》
	万寿宫	棠浦镇集镇	
	万寿仙宫	旧棠浦水口,今新庄镇内	
	万寿宫	花桥乡社溪村	
	真君祠	花桥乡集镇	
	万寿宫	旧二十八都。今花桥乡	
	真君庙	旧燕埚水口,张齐卿建,今同安乡鹅颈村	
	万寿宫	潭山镇集镇,嘉庆二十一年(1816年)合乡同修	
	真君殿	东上乡港口村	
	万寿宫	芳塘镇芳溪街	
	万寿宫	旧上磦水口,嘉庆十七年(1812年)本坊建,今双峰乡上槽村	
	万寿宫	旧九都,今石市镇集镇	
	真君庙	黄姓水口合姓共建,今天宝乡	
	万寿宫	旧城溪刘姓共建,今石市镇楼下村	
	万寿宫	旧樟溪漆氏建,今敖桥乡樟陂村	
	万寿宫	十九都石岸滩	
	许仙行祠	澄江,今澄塘乡澄塘集镇	
	真君殿	上南源,今澄塘乡彭源村南源里	
	万寿宫	棠浦镇集镇	
	万寿宫	旧新安市,今棠浦镇江家洲	
	万寿宫	旧洪冈墟,今新庄镇新庄街	
	万寿宫	旧新瑞墟,今新庄镇境内	
	真君庙	旧楼下胡氏众建,今潭山镇找桥村	
	万寿宫	车上乡湖溪村	
	万寿宫	车上乡港口村	
	万寿宫	潭山镇石桥村上石桥,合乡众建	
	万寿宫	逍遥旁康王庙,毛姓建,今潭山镇逍遥村	

分布地区	名称	区域位置	资料来源
宜丰县	万寿宫	旧黄冈口司署侧,今黄冈乡老街	
	万寿宫	今黄冈乡潮溪村	
	万寿宫	旧打铁坳,今黄冈乡坳溪村街子里	
	旌阳祠	旧打铁坳,福攸堂建,今黄冈乡坳溪村	
	万寿宫	天宝乡河摁村,嘉庆间陈、张、何姓共建,村名万寿宫(熊步成先生增补)	
	化民观	棠浦为纪念许真君曾至此而建,在高家村	
	万寿宫	双峰乡严湖村,近年来发现元至正年间香炉	
	万寿宫	双峰乡李家坪村下许,近年发现有乾隆石雕化钱炉	
	崇真观	义钧乡,许逊炼丹处有丹井	
上高县	真君庙	大观塔左,乾隆五十四年(1789年)合邑建	同治《上高县志》
	真君庙	河南下街	
	真君庙	河西凌江墟	
	真君庙	崇本洋田	
	真君庙	下京陂徐家渡廖洲	
	真君庙	白上上泉港	
	真君庙	百岁莲桥	
	真君庙	后塘田心	
	真君庙	蒙安下团	
	真君庙	唐良水口墟	
	真君庙	乐城游泉丛	
	希夷观	县南四十里,旌阳曾游此,以剑画"太阳静"三字于石,宋治平元年(1064年)改额希夷,祀旌阳	
靖安县	万寿宫	药王庙右,乾隆五十六年建,道光二十一年(1841年)重修	同治《靖安县志》
	登真观	县西盆田乡,许旌阳逐蛟过此,有试剑石	《逍遥山万寿宫志》
	栖真观	承恩坊,晋刘懿真得道处,真君曾往见之	
奉新县①	万寿行宫	进城乡,治城之南向西	同治《奉新县志》
	柏林观	北乡,真君尝至柏林,女童五人献剑	《逍遥山万寿宫志》

---

① 其实,奉新县与许真君有较多姻缘,许真君在此留下了较多的"遗迹",仅同治《奉新县志》便记载奉新县存在12座供奉许真君的道教建筑。参见樊明芳《许逊其人及其与奉新的因缘》,《首届万寿宫庙会文化研讨会论文集》,2016。

续表

分布地区	名称	区域位置	资料来源
奉新县	延真观	奉新县,观侧有镇蛟石,逐蛟于穴镇之	《逍遥山万寿宫志》
	龙泉观	进城乡,真君闻新吴有蛟为孽,往捕之,立观名仙游	
	兴真观①	新兴乡芦茨山下,旌阳逐蛟之所	
	万寿宫	南乡、罗塘,许真君剑井	
	睡仙观	罗坊,真君逐蛟假寐于此,刺石得泉	
	希夷观	同安乡,旧名毛仙观,旌阳与毛仙谈道处	
	万寿宫	今赤田镇高岗村	笔者2016年调查所得
	万寿宫	今赤田镇赤田村	
	万寿宫	今澡溪乡株梓村	
丰城市	万寿宫	治西大井头,雍正十年(1733年)建,前殿曾被日军炸毁,合邑修复,现改为博物馆	民国《丰城县志》
	福主庙	洲上村	
	万寿宫	丁桥墟,距城40里,民国庚申惠段绅耆捐建	
	万寿宫	四坊七贤墟	
	万寿宫	泉港街	
	万寿宫	曲江街	
	成仙观	兴仁乡,许旌阳手植杉树,唐道士建	
	兴云观	兴仁乡,许旌阳经游处,元道士邬自闲建	
	乌石观	宣凤乡乌石冈,许旌阳修丹于此,唐道士石泉建	
	悬履观	归德乡,一名集墟,许旌阳憩此履悬	
	玉隆宫	龙头山,民国十五年(1926年)曾文开募修	
	剑邑万寿宫	近年来新建,位于桥头电厂前。具体位置在尚庄街办桥西街01号大桥公园内	笔者2017年9月2日考察所得
	万寿宫	拖船埠	章文焕先生采访所得
	紫霄观	五都,许真君炼丹处	《逍遥山万寿宫志》
	冲灵观	兴仁乡,许真君逐鹿于此	
	丰城市金凤山万寿宫	丰城市泉港镇潭埠村	国家宗教事务局官网

---

① 樊明芳认为兴真观是玄真观。参见樊明芳《许逊其人及其与奉新的因缘》,《首届万寿宫庙会文化研讨会论文集》,2016。

分布地区	名称	区域位置	资料来源
高安市	长乐宫	县东十里,许旌阳曾往来处,唐敕建,祀旌阳	同治《江西通志》
	真君殿	三都,兵毁重修	同治《瑞州府志》
	许真君庙	三十都凤凰墟	同治《高安县志》
	许真君庙	澄源岭	
	万寿宫	村前	
	万寿宫	丰安市二十八都界	
樟树市	许真君庙	清江县治南杨家山,咸丰七年(1857年)毁	同治《清江县志》
	许真君庙	清江镇(临江),亦毁于兵,同治八年重建	
	许真君庙	永泰市,乾隆五十七年(1799年)建	
	万寿宫	现在位于樟树市经楼镇经楼村委,为新建的万寿宫,距老万寿宫较近	笔者2017年9月2日考察所得
	大元观	清江樟树镇,许逊逐蛟至此,拔茅封溪,故名封溪	光绪《江西通志》
	大万寿崇真宫	阁山镇黄家港村委鹅溪村	国家宗教事务局官网
	临江万寿宫	临江镇边仔街	笔者2017年9月2日考察所得

资料来源:本表中的万寿宫信息主要参考章文焕先生的研究,具体见章文焕《万寿宫》,华夏出版社,2004,第388~394页;同时,笔者还根据其他资料集实地调研增补了一些信息。

从表1的统计可以看出,宜春地区曾存在过的万寿宫类建筑较多,它们都以许真君为供奉对象,但名称不一,有称万寿宫、旌阳祠、许真君庙、真君殿、真君庙、许仙行祠、玉虚观的,也有广极观、九龙祠、希夷观等名,这也提示我们在研究万寿宫文化时不能仅以建筑的名称为立论依据,而应以其崇奉对象为划分基础;从具体分布而言,宜春地区内部各地万寿宫类建筑数量不均衡,数量较多的宜春市、万载县、宜丰县,分别有万寿宫类建筑25座、52座和38座。为了更好地展示各地万寿宫的分布状况,笔者将宜春所辖各地万寿宫的分布数量列成表2。

表2　宜春各地万寿宫分布数量统计

单位：个

地名	宜春市	铜鼓县	万载县	宜丰县	上高县	靖安县	奉新县	丰城市	高安市	樟树市	总计
数量	25	6	52	38	12	3	12	16	6	7	177

就始创年代而言，在宜春地区有明确始创年份的42所万寿宫中，清代创建者较多，其中尤以乾隆、嘉庆、道光三朝数量为最，约占总数的62%。为了直观显示宜春万寿宫的始创年代，笔者将其列成表3。

表3　宜春地区万寿宫始创年代分布统计

单位：个

朝代	唐代	宋代	元代	雍正	乾隆	嘉庆	道光	咸丰	同治	民国	现代	总计
数量	3	2	3	2	9	10	7	1	2	2	1	42

从表3的数据可知，虽然近现代始创及复兴的万寿宫数量较少，但随着现代社会的发展，诸如樟树市经楼镇万寿宫的复兴和重建也越来越成为一种趋势，而且愈来愈多的万寿宫在不断恢复庙会活动。

二　宜春万寿宫现状及庙会活动

宜春地区现存的万寿宫存在三种情况：一是在民族宗教事务局登记在册，仍在进行道教活动的，如樟树、万载、铜鼓、高安、丰城地区即有，但集中于丰城地区，丰城剑邑万寿宫和丰城泉港镇金凤山万寿宫是较具影响力者；二是进行民间信仰类道教活动的万寿宫，这些万寿宫由当地村民管理，也有道士在其中活动，樟树经楼镇万寿宫即由当地村民自发筹建，庙会活动没有道士参与，完全由当地村民自己举办；① 三是至今仍被占用者。②

----

① 资料来自笔者2017年9月2日下午对樟树市经楼万寿宫附近村民的访谈。
② 资料来自笔者2017年8月28日下午对宜春市民族宗教事务局李杰先生的电话访谈。

历史上宜春地区存在过很多万寿宫，但现在大部分已被拆毁，还存留的也大多被当作仓库、医院、博物馆等使用。如万载等地的万寿宫曾被佛教机构占用；丰城剑邑万寿宫的老殿原为商会占用，现仍被博物馆占用。① 至今，万载万寿宫只存遗址和部分墙体，宜春市道教协会欲重建，曾派人进行过实地考察，但由于该遗址周围民房太多，牵涉面太大，所以恢复难度较大。② 在万寿宫的重建方面，经费绝大多数来自信徒的供奉。宜春地区现存影响力最大的万寿宫是丰城剑邑万寿宫，其位于赣江桥头，也是重建的万寿宫之一。③ 笔者依据相关资料，将宜春地区万寿宫现存者（含遗址）列成表4。

表4　宜春地区现存万寿宫一览

分布市县	场所名称	所在地址	完残状况	资料来源
樟树市	万寿宫	樟树市经楼镇经楼村委	现代新建	国家宗教事务局官网
	临江万寿宫	樟树市临江镇边仔街	整体格局完整,但建筑残破	
	大万寿崇真宫	阁山镇黄家巷村委鹅溪村	保存基本完好	
丰城市	剑邑万寿宫	丰城市尚庄街办桥西街01号大桥公园内	现代新建	
	金凤山万寿宫	丰城市泉港镇潭埠村	保存完好	
铜鼓县	万寿宫	铜鼓县高桥乡胆坑村潭湾组		
奉新县	赤田镇赤田村	保存完好		笔者2016年实地调查所得
	澡溪乡株梓村	保存基本完好		
万载县	万寿宫	万载县城	仅剩遗址	来自笔者2017年8月16日下午对宜春市道教协会会长吴雪娥的电话采访

① 资料来自笔者2017年8月16日下午对宜春市道教协会会长吴雪娥的电话采访。
② 资料来自笔者2017年9月1日下午对宜春市道教协会黄碧玲道长的电话访谈。
③ 资料来自笔者2017年8月16日下午对宜春市道教协会会长吴雪娥的电话采访。

就宜春地区现存万寿宫而言，较多的万寿宫有庙会活动，庙会的时间都在农历八月初一日真君飞升当日及其之前一段时间，但具体时间有细微的区别。国家宗教事务局官网"宗教活动场所基本信息"显示，宜春地区登记在册的万寿宫共有 6 座，这意味着这 6 座万寿宫有正常的道教活动。现将这 6 座登记在册的万寿宫概况列成表 5，以资参考。

表 5　在国家宗教事务局登记在册的万寿宫一览[①]

分布市县	场所名称	所属派别	所在地址
樟树市	万寿宫	正一	樟树市经楼镇经楼村委
樟树市	临江万寿宫	正一	樟树市临江镇边仔街
樟树市	大万寿崇真宫	正一	樟树市阁山镇黄家巷村委鹅溪村
丰城市	剑邑万寿宫	正一	丰城市尚庄街办桥西街 01 号大桥公园内
丰城市	金凤山万寿宫	正一	丰城市泉港镇潭埠村
铜鼓县	万寿宫	全真	铜鼓县高桥乡胆坑村潭湾组

丰城剑邑万寿宫崇奉许真君，每年农历七月十八日至八月十五日举行庙会活动。农历七月三十日晚上，道士会做道场，拜唱许真君经书。道士们的道术来自师父的传授，融合了儒、释、道三家的仪式，与西山万寿宫、龙虎山天师府存在较大的不同。每年庙会活动期间，朝拜人数达十多万人，他们来自丰城、南昌、樟树和抚州。[②]

丰城金凤山万寿宫的庙会活动始自农历七月二十五日，至八月初一日结束。大型香会时，道士们会进行仪式性的请神，叫"做神"。农历七月三十日和八月初一日两天，有香客上千人，他们主要来自丰城本地和樟树、高安等方圆几百里之内的地区。[③]

樟树临江万寿宫在农历二月十九日、六月十九日、八月初一日、九月十九日都有庙会活动，因农历八月初一日是许真君飞升之日，当日庙会规模最

---

① 国家宗教事务局官网，http：//sara. gov. cn/csjbxx/index. htm。
② 资料来自笔者 2017 年 8 月 16 日下午对宜春市道教协会会长吴学娥的电话采访。
③ 资料来自笔者 2017 年 9 月 2 日傍晚对金凤山万寿宫徐云凤道长的访谈。

大。宫中无道士，仪式由香客自己举行。庙会时，香客来自附近地区，主要是年老者，他们会力所能及地带来一些钱和米、面、油之类的用品，然后自发在宫中聚餐，他们少数在庙会时会住宿宫中。[1]

樟树经楼镇万寿宫的庙会则在每年农历正月二十七日（许真君的生日）、二月十九日、六月十九日、八月初一日（真君飞升日）、九月十九日（观音生日）举行，有香客朝拜，农历八月初一日很热闹，参加者有几百人，整天鞭炮声不断，香客聚餐者达十多桌，农历七月三十日晚尤其热闹，等到凌晨零时开始朝拜。平时香客不多。香客主要来自经楼镇和张家山等周围地区，老人多，也有成了家的年轻人。而且每年正月管事者会选天气好的一天抬真君像绕危、黄、简、郭、严和方等 8 姓房屋及园子村出游，真君像过家门时，每家可自愿放鞭炮。重建了万寿宫后，该地人去西山万寿宫朝拜的就少了。樟树经楼万寿宫中没有道士，庙会活动由香客自发进行。[2]

三　宜春万寿宫文化开发中存在的问题

发展到现在，宜春地区万寿宫存在一些亟待解决的问题，笔者现结合相关资料及实地调查采访所得，将宜春地区万寿宫文化发展存在的问题阐述如下。

（一）经费不足，缺少政府财政支持

从宜春地区万寿宫的现状看，很多万寿宫基本为"自传""自养"，经费大多来自香客，一般情况下政府很少拨款，如需修建大的工事，则可向政府申请拨款，但金额不大。[3] 甚至有些万寿宫修建的经费完全来自民间。如樟树市经楼镇万寿宫的修建始于经楼村的 30 名村民，他们自愿出钱出力，

---

[1] 资料来自笔者 2017 年 9 月 2 日上午对樟树临江万寿宫宫中管事婆婆的采访。
[2] 资料来自笔者 2017 年 9 月 2 日下午对樟树经楼镇万寿宫宫中管事婆婆的采访。
[3] 资料来自笔者 2017 年 9 月 2 日傍晚对丰城金凤山万寿宫徐云凤道长的访谈。

最终将原位于经楼镇粮管所的万寿宫重建于原址附近，至今该万寿宫的日常开支仍完全来自民间。由于经费短缺，经楼镇万寿宫没有足够的经费延请住宫道士，而只有一名老婆婆在宫中负责开关电灯及日常打扫等工作。[①] 因经费紧张，樟树临江万寿宫虽能基本保持原貌，头门及头门上的雕刻保存完好，但建筑破败不堪，缺少足够的维修经费。[②]

（二）万寿宫道场性质发生转变

从严格意义上说，万寿宫应是净明派道场，但现实中不少万寿宫变为全真道的道场，在一定程度上可以认为这些万寿宫的道场性质发生了变化。丰城万寿宫的师承关系也与西山万寿宫有差异。丰城万寿宫的道长基本为道教学院毕业，而且基本为女道长，她们的辈分是从龙虎山传承下来的，应属于天师道，和西山万寿宫不一样。[③] 正如表5所示，尽管宜春地区大多数万寿宫的宗教活动由净明派主持，但仍有少部分万寿宫已变成全真道的道场，铜鼓县万寿宫即为突出的一例。甚至如经楼镇万寿宫，其道教活动没有道士主持，基本由民间自发进行。[④]

（三）信众老龄化，缺乏"有生力量"

除目前在宜春地区影响最大的丰城剑邑万寿宫外，其他万寿宫的香客较少。如丰城市金凤山万寿宫在庙会高潮期的农历八月初一日有上千名香客，他们主要来自方圆几百里之内的地区，如丰城本地、樟树和高安等地；[⑤] 樟树临江万寿宫的香客最多时有200多人，最少时只有几十人，他们主要是附

---

① 资料来自笔者2017年9月2日下午在经楼镇万寿宫（即国家宗教事务局官网上的"樟树市万寿宫"）的调查采访。
② 资料来自笔者2017年9月2日上午在临江万寿宫的调查采访。
③ 资料来自笔者2017年9月对丰城金凤山万寿宫道长徐云凤的访谈。
④ 资料来自笔者2017年9月对经楼镇万寿宫（即国家宗教事务局官网上的樟树市万寿宫）附近村民的调查采访。
⑤ 资料来自笔者2017年9月对丰城市金凤山万寿宫徐云凤道长的访谈。

近的老者，而年轻人则前往西山万寿宫朝拜。[1] 经楼镇万寿宫平时香客不多，即便是庙会期间也只有几百人，含老人和已成家的年轻人，他们主要来自经楼镇及张家山等周围地区。[2]

（四）供奉的神灵谱系混杂，许真君的位置有待凸显

与笔者在贵州所看到的相似，宜春地区有些万寿宫所供奉的神灵系统也较为混乱。如总共五进的樟树临江万寿宫主前殿供弥勒佛、如来佛，后殿供许真君；左前偏殿供奉梦三娘、财神，左后偏殿供阎王菩萨、地藏王菩萨；右前偏殿供太阳神、药王菩萨，右后偏殿供韦陀、观音菩萨。许真君神像未占据前殿的位置，而是位于后殿，[3] 佛、道神仙共处一堂，与原本意义上的万寿宫的神灵系统相差较大。樟树市经楼镇万寿宫主殿虽供奉许真君，但右殿供奉地藏王，殿左是慈航殿，殿后是大雄宝殿，[4] 可以说是佛、道神灵混为一体。在一定意义上可以说，这种混杂的神灵系统是中国宗教信仰功利性的一个反映，也是民众对传统万寿宫神灵系统的一种灵活变通和改造。

（五）万寿宫建筑有的仍未交付万寿宫专用

宜春地区影响最大的剑邑万寿宫现位于尚庄街办桥西街 01 号大桥公园内，但该万寿宫的老建筑原被商会占用，现为博物馆所在地。尽管新万寿宫在规模上要远大于老万寿宫，但在历史韵味方面则要逊色于老万寿宫。[5] 如能将老建筑和原址交予万寿宫使用，则对丰城万寿宫的进一步发展裨益良多。

---

[1]　资料来自笔者 2017 年 9 月在樟树临江万寿宫的调查采访。
[2]　资料来自笔者 2017 年 9 月对经楼镇万寿宫（即国家宗教事务局官网上的樟树市万寿宫）附近村民的调查采访。
[3]　资料来自笔者 2017 年 9 月在樟树临江万寿宫的调查采访。
[4]　资料来自笔者 2017 年 9 月 2 日下午对经楼镇万寿宫附近村民的调查采访。
[5]　资料来自笔者 2017 年 9 月 2 日傍晚在丰城剑邑万寿宫的调查采访。

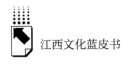
四　宜春万寿宫文化发展对策

（一）政府与宗教界合作，促进万寿宫文化更好发展

各市、县党政相关部门应遵循处理好同爱国宗教界人士关系的四项原则：政治上团结合作，生活上互相帮助，事业上相互扶持，信仰上相互尊重。充分发挥政府的指导与协调作用，深入挖掘万寿宫优秀传统文化资源，重视其对社会稳定发展的重要作用，主动从各方面为目前不振的万寿宫文化解困，因为这是一项社会文化系统工程，仅靠宗教界的力量是很难办到的，只有上下合力，才能使宜春万寿宫传统文化重新焕发生机与活力，促进宜春地区经济社会更好发展。

（二）恢复和重建曾经影响较大的万寿宫

在一定程度上可以说，没有万寿宫建筑和场所，万寿宫文化和庙会就失去了依据，因此，适当修复在历史上影响较大的万寿宫建筑是发展的基础。宜春地区的宜春市、万载县、宜丰县、丰城市等地都存在过较多的万寿宫。① 如能适当恢复其中有较大影响力者，将能在一定程度上推动万寿宫文化的恢复和庙会的发展。

（三）还万寿宫给道教界管理，是一种比较好的方式

从宜春地区现状来看，有不少万寿宫建筑仍被其他单位占用，有的属于文物保护单位，由有关事业单位管理。在老百姓心目中，对老的宗教场所比较看重，只要稍微修缮一下，就能够形成人气，费力少，花钱不多；他们对新建的宗教场所不认同，即使再花重金打造，也难以产生人气效果，与其避轻就重，不如投其所好。因此，有关部门应该多下去调查，顺应民意。

---

① 宜春地区万寿宫的数量可参考章文焕著《万寿宫》，华夏出版社，2004，第388～394页。

（四）培育万寿宫文化的"有生力量"

正如上文所述，丰城和樟树万寿宫的信众大多为年老者，即便有年轻人，也主要是成家之后的年轻人，这对万寿宫文化的进一步发展壮大产生了一定的阻碍。其实万寿宫宣扬的"净明忠孝"文化是全社会都应学习和践行的，不应是老年人的"专利"。只有在全社会，尤其是年轻人中宣传万寿宫文化，传播万寿宫文化，才能为万寿宫文化的进一步传扬和发展奠定良好的基础。

热点研究

Hotspot Studies

B.15

南昌铁柱万寿宫历史文化保护与开发

梅联华*

摘　要： 南昌铁柱万寿宫始建于西晋怀帝永嘉六年（312 年），初名
"旌阳祠"，它坐落在南昌万寿宫历史文化街区章江码头的广
润门内，在清末民初是南昌城的水陆中心。铁柱万寿宫由于
地处南北航运的枢纽位置，又处于洪水的多发地区，以许真
君铁柱锁蛟、治理水患而闻名于世，是人们传颂许真君治水
"功迹"之地。万寿宫文化品牌是江西先民历经几个世纪闯
荡拼搏、艰苦奋斗而创响的，它具有浓郁的江西地域特色，
寄托着深厚的乡情乡思，记录着江西人的奋斗与成功，南昌
铁柱万寿宫是赣商乃至天下江西人寻根归宗的归属地和精神
家园，是南昌市最具价值的文化名牌和城市名片。本文主要

＊ 梅联华，南昌市民俗博物馆馆长、研究员。

从南昌铁柱万寿宫的历史演变、南昌铁柱万寿宫恢复筹建工作、南昌铁柱万寿宫复建开发和利用中存在的矛盾、对南昌铁柱万寿宫文化发展的思考和建议这四方面撰写。

关键词： 文化保护利用　南昌　铁柱万寿宫

一　南昌铁柱万寿宫的历史演变

南昌铁柱万寿宫始建于西晋怀帝永嘉六年（312 年），初名"旌阳祠"。它坐落在江西省南昌市西湖区，位于南昌府城内的西南角，前临广润门，北临中山路，西临合同巷，南临翠花街，地处章江码头的广润门内。旧时，南昌铁柱万寿宫后有巡抚衙门、监察院、都察院、南昌县衙等众多衙署，占据极为重要的地理位置。由于地处南北航运的枢纽位置，又处于洪水的多发地区，铁柱万寿宫以许真君铁柱锁蛟、治理水患而闻名于世。

许逊是江西一个极富传奇色彩的历史人物，民间传说他斩蛟治水，造福乡里，获得历代百姓的崇祀，并被尊为道教"净明忠孝派"的创始人许真君。南昌铁柱万寿宫是人们传颂许真君治水"功迹"之地。

光绪《南昌府志》中，铁柱万寿宫端列《典祀志》"祠庙"之部，与府城之文武庙、文昌宫、省城祠庙、五贤词、理学名贤祠、大忠祠、大节祠等官立祭坛相并列。①

《祀典》曰："法施于民则祀之，能御大灾则祀之，能捍大患则祀之。"故"功迹"才是许逊仙化与江西化的重要前提。盖无功者不入英雄之列，非英雄则无民崇祀，自然无从"位列仙班"。明人万恭更明白地指出："洪之民德敬之先生（指许逊）甚厚，即其所维铁柱井而祀之西湖之阳，第曰

---

① 光绪《南昌府志》。

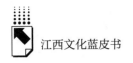

'福主'而不名。非祀仙也，祀功也。"①

铁柱万寿宫则逐渐演变为宫观和会馆的结合物，是南昌士人公认的"统宗"、"会元"和"仙府宗盟"。唐代，江西划为江南西道，经济日渐繁荣，全国各地来赣的商贾川流不息，南昌可谓"舸舰迷津，青雀黄龙之轴"。唐宪宗元和年间（806～820年）韦丹被任命为江西观察使，在南昌修筑赣江大堤，旌阳祠改为"铁柱观"。

北宋时，铁柱观已成为江南两路百姓的共同朝拜中心。大中祥符二年（1009年）宋真宗将铁柱观改用"景德"年号，赐名"景德观"。许多江西籍名儒崇敬许旌阳。神宗熙宁九年（1076年），南丰曾巩知洪州军，重修铁柱观，并请王安石撰写了一篇掷地有声的《重建旌阳祠记》，更提升了南昌铁柱万寿宫的文化品位。

南宋嘉定元年（1208年），宁宗赵扩御书"铁柱延真之宫"匾额竖于宫上，将观改为宫；元贞元年（1295年）成宗继承皇位，尊孔崇儒，佛道并用，对南昌铁柱宫倍加重视，又将万寿宫原额"铁柱延真之宫"改赐为"铁柱延真万年宫"，加"万年"两字，在于让百姓颂扬皇帝万岁之意。

明代朱元璋来到南昌城，首先是去铁柱宫降御香，成为第一个在铁柱宫进香的皇帝；嘉靖四十五年（1566年），世宗赐南昌铁柱延真万年宫为"妙济万寿宫"，并御书"神仙怡世"，封许逊为"神功妙济真君"。从此，万寿宫成为省内外祀奉许真君祠庙的共同称号。

明朝气节、事功、文章第一人王阳明在大婚之日与南昌铁柱万寿宫内道士交谈一夜，错过婚礼。20年后，王阳明被贬贵州龙场驿，在福建武夷山下投宿的寺庙中又遇见了那个铁柱万寿宫道士。道士见了他，口中吟道："二十年前曾见君，君来消息我先闻。"王阳明想起很是感慨。

明万历二十八年（1600年）铁柱万寿宫毁而复建，张位（1533～1605年，新建人，官至吏部尚书）作《重建万寿宫记》云：万历二十八年冬十

---

① 《祀典》。

二月兴工，"首创真君殿一重，高若干，方广若干，悉从旧制……继前门二门，继诸仙殿两廊、铁柱池、钟鼓楼，又继圣像易铜以塑；继画四壁仙邮册迹，继建玉皇阁；继前街门，外用墙围之，左右开雍门，又前辟小沼，深三尺，宫以内诸水皆潴焉。至万历戊申（1608 年）冬告成"。该宫整体建筑高耸雄伟，规模宏大。大门"一"字形分中、东、西三门，门楣上有楷书"万寿宫"三字，圆润浑厚，传为严嵩手书。进门有一镂花石栏水池，中养水藻，再前左有一井，传与江水同消长，中有铁柱，为许逊所铸，以镇蛟螭之害。通道两侧是一排专卖香烛、玩具、小吃的摊店。

正殿的背后是供奉玉皇大帝的凌霄宝殿。殿中奉有玉皇，周边是三山、五岳、雷部诸神像。殿左凿有八角井一口。相传井水与赣江相通，井口立有铁柱，柱上栓有铁链，传言中铁柱"出井数尺，下施八索"，以钩索地脉。传说中许逊是以铁链来镇蛟除害的，古名"铁柱观"也因此而来。

明清时期，铁柱万寿宫演变成宫观加会馆的结合物，成为"遍中国十八省"上千所会馆性质的"万寿宫"的总部，其"祖庭""总宫"的地位遂愈益突出。熊钊在《铁柱延真宫纪录序》中说："是宫之在豫章也，以铁柱之镇而地益胜，严旌阳之祀而道益尊。老氏之流，来游来瞻，若统之有宗，会之有元也。"道光十八年（1838 年），熊境心撰《重修铁柱宫记》，更加明确地说："庶乎！铁柱神宫，永为神仙会同之地，与各省镇市会馆共赋翚飞，同瞻鹤仪。仙府宗盟，端在是矣。"

重建后的铁柱万寿宫，吸引来往南昌的商旅流连不已。意大利传教士利玛窦（1552～1610 年）于明神宗万历二十三年（1595 年）来赣，从南安乘船到南昌登岸，偶然观览铁柱宫，见其规模宏大，周围集市热闹非凡，便走进了宫内，被一群好奇的百姓围观。后来他在传记内写道："庙建设宏伟，里外都是做生意的，好像天天开商展会似的，极为热闹。"他把铁柱万寿宫介绍到了欧洲。

清仁宗嘉庆九年（1804 年）加封许逊为"灵感普济之神，官为致祭"，铁柱万寿宫再次被定为江西地方行政官员举行祭祀的场所。鸦片战争爆发后，开五口通商，西方宗教渗入内地，江西人仍然保持着对许真君的信仰。

现南昌铁柱万寿宫遗址保留"清道光二十八年（1848年）《重修铁柱宫记》石碑"。

民国四年（1915年）铁柱万寿宫附近失火，延烧至宫内，两座大殿被焚，只剩许真君铜像，省、市各界十分痛惜，市民焦灼，陈筱梅以南昌总商会和慈善总会长兼万寿宫重建总理名义与其他商绅向全省募捐重建，聘请能工巧匠，历经5年，费工30万人，终于在民国八年（1919年）修缮完成。

新落成的铁柱万寿宫，整个建筑占地十余亩，宫内前后殿均为七列五进架梁式建筑，正殿外有天宫牌楼，上额为"忠孝神仙"匾额。正大殿、夫人殿、谌母殿、三元殿、戏台飞檐仰空，金碧辉煌。宫殿布局错落有致，既具有雄伟壮观之貌，又含有清雅幽静之境；既是道教庙宇，又具有艺术宫殿之明清建筑特色。大殿建造颇具特色，前有栅门和牌楼，楼顶以华拱、重拱承托。殿高达15米，全部采用榫卯衔接，构成"八卦悬顶"，是艺术瑰宝。井结构复杂，中轴为阴阳太极图，四角为四象，即春夏秋冬。殿前木牌楼上，镌有"忠孝神仙"四字。① 该牌楼结构严谨，斗拱昂头不一，栉比伸缩，翘角隔叠，琳琅满目，柔和绚丽。主殿屋顶，琉璃黄瓦，耀眼争辉，正脊上龙凤飞舞，鳞兽奔跑，八仙悠然，造型逼真。风吹金铃，悠扬悦耳，营造了古庙的气氛。

大殿正中，福主菩萨雕像端坐在1米高的砖阶的龙首靠背木椅之上，形态悠乐。香案之后置有铁柱环形油灯百盏，点燃时火光熊熊，更增添了大殿庄严气氛。殿前左右，分立两丈（约6.7米）多高的吴猛、郭璞立像。正殿两侧，十二真人分坐在各自神龛中，神态各异，传神动人。后为韦驮圣像，昂立俯视，其貌狰狞。殿前外面，有一高达3米的铁柱香炉，三层叠起，飞龙四绕，八角嚙环，炉顶盖上镌有狻猊，滴水瓦当分明，精湛的铸造工艺，真可谓独具匠心。

大殿之西，有三进石库建筑为夫人殿，古色古香，别具一格。殿中福主夫妇并坐神龛之中，仪态洒脱，惟妙惟肖。后进还设床席，帐被齐全。这里

---

① 陈立立等：《万寿宫通志》，江西人民出版社，2008，第6页

虽没有正殿壮观，但布局主次和谐，相得益彰。再西还有其他附属建筑物，如逍遥别馆等，民国时为省市商联会、商团救火会、商业夜校、华光日报社等单位所借用。

铁柱万寿宫中的雕刻艺术是南昌各古寺庙所不及的。大殿内外四周所有的柱、桁、梁、门、窗、壁，无一处没有雕刻，其中平雕、镂空、立体雕都有。内容多是《西游记》《三国演义》《封神榜》《水浒》以及"二十四孝""八仙过海"中的故事，人物繁多，姿态不同，人物佩带齐全，动作各异。雕刻故事贯通古今，禽兽生肖，山水花草，腾云飞天，无一不备。作品红漆贴金，层次突出，牛动优美，立体感强，具有很高的艺术价值。这是一座独具传统民族艺术风格之宫殿。

在漫漫千年中，铁柱万寿宫的经历也是曲折坎坷的。根据史料记载，南昌铁柱万寿宫历经各朝，屡毁屡建，但原址未变。在南昌铁柱万寿宫的历史沿革中，我们可知其经历了多次毁建，其中万历二十八年（1600年）、雍正二年（1724年）、同治十年（1871年）三次万寿宫的重建，均留有记文和舆图，具有较大的参考价值。

万寿宫万历二十八年的平面布局为：正殿是真君殿，在真君殿前设有敕书亭［《道光南昌县志》、民国二十四年（1935年）《南昌县志》均有明确记载］，设前门和二门，殿后建有玉皇阁；真君殿东西两侧有诸仙配殿、两廊与钟鼓楼；前门以外用围墙环绕，门前辟有水池，门前左右墙上开辟瓮门。这是一组非常完整的建筑群。从嘉靖时期的文人孔目与邹阳的《万寿宫玄帝殿记》中，我们完全可以认为万寿宫已具备了比较完整的建筑制度。万历二十八年的重建是在嘉靖时的建筑的基础上历时8年才完工，为历代重建规模最大的一次，此次重建奠定了此后万寿宫的基本格局。

雍正元年（1723年）万寿宫遭火灾，次年重建，雍正二年建成；此次重建的平面布局大体沿用了万历二十八年以来确定的格局，不同之处在于，正殿两侧新增了东西庑房，在正殿前设有供奉"十二真人"的东西配殿，其南侧是白马、水府、三皇等神祠，在后殿两侧新增配殿与大门前的游廊，在两门之间增加了东西厢房，取消了敕书亭与钟鼓楼。

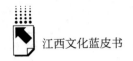

清同治十年的万寿宫仍保持了万历以来的平面格局，此次重建不同之处在于，大门与二门均采用了较复杂的重檐造型，玉皇阁也仿照正殿，添建了牌楼式的抱厦。

1915年万寿宫正殿与后殿被焚毁并重建，两座殿堂的规模和等级在原有的规模上均有扩大，重建后的玉皇阁改成了凌霄宝殿，万寿宫的规模也达到了历史的顶峰。①

民国十八年（1929年），铁柱万寿宫两侧的摊店全被焚毁，幸未罹及大殿。由此这些商店迁至宫外对面放生池四周营业。

抗日战争时期，南昌被日军占领，万寿宫遭蹂躏。抗战胜利后，南昌总商会主持整修，又使万寿宫焕然一新。万寿宫每年立秋前后举行庙会，香客如潮，各县各乡农民携带农产品进城赶庙会，可谓商贾云集、贸易兴旺。

1966年"文革"时期，铁柱万寿宫惨遭浩劫，宫内神像、法器被纵火焚毁，殿堂拆毁，现仅剩一段断垣及三元殿、谌母殿等残垣破壁。

南昌铁柱万寿宫的历史演变可参见表1。

铁柱万寿宫开始只是单纯祭祀许真君的道观，到明清时期，铁柱万寿宫逐渐发展为商贸交流、商贾聚会的场所，是江西重要的商贸中心。遍布海内外的江西商人建立万寿宫（会馆）并将其作为同乡聚会之所，把万寿宫作为江西商人文化信仰的寄托、乡土情感的纽带，把万寿宫作为自己的保护神，万寿宫逐渐成为赣商的标志，目前海内外共有1400余座万寿宫，南昌铁柱万寿宫作为"祖庭"，是赣商乃至天下江西人寻根归宗的归属地和精神家园。

同福建等沿海地区信仰妈祖、晋商信仰关公一样，"江西福主"许真君是江西特有的地方保护神；铁柱万寿宫以"宫观加会馆"的形制，被江右商帮和历代移民带往全国各地乃至海外，成为海内外赣人共同的信仰和集体

---

① 江西省文物考古研究所、南昌市博物馆、南昌市民俗博物馆：《南昌铁柱万寿宫遗址考古发掘报告》。

乡愁。

经多方呼吁，在南昌市人民政府支持下，万寿宫于 2000 年 2 月在南昌城区象湖重建，2004 年 5 月竣工。随着南昌的地铁建设，南昌市人民政府正在全力打造"万寿宫历史文化街区"，修复铁柱万寿宫，建设南昌万寿宫博物院，使之成为体现南昌市景民情的特色街区。

表 1　南昌铁柱万寿宫历史演变总览

朝代	纪年	公元	名称
西晋	怀帝永嘉六年	312 年	旌阳祠
唐	唐宪宗元和年	806～820 年	铁柱观
	唐咸通年间	860～874 年	天柱观
宋	大中祥符二年	1009 年	景德观
	徽宗政和八年	1118 年	延真观
	嘉定元年	1208 年	铁柱延真之宫
元	元贞元年	1295 年	铁柱延真万年宫
明	嘉靖四十五年	1566 年	妙济万寿宫
清	道光二十八年	1848 年	碑刻《重修铁柱宫记》称铁柱宫

二　南昌铁柱万寿宫恢复筹建工作

万寿宫孕育于西汉至两晋时期，兴旺发展于隋唐至两宋时期，鼎盛于明清时期，它与南昌城市的发展史息息相关，既是南昌城市历史的缩影，也是南昌城市荣辱兴衰的见证。南昌铁柱万寿宫位于南昌万寿宫历史文化街区，是整个历史文化街区的灵魂所在。

随着社会的变迁，如今的万寿宫历史文化街区已成为亟须改造的棚户区，在这样的历史背景下，保护并修复好铁柱万寿宫遗址对南昌历史文化名城的保护和发展有重要的意义。2014 年 10 月 16 日，中共江西省委常委会专题研究《铁柱万寿宫文化遗址设计方案》，省委主要领导强调"铁柱万寿宫文化遗址规划建设"应把握几点原则：一是要从旅游六大要素出发，文化内涵要与

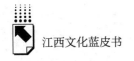

万寿宫文化遗址周边的文化相协调；二是规划建设文化定位要准，万寿宫文化遗址应成为展示江西非物质文化遗产的中心，把南昌市民俗博物馆放进来；三是要恢复铁柱万寿宫的建筑，淡化宗教香火，做足南昌民俗文化，把铁柱万寿宫文化遗址打造成南昌民俗文化特色街区。

据此，负责铁柱万寿宫复原建设设计的清华大学建筑设计研究院有限公司于2015年4月向南昌市政公用投资控股有限责任公司提请了《关于南昌万寿宫建筑遗址发掘的申请函》，南昌市政公用投资控股有限责任公司万寿宫历史文化街区建设项目部于2015年4月14日向南昌市文化广电新闻出版局提请了《关于恳请尽快介入市二十一中（原铁柱万寿宫所在地）场地开挖的请示》，南昌市文化广电新闻出版局于2015年4月20日向江西省文化厅提请了《关于申请对市二十一中（原铁柱万寿宫所在地）地下文物情况进行调查勘探的请示》（洪文物字〔2015〕24号），江西省文化厅文物局批复江西省文物考古研究所承担该项工作。

铁柱万寿宫遗址考古发掘队伍构成：主管单位为江西省文物局；发掘单位为江西省文物考古研究所、南昌市博物馆、南昌市民俗博物馆；协作单位为南昌市文化广电新闻出版局、南昌市政公用投资控股有限责任公司万寿宫历史文化街区建设项目部。

（一）铁柱万寿宫遗址考古发掘的目的

通过考古勘探得知，铁柱万寿宫遗址在平面布局上只是建筑数量略有增减，规模和等级略有变化而已，因此，考古发掘工作的目的主要有两个。

一是根据考古学的原理，从晚至早逐层揭示历代万寿宫的建筑基址，厘清各个时期残存的平面布局，为了解南昌铁柱万寿宫的兴衰演变提供科学依据。

二是采集原址上出土的各类标本，尤其是原址上出土的原南昌铁柱万寿宫建筑构件、供奉用器均要进行分类整理，这既可为我们了解万寿宫的建筑用材提供参数依据，也可为今后南昌万寿宫博物院的展示提供具有历史价值的标本展品。

（二）铁柱万寿宫遗址的分期

从揭露的遗迹现象和叠压打破的关系判断，南昌铁柱万寿宫保存下来的建筑基址主要可分为以下三个时期。

1. 明代（以嘉靖－万历时期为代表）

从地层上来说，该时期的地层处于最底层。该时期的遗迹多被晚期叠压或打破，保存下来的遗迹较少。建筑用材主要是加工精致的红岩石，青砖铺地。

2. 清代（以雍正时期为代表）

这时期整体布局沿用前代，红岩石仍被利用，但已经较多地使用青石质材料，墙体结构多采用青石板贴面的双边墙体。

3. 同治至民国四年（1915年）

该时期平面布局有所扩大，建筑基址保存最为完整。通过中轴线对称原理，基本可以复原当时的建筑格局。青石、麻石是主要使用的建筑材料。

万寿宫虽然已毁，但在原址上留下了大量残损的建筑构件、生活用品及极具宗教色彩的供奉用器、石狮等遗物，原二十一中建设时收集和保存了釉瓦、铭文砖等，这些遗物都是反映不同时期历史文化风貌的珍贵实物资料。根据南昌铁柱万寿宫史料记载的平面格局，对比经过系统发掘已揭露的建筑基址和相关遗迹，通过考古发掘队伍专业人员的初步梳理，发掘区分三个部分。

一是铁柱万寿宫正殿（含正殿南面的甬道）。正殿靠近翠花街一侧，在原南昌二十一中东围墙店铺建设过程中受到严重破坏，相关遗迹基本不存。正殿与月台之间是原南昌二十一中教学楼的位置，教学楼的墙基对万寿宫的正殿遗迹造成一定程度的破坏，但我们依然可以辨认出在正殿前牌楼式抱厦的建筑遗痕。月台以南（含月台前的甬道）遗迹基本保存完整。

二是铁柱万寿宫后殿（含正殿与后殿之间的甬道）。后殿南部为原南昌二十一中教学楼位置，教学楼墙基对万寿宫的后殿造成一定程度的破坏。相关遗迹保存不多，仅剩后殿东侧的地下通道。后殿大部分位于原南昌二十一中北围墙以外，由于南昌万寿宫商城停车场的建设及规划限制等原因，未进

行考古发掘与清理。后殿与正殿之间的甬道保存基本完整。

三是铁柱万寿宫庑房及配殿。西部庑房及配殿的遗迹保存较完整。东部庑房遗迹无存。南面保存有配殿的局部（八角锁蛟井位置）遗迹。①

南昌铁柱万寿宫经过考古发掘清理工作后，揭露出来了大量的遗址，其中具有代表性的有：正殿、后殿、焚香炉、八角锁蛟井、二门以及庑房、配殿、生活用水井、墙基、排水设施、钟鼓楼等。

历史记载上有汉将灌婴（一说陈婴）始筑南昌城的故事，但是从来没有找到过地下实在的物证。通过此次考古发掘可知，许真君在晋代留下的"铁柱井"仍在原处，被封存在原南昌二十一中的地底下，是南昌城迄今最早的、深插地脉的"城根"，是具有近1800年历史的文物。

（1）八角锁蛟井位于发掘区东南角（二门内的东侧）。分为上、下两个井口，两井口相距222厘米，均为正八边形。上井口边长为100厘米，下井口边长为87厘米，两井口之间为正方形直筒井壁，边长为250厘米。正方形直筒井壁上端在四角横架麻石条，构成上井口的八边形。原南昌二十一中在教学楼施工时，水泥基桩落在井中。

（2）钟鼓楼残损严重。明万历二十八年（1600年）重建时，设有钟鼓楼。雍正二年（1724年）重建取消了敕书亭与钟鼓楼。钟鼓楼为多边形基座，外围长方形红岩石板贴边。

（3）本次发掘出土的遗物主要可以分为两大类：第一类是与万寿宫建筑相关的遗物，即建筑构件；第二类是与万寿宫的宗教祭祀活动相关的遗物。从出土的瓷器来看，遗物年代从明朝开始一直持续到民国，这些瓷器是今后在万寿宫历史文化街区成立的南昌市民俗博物馆（南昌万寿宫博物院）进行陈展的重要藏品，因此对各类出土遗物进行采集和登记将贯穿考古发掘工作的始终。②

---

① 江西省文物考古研究所、南昌市博物馆、南昌市民俗博物馆：《南昌铁柱万寿宫遗址考古发掘工作报告》。

② 江西省文物考古研究所、南昌市博物馆、南昌市民俗博物馆：《南昌铁柱万寿宫遗址考古发掘工作报告》。

（三）铁柱万寿宫考古发掘主要收获

通过考古发掘清理，揭露了各个时期的建筑基址，根据中轴线对称原理，基本可以复原晚清至民国时期南昌铁柱万寿宫的平面布局，为了解南昌铁柱万寿宫的兴衰演变提供了科学依据。同时，收集的大量建筑构件，既可为我们了解万寿宫的建筑用材提供参数依据，也为今后的陈列展览提供难得的实物材料。从考古挖掘工作成果看，铁柱万寿宫遗址保护价值在于以下几个方面。

一是根据考古学原理，从晚至早逐层揭示历代万寿宫的建筑基址，厘清各个时期残存的平面布局，为了解南昌铁柱万寿宫的兴衰演变提供了科学依据。

二是采集原址上出土的各类标本。尤其是原址上出土的原南昌万寿宫建筑构件、供奉用器均要进行分类整理，它们既可为我们了解万寿宫的建筑用材提供参考依据，也可以为今后铁柱万寿宫遗址展示利用提供具有历史价值的标本。

三是铁柱万寿宫遗址的文化遗存是研究南昌古城发展史、江西移民史、江西会馆文化史、南昌明清时期商业文化史、南昌经济发展史等文化的参考依据，是南昌历史文化的重要见证。

（四）前期铁柱万寿宫恢复重建的保护和利用工作

铁柱万寿宫的恢复重建和铁柱万寿宫遗址的保护和利用工作受到了社会各界的广泛关注。2015 年 8 月 5 日，中共南昌市委召开"南昌市万寿宫历史文化街区建设领导小组"第三次工作会议，会议明确在万寿宫遗址上复建铁柱万寿宫，并在南昌市民俗博物馆增设南昌万寿宫博物院牌子。为做好铁柱万寿宫陈展前期的准备工作，2017 年 1 月南昌市民俗博物馆（南昌万寿宫博物院）与江西省文物商店合作，向全国征集万寿宫相关文物（实物）。

为切实加强对铁柱万寿宫遗址的保护与利用，传承弘扬以许真君为代表的铁柱万寿宫文化，提升城市文化品位，增强文化自信，2017 年 2

月至 3 月，南昌市人大常委会副主任魏国华率领部分南昌市人大代表，南昌市文广新局、南昌市社科联、南昌市政公用集团等单位负责人，深入西山万寿宫、南昌万寿宫文化街区建设工地进行实地调查，并赴湖北武当山玉虚宫和浙江杭州雷峰塔、严官巷南宋御街遗址等进行学习考察，通过座谈会的形式广泛征求关于文化、规划、发展和改革的当地政府以及专家学者的意见建议。

南昌铁柱万寿宫的恢复重建工作筹建阶段的情况参见表 2。

表 2　南昌铁柱万寿宫恢复筹建阶段一览

时间	内容	责任单位	状态
2014 年 10 月 16 日	《铁柱万寿宫文化遗址设计方案》	中共江西省委常委会	已完成
2015 年 4 月 2 日	《关于南昌铁柱万寿宫建筑遗址发掘的申请函》	清华大学建筑设计研究院有限公司	已完成
2015 年 4 月 14 日	《关于恳请尽快介入市二十一中（原铁柱万寿宫所在地）场地开挖的请示》	南昌市政公用投资控股有限责任公司万寿宫历史文化街区建设项目部	已完成
2015 年 4 月 20 日	《关于申请对市二十一中（原铁柱万寿宫所在地）地下文物情况进行调查勘探的请示》（洪文物字〔2015〕24 号）	南昌市文化广电新闻出版局	已完成
2015 年 4 月 25 日	批复《关于申请对市二十一中（原铁柱万寿宫所在地）地下文物情况进行调查勘探的请示》	江西省文化厅文物局批复江西省文物考古研究所承担该项工作	已完成
2015 年 6~7 月	清理晚期建筑垃圾	江西省考古研究所	已完成
2015 年 7~9 月	考古发掘建筑基址	江西省考古研究所	已完成
2015 年 8 月	万寿宫遗址复建铁柱万寿宫	南昌市人民政府	进行中
2015 年 8 月 5 日	成立南昌万寿宫博物院	南昌市编委	已完成
2015 年 10 月	发掘现场资料记录和测绘	江西省考古研究所	已完成

时间	内容	责任单位	状态
2015 年 11 月	资料和图纸初步整理	江西省考古研究所	已完成
2015 年 12 月	考古工作报告编撰，向委托方提交合同规定资料成果，报告文化厅上报批复所需的材料。	江西省考古研究所、南昌市博物馆、南昌市民俗博物馆	已完成
2016 年 5 月 12 日	举办"永恒的圣殿 移民的家园——江西万寿宫历史文化展"	江西师范大学传统社会与江西现代化研究中心	已完成
2016 年 7 月 13 日	《关于南昌市民俗博物馆（南昌万寿宫博物院）陈列展览项目建议书的批复》（洪发改社字〔2016〕44号）	南昌市发展和改革委员会	已完成
2017 年 1 月 3 日	万寿宫博物院展品征集工作	南昌市民俗博物馆（南昌万寿宫博物院）	进行中
2017 年 2 月 21 日	《关于对南昌铁柱万寿宫遗址实施原址保护展示的意见》（赣文保字〔2017〕7 号）	江西省文化厅	已完成
2018 年 10 月	申请成立"中国万寿宫文化研究中心"（国家二级研究机构），召开中国首届中国万寿宫文化研讨会	南昌市民俗博物馆（南昌万寿宫博物院）	筹备中

三 南昌铁柱万寿宫复建开发和利用中存在的矛盾

当前，南昌市正在加快推进万寿宫历史文化街区建设。铁柱万寿宫遗址被很多专家学者称为南昌城市的"根脉"和南昌历史的"见证"，蕴涵丰富的道教文化、商贸文化、移民文化、赣鄱文化的文化特色和浓厚的历史底蕴。至今，历代志书和市民的心中，依然记录着许真君"镇蛟治水"留下的近乎咒语的预言："铁柱镇洪州，万年永不休。八索钩地脉，一泓通江流。天下大乱，此地无忧；天下大旱，此地薄收。地胜人心善，应不出好谋。纵有奸谋者，终须不到头。"去除其神秘的面纱（与预言后来的宸濠之乱有耦合之处），这段预言实际上表达了劝善的思想，以及对江西人民的美好祝福。

因此，保护和利用好这一遗址，选择科学的保护方式非常重要。围绕铁柱万寿宫遗址保护和利用已形成的共识一致认为：铁柱万寿宫应在原址上复建。但对于南昌铁柱万寿宫建筑规制、屋面具体复建做法、铁柱万寿宫遗址保护和利用方式等有所争论，主要存在以下几方面的思路。

（一）关于南昌铁柱万寿宫建筑规制和屋面问题

南昌大学姚赯教授翻阅大量的资料后提出：中国传统文化以礼制为核心，一切规制的运用，取决于礼制中的身份。故欲弄清铁柱万寿宫屋面做法，需首先弄清铁柱万寿宫的身份。南昌铁柱万寿宫的规制，历代南昌府县志籍均有记载，文字大同小异。[1] 铁柱万寿宫在开创之初，实为地方民间祭祀。唐代道教大兴，遂额之曰铁柱观，不过托名道教而已。至宋徽宗政和八年（1118 年），以赵佶崇道，始上许逊尊号，称为真君。明正统元年（1436年）起，列入官府祀典。

同治《南昌县志·典祀志》将万寿宫载于文庙、社稷坛、风云雷雨山川城隍坛、先农坛、雩坛、勾芒坛、厉坛、武庙、文昌宫、风神庙、龙神庙、龙王庙、火神庙、旗纛庙、马王庙、城隍庙、药王庙之后，居第十八位。列其后者，则为澹台祠（祀澹台灭明）、理学名贤祠（祀澹台灭明等47人）、豫章先贤祠（祀澹台灭明等11人，清末已废）、汉槐里侯祠（祀万将军）、梅仙祠（祀梅福）、陈司徒祠（祀陈蕃）、徐孺子祠、高士墓（即徐孺子墓）祠、二圣祠（祀关羽及马祖）等，这些已为私祀。[2] 由此进一步说明，万寿宫的身份本质上仍是民间祭祀场所。铁柱万寿宫最后一次重建竣工于 1919 年，形成其最终面貌。根据记载，其规模形制与同治重建后的规模

---

① 梁思成：《清式营造则例》，中国建筑工业出版社，1981。
② 万历《南昌府志》、乾隆《南昌府志》、同治《南昌县志》、民国《南昌县志》。

形制大体相同。至少在清代，所有志书未载其具有皇家敕建祠庙地位。至少入清以来，历次重建主事者的身份日益降低，由巡抚降为知县，又降为绅商。由此可进一步确认万寿宫的民间祭祀本质。

明清两代，对琉璃瓦屋面的使用均有定制。黄色琉璃瓦仅用于宫殿、皇陵和极少数特别重要的敕建寺观的主体建筑，王府、寺观和次要祠庙可使用绿色琉璃瓦，皇家园林则使用杂色琉璃瓦。具体做法除以一色琉璃瓦满铺屋面之外，还有剪边和聚锦。剪边即以琉璃瓦做檐头和屋脊，以灰筒瓦做屋面主体。聚锦则以两色甚至多色琉璃瓦在屋面上拼成图案，常见者为菱形。无论如何，即使是黄色琉璃瓦剪边，也只能用于大城的城楼或敕建的寺观。聚锦则常见于地方重要祭祀建筑，最常见的是各地府县文庙大成门、大成殿屋面。①

南昌铁柱万寿宫既然不具有敕建祠庙身份，就不可用满铺黄色琉璃瓦屋面。至于其屋面做法，在南昌市城建档案馆仍有少量历史图片可以加以说明。尽管图片是民国年间的，但明清以来的建筑规则仍在继续发挥作用，旧图片中的铁柱万寿宫大殿上檐屋面正是聚锦做法②，类似于赣州文庙大成殿做法。据此，似可推断南昌铁柱万寿宫清末最终面貌中的屋面，当为聚锦琉璃瓦屋面，与其深植民间的悠久历史相一致。具体做法可在此基础上做进一步研究。

（二）悬空构架的复建方式

这种方式是对铁柱万寿宫遗址进行架空保护，沿遗址区域边缘设立止水帷幕，将遗址土层与周边地表土壤隔绝开，使遗址不受周围环境水分的干扰，防止未来地下水位变化等不确定因素对遗址造成破坏；同时将发掘出的遗址区域整体进行架空保护，架空高度为2～4米，形成一个完整的建筑保护壳；遗址范围内无文物区域打桩设置结构柱，支撑起遗址上方复原的万寿宫木构建筑，按照同治年间风格复建铁柱万寿宫，内部设置参观步行道，游

---

① 刘大可编著《中国古建筑瓦石营法》，中国建筑工业出版社，1993。
② 孙大章主编《中国古代建筑史·第五卷·清代建筑》，中国建筑工业出版社，2002。

客可对万寿宫遗址进行全面参观。

这种方式具有以下几个优点。

第一，这种方式可以充分展示铁柱万寿宫遗址，让人与遗址"对话"，感受铁柱万寿宫深厚的文化内涵，了解铁柱万寿宫的兴衰演变。可以感受到深厚的万寿宫文化，进而提升万寿宫历史文化街区的文化品位。

第二，《文物保护法》规定，古文化遗址属于不可移动文物，不可移动文物已经全部被毁坏的，应当实施遗址保护，因特殊情况也可以在原址重建。

第三，2017年2月21日，江西省文化厅专门下发《关于对南昌铁柱万寿宫遗址实施原址保护展示的意见》（赣文保字〔2017〕7号），明确要求南昌铁柱万寿宫不宜进行填埋保护，而应实施原址展示保护。

第四，这是全国各地遗址保护的通行做法。除因自然条件限制、考古发掘条件不成熟、施工技术达不到要求而不得已采取填埋保护方式外，全国绝大多数遗址采取悬空构架的保护方式，如西安的汉阳陵遗址、淄博的齐文化遗址、南京建康宫城遗址等。而且铁柱万寿宫遗址采取悬空构架的保护方式不存在自然条件的限制，技术条件已经成熟。

第五，2016年1月28日召开的南昌铁柱万寿宫遗址考古发掘成果汇报及保护建设方案专家咨询会议也同意采用悬空构架的保护方式。江西省文物考古研究所在《南昌铁柱万寿宫遗址考古发掘工作报告》中也建议"原址上进行悬空构架保护，做到遗址保护和复原建设双赢"。

但悬空架构的保护方式也存在缺点。

第一，由于架空高度有2～4米，架空复建建筑将产生高差，不能完全按照同治十年万寿宫形制建设。

第二，建设成本及维护费用较高，工程实施难度大。

（三）填埋保护的复建方式

这种方式是在遗址上面设黄沙回填层（厚600～800毫米）；上设三七灰土层（厚800～900毫米），内设万寿宫复建建筑阀板基础，分层夯实，然后按照同治年代的格局复建铁柱万寿宫。

填埋保护的复建方式具有以下几个优点。

第一，这种方式可以使复建的铁柱万寿宫建筑整体基座高度与历史吻合，最大限度接近历史原貌，且与万寿宫文化街区建筑群无高度落差。

第二，工程实施便捷，建设成本低。

但填埋保护的复建方式也存在缺点。

第一，不利于万寿宫遗址的全面展示。这种方式将把遗址埋在地下，"不见天日"，原址将不复存在，人无法感受到遗址的存在，把人与遗址、历史的沟通切断了，不利于传播弘扬万寿宫文化。

第二，违反了《文物保护法》关于"原址保护"的原则。

第三，与江西省文化厅《关于对南昌铁柱万寿宫遗址实施原址保护展示的意见》（赣文保字〔2017〕7号）关于"实施原址展示保护"的要求不相符。

第四，全国绝大多数专家反对。目前，省内外绝大多数专家学者主张实施原址展示保护，反对实施填埋式保护，而且新闻媒体正在密切关注该遗址的保护方式，如果实施填埋式保护，可能会在全国造成不良影响。

（四）部分填埋保护方式

这种方式是在万寿宫遗址上实施部分填埋、部分展示。

其优点是工程实施便捷，建设成本低。

缺点同"填埋保护的复建方式"的缺点。

四　对南昌铁柱万寿宫文化发展的思考和建议

铁柱万寿宫遗址是南昌城最后具有文物意义的历史文化街区。2015年春节前夕，习近平总书记在陕西视察时强调文物是中华民族的宝贵财富，要求保护好文物，让人们通过文物承载的历史信息，记得起历史沧桑，看得见岁月流痕，留得住文化根脉。这段话，对我们设定铁柱万寿宫遗址保护与利用的原则有重大指导意义。

许逊、许真君、净明道以及万寿宫庙会等诸多无形与有形的文化遗产共同构成了万寿宫文化的重要内容。传承保护万寿宫文化这一民间信仰，不仅可以探求、挖掘许真君及净明道的本质特征及文化内涵，还可以围绕万寿宫所衍生的移民、商贸、旅游、古建筑、信仰、情缘（乡缘、亲缘、地缘）等博大精深的人文精神，加强对南昌万寿宫历史街区的保护开发，充分展示南昌两千多年悠久的历史文化。江西省文化厅2007年确定的江西省第二批省级非物质文化遗产名录已经将"西山万寿宫庙会"（南昌市新建区，国家级）、"万寿宫文化"（南昌市西湖区，省级）列入其中，这在今天抢救保护非物质文化遗产的严峻形势下，具有重要的历史和现实意义。

（一）万寿宫文化是"忠孝两全"的精神家园

古时江西是传统儒家、道家文化的重要基地，江右商帮自然会受到儒家、道家文化的影响，敬仰那些为民除害、清正廉洁的英雄，生性聪颖、治病救人、为官清廉的许逊便受到百姓的爱戴。许逊融合道家与儒家思想，创立了"净明道"，倡导"孝、悌、忠、信"，并以此教化乡里。这四字箴言后来也成了江右商帮的精神内核。

许逊倡导的"诚信""济民"精神，统领江右商帮，成为当时全国赣人商业网络的精神内核。大量的外迁江西人以许逊的忠孝垂训为端正民风士气的准则，遍布全国的万寿宫成为容纳海内外赣人共同信仰和乡情的精神家园。流布四方的赣商只要具备一定的财力，要做的第一件事就是建造万寿宫。万寿宫已成为密切赣商合作、会聚当地经济建设力量的中心。

遍布全国各地的万寿宫是江西人的精神支柱。所有的万寿宫都称为"江西会馆""江西庙""江西同乡馆"，贵州省铜仁市石阡万寿宫直接就称为"豫章家会"（南昌古时称豫章）。可以说，有江西人聚居的地方，就有万寿宫。南昌万寿宫因此成为"遍中国十八省"的拥有上千所会馆的"万寿宫"的总部，其作为"祖庭"的地位愈显突出。

（二）万寿宫文化包含"兼容并蓄"的建筑风格

万寿宫是赣商的标志性建筑，其建筑本身显示了赣商昔日的辉煌，更蕴涵了丰富的文化内涵。各地的万寿宫，都是当地的标志性建筑，所处地段、码头都在重要的地理位置。湖南湘西凤凰古城万寿宫坐落在风景秀丽的东门外沙湾，北靠东岭，南瞰沱江，万寿宫掩映在奇山秀水之间，构成一幅绝妙的天然图画。

全国有许多座万寿宫，它们尽管在建筑规模、建筑风格上不尽相同，但都包含了非常多的江西文化元素，同时又与当地的建筑特色融为一体，相得益彰，形成了独特的建筑风格。思南万寿宫，沿临街十级台阶而上，经山门，过牌坊、大门，至拜厅，经7个平台步数十级台阶才进入正殿。正殿后为观音堂，左为关圣殿，右为紫云宫，侧为梓潼宫，左右为僧舍、客厨。主殿前、左、右有厢楼，大门对面为戏楼，戏楼左右厢楼环抱。整个建筑布局得当，居高临下，气势雄伟。万寿宫到了明清时期已发展到全国大部分地区。可以说，遍布各地宏伟壮观的万寿宫（江西会馆）已成为最引人瞩目的江右商帮及赣人的人文地标式的建筑。

（三）万寿宫文化包含"勇闯天涯"的移民行动

明清时期，江西经济发达，经营瓷器、茶叶、大米、木材和丝绸的赣籍商人行走于天下，从万寿宫的分布来看，江西人迁移的足迹遍布海内外。

万寿宫作为江西移民文化的一大象征，是江西商人供乡亲往来中转、歇息、聚集的场所，发展到世界各地逐渐具有"江西会馆"的性质，它既是祀奉许真君的场所，也是江西商人的会馆，更是江西移民史真实的写照。

贵州石阡万寿宫有一副值得推崇的对联："从南抚临瑞吉以来游翠五府人才兹为盛，合生旦净末丑而作戏少一个脚色便不足观。"上联中的南、抚、临、瑞、吉指的就是江西的5个府：南昌、抚州、临川、瑞州、吉安。在石阡最多的是南昌移民，他们为石阡的发展做出了贡献。

（四）万寿宫文化包含"互帮互助"的江右商帮

赣商，史称"江右商帮"。魏僖所著的《日录杂说》记载："江东称江左，江西称江右。盖自江北视之，江东在左，江西在右。"因此江西商人被称为"江右商人"或"江右商"。遍布国内外的万寿宫，串起的是一个规模庞大的商业网络。清代中期，湘潭商业十分繁荣，从四面八方来这里经商的人很多，其中尤以江西籍商人最多，湖南湘潭90%的新移民来自江西。史称："（湘潭）东界最近江西，商贾至者有吉安、临江、抚州三大帮，余相牵引，不可胜数。牙侩、担夫，率多于土人。"

江西地灵人杰，许真君是一位泽被万灵、德在人心的江西杰出人物，他有清正廉明的政治风范、救灾捍患的宗教精神、舍身为国的英雄气概、铁柱锁蛟的生态思维和净明忠孝的道德教义，许逊作为一个人而被神化，是人们希望摆脱疾苦和灾难，寄幸福于神灵的结果。今天奉祀许真君，有利于提升万寿宫文化品格，丰富万寿宫文化内涵，弘扬传统美德，增强抗洪意识、生态意识、廉政意识、爱国意识和道德意识，促进商贸旅游，吸引海内外人士共同弘扬中国传统民族文化。

（五）对南昌铁柱万寿宫文化发展的建议

1. 深化对万寿宫价值内涵的认识，举省、市之力擦亮祖先所创"万寿宫"品牌

有人形容万寿宫是明清时期全国甚至全球最大的品牌连锁，而其总部就在南昌！万寿宫在全国各地乃至海外分布之广、数量之多、规模之大、历史之长、影响之深，无疑使其成为最能代表江西、展示江西、宣传江西的窗口。

当前，亟须做的是恢复和打造好天下万寿宫的祖庭——南昌铁柱万寿宫，擦亮祖先所创万寿宫品牌，提振江西的精气神。任务艰巨、使命神圣，需举省、市之力，集八方之智，将其做成经得起历史和民众评说的工程。

2. 准确把握万寿宫品牌的核心内容，建设特色鲜明、底蕴深厚、水准一流的"南昌万寿宫博物院"

把握好万寿宫文化品牌的"双核"内容——"江西福主"许真君与道教文化，江西移民与赣商文化。南昌万寿宫博物院要以开放的理念做好"天下万寿宫"这篇文章。其陈展内容应围绕"许真君与道教文化""江西移民与赣商文化"两大主题，进行深入挖掘和生动展示。

铁柱万寿宫建筑要充分体现历史底蕴，在原址按清同治年间的格局恢复（已发掘出老墙基、石柱、水井等），万寿宫主殿仍需按历史格局供奉许真君，虽不作宗教场所，却应有有序管理的祭祀活动，以体现赣风、赣土、赣民特色，适应本地民众的传统祈福习惯，满足民众的需求。

3. 组织好、策划好万寿宫文化品牌的宣传推介

制定万寿宫文化专门宣传方案，宣传万寿宫的历史地位及深厚文化和精神内涵，宣传恢复和打造万寿宫历史文化街区的重要意义，对内发动群众支持参与，献智出力，对外进行品牌推广，打响万寿宫文化名片，扩大江西、南昌的影响力。

一是在旅游文化方面。拍摄万寿宫纪录片或电视剧，开展万寿宫文化文创产品交流活动，举办有传统特色的万寿宫民俗文化活动，吸引各地江西移民后裔回乡寻根认祖和游客旅游观光。

二是在经济建设方面。以万寿宫文化为平台，聚合省内赣商并广泛联系天下赣商，结合"一带一路"加强与海内外的经济交流合作，吸引省外赣商回赣投资创业。

三是在文化传承方面。南昌市可以南昌铁柱万寿宫为号召，以"天下万寿宫"为纽带，密切与相关地区的文化交往，成立"天下万寿宫联盟""中国万寿宫文化研究中心"，定期开展活动，研讨万寿宫文化，建立紧密的经济合作、文化交流、旅游互动关系。

总之，通过高水准建设万寿宫历史文化街区、复建铁柱万寿宫和建设南昌万寿宫博物院，进一步夯实南昌作为万寿宫文化起源地的历史地位，进一步发挥南昌万寿宫对"天下万寿宫"和赣商群体、江西移民后裔的感召力和凝聚力，从而为南昌和江西经济文化发展提供又一强大支撑。

B.16
万寿宫与江右商帮

—— 以云南为例

陈雅岚*

摘　要： 本文的目的是尝试完整地重建万寿宫与江右商帮的关系的历史变迁，重新梳理万寿宫与江右商帮在云南的历史变迁及其对云南经济、文化的历史价值，以弥补现有政府、学者对万寿宫与江右商帮的历史渊源和传统之认识及了解的不足，同时呼吁有关部门正视历史，重新认识万寿宫在经济、社会中的作用和影响，重新认识江右商帮对建设大西南的作用和影响。江右商帮曾经在云南的经济建设、文化建设、社会和谐等方面发挥过积极的作用。明清时期，万寿宫不仅是江右商帮的精神家园，也是云南人的精神家园。本文首先考证江右商帮在云南的起源、发展，接着通过对云南境内万寿宫碑刻文献资料的考察，在梳理相关研究的同时，重构万寿宫与江右商帮的相互影响、相互关系，针对江右商帮在云南建设的万寿宫的恢复向政府提出建议。

关键词： 万寿宫　江右商帮　云南

一　前言

习近平总书记在中国共产党成立九十五周年纪念大会上发表了重要讲

---

* 陈雅岚，中国宗教学会理事，江西省道教协会秘书长，江西师范大学宗教研究所研究员。

话，他指出：坚持不忘初心、继续前进，就要坚持中国特色社会主义道路自信、理论自信、制度自信、文化自信。文化自信，是更基础、更广泛、更深厚的自信。当代文化大家、中华文化的守望者、中国人民大学教授牟钟鉴先生在《中国文化的当下精神》中指出：没有文化的自觉、自爱是不可能爱国的，中华精神虽然是中华民族的文化基因，但基因会变异，遗传会断裂，我们要有危机感，更要有信心。

江西"物华天宝，人杰地灵"，世人皆知。长江是道教传播的重要路径，赣江担负了道教传承的重要使命，鄱阳湖孕育了江西丰富多彩的宗教文化，龙虎山、阁皂山、西山、玉笥山、武功山、麻姑山、相山、太平山等上百座山孕育了上千年的中国道教遗产；仙人洞、鬼谷洞、郁木洞等17处洞天福地收藏了上千年的中华文化密码。道教文化是我们祖先遗留下来的极其珍贵的遗产资源，经过几千年的传承，历久不衰，这种厚重的文化也深深地滋养赣商（江右商帮），形成了诚实守信、讲究贾德的"十大商帮之一"，如：浮梁商人朱文炽在经营茶叶时，每当出售的新茶过期，他便在与人交易的契约上注明"陈茶"二字，以示不欺；清江商人杨俊之，"贸易吴越闽粤诸地二十余年，虽童叟不欺，遇急难不异捐赀排解"。[①] 江右商帮走到哪里，万寿宫就建到哪里，万寿宫就成为江右商帮和当地人共同的精神家园，许真君"忠孝节义、诚信正心"的精神就是江右商帮与当地人共有的精神食粮。

今天，我们到底靠什么来继承许真君的思想遗产，拿什么来弘扬许真君精神财富？到底什么才是许真君的真精神、真品格？如何继承许真君精神而不至于在我们这一代使许真君信仰文化变异、让许真君精神断裂？

本文的目的是尝试考察万寿宫在云南的发展历史，以及万寿宫与江右商帮的关系。本文所谓万寿宫是指供奉许真君神像的许仙祠、真君庙、道院、豫章会馆、江西会馆等。在1700多年的历史发展过程中，许真君信仰经历了由"南昌福主"到"江西福主"再到"普天福主"的过程，形成了具有深厚历史价值、鲜明道教文化色彩的优势和独特的世界影响力。江右商帮

---

① 钟起煌主编，梁洪生、李平亮著《江西通史（清前期卷）》，江西人民出版社，第60页。

（江西商人）沿着"一带一路"把许真君信仰、樟树（药都）中药、景德镇（瓷都）瓷器、浮梁茶叶（巴拿马奖）、铅山纸（连四纸为国家级非物质文化遗产）等传播到全世界，当年流传着这么一句话：所谓哪里有江西人，哪里就有万寿宫，就有免费的旅馆。万寿宫是江西人在他乡进行祭祀、经商和议事活动与暂住的场所。人们把豫章会馆、江西会馆统称为万寿宫，不只是这些会馆门面上刻有"万寿宫"三个大字，更主要的是这些会馆有同样的性质——将许真君作为主要祭祀对象，传承许真君精神。① 许逊（真君）一生，救灾救难，除害荡妖，功济生灵，名高玉籍，行善立功以致神仙，百姓尊其为"福主"，宋徽宗敕封为"神功妙济真君"。许真君行善立功的事迹感天动地，许真君为世人所敬仰，被誉为"中华民族文化的核心基因"，其对中华文化的传承发挥重要作用，其在历史上的地位无与伦比：许真君精神传承了1700多年，许真君精神影响了上百亿华人，许真君精神传播到了全世界的48个国家和地区，许真君被全世界1460多所万寿宫（许仙祠、真君庙或其他庙宇）供奉，至今，每年有数百万老百姓自发到道教净明派祖庭——西山玉隆万寿宫参加庙会、朝拜许真君。

本文将试图通过明清时期保留下来的云南道教万寿宫碑刻记文，来考察万寿宫与江右商帮的关系。据章文焕的《万寿宫》、萧霁虹主编的《云南道教碑刻辑录》，现今留存下来的云南省境内万寿宫的碑刻记文共有五通，即：梁著时撰《万寿宫碑记》（1755），僧焕云等撰《重修碑》（1762），《重修万寿宫碑》（1878），《南昌府重订规则缘起碑》（1927），《培修万寿宫殿西楼两厢楼记》（1945）。

二 江右商帮在云南

我国明清时代主要有十大商帮：山西商帮、徽州商帮、陕西商帮、宁波商帮、山东商帮、广东商帮、福建商帮、洞庭商帮、江右商帮、龙游商

---

① 陈立立等：《万寿宫民俗》，江西人民出版社，2005。

帮。江右商帮兴起于元末明初，并迅速进入鼎盛时期。突出的表现就是江西会馆很多，遍布全国。湖广是江西人徙居的一个重要地区，因距离不远，来往方便，故"豫章之为商者，其言适楚，犹门庭也"。所以在湖广的江右商人数很多，有"无江西商人不成市"之说。由湖广进入云、贵、川是江右商帮经商的一条重要通道，他们既经商于城市，也在农村贩卖，甚至深入土族管辖区，代官府"征输里役"，还有的江西商人定居于少数民族居住地，久而久之成为当地民族的酋长或首领。在云南的江右商帮主要经营樟树中药材、矿石、景德镇瓷器、铅山的纸、进贤毛笔、临川戏剧（汤显祖）、钱庄等。

赣商，史称"江右商帮"。魏僖所著的《日录杂说》记载："江东称江左，江西称江右。盖自江北视之，江东在左，江西在右。"故古代江西商人习称"江右商帮"。江西商人活动的地域和范围很广，可说是遍布全国各地，其财力和能量仅次于晋商和徽商，居全国第三位。江西在古代是南北交通要道，物产丰富，因此，江西人见多识广，经济思想比一般省份的人要活跃得多，明代嘉靖时期曾在江西任职的海瑞说："江（西）、浙（江）、闽（福建）三处，人稠地狭，总之不足以当中原之一省。故身不有技则口不糊，足不出外则技不售。"江右商帮又分为：清江帮（樟树药帮）、抚州帮、吉安帮、南昌帮等。作为一种社会历史现象，江右商帮的活动既是明清经济史的重要内容，也对明清时期的江西社会经济和全国经济格局产生了不可忽视的影响。他们冲击着封建闭塞的旧貌，给落后的农村和封闭的山寨带来了新的生机。①

根据江右商帮的发展历史，江右商帮的特征有以下几方面。（1）居住方面，在明清时期，江右商人集中经营，沿街居住，成片连接，方便彼此照顾。（2）生产经营方面，生产以开发矿石为主，贩卖景德镇瓷器、浮梁茶叶、铅山纸张、九江布匹、樟树药材、刊刻图书、南昌豆豉等。（3）婚俗方面，大部分江右商人互相结为亲戚，年龄相仿的异姓则结为兄弟。

① 钟起煌主编《江西通史（明代卷）》，江西人民出版社，2008。

（4）活动场所方面，万寿宫是江右商帮共同拥有的活动场所，既是道教活动场所，供奉许真君，也是商议大事的会馆，绝大多数万寿宫是江右商人筹款建设。[①]

（一）明清时期江西移民和云南的人口变化

明代（1368～1644年），由于战争，人口外移，至洪武十四年（1381年），江西人口下降为912.7万人，退居全国第二位；到明中叶，孝宗弘治四年（1491年），江西人口上升为1186.5万人，仍居全国第二位；从万寿宫遗址、地方史料和家谱资料得知，在明代，江右商主要发展方向在西南数省，不少江西流民逃离到西南地区，原因是江右商较容易进入这一带，加之这一带是新开发区，避免了与强势的晋商、徽商的竞争，从而使江右商在西南地区发展迅速，如抚州人艾英南在《天刟子集》中述："随阳之雁犹不能至，而吾乡之人都成聚于其所。"

明清时期江西人口主要前往湖广、四川、云南、贵州等地，有"江西填湖广""湖广填四川"，云南、贵州同样是江西、湖广人口填充的地区，如表1如示。

表1　明代江西等五省户口变化

年代	江西	湖广	四川	贵州	云南
洪武二十五年 （1392年）	1553923（户） 8982481（人）	775851（户） 4702660（人）	215719（户） 1466778（人）		59576（户） 259270（人）
弘治十五年 （1502年）	1363629（户） 6549800（人）	504870（户） 3781714（人）	253803（户） 2598460（人）	43367（户） 258693（人）	15950（户） 125955（人）
万历六年 （1578年）	1341005（户） 5859026（人）	541310（户） 4398785（人）	262694（户） 3102073（人）	43405（户） 290972（人）	135560（户） 1476692（人）

资料来源：钟起煌主编《江西通史》明代卷，江西人民出版社，2008，第102页。

---

① 陈立立等：《万寿宫民俗》，华夏出版社，2004。

表1统计数据表明，明代江西户数、人口数在减少，湖广、云南在弘治十五年为最低，四川、贵州都在增长。从洪武二十五年到万历六年近200年的时间里，江西减少了3123455人，湖广减少了303875人，两省合计减少3427330人，而在同期，四川增加了1635295人，贵州、云南两省增加了1249701人，三省合计增加2884996人，也就是说在此期间，江西减少的人口数量约等于四川、贵州、云南人口增加的数量①。

明朝万历年间任云南澜沧兵备副使的王士性曾往各地巡视，几乎随时随地能看到江西人，而抚州人最多，他在《广志绎》中记：

> 作客莫如江右，而江右又莫如抚州。余备兵澜沧，视云南全省，抚人居什之五六，初犹以为商贩止城市也。既而察之，土府、土州，凡畲猡不能自致于有司者，乡村间征输里役，无非抚人为之矣。然犹以为内地也。及遣人抚缅，取其途径酋长姓名回，自永昌以至缅莽，地经万里、行阅两月，虽异地怪族，但有一聚落，其酋长头目无非抚人为之矣。②

（二）江右商帮在云南的活动地区及其经营的行业

1. 江右商帮在会泽县开发矿产

王士性在《广志绎》中称："滇云地旷人稀，非江右商贾侨居之，则不成地。"而这些"江右商贾"多属"抚州客"即抚州商人。江西巡抚陈宏谋（进士，1741～1743年在位）指出："云贵铜铅银锡等厂，工作贸易，多系江楚之人。"李中清在《明清时期中国西南的经济发展与人口增长》一文中述及："清嘉庆年间西南地区矿工达50万，他们多在云南，其中70%由湖南、江西、四川迁入，合家属共100万左右。"江右商帮主要在云南会泽、蒙自、个旧、腾冲、楚雄等地开发矿产。

---

① 江西和湖广在册户、人口的减少只统计了流失人口，却没有上报增加的户、人口。
② （明）王士性：《广志绎》卷四《江南诸省·江西》。

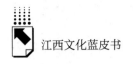
据钟起煌主编的《江西通史（明代卷）》记载：明代银、铜、铅、水银等矿业的主要开采地在云南，但在云南从事开矿、冶炼的多是江西商人（江右商帮）。因此，从某种意义上说，正是江西工商人口的向西南流动，才逐渐发现云南丰富的矿产资源，也正是因为以江西商人（江右商帮）为主体的商人投资，云南才成为当时全国的矿冶中心。明成化、弘治期间编撰的《皇明条法事类纂》述及："江西人民将带绢尺、火药等件，指以课命，前来易卖铜铁，在彼娶妻生子。费用绝尽，纠合西川粮大、云南逃军，潜入生拗西番帖帖山投番，聚集八百人，称呼'天哥'，擅立官厅、编造木牌，煎销银矿，偷盗牛马宰杀，惟恐致生边患。"[1]

《明史·食货志》[2] 记述："万历年十二年，奸民屡以矿利中上心，诸臣力陈其弊，帝虽从之，意快快。二十四年，张位[3]秉政，前卫千户仲春请开矿，位不能止。开采之端启，废弃白望献矿峒者日至，于是无地不开、中使四出。"

从以上史书记载中得知：明代云南矿业中大多数为江右商帮，也可以说明江右商帮在云南矿业开发和经营中的地位、作用以及他们的艰辛；江西籍官员特别是当朝者不断为同乡商人提供政策上的便利。江右商帮所建的会泽万寿宫目前保留完整，江西道教界、学界多次到实地考察。

2. 江右商帮在昆明经商

江右商帮中开中药铺的商人，十有八九来自江西樟树，故有"药不到樟树不齐""药不过樟树不灵"之说法。江西中药材商人多出临江府清江县（现名樟树市），药铺则集中在清江县的樟树镇，明中叶，樟树发展为全国的药材加工和集散地。王士性《广志绎》说："樟树镇在丰城、清江间，烟火数万家，江、广百货往来，与南北药材所聚，是称雄镇。"[4] 但樟树本地的药材并不丰富，崇祯《清江县志》记载：樟树的药材大多数来自两广、

---

① 《皇明条法事类纂》卷二九《江西人不许往四川地方勾结夷人、讦告私债例》。
② 钟起煌主编《江西通史（明代卷）》，江西人民出版社，2008，第216页。
③ 张位，江西新建人，明代天启年间任职吏部尚书。
④ （明）王士性：《广志绎》卷四《江南诸省·江西》。

四川、湖广，以及南直隶的庐阳等地，而加工则全在樟树，樟树"遂有药码头之号，实非土产"①。由此，樟树药商的足迹也遍及川、黔、滇、桂诸省份，甚至远涉青藏、东北乃至马来西亚、爪哇、马尼拉等海外地区。②据《昆明市志》记载：江右商帮在昆明的经营行业有药铺、当铺、书业等，当铺有兴文、长春、兴顺、元顺、同盛、天顺、永顺等20所，经营金银玉器、衣物等。江右商帮在昆明城内捐建了位于咸门外的万寿宫③、晋宁万寿宫④、宜良万寿宫等。

3. 江右商帮在玉溪经商

根据《玉溪地区志》⑤记载：江西人通过征战、戍边、为吏、举业（教书）、经商、行医、授艺等入境定居于玉溪，主要分布在玉溪县的元江洼至羊街、青龙、武山等地，其始祖杨智（南宋著名诗人杨万里的后代）"原籍江西吉安府吉水县泮塘村人，于明朝成化年间任石屏州学堂，喜慕石屏之山川风景，遂家于石屏城"，建杨家寨，杨氏第十一代至第十七代以经商为主；陈氏原籍江西临川府，明末经商到滇，落户新平，经营银器、茶叶等；明洪武二十九年（1396年），江西人车鹏移民到华宁县，于城北建窑烧造陶器，接着，有汪、彭、尹、杨、周、卢、张等姓相继而至，形成今天的碗窑村。乾隆年间捐建的江川万寿宫⑥，康熙年间捐建的华宁万寿宫⑦，新平万寿宫⑧等都是由江右商帮为供奉许真君捐建的。

三 万寿宫在云南

1996年，章文焕教授专门就江西人在云南建设万寿宫的情况进行实地

① 崇祯《清江县志》卷三《土产》。
② 钟起煌主编《江西通史（明代卷）》，江西人民出版社，2008，第202页。
③ 光绪《昆明县志》，1996年江西学者章文焕老先生亲自到实地考察。
④ 转引自章文焕《万寿宫》，江西人民出版社，2003。
⑤ 玉溪地区方志编撰委员会：《玉溪地区志》第一卷，中华书局，1994。
⑥ 嘉庆《江川县志》。
⑦ 康熙《宁州郡志》。
⑧ 民国《新平县志》。

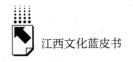

调查，撰写并出版了《万寿宫》一书，通过实地考察、资料查找、大众访问等形式，最后统计云南境内有万寿宫 60 所，昆明万寿宫曾经是江西人李烈钧的讲武学堂、西南联大工学院实验室、昆明十六中等①；2015 年 11 月 19 日，新建区文化局、文化馆工作人员，江西科技师范大学教授和博士组成联合考察组，历时 8 天到贵州、云南考察万寿宫的现状，撰写了《贵州、云南万寿宫调查记》。根据章文焕先生的《万寿宫》、萧霁虹研究员的《云南道教碑刻辑录》、相关调查报告及笔者到江西地方志馆搜集的资料，介绍部分云南万寿宫的捐建与江右商帮的渊源。

1. 会泽县万寿宫

地处云贵高原、海拔 2148 米的会泽，素以铜矿闻名，明清时期成为众人向往的"淘金地"，全国十省八府均在会泽设立专门办铜机构，会泽俨然成了清政府的"经济特区"，故有"钱王之乡"的美称。会泽江西会馆兴建于清康熙五十年（1711 年），其建筑规模远胜湖广会馆，江西会馆的问世和江西街的出现足见清代江西人在会泽大发铜财、大有实力。位于会泽县万寿宫碑林内的《重修万寿宫碑记》中述及②：

> 尝闻居朝者争名，居市者争利。是名利两途，古今一辙。况吾人远托异乡，万水千山，匪藉神灵之呵护，同乡老成之箴规，曷克获平安。遂蝇头称心快意，而乐善捐修，以成大观也哉！此豫章会馆万寿宫之所由建也，不独江湖名胜之区所宜有。东郡乃新辟夷疆，早已峨峨此庙庭矣！溯前之始游兹土者，寥寥数人耳，而经营图维，首及于此。今群萃同处，往来络绎，名成利就者几何辈，宁敢忘其所自耶。顾历年既久，残颓堪虞，各府众姓，慨然念创始之艰难，思欲补葺而新之，以昭诚敬。而联梓谊，爰共相踊跃。即旧址庀材鸠工，未及一载告竣。栋宇丕华，颇觉巍焕，圣容如在，聿显威严。于以继前人之志而答神庥，咸聚

---

① 章文焕：《万寿宫》，华夏出版社，2004，第 181~185 页。

② 萧霁虹：《云南道教碑刻辑录》，中国社会科学出版社，2013，第 582 页。

处其中以交相劝勉，将见集太和于旅邸，邀福泽于无量矣。至各府助资之多寡不一，其人就简从易，统志琐珉不朽云。是为序。

计各府捐银之数开具于后：

临江府众姓捐银伍伯三拾两。南昌府众姓捐银叁伯四拾两。抚州府众姓捐银叁伯三拾三两。吉安府众姓捐银贰伯九拾六两。瑞州府众姓捐银壹伯零三两。建昌府众姓捐银五两五钱。赣州府共捐银三两五钱。饶州府共捐银三两。袁州府共捐银一两五钱。九江府共捐银七钱。南安府共捐银五钱。吉安府杨增荣之妻黄氏捐大麦冲田四亩，后换陈姓石街路田四亩。□□六百五十步。

乾隆二十七年壬午洪岁仲冬月之中浣　谷旦
合省弟子仝住持僧焕云、应联、安东等敬立

碑文记述了江西 11 府江右商帮共同捐资重修会泽万寿宫的经过，而在明清时期，江西只有 13 府，由此可见江西人对许真君的敬仰程度。从碑文可以得知，会泽万寿宫（江西会馆）兴建于清康熙五十年（1711 年），而于乾隆二十七年（1762 年）重修。据章文焕先生考察①，会泽万寿宫的布局是：三进院落，沿中轴线依次排列，第一进院落为门楼通道，前檐三重，悬挂九龙捧圣"万寿宫"直匾，后檐为五重飞檐的戏楼，福、禄、寿三星镇中，屋顶 42 只翘首翼角，与戏楼台下 42 根落地柱相对应；第二进院落是真君殿，面阔五间，石雕围栏，前檐出檐较深，梁柱用材粗大，巍峨雄伟，格门雕刻精细，彩绘图案栩栩如生，两面为对称的东西偏殿，后檐置一韦陀亭，沿中殿东西两面山墙走到木格回廊围栏直出韦陀亭；第三进院落是观音殿，殿堂的木做举架比中殿高大雄伟，两面均为东西书房；在第二院落中殿和第三院落后殿两边另辟有东西跨院，东跨院为小花园，西跨院为室内小剧场，均有戏台；万寿宫总占地面积为 7545.92 平方米，建筑面积为 2874 平

---

① 章文焕：《万寿宫》，华夏出版社，2004。

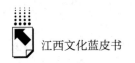

方米，房屋共 44 间。会泽万寿宫古建筑体现了儒、道、佛三教合一之风貌，集建筑、木作雕刻、石雕、砖雕精华于一体，以雄、奇、秀、美而著称，堪称云南古建筑之首，被录入《中国瑰宝》之列，还被编进了《中国旅游大典》中。

在碑文的开头，作者便提出"居朝者争名，居市者争利。是名利两途，古今一辙"，然而许真君精神不只是如此，许真君留下"忠、孝、廉、慎、宽、裕、容、忍"八宝垂训，其主要精神是：忠以爱国、孝以敬父母、廉以仁政善治、慎以不与百姓争利、裕以为百姓谋福利等。许真君既不为"名"也不为"利"，这就是江右商帮漂泊他乡仍然敬仰许真君的原因，也是此文的主要宗旨。

碑文撰写者（江西人）感慨"吾人远托异乡，万水千山，匪藉神灵之呵护，同乡老成之箴规，曷克获平安。遂蝇头称心快意，而乐善捐修，以成大观也哉！"江右商帮远离家乡，冒着生命危险开发矿山谋生非常不容易，但风险巨大、收入少的困境并没有阻挡他们的乐善捐修，"袁州府共捐银一两五钱。九江府共捐银七钱。南安府共捐银五钱"。通过这些资料的佐证，碑文的作者间接地阐释了庙宇重修的意义。

2. 蒙自市万寿宫

蒙自市隶属云南省红河哈尼族彝族自治州，是典型的少数民族地区，据《江西通志》记载：著名南宋诗人杨万里的后代杨智成为红河哈尼族彝族自治州石屏县杨家寨寨主。[1] 又据宣统《续蒙自志》记载：在蒙自县境内有万寿宫 4 座，其中两座由江西吉安府江右商帮捐资建设，位于城南门内和鸡街，同时作为江西吉安会馆[2]；江西南昌府江右商帮捐资建设，位于城西门外，同时作为江西南昌会馆；江西临江府江右商帮捐资援建，位于西门外，又名仁寿宫，同时作为江西临江府会馆。下面就由吉安府江右商帮捐资援建的万寿宫进行考释，其碑文《重修万寿宫碑》述及：

---

① 玉溪地区方志编撰委员会：《玉溪地区志》第一卷，中华书局，1994。
② 宣统《续蒙自志》。

窃维蒙城之有吉郡万寿琳宫者，攸来久矣。溯自乾隆五十年建修庙宇，气象堂堂，颇称善焉。迨后年久日深，庑楼已朽，墙壁将倾，兼之街道高而庙基卑，无有轩昂之势。于是我吉人复为捐输，于道光二十七年重修庙宇宝殿、拜厅、酒楼、厢房、神龛、厨房、戏台、牌坊，更觉大有观瞻，巍焕维新。不意于咸丰四年逆匪作乱，将庙宇破坏，自宝殿至戏台、牌坊等处，无不拆散，殊深痛恨，若不及时整顿，不久定必倾颓，枉费前人之功。我吉人佥议量力捐输，得钱壹佰贰拾柒千，复于光绪四年延工修补，虽勉力经营而工繁费少，未能如故，但愿齐心樽节后来者大发善心，陆续修整，以继前人之功，永念创造维艰，庶几神圣安然而吉昌舒矣。

捐输姓名（从略）

光绪四年十月上浣之吉合府公立

这篇碑文碑记述了云南省红河哈尼族彝族自治州蒙自县万寿宫的重修经过。从碑文可以得知，蒙自（吉安）万寿宫建成于乾隆五十年（1785年），曾于道光二十七年（1847年）重修，光绪四年（1878年）修补了宝殿、戏台、牌坊。

宫庙称"万寿宫"，无疑主祀神灵为许真君，此碑文文字不多，但意义重大，至少说明了三层意思：一是碑文中肯定了许真君福佑吉安百姓的功德，"吉郡万寿琳宫者，攸来久矣"，也蕴涵了吉安百姓坚守信仰，把许真君精神传播到西南边陲的功德；二是表达了淳朴的吉安人，无论身在何方，无论多么艰难都要把许真君精神带到身边，传承下去，同时也反映了吉安人对许真君信仰的不懈追求，黄桃红在《吉安风俗》中描述，吉安古称庐陵，庐陵文化、豫章文化、临川文化为江西三大文化，许真君信仰是庐陵文化的内容之一，在吉安几乎每个村庄都祭祀福主（许真君）、康王[①]；三是描述

① 黄桃红：《吉安民俗》，江西人民出版社，2014。

305

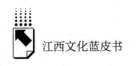

了万寿宫的建筑规制，有"宝殿、拜厅、酒楼、厢房、神龛、厨房、戏台、牌坊"，这就说明万寿宫不仅具有祭祀的功能，也是经济、议事、娱乐的中心。

3. 关阳万寿宫

根据萧霁虹主编的《云南道教碑刻辑录》收录的《培修万寿宫殿宇戏楼两厢廊记》碑文：关阳万寿宫于乾隆年间建立，光绪乙亥年（1875年）万寿宫的戏楼有危险，经过多方募捐，于戊寅（1878年）孟春启用，开台演戏以答神麻，恭祝许真君圣诞，碑文如下：

> 关阳万寿宫建修在乾隆年间，阅十余寒暑而厥功告成，创始之艰，经费之巨，前人述之备矣。而历有年，所经风雨飘摇，而殿宇楼台俱就倾圮。至光绪建元，岁在乙亥，值年首义秦廖君、松盛陈君集同乡以会商，作培修之盛举，于两君亲适乌蒙戎两郡募捐同乡，获助银三百余金，复变置本庙铺房二间，并量加佃押，共得银六百金，即于丙子年春鸠工庀材督率经始终匪懈。越明年丁丑处一律朱漆彩画，金碧辉煌。戊寅孟春，恭祝真君圣诞，开台演戏以答神麻，由是灿然大备，丕昭一省之观而焕乎，维新聿着千秋之盛，约计各项需费共在一千余金，而同乡乐输之功与两首领筹划寔相与有成也。兹将捐助功德各姓氏勒之于碑，以昭来许为记。

这篇碑文记录了关阳万寿宫戏楼的重修经过，从碑文可以得知，江右商帮对许真君信仰的虔诚以及乐意参与捐助的善行，但很遗憾的是没有捐助者的姓名，他们不仅用汗水和劳动创造了历史，而且是许真君精神的继承者，也是中华民族优秀传统文化的继承者。

碑文从募集资金修建万寿宫戏楼艰难的角度，肯定了许真君精神的社会功能。许真君留下了"忠、孝、廉、慎、宽、裕、容、忍"之八宝垂训，又称八极真诠，八字内涵为："忠则不欺，孝则不悖，廉而罔贪，慎而勿失，修身如此，可以成德；宽则德众，裕然有余，容而翕受，忍者安舒，接人以礼,怨咎涤除。""人之有八极,故能集善,集善则道备。"此八者乃中国传统修身处世之圭臬,实民族文化之精粹。千百年来,江西老表信奉许真君的八宝垂训,尊奉许真君为"福主",江右商帮无论身处何方都不忘把许真君的精神带到异国他乡,并建立万寿宫供奉许真君,而戏楼是江右商帮娱乐聚会的场所,在戏楼上唱戏是纪念和感恩许真君的一种方式,如碑文述及"恭祝真君圣诞,开台演戏以答神庥"。由此,我们也可以知道,江右商帮不断地建设万寿宫、修建万寿宫,也是为了达到一种教育的效果,更重要的是表示不要忘记自己是江西人,这也是江右商帮修建万寿宫的意义所在。

四 结语

通过对在云南的江右商帮和万寿宫的历史资料、相关文献的梳理和实地考察,我们知道600多年来,云南与江西建立的乡情关系中有渗透于心的中华民族的文化基因,那就是许真君精神!60所万寿宫(不完全统计)至少蕴涵三层意义:第一,江右商帮曾经在云南的经济建设、文化建设、社会和谐等方面发挥过积极的作用;第二,明清时期,万寿宫不仅是江右商帮的精神家园,也是云南人的精神家园;第三,在当代,云南、江西的老百姓期待万寿宫文化的传承、保护和发展。

B.17
区隔共融理念下宗教文化旅游
资源保护与创意开发研究

——以南昌西山万寿宫为例

刘爱华*

摘　要： 宗教文化旅游是近年来在我国旅游景区兴起的一项旅游项目，
发展得如火如荼，如河南嵩山少林寺景区、江苏无锡灵山胜
境景区、四川青城山景区等，但是，宗教景区发展也出现了
过度商业化、产品内涵弱化、旅游体验不深等问题，因此，
秉持区隔共融理念，根据不同旅游群体不同的旅游需求，对
南昌西山万寿宫进行分区化分时段设计，在保护传统道教文
物、古迹、民俗等的基础上，对其道教文化资源进行整合、
利用，创意开发出一些既有宗教特色又具现代元素的旅游产
品，这是优化其文化品牌形象，提升其文化影响力、渗透力
和辐射力的重要路径，也有助于推动地方经济发展。

关键词： 创意开发研究　南昌西山万寿宫　旅游

---

* 刘爱华，民俗学博士，江西师范大学历史文化与旅游学院副教授、硕士生导师，江西师范大
学非物质文化遗产研究中心研究员，江西省非物质文化遗产保护工作专家委员会委员。本文
为江西省高校人文社会科学研究项目"江西文化产业品牌培育与发展研究"（批准号：
JC1404）和江西师范大学中国社会转型研究协同创新中心 2016 年度研究项目"社会转型期
江西民俗嬗变与发展研究"（批准号：2016B08）的阶段性成果。

习近平总书记高度重视中华优秀传统文化的传承发展，他多次强调要加强对中华优秀传统文化的挖掘和阐发，认为要处理好继承和创造性发展的关系，重点做好创造性转化和创新性发展。西山万寿宫是独具江西特色的宗教文化场所，其符号意义独特，它既是净明忠孝道祖庭、中国道教名刹，也是江右商聚会的场所与标志、江西人精神栖居之所，其声誉远播海内外。西山万寿宫历史文化厚重，道教资源丰富，群众基础广泛，其庙会活动 2011 年 5 月入选第三批国家级非物质文化遗产名录。加强西山万寿宫宗教文化保护与创意开发不仅有助于弘扬、传播地方优秀传统文化即万寿宫文化，还对地方经济发展有一定的助推作用。如何有效保护、发展西山万寿宫宗教文化？笔者认为应在有效保护其建筑、雕塑、井台、丹炉、古树等物质文化遗产和民间传说、民间故事、俗语谣谚、庙会习俗、道乐科仪、斋醮仪式等非物质文化遗产的基础上，结合地方自然环境资源和人文资源，有计划、有步骤地对其进行创意开发，即在发展中进行保护，对其进行创意性保护。当然，这种保护方式不应仅仅关注经济效益，也应关注社会效益，秉持区隔互融的理念，区别对待一般游客、普通信众和研修人士，确保不同旅游群体的旅游需求都能够得到深度满足，从而真正提升宗教文化旅游的独特性、深度性、体验性和本真性。

一 宗教文化旅游资源开发与区隔互融理念的提出

在创意经济时代，文化与经济的联系日益紧密，文化产业发展迅速升温，已经成为国际经济竞争的重要驱动力。在文化产业发展中，旅游业更是异彩纷呈，发展势头强劲。国家旅游局数据显示，2016 年，我国国内旅游游客数量为 44.4 亿人次，同比增长 11%；国内旅游总收入为 3.9 万亿元，同比增长 14%。入境旅游人数为 1.38 亿人次，同比增长 3.8%，其中外国人入境旅游人数为 2814.2 万人次，同比增长 8.3%；国际旅游收入为 1200亿美元，同比增长 5.6%；出境旅游人数为 1.22 亿人次，同比增长 4.3%；

旅游服务贸易顺差为 102 亿美元，较上年扩大 11.5%。① 近年来，旅游业发展另一个突出特点，就是民俗文化游、文物古迹游、农业观光游、宗教文化游等文化旅游更为火爆。在符号消费成为旅游市场主体的时代，各旅游景区也免不了"入乡随俗"，纷纷进行全新包装，全方位展示自己的旅游资源、旅游策划、旅游营销，以更好地吸引游客。如河南登封市嵩山少林寺，1982年电影《少林寺》的上映，使少林寺和少林文化风靡全世界。自释永信担任方丈以来，少林寺积极创新，利用互联网积极推销少林文化，成立了少林实业有限公司、少林无形资产管理有限公司，开发网络游戏《少林传奇》，挂牌"少林药局"，拍摄《新少林寺》和《禅宗盛典·音乐大典》，播出电视剧《少林僧兵》，推出《少林足球》《风中少林》等影视剧目，承接"少林功夫"海外演出，等等，极大地改变了少林寺衰败景象，打造了少林文化品牌，提升了少林寺海内外影响力。释永信的创新，推动了少林寺旅游产业的快速发展，少林寺旅游产业收入一直占据登封市财政收入的 1/3。据统计，目前少林寺的主要收入来源是门票和香火。少林寺的门票管理归当地政府，收入的 70% 归政府所有，30% 归寺院。归寺院的部分中 70% 用于寺院建设，20% 用于僧人的生活，10% 用来做慈善。以少林寺每张门票 100 元计算，全年 1000 万人次的接待量意味着不算"香火钱"，每年门票收入就有 3亿元。② 这些经济收入还没有计算相关衍生产业的收入，如武术培训产业、武术器材产业、海外演出产业、动漫游戏产业等。又如无锡灵山胜境景区是国内开发较早、比较成功的佛教文化旅游景区，由无锡灵山胜境文化旅游有限公司负责景区开发，1994～2009 年，先后完成了三期主体工程，推出了千年古刹"祥符禅寺"、高 88 米的释迦牟尼佛青铜立像"灵山大佛"、大型动态音乐喷泉表演"九龙灌浴"、世界佛教论坛会址"灵山梵宫"、体现藏传佛教文化艺术精华的"五印坛城"以及诸多佛教文化精品景观，从而使

---

① 《2016 年国内旅游总收入 3.9 万亿元》，中国政府网，http：//www. gov. cn/shuju/2017 - 01/09/content_ 5158138. htm。

② 《少林寺引纳税风波领导不满：出家人要钱干什么》，中华网，http：//news. china. com/domestic/945/20160110/21110423_ all. html。

该景区形成了一个完整有序、各自独立又密切关联的展现佛教文化的景观群，景区面貌焕然一新，人气爆棚。灵山胜境现已成为国家 5A 级旅游景区，自 1997 年开园以来，累计接待海内外游客 4000 多万人次。根据灵山集团财务数据，2012～2015 年，灵山集团总资产由 42.91 亿元迅速提升到 93.1 亿元，总收入也由 6.03 亿元增长到 7.7 亿元。①

近年来，道教文化旅游产业也发展得如火如荼，旅游收入节节攀升。如青城山是中国道教发源地之一、著名的道教圣地，有"青城天下幽"之美誉，道教养生、道教武术、道教医术、道教音乐等逐步兴起，尤其是道教养生文化，成为青城山旅游的一大热点，养生基地、养生培训备受青睐，2015 年 3 月 11 日，青城山园明宫道家辟谷养生研修院正式成立，道教养生文化品牌日益凸显。据统计，2012 年仅都江堰、青城山景区共接待游客 1731.4 万人次；实现旅游综合收入 76.61 亿元，门票收入 2.71 亿元；接待境外游客 46.43 万人次，占成都市入境游客总量的 1/4。② 因为青城山和都江堰在 2000 年一并被批准为世界文化遗产，两个景区连为一体管理，由青城山都江堰管理局旅游商务公司经营，虽然很难看出其中青城山道教文化旅游的具体状况，但大致还是可以看出其快速发展的景象。江西省鹰潭市的龙虎山是道教正一派的发源地、著名的道教圣地，也是世界自然遗产、世界地质公园、国家自然文化双遗产地、国家 5A 级旅游景区、国家森林公园和国家重点文物保护单位。龙虎山积极利用优质的道教文化旅游资源和优美的自然环境资源，自 1985 年以来，推出了以饮食、健身为主要内容的"龙虎山国际道教文化旅游节"和组织游客、香客参与的"道教朝圣游"等精品旅游项目，极大地提升了龙虎山道教文化旅游品牌知名度。据统计，2015 年景区接待游客 1324 万人次，旅游直接收入为 5.18 亿元，分别同比增长了 30% 和

---

① 周鸣岐:《无中生有从无锡灵山深度剖析宗教主题景区的开发策略战》，新旅界，http://mp.weixin.qq.com/s?＿＿biz＝MzIzMjUzNDkyOA％3D％3D&idx＝1&mid＝2247485667&sn＝1c1ad164f1851615baae9e53c5eeb6c3。

② 《都江堰争创中国驰名商标》，《成都日报》2013 年 2 月 1 日，第 20 版。

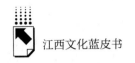

28%，增幅均列全省景区前列。①

西山万寿宫是中国道教名刹、中国道教净明忠孝道发祥地和祖庭、创派祖师许逊"飞升福地"。许逊，祖籍河南汝南，生于南昌县长定乡，三国两晋时期著名道家宗师，曾出任四川旌阳令，人称许旌阳。因生前创立道教净明派，为官清廉，政绩卓著，行医治病，兴修水利，造福百姓，尤其是大力整治江西各地洪涝之灾，深受人们爱戴，且因宋徽宗加封其为"神功妙济真君"，被人们敬称为"许真君"，与张道陵、葛玄、萨守坚并称为"道教四大天师"。许逊治理江西洪患，保护人们免受洪灾之苦，因此备受人们崇敬，成为江西人的保护神。人民为了纪念他，便在他仙逝之地建立"许仙祠"，南北朝改名为"游帷观"，宋朝崇尚道教，宋真宗为之赐名"玉隆宫"，并亲笔题匾，宋徽宗又赐名"玉隆万寿宫"，从此万寿宫的名称固定下来。西山万寿宫具有众多独特的道教文化旅游资源，且是一个具有广泛群众基础的文化符号，具有较好的旅游开发价值。

当然，透过众多宗教文化旅游景区的开发，我们不难发现，不少宗教旅游景区通过市场化营销手段，积极推动宗教文化旅游品牌发展，不仅在经济上很成功，而且实现了瓦尔特·本雅明（Walter Benjamin）所说的其功能由膜拜价值向展示价值的转化，但一物两面，宗教文化资源产业化必然稀释或消解宗教内在的精神价值，导致诸多问题，如景区过度商业化，造成景区人满为患，极大地影响了"清心静修"之地，僧侣、道士也逐步"世俗化"，为创收而使出浑身解数，为满足游客需求而尽情"表演"，宗教文化的心灵净化、慰藉功能逐步弱化，铜臭味浓厚。河南嵩山少林寺状告登封市嵩山风景名胜区管理委员会事件，少林寺方丈释永信被实名举报事件，等等，闹得沸沸扬扬，甚至让人感叹佛门不是"清净之地"，反而是"是非之地"。无锡灵山胜境景区也存在佛教文化内涵挖掘不够、商业化过度、旅游产品内涵弱化、片面追求经济效益等问题，使佛教名胜变味，票价虚高、旅游体验不

---

① 《龙虎山景区全力开拓旅游升级新境界》，中国网，http：//finance.china.com.cn/roll/20160408/3667361.shtml。

深等问题让游客大为不满。因此，要解决如何更好地处理宗教文化场所开发与宗教文化保护传承等问题，就需要我们秉持区隔互融的理念，对景区进行精心设计，以满足不同群体的多元化精神文化需求，即根据一般游客、普通信众和研修人士对宗教文化需求的不同，对旅游景区进行分区化、分时段设计，从而实现既能满足普通游客猎奇游胜的心理需求，又能满足普通信众祈求佑护的精神企盼，也能满足深修居士清修研讨的深层追求的需要。同时，为了营造道场的宗教清净肃穆氛围，增强宗教仪式感，可牺牲部分经济利益换取长远效益，即根据需要在个别时间段个别重要宫殿不对外开放，保证宫内清修道人、居士进行正常宗教活动。这种区隔互融的理念除了要有分区化、分时段即时空区分设计外，在旅游旺季，还应根据景区设施承载能力，综合衡量，对总体游客人数有所调适，以真正体现宗教文化旅游不同于一般文化旅游的心灵和谐之道，促进宗教文化旅游景区经济效益和社会效益共同发展。

二 西山万寿宫文化资源的独特性及其保护

西山万寿宫始建于东晋太元元年（376 年），是许逊成仙"飞升之地"，地处新建区西山镇的逍遥山，道教遗迹众多，自然风景优美，被誉为道教"三十六洞天之第十二小洞天"和"七十二福地之第三十八福地"。此地道教文化资源独特，具有很大的创意开发空间。

1. 忠孝价值的再诠释

许逊创立忠孝净明道，恪守忠孝大道，宣扬"忠、孝、廉、谨、宽、裕、容、忍"之"垂世八宝"，宋元时期，净明道不断融入佛、儒思想，吸纳理学精义，糅合理学忠孝内涵，以儒家忠孝伦理作为修道之基，采用去欲正心的修道方法，修道的终极理想和最高境界则是复归人的本心净明之境。"净明大教，始于忠孝立本，中于去欲正心，终于直至净明。"[①] 明清时期，净明道重入世、重人事、重心性的特点进一步发展，世俗色彩更加鲜明。

---

① （清）王弘：《山志》，中华书局，1999，第 127 页。

从今天的角度来看，净明道忠孝伦理依然具有十分重要的时代价值。随着全球化的快速推进，西方文化不断渗透，传统文化认同感趋于弱化，加上中国感恩教育的缺失，传统伦理观也受到极大冲击，传统美德滑坡，人心疏离现象有所抬头，尤其是孝道观，在市场化发展过程中日渐式微，以至谩骂、虐待、遗弃老人的事件不时出现。且中国已经步入老龄化社会，"未富先老"已经成为中国崛起的重大阻力，有效地重新阐释、弘扬忠孝观，站在国家发展的高度，赋予其新的时代内涵，是今天净明道与万寿宫文化可以进一步努力的方向和途径。

2. 江右商影响深远

许逊为江西人民的保护神，且受到历代统治者的推崇，江西商人外出经商，在外地谋生不易，为了祈福护佑、联系乡谊、报答乡族，在某地生根之后，就大力筹建集祭祀、议事、筹资、排解纷争等于一体的乡人公共活动空间——万寿宫。万寿宫同时也是祭祀许逊的精神空间，净明道"垂世八宝"一些理念往往融入江右商的为人处世中，诸如讲究"贾德"、注重诚信、崇尚宽仁、习惯容忍。"江右商帮讲究忠孝、讲究信用、讲究和气生财。江右商人比较讲信用，如有不讲信用商号，经调查属实的话，商帮会采取办法，小则责其改正，大则孤立和惩罚他。"① 可以说，净明道一些入世理念在长期历史发展中，逐步融入了江右商的精神生活世界，深入骨髓和血脉，影响并支配其观念和行为。

明清时期，由于江右商的迅速发展，万寿宫数量不断增加，以南昌为中心，全国各地都随着江右商的脚步所及，纷纷兴建起万寿宫，万寿宫甚至遍及中国香港、中国台湾及新加坡、马来西亚。章文焕先生统计，首都北京各省会馆以江西会馆最多，从明嘉靖时十几所增至清光绪64所，到民国达65所，占北京各类会馆总数的16%。即便是今天，江西省内还有万寿宫622所，省外尚存834所，省内外合计达1456所，其中济南万寿宫为济南八大

---

① 秦夏明主编《赣商研究》，经济管理出版社，2014，第10页。

会馆之首，其占地之广、规格之高，在全国大城市中实属罕见。① 万寿宫的影响及分布区域、万寿宫与江右商文化及与许逊信仰的紧密结合，都是西山万寿宫不可多得的可资利用的独特的经济文化资源。

3. 庙会活动群众基础好

许逊信仰的普及和江右商的发展，推动万寿宫不断向外拓展，也最终沉淀了万寿宫文化的深厚底蕴及使万寿宫形成民间化的倾向。明清时期，西山万寿宫的庙会活动（"朝仙"习俗）就极为兴盛，清末光绪三十年（1904年）西山万寿宫重修时捐款碑上记载的参与劝募捐助的就有40多个县或官方机构。清道光年间，庙会活动进一步发展，各地信众、香客纷纷前来西山万寿宫进行朝拜，各种"朝仙"香会、戏剧团体、杂耍团体、武术团体，农产品、工艺品等摊贩、小货郎，及众多慕名而来凑热闹的观客，齐聚万寿宫，有时参加者多达三四十万人。民国初期进一步发展，从该时期重修西山万寿宫的捐款来看，丰城、高安、南昌、新建、清江、进贤、临川等地区的香会组织均有数百个，其中丰城县更是有近2000个。②

新中国成立以来，尤其是改革开放以来，庙会活动得到恢复和发展，庙会的经济效益、社会效益日益明显。2011年6月9日，南昌西山万寿宫庙会成功入选第三批国家级非物质文化遗产名录，在各界人士的共同关心和推动下，近年来，西山万寿宫庙会得到更大发展，群众基础更加广泛，每年庙会期间，香客、游客众多，人潮如涌，热闹非凡，西山万寿宫庙会已经成为南昌经济文化活动的一大热点和看点。

4. 许逊传说故事众多

许逊惩恶扬善、济世救贫、导民治水，深受江西人民的敬仰和爱戴，是江西人民的"普天福主"，有关其传说故事众多，异彩纷呈，经历1600多年的传承，其传说故事不断发生衍变，形成枝叶纷繁之态，简直可以说是一

---

① 章文焕：《万寿宫的抢救经历》，万寿宫研究者章文焕的博客，http://blog.sina.com.cn/s/blog_64b47dff0102viw1.html，最后访问时间：2015年4月18日。

② 李平亮：《明清以来西山万寿宫的发展与"朝仙"习俗》，《江西师范大学学报》（哲学社会科学版）2009年第5期。

个传说故事丛。许逊的传说故事，流传较广的有"镇蛟除害"和"成仙飞升"，尤其是第一个传说故事，异文不少，有一版本竟然和"秃尾巴老李"的传说故事有重合之处。围绕上述两个传说故事母题，又衍生出"食珠生逊""负薪养母""拜师吴猛""师事谌母""射鹿悔悟""看病舍药""旌阳丹井""审猪断案""种植仙茅""鹿井制盐""禅院题谶""海昏斩蛇""松湖画壁""霄峰炼丹""铁柱镇蛟""陶化西山""飞升落瓦"等小故事，故事情节更加诡奇、跌宕、完整。因此，有关许逊的色彩瑰丽、枝繁叶茂的传说故事，也是西山万寿宫可以挖掘、整合的重要民间文学资源。

5. 养生文化资源丰富

西山万寿宫坐落在南昌新建区西山，该地古代称为"逍遥山"，为道教三十六洞天之第十二小洞天和七十二福地之第三十八福地，也是许逊炼制丹药和修道成仙之地，遗存众多许逊炼丹、成仙的传说故事，环境优美，交通便利，自然资源众多，盛产优质米、花生、大豆、油菜、茶油、柑橘、红薯、芝麻等。临近的湾里区洪崖山景区是南昌市的天然氧吧，环境优雅，亦是道教兴盛之地，洪崖山在西山东冲，"真君尝采药于此"①。洪崖、吴猛、许逊、郭璞、胡慧超、万振、刘玉、张氲、吕洞宾、朱道朗等10多个著名仙道亦曾光顾驻足于此，洪崖山还有紫清宫、玉贞观、玉皇殿等众多遗迹。优美的自然风光、幽静的清修环境、众多的道家古迹，这些都是西山万寿宫发展养生旅游产业的重要资源。

临近的樟树市是中国古代著名药都，中药材资源丰富，毗邻的湾里区还坐落有江西中医药大学，中医药研究力量强大，这些都有助于推动道教养生文化资源的利用与开发。

此外，因许逊被历代统治者高度推崇，西山万寿宫又是净明道祖庭和许逊得道成仙的"飞升之地"，留下了大量历代文人墨客及至帝王对其功劳仙绩、人品德尚和万寿宫气象讴歌赞咏之诗词、墨宝，宫内还留存大量历代碑刻，具有重要的文化价值和历史价值。

---

① 《逍遥山万寿宫志》卷八《高峰坛》。

西山万寿宫具有如此众多的独特的自然资源、道教文化资源，为南昌打造万寿宫文化品牌提供了重要物质条件和坚实基础。因此，从维护文化独特性角度出发，积极加强西山万寿宫文化资源保护，是进一步弘扬西山万寿宫文化、推动地方经济发展的前提和基础。具体来说，可从以下两方面着手进行保护工作。

一是加强万寿宫有关物质文化遗产保护。对宫殿内殿台楼阁、书画雕刻、圣像雕塑、古井巷道、斋醮法器、丹炉香炉、碑刻楹联、古树奇花等现有文物进行重点保护，以保持宗教文化景点庄严肃穆的独有文化氛围。同时，对现有的有关万寿宫、净明道、许逊及江右商等的书籍进行搜集整理，为西山万寿宫的后续发展提供更多文献参考和可塑空间。

二是加强万寿宫有关非物质文化遗产保护。万寿宫文化是一个综合文化体系，不仅有民间宗教文化资源，还有民间习俗资源，如万寿宫庙会这一历史悠久、影响深远的民间风俗，同时还有民间流传的诸多民间文学资源，涉及民间传说、民间故事、民间谚语、民间俗语等众多民间文学类型，这些都需要有意识地加以保护和传承，让其为万寿宫文化增添更多亮色。

三 区隔互融理念与西山万寿宫文化资源创意开发

宗教文化具有独特性，它关注自我清修与内心世界，回应民众在世俗喧嚣中寻求清净心境的精神诉求，引导世人体悟自我、社会与自然的和谐之道，透过世事沉浮，以积极超脱的心态面对俗世人生。宗教文化旅游景区应不同于一般旅游景区，应秉持区隔互融的理念，对景区进行功能分区和区隔统筹，来满足不同群体的旅游需求和精神体验。

基于上述理念，笔者认为，西山万寿宫进行旅游品牌塑造，进行旅游景区规划设计和创意开发，应遵循以下原则。

1. 人本性原则

人本性原则是指在旅游景区设计和旅游管理中，要真正体现以游客为本

的理念，积极做好服务工作，提升西山万寿宫文化旅游的诚信度、满意度和影响度。

2. 体验性原则

现代旅游不应仅仅满足于观光游，而应更多创设文化体验游，让游客全身心参与，在一种极度轻松、放松的状态中让自己身心愉悦，获得深度的文化感悟和体验，从而增加对旅游景区的了解和喜爱。近年来，宗教文化体验游已经成为一项新兴的旅游项目，在南昌万寿宫文化旅游创意设计中，应积极贯彻体验性原则，这也是宗教文化旅游未来发展的重要趋向。

3. 差异性原则

这种差异性原则一方面是指旅游景区旅游产品具有独特性，具有自己的特点，从而吸引更多游客前来旅游。另一方面是指旅游景区在旅游产品规划设计和创意开发中，能够兼顾不同游客的旅游动机和心理需求，从而使不同旅游群体的差异化旅游体验都能够得到最大程度的满足。

4. 品牌性原则

西山万寿宫文化旅游要积极进行品牌化运作，进行市场化营销，通过品牌设计、品牌定位、品牌营销、品牌监控、品牌传播、品牌保护等程序和手段，有效塑造万寿宫文化旅游品牌，提升其品牌溢价力、竞争力、增值力和持续力。

道教文化注重自我解脱、物我两忘、心灵神游。这种全身心的放松和神游，和旅游行为的内在机理具有一定的契合度。"以'游'来象征道教的宗教精神，是指一种摆脱功利观念，带有纯粹精神观念的精神境界和追求，他给予超越的'道'和渴望超越的人们以宗教上的合理解释，并得到信众的认同。"① 当然，道教的"游"注重"养心""吾丧我"，通过"心斋"达到"坐忘"，追求心灵的"逍遥"，"游心太虚，驰情入幻，振翮冲霄，横绝苍冥……超然观照层层下界人间世之悲欢离合、辛酸苦楚，以及千种万种迷迷

---

① 胡锐：《道教与旅游——道教旅游文化初探》，《宗教学研究》1999 年第 4 期。

惘惘之情"①。旅游的"游"是"小我"的一种生活追求，是身心调节的一种方式，没有上升到观照俗世人生的高度和完成"天人合一"的精神追索。因此，为了保持西山万寿宫净明道文化传承，并满足不同旅游群体的旅游需求，应在充分利用、整合西山万寿宫丰富的道教文化资源的基础上，融入区隔互融的理念，加强西山万寿宫景区的空间分区化设计。在创意设计方面，笔者有些不成熟的思考。在空间设计上，划分祭祀区、休闲区和研修区三大块。祭祀区包括今天西山万寿宫主体宫殿、广场，除具有历史价值的少数道家研修殿堂外，可按照道教尤其是净明道教仪、教义，移植、重构道教建筑、雕塑、斋醮道坛等，以适应西山万寿宫发展需要，祭祀区对一般游客开放，研修殿堂对普通信众开放，以加强普通信众与道人的沟通，满足信众心灵的精神信仰需求。休闲区为新开拓景区，可根据宗教语境，结合现代审美需要，修建休闲小镇，突出山水文化、道教文化、休闲文化、药膳文化，建成集旅游、观光、住宿、度假、体验于一体的旅游度假综合体，积极进行养生文化产业开发，该区域对一般游客和普通信众开放。研修区为新开拓景区的延伸空间，严格来说，不应划入景区，该区域是宫内道人与居士及社会文化人士交流的场所，是坚守、弘扬净明道文化的宗教场所，开辟研修区有助于更好展示、传承净明道文化的独特性，研修区应保持清净，在绿树环绕、百花掩映、溪水潺潺之环境中着力建设一批素雅、明净的清修堂、茶室、书房，突出人、社会与自然的和谐统一，与市场喧嚣保持一定距离，以保证净明道教义的更好的传承和发展。除空间的分区化外，区隔互融还应体现在时段的划分上，在一些具有神圣意义的节日，应尽可能留出部分殿堂空间让净明道道人开展宗教活动，禁止游客进入，以规范和提升宗教活动的神圣性和肃穆性，增强仪式感和庄严感。此外，在景区发展中，如果某个时间段游客数量过大，应着眼于景区长远，有所舍弃，在合理核算景区人流承载力的基础上，对游客数量做一定的限制，以保护西山万寿宫文物及环境设施，切实探索出一条景区、游客、宗教和谐发展的路径。

① 黄克剑、钟小霖主编《当代新儒学八大家集·方东美集》，群言出版社，1993，第286页。

为加强万寿宫文化景区规划设计和创意开发，切实融入区隔互融理念，应推出优质旅游产品，加强衍生产品开发。具体来说，笔者认为，可从以下几方面进行规划设计和创意开发。

（1）整合周边景点，提升景区整体影响力

西山万寿宫文化景区应积极整合周边旅游资源，加强区域旅游业联动，提升整体的影响力和辐射力。西山万寿宫可以和湾里区洪崖山景区及正在筹建的海昏侯国遗址公园加强合作，构建一条南昌道儒文化精品旅游线路。洪崖山景区具有悠久的历史渊源，传说是黄帝近臣伶伦洪崖子炼丹修道处，众多道教仙人亦曾于此留有遗踪，此处还有不少道教古迹。海昏侯刘贺墓的发掘是近年来影响中外的一件大事，江西省人民政府高度重视，计划投入123亿元巨额资金打造海昏侯遗址品牌。因此，加强与邻近地区的洪崖山景区、南昌汉代海昏侯国遗址管理局的联系与合作，精心设计一条精品旅游线路，有助于更好地发挥联动效应，提升西山万寿宫文化品牌知名度。

（2）建设休闲小镇，拓展道教养生文化产业

应以道教养生文化为主题，积极利用西山万寿宫净明道文化资源，积极开展道教养生教学，融入"辟谷养生"理念，加强对八段锦、太极拳、太极剑、易筋功等武术健身项目的挖掘，加强道教养生馆、道教养生训练营、道教养生基地等休闲场馆建设，建设风格高雅、道家色彩浓郁的休闲小镇或者休闲小区。开展"做一天道士"体验游活动，推出"长生宴""养生餐"，让游客亲身参与开光斋醮科仪，"听道乐、品道茶、观道场"，打造道教养生文化体验游的文化品牌。

（3）加强宣传推介，拍摄、制作相关影视、动漫作品

许逊是道教四大天师之一，是江西人民的"普天福主"，深受江西人民的敬仰和崇拜，世代享受江西人民的香火。万寿宫是江右商精神信仰的物质载体，是江西人民许逊崇拜的延伸和发展，据了解，全国各地尚存的万寿宫建筑仍有1400多座，这些都是西山万寿宫可以整合、利用的不可多得的历史文化资源。西山万寿宫的宣传可借鉴妈祖文化建设的经验，为了加强妈祖文化宣传，福建拍摄了一部《妈祖》，让妈祖家喻户晓。因此，笔者认为，

可以拍摄、制作许逊、万寿宫、江右商等相关题材的影视作品、动漫作品，甚至制作游戏作品，扩大万寿宫的海内外影响。

（4）关注节日营销，提升旅游产品的知名度

加强西山万寿宫庙会的宣传推介，恢复割瓜、禁坛、南朝、西抚、接仙等民俗文化活动，梳理、强化净明道斋醮科仪，保护、传承民俗文化活动，加强庙会期间经贸交流，推动地方经济发展。同时利用各种传统节日及非日常节日如帐篷节、素食节、慈孝节等，挖掘、弘扬净明道文化内涵的新时代价值，加强西山万寿宫旅游产品推介，提升景区品牌知名度。

（5）开发相关产品，拓展衍生产业链条

加强旅游产品创意开发，传承净明道文化精义，积极融入现代元素，开发既有宗教文化特色又有时代感的真君茶、真君酒、真君膳、真君丹、真君袍等一系列旅游纪念品，同时可以有效利用道教尤其是净明道文化元素，加强其在出版业、演艺业、影视业、会展业等领域的创意开发，拓展衍生产业链条，提升旅游产品溢价能力。

此外，加强道教交流，不断加强与海内外万寿宫的交流与联系，联合组织相关万寿宫祭祀活动、净明道斋醮活动。同时，注重学术交流，邀请海内外道教研究领域尤其是万寿宫文化研究领域的著名学者来南昌讲学、参加学术会议，加强对许逊、万寿宫及江右商的研究，积极拓展研究领域，让更多学者关注、关心万寿宫文化研究，提升万寿宫文化的学术影响力及国内、国际声誉。

四　结语

随着文化经济和文化产业快速发展，文化旅游尤其是宗教文化旅游备受游客青睐，产值逐年迅速提升。西山万寿宫是道教四大天师之一许逊的"飞升之地"，是净明道祖庭，历史遗迹众多，留下了众多文人墨客及历代帝王的墨宝、诗词，也流传众多有关许逊的传说故事，尤其重要的是万寿宫庙会历经1600多年，仍在民间具有强劲的生命力，仍是广大民众祭祀许真

君、祈求幸福吉祥及进行农产品、手工艺品贸易的重要宗教文化节日。此外，万寿宫作为江右商精神信仰的物质载体，在历史上曾是江西商人在外地落地生根的重要见证和生活印记。虽然经历了历史的重大变迁，但至今万寿宫在海内外仍有 1400 多座。所有这一切都是西山万寿宫可以整合、利用的重要历史文化资源，也是南昌不可多得的可以利用的文化品牌和可以开发的重要经济文化资源。

当然，西山万寿宫的创意开发，不应和国内大多数宗教景区开发一样，仅仅关注经济利益。要知道，宗教文化景区不仅是文化资源，还是精神信仰，因此，西山万寿宫应在加强物质文化、非物质文化保护的基础上，秉持区隔互融的理念，根据不同旅游群体的旅游需求差异，对景区实行分区化、分时段规划设计，根据一般游客、普通信众和研修人士需求不同，设计祭祀区、休闲区和研修区三种功能差异较大的景区空间，同时在一些重要宗教活动中，还应进行分时段的时间区隔设计。在进行分区化、分时段规划设计时，也要积极进行旅游衍生品的创意开发，并贯彻人本性原则、体验性原则、差异性原则、品牌性原则。在具体创意开发中，应积极整合、利用现有道教文化资源，积极融入现代元素，加强景区联动，注重养生文化挖掘，挖掘庙会文化内涵，强化节日营销推广，等等，提升西山万寿宫文化品牌影响力、渗透力和辐射力，传承、弘扬净明道文化，助推地方经济发展。

B.18
依托万寿宫创建大西山景区的设想

欧阳镇*

摘　要：　万寿宫具有悠久的历史、灿烂的文化，其具有代表性的载体就是西山万寿宫，即以朝奉许逊为主的道教庙宇。西山万寿宫与大西山不可分割，需要正确处理西山万寿宫与大西山景区的关系。西山万寿宫作为大西山景区开发中一个极具特色的亮点，具有重要的历史地位。因此，西山万寿宫应该成为大西山景区中的主要亮点，应将西山万寿宫列入大西山景区规划，重点突出其历史文化内涵，消除其中一些不尽如人意的负面功能和消极作用，发挥西山万寿宫正面功能和积极作用，特别是扩大万寿宫在对外友好交往中的正面功能和积极作用，充分展示其自身独特的优势和魅力。

关键词：　万寿宫　大西山景区　规划设想

万寿宫具有悠久的历史、灿烂的文化，其具有代表性的载体就是西山万寿宫（即以朝奉许逊为主的道教庙宇）。西山万寿宫与大西山不可分割，如果要创建大西山，那么就必须妥善处理西山万寿宫与大西山景区的关系。

一　要纳入大西山景区的规划范围

西山是江西省会南昌西郊的一座连亘几百里的名山，在历史上由于没有

---

*　欧阳镇，江西省社会科学院宗教研究所所长、研究员。

受到明确的地域划分的限制，一直是作为一个整体来看待的，可以说，大西山的概念在人们的头脑中早已形成。在《西山志略》中就有相关的记载："自宋太平兴国六年析南昌西偏十六乡之地新建县以来，西山山脉遂成为新建全县之地，南北长而东西狭，北起吴城，南止浠湖，物华天宝，人杰地灵，英才辈出。"可以看到，当时新建县的范围很大，容纳了整个西山山脉的主体。在宋代时，西山山脉确实是作为一个整体来看的，北宋人余靖（1000~1064年）的《西山行程记》云："西山在新建县西四十里，岩岫四出，千峰北来，岚光染空，连亘三百里……又北行四十里，得吴源之水，高下十堰，每堰溉田千余顷，其极源至山之椒，得风雨池。风雨池者，能出云气作雷雨。西山之势，高与庐阜等，而不与之接，余山则枝附矣。"在这里，西山山脉的整体结构被生动地描绘出来了，因此，可以说大西山的概念已经完全建立。对于西山，直到清朝依然是作为一个整体来看的，清朝雍正年间曹茂先（约1742~1781年）的《绎堂杂识》云："西山之脉，自奉新虬岭来，转梧桐岭，复少行，入田。度峡特起，而为西山。东为缑岭，南出雷公岭，北出天宝洞岭，分罕王岭。西一支由金纹厂走丁家塘，分车塘至新塘村而尽。中为萧史峰。东行上安峰，逆为生米镇，走厚田丹陵，尽象牙岗……樵舍与西山同分脉者，为昭山。"从这段对西山的叙述可以看出，大西山的概念一直未发生改变。

虽然大西山的概念从宋至清未出现过任何问题，但是西山有过不同的具体名称。这种不同的称谓在《西山志略》中有非常清楚的说明："西山在豫章郡城之西，章江之外，故曰西山。西山高二千五百丈，旧曰献原。《水经注》作散原，《豫章记》作厌原。《太平寰宇记》曰南昌山。"不管其称谓如何不同，其实质内涵并没有发生任何改变。也就是说，大西山的概念已经固定下来了，故而将西山描写为南北走向，绵延百余里，向有"七十二峰之说"。今天如果从行政区划来看，那么大西山的概念应为西接奉新、高安诸山，南接新建区，包括湾里区、新建区、安义县中北部、经济开发区一带，约500平方公里的广阔区域，因此，称得上大西山景区。

西山历史文化悠久，自然景色秀美，是一座值得深入挖掘和开发的风水宝地，这与其被视为道教名山关系密切。在大西山的概念里又有一座小西山，这座小西山，又名逍遥山，位于江西省新建区西部，最高海拔为841米，被称为江南最大的"飞来峰"，是中国音乐发源地、道教净明宗发祥地。这座小西山在晋代就成了净明忠孝道的发源地，是一座道教名山，为三十六洞天之中的第十二洞天（曰"天柱宝极玄天洞"）和七十二福地之中的第三十八福地。西山万寿宫（又称隆兴府玉隆万寿宫）就是这个洞天福地中的著名庙观，始建于4世纪中叶，至今已有1600多年的历史，最初是净明道祖师许逊的住宅，后为许真君修道成仙的场所，故被尊为净明道的祖庭，是江南符箓道派四大宗坛之一。西山万寿宫在中国道教发展历史上具有重要的地位，不仅是一个蜚声中外的道教圣地，而且是一个广大民众举行祭祀以及其他各种民俗活动的、延续了上千年的"文化空间"。因此，西山万寿宫，无论是从其历史地位，还是从其文化内涵上来说，都应成为大西山景区规划中一个极具特色的景点。

二　西山万寿宫应成为大西山景区的主要亮点

大西山具有众多的历史文化资源，尤其是佛道教文化资源。从《西山志略》可以看到这里曾经有过4座宫，即玉隆宫、逍遥阁、应圣宫、南极长生宫；6座观，即冲虚观、霞山观、憩真观、栖真观、紫阳观、凌云观；8座庵，即万松庵、瑞云庵、洁云庵、集云庵、直指庵、石幢庵、云中庵、朝阳庵；8座院，即崇胜院、禅悟院、福岩院、云堂院、金盘院、白法院、净明院、云溪院；17座寺，即香城寺、龙泉寺、翠岩寺、善果寺、云峰寺、碧云寺、栖碧寺、蟠龙寺、云盖寺、大宁寺、杨歧寺、东林寺、金仙寺、五峰寺、显教寺、九会寺、龙岗寺。这些佛道教场已经不存在了，有的留有遗迹，有的得以重新建造。世界佛教网的统计数据显示大西山目前拥有的佛道教场所情形，现存有5座道观，即新建区西山镇的万寿宫、松湖镇的黄堂宫，湾里区梅岭镇的阳灵观、紫阳观，经济开发区的观音庵；20座寺庙，即湾里区梅岭镇的香城寺、翠岩寺，招贤镇天宁寺，太平镇的法藏寺，溪霞镇的佛禅寺，安义县龙津镇的接引寺（又名万寿宫）、台山寺，长均乡的大唐寺，石鼻镇的慈云禅寺、京台砖塔，新民乡的天池寺，长埠镇的下桥石塔，新建区望城镇的明心禅寺、璜溪乡的极乐寺、石埠乡的梦山灵应寺、金桥乡的极乐寺，经济开发区的净土寺、莲花寺、龙泉寺，桑海经济技术开发区的怀恩寺。在这众多的佛道教场所中，西山万寿宫可以说是鹤立鸡群，具有得天独厚的优势。

一是具有重要的历史地位。西山万寿宫随着历史的演变，其称谓发生过三次变化。开始只是许逊炼丹修道、"冲举升天"的故宅，是一所家祠，被命名为"许仙祠"；许仙祠在南北朝时改称"游帷观"，北宋真宗大中祥符三年（1010 年），游帷观升观为宫，赐额"玉隆"，徽宗政和六年（1116年）大规模重建，赐额"玉隆万寿宫"，这个名字才一直流传了下来。这种称谓的变化，实际上反映出西山万寿宫在历史上的地位在不断地得到提升。另外，更为重要的是，西山万寿宫在宋元时确定为净明道派的发源地和祖庭，这为其历史地位的提高发挥决定性的作用。

二是倡导净明忠孝教义。许逊首创净明道教义"八极真诠"（即忠、孝、廉、谨、宽、裕、容、忍），以"孝悌为本"，主张靠修炼道德、行善积德来达到神仙境界。他竭力弘扬此教义，吸引了众多门徒，因而成为当时知名的道教大师，并被尊为净明道祖师。许逊以实际行动践行这一忠孝教义，他善立功的事迹感天动地，光大了中华民族正直精诚、为善济世的人文精神，为世人所敬仰。他所传扬并践行"忠孝"美德的人文精神，更是影响深远。净明忠孝教义的载体就是西山万寿宫。为了深刻地论述净明忠孝教义，章文焕先生用了一个生动的比喻给予说明，他说："如果将江西万寿宫比作一棵千年古树，其种子就是许真君的伟大人格及其宗教哲理，其主干由南昌城内和新建西山两座万寿宫组成。"实际上，近年来真正倡导和弘扬这一教义的主要为西山万寿宫。

三是吸引了众多的人。西山万寿宫因具有很强的人气，因此在外界有一定的知名度。西山万寿宫最具特色的是举办庙会，近年来对其朝拜极为热烈，超过历史上任何时代。每年从农历七月二十日至九月初一日为庙会期间，各地到西山朝圣的男女信众达三四十万人，尤其七月三十日（或二十九日）晚上，西山街上人如潮涌，水泄不通，宫内爆竹声通宵达旦，万头攒动，几达十万人，盛况空前。这也是最聚人气的一种方式。此外，随着旅游业的发展，许真君留下的遗迹和各地流行的民间故事将被发掘出来在旅游区作为文化品牌呈现，这在一定程度上也会达到聚集人气的效果。

从上所述可见，西山万寿宫作为大西山景区开发中一个极具特色的亮点，它所具有的重要的历史地位是不可替代的，倡导净明忠孝教义与社会主义核心价值观是统一的，吸引众多的人、聚集人气将为大西山景区的旅游文化事业发展产生积极的作用，因此，西山万寿宫理应成为大西山景区中的主要亮点。

三 需发挥万寿宫的积极作用

在高位推进、共同开发大西山过程中，西山万寿宫作为一个主要亮点格外引人注目。西山万寿宫是一个复杂的历史文化载体，具有多种功能和作用。既有负面功能和消极作用，又有正面功能和积极作用，我们必须认真对待西山万寿宫这种双重功能和作用。

从当前的现实来看，西山万寿宫已经暴露一些不尽如人意的负面功能和消极作用。江西省社会科学院的王伟民研究员在其《关于南昌万寿宫概念、定位及发展策略的建议》一文中就指出："南昌万寿宫享有千年盛誉，但现状却令人堪忧，与盛名完全不符。主要表现在：一是利益色彩过重，每个殿都设有'功德箱'，给人的印象是'朝钱看'；二是工作人员素质低，特别是玉隆万寿宫的工作人员，同她们交谈，感觉她们小学文化都没有；三是宣传不到位，玉隆和象湖两宫都没有宣传品销售橱窗，见不到宣传万寿宫和许逊的书籍、杂志等，也没有自己文物和历史的展室；四是服务设施简陋，象湖万寿宫没见公厕，玉隆万寿宫公厕简陋，环境不洁，气味难闻；五是玉隆

万寿宫建'关帝殿'、'财神殿'，冲淡了万寿宫的主题；六是游人稀少，冷冷清清，双休日周六上午黄金时间，两宫即时游人相加不到20人。总之，这两处万寿宫给人的感觉是：只有宫殿的外形，没有宫殿的内涵和文化。"虽然这里涉及两个万寿宫（即西山万寿宫和象湖万寿宫），但是主要还是谈西山万寿宫。这是他在亲自调研的基础上得出的结论，可以说具有一定的说服力。对此绝不能视而不见，必须采取有力的措施改变当前的局面，消除这些负面功能和消极作用。与此同时，要发挥西山万寿宫正面功能和积极作用。

一是要丰富庙会的内容。西山万寿宫每年农历七月二十日到九月初一都会举行规模较大的庙会，南昌、丰城、樟树、鄱阳等地的人来此朝拜，近年来参加庙会的人数达50余万人，可谓盛况空前。可以说，庙会既是当地广大民众物质生活和精神生活的荟萃和缩影，也是当今社会与幻想世界的交错和对话，也是现实生活同历史的恳谈。每一次庙会对于虔信者是一次心灵的洗礼，表现了明显的道教色彩，对于一般群众则是紧张劳作中的休憩、情感的袒露以及观念和才艺的外现。这只是庙会正面功能和积极作用的一部分，还有更多内容需要拓展。由于每年的庙会期间，各种农副产品、生活用品都会集中在万寿宫周边市场进行交易，此时是万寿宫商务活动最为活跃的时期，应突出打造庙会特色，围绕庙会主题重新设置、建设宫殿。除考虑服务好每年农历七月二十日至八月底的大型庙会外，可以考虑建设度假村、会展馆，承接宗教展，兼接其他商务会展，努力建设成为全国乃至世界宗教会展中心。如果按照这一思路，那么庙会的内容将会得到一定程度的扩大。其结果很可能是西山万寿宫庙会既是道教盛会，也是商贸文化交流会，从而变成集朝拜、旅游、商贸于一体的盛会。庙会的正面功能和积极作用也就不仅是宗教的，而且是商贸或商务的。

二是要全面认识许真君的形象。许真君的神圣形象及博大精深的万寿宫文化传衍至今，已有1600多年的悠久历史。长期以来，许真君在人们的心中只是一位宗教人物或者白日飞升的神仙，其实许真君也是由真实的历史人物演化而来的，一样具有人间的生活经历，那么他是如何处理现实人间的方方面面的各种问题呢？在苛政猛于虎的君主专制时代，他为官清廉，是中国历史上吏治公正、爱民如子的廉政典范。当中原处于强虏蹂躏、生民涂炭的危急关头，他以百岁高龄，毅然请缨，北伐逆虏，舍身卫国，为我国历史罕见的爱国英雄。在科学尚不发达、奸巫惑众的蒙昧年代，他敢作敢为，率领民众，惩巫斩蛟，修筑堤坝，根治水患，造福于民，成为中国历史上著名的治水功臣。他不满朝廷腐败现实，曾拜吴猛、郭璞、谌母为师，潜心学道，后隐居逍遥山金宅桐园（今新建区西山万寿宫地址）炼丹修道，首创净明道教义"八极真诠"（又称"八宝垂训"：忠、孝、廉、谨、宽、裕、容、忍)，被尊为净明道祖师。他的这些神奇故事在民众中广为流传，许逊曾受到王安石、曾巩、文天祥、解缙等历代名人的高度赞颂。全面认识许真君的形象，深入挖掘其文化内涵，凸显其正面功能和积极作用，对弘扬道家孝道文化，宣传许逊好人、好官、好神的事迹有重要意义。

三是要进一步扩大对外友好交往。在历史上，祀奉许真君的万寿宫（或称江西会馆）数以千计，分布也极为广泛，江西人所建的万寿宫遍布全国各地，甚至远涉中国台湾、新加坡、马来西亚、菲律宾等地区和国家，尤以北京、两湖、云、贵、川最多。据不完全统计，广布国内外的万寿宫已逾千所。万寿宫已成为江西历史文化的重要载体，成为海内外赣胞崇德报功、寻根祭祖、联络情谊、广结善缘的纽带和桥梁。为什么祀奉许真君的万寿宫如此之多，范围如此之广，声势如此之大？主要有两个原因：其一，许逊为官清廉、战胜邪恶、追求成仙得道的精神和实践，既得到老百姓的赞扬和推崇，又受到封建统治阶级的赞美和倡导；其二，众多移居他省的江西人（包括大量商人在内），为了联络乡土感情有所仗恃，常发挥故乡的文化传统兴建会馆祀奉许真君神像，这些会馆有的称万寿宫，有的称铁柱宫，遂使万寿宫成为赣文化之花开遍神州大地。在世界各地出现众多的万寿宫无疑会为扩大对外友好交往奠定坚实的基础。在扩大对外友好交往过程中，从江西来说，既可传承江西会馆和万寿宫的历史文脉，又可为江西人联络情感，增进友谊，保护自身利益，谋求更大发展；从全国来看，既可对加强两岸精诚团结密切合作，共谋祖国和平统一，实现中华民族复兴的中国梦产生一定作

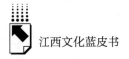
用，又可吸引海内外华人，从而增强民族凝聚力。由此看来，万寿宫扩大对外友好交往前景广阔、大有可为。近年来，西山万寿宫在扩大对外友好交往中所取得的巨大成绩就是明证，这也体现了西山万寿宫的正面功能和积极作用。

从当前来看，依托西山万寿宫创建大西山景区，应将西山万寿宫列入大西山景区规划，重点突出其历史文化内涵，并充分展示其自身独特的优势和魅力。

B.19
万寿宫庙会文化资源与文化
旅游开发路径探析

周明鹃*

摘　要：　本文从万寿宫道教的价值体系、祭祀与朝拜活动、忠孝传家
　　　　　的江右商帮、庙会商业活动、万寿宫民俗活动、万寿宫建筑、
　　　　　关于许真君的戏曲与小说等方面着手，对万寿宫丰富的庙会
　　　　　文化资源进行梳理及论述，并在此基础上进一步指出利用其
　　　　　文化资源打造江西文化旅游名片的七条路径：致力于净明道
　　　　　教的资源保护，发展宗教旅游；利用万寿宫文化生态系统，
　　　　　打造万寿宫庙会文化旅游品牌；结合"绿色、红色、古色"
　　　　　三色文化，发展万寿宫庙会文化特色旅游；根据文化变迁的
　　　　　特性，对万寿宫庙会文化进行发掘和创新；运用线上线下全
　　　　　媒体，对万寿宫庙会文化旅游品牌进行整合营销；鼓励万寿
　　　　　宫庙会文创产品的开发；发掘江右商人传统，促进万寿宫庙
　　　　　会文化与江西商业活动进一步融合。

关键词：　开发路径　万寿宫庙会　文化旅游资源

　　作为集祭祀朝拜、商贸、旅游于一体的江西本土庙会民俗，万寿宫庙会
文化体系不仅是中国历史文化长河中蕴涵丰富文化宝藏的文化资源群岛，还

＊　周明鹃，江西财经大学人文学院教授。

是赣文化中可与景德镇瓷器、滕王阁等江西文化名片相提并论的文化明星。开发和利用万寿宫庙会文化资源，从现实角度而言，其意义不仅仅在于传承优秀的江右传统文化，更在于为江西打造一张文化旅游名片。

一　万寿宫庙会文化资源

万寿宫庙会文化资源主要包括万寿宫道教的价值体系、祭祀与朝拜活动、忠孝传家的江右商帮、庙会商业活动、万寿宫民俗活动、万寿宫建筑、关于许真君的戏曲与小说等几个方面。

1. 万寿宫道教的价值体系

许真君净明道教受儒家思想的影响，传承与发展的核心思想是忠孝，宣扬的是积极入世、重视实践、具有鲜明伦理色彩的道教思想。发展到了元朝，刘玉将净明道的忠孝更添了一股民族正气，提倡以天下为己任的真忠至孝。净明道提出"欲修仙道，先修人道"，巧妙地将儒家思想吸纳到自身的价值体系中，这也是净明道能获得统治者和文人墨客青睐的重要原因。净明道的垂世八宝——"忠、孝、廉、宽、裕、净、容、忍"[1]，即"忠则不欺，孝则不悖，廉而罔贪，谨而无失，修身如此可以成德；宽则得众，裕然有余，容而翕受，忍则安舒，接人以怨咎涤除"[2]，对当今价值失范、物欲横流的社会弊端的矫正作用显然不容忽视。

2. 祭祀与朝拜活动

人们对以许真君为代表的神仙的祭祀与朝拜，促进了万寿宫庙会文化的发展。有古文记载："吾乡逍遥宫玉隆万寿宫，殿宇之隆，香烟之盛，海内周知。虽代远年湮，迭兴迭废，而四方人士奔趋朝拜者，历千载如一日。"[3]信奉者每年在农历七月二十日到九月初一日会参加西山万寿宫庙会。每逢农

① 参见（元）黄元吉《净明忠孝全书》卷二，中国社会科学出版社，2014。
② 参见（元）黄元吉《净明忠孝全书》卷二，中国社会科学出版社，2014。
③ 参见《重建逍遥山玉隆万寿宫记》，转引自卿希泰《道教仙境宫观·玉隆万寿宫》，《中国道教》第四卷，知识出版社，1994。

历七月二十八日，百姓都要将许真君的圣像抬上位于西山万寿宫左侧的五龙岗，虔心祈求以期消除"蛇虎之患"。在农历七八月，各乡村都会开展割瓜活动，当地百姓准备好香花，打着鼓，举着旗帜，到万寿宫许真君的寝宫前迎请圣像，然后打着旗、锣、鼓、伞，抬着真君木塑偶像在各乡周游一遍，以祈求避凶除害。农历八月初一到十五日为朝圣期，不过往往会延续到农历八月底到九月初。与此同时，农历八月初会举行剪柏会（即将西山万寿宫前参天古柏的树枝剪短）。西山万寿宫除了农历七月到八月底的庙会朝拜活动，还有以下几个活动：一为祭祀许真君农历正月二十八日的诞辰所举办的开朝仪式；二是每三年一次，在农历八月初三这天将许真君木塑像抬到松湖黄堂宫那里拜谒谌母的"南朝"活动；三是每三年一次，在上元节后的第一天乡民抬着许真君像向西去高安县祥符观的"西抚"活动。

3. 忠孝传家的江右商帮

由江右商帮筹建的万寿宫是由江右商人和净明道士一起管理的。因此万寿宫不仅是祭祀和朝拜的场所，还是江右商人的议事场所、从事公益慈善事业场所、商业中介所和集资场所。江右商人从小受净明道的忠孝观念的耳濡目染，讲究忠孝。在外经商的江右商人都注重诚信，讲究和气生财和团结互助。虽然江右商人常年离开家乡甚至在他乡落地生根，但是他们愿意回报家乡，为家族建祠修谱，为家乡救灾赈荒、建桥修路和办学助读。江右商帮在传承与传播万寿宫文化、助推江西文化经济的发展等方面起到了不可忽视的作用。

4. 庙会商业活动

钩沉历史，我们不难发现，历史上万寿宫老街区是在广润门和惠民门四周的街道基础上扩张而成的商业街区。其辖区内的 7 个门亦即代表 7 个风格各异的街区："接官接府章江门、推进涌出广润门、挑粮卖菜惠民门、驮笼挂袋进贤门、跑马射箭顾化门、哭哭啼啼永和门、杀进杀出德胜门。"南昌老街区的特征与功能区分在此显露无遗。历史上广润门即为重要的水陆中转枢纽，其附近街区亦因此成为南昌市商贸集中的要地。早在清末时期，广润门一带就是商贾云集的繁华地区，现已发展成为省内外颇有影响力的万寿宫、翠花街小商品批发市场。

5. 万寿宫民俗活动

江西民间每逢重要节日或庆典，都会到万寿宫祭祀祈福。春节期间有些地方会到万寿宫取"仙水"用柳梢洒在家里消灾去秽；也有些地方是拜请许真君出家巡游，讨个喜庆和好兆头。在端午节，因为许真君除孽龙的传说，新建专用糯米团饼取代粽子；中秋期间万寿宫会举办各种各样的娱神活动，如请戏班唱戏、舞龙舞狮表演。万寿宫除了有与节日庆典有关的民俗活动之外，还有独有的太平戏和南汇锣鼓书、迎龙虎大旗等。

6. 万寿宫建筑

万寿宫建筑采取了中国传统的院落式，以木架结构为主。万寿宫作为净明道的重要场所，在建筑风格和理念上不仅体现了我国传统的建筑思想和结构，也体现了净明道和道教的价值观念。比如万寿宫根据八卦方位、乾南坤北，采用以子午线为中轴、坐北朝南的对称布局，体现了净明道追求中正平稳的思想。

7. 关于许真君的戏曲与小说

关于许真君的小说主要包括以许真君传记为题材的作品，如《许真君铁树记》《警世通言》《中国神仙大演义》，以及以许真君传说为背景或故事元素的作品，如《西游记》《醒世姻缘传》《说岳全传》等。此外，戏曲中明代杂剧、弋阳腔、南戏以及京剧都有关于许真君的传说与演绎。

二　利用万寿宫庙会文化资源进行 文化旅游开发的路径

基于对万寿宫既有文化资源的梳理，笔者认为，其文化旅游开发路径可从以下七个方面着手：致力于净明道教的资源保护，发展宗教旅游；利用万寿宫文化生态系统，打造万寿宫庙会文化旅游品牌；结合"绿色、红色、古色"三色文化，发展万寿宫庙会文化特色旅游；根据文化变迁的特性，对万寿宫庙会文化进行发掘和创新；运用全媒体，对万寿宫庙会文化旅游品牌进行全方位营销；鼓励万寿宫庙会文创产品的开发；发掘江右商人传统，促进万寿宫庙会文化与江西商业活动进一步融合。

1. 致力于净明道教资源的保护，发展宗教旅游

毋庸置疑，对传统文化的保护是发展传统文化的前提。传统文化开发重点不在重建而在保护。这点我们可以借鉴欧洲诸国对传统建筑尽全力修护的做法，对于万寿宫文化资源能留的一定要想办法留住，濒临消失的要尽力挽救，要加强对全国 1000 多所万寿宫的保护和修缮工作，保留和发展万寿宫民俗文化。

江西道教文化资源丰富，拥有上饶的道教名山、世界自然遗产地、国家地质公园——三清山，鹰潭的道教发祥地、世界自然遗产地——龙虎山，上饶的道教名山、国家级风景名胜区——葛仙山，九江的同为佛教和道教名山、世界风景名胜区——庐山，抚州的"既有洞天，又有福地，秀出东南"的麻姑山，樟树的寓道教文化和中药文化为一体的阁皂山，吉安的"第十七洞天""第八福地"玉笥山，等等，再加上近 580 所遍布江西省各个地区、信奉净明道的万寿宫，如能将这些道教文化资源进行整合，打造江西道教文化旅游圈，发展独特的多样化的宗教旅游，必将提升江西道教文化在全国的影响力。

文化旅游如果只是"孤岛式"开发或者纯观光式发掘，对旅游消费者来说吸引力不大且后劲不足。给消费者带来极佳的精神体验与精神享受，才是文化旅游关注的核心所在。阐发万寿宫净明道教的思想价值，给人心灵上的洗涤和熏陶，是带动万寿宫庙会旅游发展的重要方法。而利用好万寿宫庙会文化资源中的民间传说和故事，则是打造万寿宫文化旅游的重中之重。关于许逊的有趣传说在南昌可谓遍地开花：许逊"一人得道、鸡犬升天"的故事，许逊斩妖锁蛟的故事，生米镇、慈母渡、君子巷、鹿岗、积骨洲、石井、铁柱宫等有浓厚净明道教意味的地名。这些传说和地名都是可以进行深入挖掘的宝贵文化资源。上述各地可与万寿宫旅游景点进行通盘规划，打造具有战略意义的万寿宫文化旅游景点链。相关故事可以改编为舞台剧、戏曲和大型实景演出，开发融合演艺、商业、民俗传说的文化模式，特别是实景演出还可以融合南昌秀美的自然山水风光。

2. 利用万寿宫文化生态系统，打造万寿宫庙会文化旅游品牌

文化生态，即文化的生存、传承、存在的各种状态，是文化与环境的耦合，包括文化人类学视角下的文化与环境的关系和文化哲学视角下的文化形态之间的关系。文化生态系统是文化系统与生态环境系统相互作用形成的动态系统，演化性（遗传与变异）是文化生态系统的基本属性。文化共生、文化协调、文化再生是文化生态的基本法则。[1]

西山万寿宫庙会文化经过多年发展，已经形成集朝拜祭祀、旅游、商贸于一体的文化系统。西山万寿宫地处有 2200 多年建城史的国家历史文化名城、英雄城南昌。南昌是省会，是江西省的政治、经济、文化、商业、教育、科技和交通中心，是鄱阳湖生态经济区核心城市，自古就有"粤户闽庭，吴头楚尾""襟三江而带五湖"之称，被评为国际花园城市、国家森林城市。当务之急，我们应尽力促进西山万寿宫的文化系统和所处环境的相互融合，使万寿宫文化与南昌历史文化、自然资源协调共生；注重对南昌和万寿宫文化生态系统开发中文化多样性和完整性的保护，以促进文化生态平衡，实现文化传承及旅游可持续发展，[2] 努力将万寿宫庙会文化旅游打造成与南昌滕王阁和八大山人纪念馆一样重要的文化名片。

3. 结合"绿色、红色、古色"三色文化，发展万寿宫庙会文化特色旅游

"绿色生态、红色旅游、古色文化"是江西旅游的三大特色，万寿宫文化作为江西旅游的重要组成部分，也集"绿色、红色、古色"文化特色于一体。绿色的自然生态资源让游客远离都市的喧嚣，置身宁静的自然环境中，获得健康的、充满生机的精神享受。古色的古代文化旅游可以让游客感受几千年来古人的智慧结晶和审美情趣，近距离了解古人的文化，提升自身对民族的认同感与自豪感。而红色旅游则有助于游客对革命历史、革命知识乃至革命精神有更深切的了解，对培育崭新的时代革命精神具有不可忽视的意义。

---

① 俞万源等：《基于文化生态的客家文化旅游开发研究》，《经济地理》2012 年第 7 期。

② 俞万源等：《基于文化生态的客家文化旅游开发研究》，《经济地理》2012 年第 7 期。

首先，万寿宫绿色生态极佳。如西山万寿宫所处的西山逍遥山被称为江南最大的"飞来峰"。西山梅岭以"翠、幽、俊、奇"著称，景色秀美，素有"小庐山"之称，有翠岩禅寺、天宁古寺、紫阳宫、洪崖丹井、洗药湖、长春湖、皇姑墓、主峰、狮子峰等景区，是国家级风景名胜区、国家森林公园、国家5A级旅游景区。放眼江西，铁柱万寿宫落户于"豫章故郡，洪都新府"的南昌，坐拥"落霞与孤鹜齐飞，秋水共长天一色"的赣江美景；此外尚有诸多万寿宫，或扎根在世界最大鸟类保护区、沃野千里的鄱阳湖，或紧邻以雄、奇、险、秀闻名于世，素有"匡庐奇秀甲天下"之美誉的庐山，或隐没在中国最美的乡村婺源……由此可见，万寿宫所倚靠的生态环境非常优越，自然旅游实力不容小觑。其次，万寿宫的古色文化底蕴深厚。万寿宫所供奉的许真君及所崇尚的净明道，千百年来不仅影响数不清的赣鄱大地上的黎民百姓，还吸引了来自全国各地的众多文人墨客为其吟诗作赋，留下诸多佳篇。万寿宫庙会所包含的丰富的祭祀活动和民俗活动，是活生生的江右传统文化的载体。最后，万寿宫亦拥有一定红色文化旅游资源。抗战时期，万寿宫多次成为红军驻扎的地方，是红色革命思想传播的地方。而为纪念武装反抗国民党反动统治第一枪所建的南昌八一起义纪念馆，亦与铁柱万寿宫相距不远。综上，我们应对万寿宫的绿色生态、红色旅游和古色文化资源进行深入挖掘、深度整合，开展生态游、文化游，打造具有自身文化特色与对消费者有吸引力的文化旅游品牌。

4.根据文化变迁的特性，对万寿宫庙会文化进行发掘和创新

文化变迁，其实就是指文化所发生的新的变化。文化变迁的机制包括文化创新、文化涵化、文化突变、文化互动和文化传播。历史唯物主义提出的文化变迁强调过程的线性发展与非线性发展的辩证统一，即认为整个文化变迁具有共同规范的同时，又强调不同文化变迁过程的特殊性。具体到万寿宫庙会文化，应注意如下几点。

一是必须从整体社会环境的实际情况出发。随着综合国力与居民收入的提高，第三产业日益发达，目前我国国民的精神文化消费占总消费的比例越来越高。居民文化消费能力提高，对文化的需求也越来越大。万寿宫庙会文

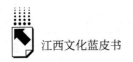
化旅游开发既要认识到传统文化变迁的必然性，又要增强引导传统文化变迁的主动性，按照市场和社会经济政策发展的要求，尽力满足目前大众对文化消费的精神需求。①

二是在文化开发实践中必须时时处处体现对文化规律的尊重。在文化开发的过程中，我们必须坚守一条原则，即万寿宫庙会文化的开发不仅仅是为了带动旅游经济的发展，更是为了本土文化的弘扬与传承。不可因过分迎合市场而无视文化事实，忽视文化发展规律。从这个意义上而言，区分并限定文化与市场的必要界限，规范万寿宫庙会文化商业化行为是必要的。

三是要注重文化创新。内生于文化发展的文化创新，对于与时俱进的文化变迁而言，有至关重要的意义。当万寿宫庙会文化旅游与文化创新进行互动融合时，文化创新会促进万寿宫庙会文化旅游产业实现价值链的延伸以及增值；同时，文化创新亦利于丰富万寿宫庙会旅游资源，有助于文化资源的再生。

5. 运用线上线下全媒体，对万寿宫庙会文化旅游品牌进行整合营销

"越是民族的，越是世界的"，万寿宫庙会文化所独有的鲜明地域特色及丰厚的文化内涵，是吸引游客的核心所在。而根据文化旅游产业市场特点来制定宣传策略，将万寿宫庙会文化向国际国内传播则是必不可少的一环。

首先，要明确万寿宫庙会文化旅游祈福、娱乐的市场定位。将文化、旅游、信仰和商业活动融为一体，让古老的万寿宫庙会焕发活力。根据地域特色和时代特点，深入挖掘万寿宫庙会文化内涵并将其充分与江西民风民俗和文化特点结合，让庙会上各种看的、玩的、吃的都深具江西本土文化特色，让游人在游玩的同时充分领略江西独特的地域文化和民俗风情的魅力。②

---

① 吴德群：《文化变迁：理论与反思》，《百色学院学报》2015 年第 1 期。
② 况红玲：《从传统庙会谈当代发展庙会民俗文化旅游——以四川庙会民俗旅游资源开发为例》，《中华文化论坛》2012 年第 7 期。

其次，以互联网技术为平台，通过与潜在旅游者在网上或直接或间接沟通的方式，向消费者提供旅游产品和服务。万寿宫庙会文化旅游可以通过互联网进行宣传，与旅游 App 如途牛旅游、携程旅游等合作，采取费用网络结算等网络营销方式。旅游业和互联网的结合可以降低成本，可实现既往遥不可及的全球宣传；同时方便旅游消费者全天候及时了解旅游信息，做出购买决策。管理者可通过互联网大数据，分析万寿宫庙会文化旅游的消费体验及消费偏好，从而进一步优化服务，实现社会与市场的双重效益。与此同时，需做好网络旅游的规范和审查工作，尽量防止万寿宫庙会文化旅游出现网络漏洞，杜绝网络诈骗和旅游服务的欺诈行为。

再次，进行全方位的宣传，扩大知名度。第一，平面式宣传，通过卫星电视、广播、报刊，宣传万寿宫庙会文化旅游。在一些重要的旅游杂志和报纸开辟旅游专栏，通过多种渠道（如歌曲、音乐、文学作品等）加强对外宣传，传播万寿宫庙会文化。与电视台合作，投放宣传广告，打造文化旅游节目。利用现代传媒，广泛运用影视、声、图、表、展等多种宣传促销手段，形成多层次营销网络。第二，立体式宣传，结合各大节日庆典宣传万寿宫庙会文化，善于运用大事件进行事件营销，以期产生巨大的社会影响力，比如举办万寿宫庙会文化旅游节，打造自身文化品牌，举办与参加道教、庙会、旅游主题的各类活动等。①

最后，善用名人效应，聘用文化旅游大使。可以选择一位从江西走出去的具有全国影响力的文化名人或江西籍明星如陈红、刘涛、邓超来担任文化旅游大使，利用名人效应来进一步提升万寿宫庙会文化的影响力。

6. 鼓励万寿宫庙会文创产品的开发

文化创意产品是要将地方文化特色融入创意产品，将创意与传统文化物品或风俗结合。相比普通的产品，文创产品更加强调文化性即为群体所认同的文化符号，追求的是精神方面的满足。我们可将万寿宫的民俗文化融入家具、服饰、文具等生活产品中。譬如源自许逊传说故事的成语"点石成金"

① 江春平：《泉州旅游文化宣传策略研究》，《湖南科技学院学报》2008 年第 6 期。

和"一人得道，鸡犬升天"等，就可以大胆地将其融入产品设计理念中。关于万寿宫文化的传说故事可以进行卡通形象的设计、动漫故事的创作、影视制作和文学创作。景瓷誉满天下，是世界级的文化名牌，我们可以将万寿宫文化与景瓷结合，充分利用江西省自身独有的文化宣传平台如江西电视台陶瓷频道，与陶瓷制作者一起合作打造以万寿宫庙会文化为主题的一系列陶瓷产品，如此既可满足消费者的需求，又达到了宣传万寿宫庙会文化的目的。

7. 发掘江右商人传统，促进万寿宫庙会文化与江西商业活动进一步融合

经过净明道思想千年洗礼的江右商人的经商观念，是值得传承的优秀文化。在万寿宫庙会文化资源开发的过程中，我们不仅要着眼于商业旅游的开发，还要本着继承和发展优秀传统文化的目的，结合时代特色来打造独特的万寿宫庙会文化品牌。具体可从以下三个方面展开：其一，以万寿宫的名义创建慈善组织，将万寿宫打造成一个慈善平台，承接慈善活动；其二，通过拍摄江右商人专题纪录片，向全世界展示江右商人的优秀传统和品质；其三，以万寿宫为平台打造江西商人组织或联盟，举办江西商会论坛等活动，弘扬江右商人以忠义为本的优秀经商传统，加强江西商人间的互帮互助，促进江西经济的发展。

B.20
传承万寿宫庙会习俗的新思考

熊国宝*

摘　要： 西山万寿宫是天下万寿宫的祖庭，迄今已有 1600 余年的历史，被誉为道教"三十六洞天之第十二洞天""七十二福地之三十八福地"。西山万寿宫庙会正是在上述背景下传承并逐渐发展成为宗教和民俗的盛会。2011 年 6 月，西山万寿宫庙会正式列为国家级非物质文化遗产保护项目。本文主要阐述西山万寿宫的历史由来，西山万寿宫庙会所蕴含的文化内涵，以及庙会习俗传承的现况，并就如何传承万寿宫庙会习俗提出对策性建议。其一是重视万寿宫文化的整理与挖掘，注重新媒体与传统媒体的结合，多层面地宣传万寿宫庙会文化的正能量，避免出现道教信仰的断层；其二是科学论证，逐渐恢复万寿宫庙会的传统习俗；其三是注重万寿宫庙会服务意识，完善服务功能，尽可能地给信众提供服务；其四是回归本源，考量筹备成立净明道医馆；其五是加强与全国各地万寿宫的联系，发挥各地万寿宫的商会功能。

关键词： 新思考　西山万寿宫庙会习俗　文化传承

　　西山万寿宫位于江西省南昌市新建区西山镇，为道教净明忠孝道的发源地，始建于东晋孝武帝太元元年（376 年）。最初是为纪念东晋名道许逊而

---

* 熊国宝，南昌市道教协会副秘书长、净明道文化研究室主任。

建，迄今已有近 1700 年的历史。西山万寿宫是江南著名的千年古观，被誉为道教"三十六洞天之第十二洞天""七十二福地之三十八福地"。目前，南昌新建区西山万寿宫由道众自主管理，住持兼管委会主任为中国道教协会常务理事、江西省道教协会副会长、南昌市道教协会会长李友金道长。

一　西山万寿宫缘起

传说西山万寿宫初名"许仙祠"，晋宁康二年（374 年）八月初一，净明道祖师许逊功行圆满，得道成仙，携家 42 口"拔宅飞升"，族民乡绅立许仙祠祀之。南北朝时，"许仙祠"迭名为"游帷观"，宋太宗、真宗、仁宗等先后赐书"游帷观"为"玉隆宫"，宋徽宗手书"玉隆万寿宫"匾额。元代，玉隆万寿宫为江南正一符箓道派四大宗坛之"净明宗坛"。明世宗赐"妙济万寿宫"匾额一方，万历年间，在司空吴桂芳、司冠李迁、司马万恭的倡议下重修玉隆万寿宫。清乾隆二年（1737 年），江西巡抚岳浚会同所属府县捐款修建万寿宫。1957 年 7 月，西山万寿宫被列为江西省省级文物保护单位。1983 年，新建县人民政府筹款重修万寿宫，修复、修建了八大殿——高明殿、关帝殿、谌母殿、夫人殿、三清殿、玉皇殿、三宫殿、财神殿，以及万寿阁、素食楼（斋堂）、宫门、仪门、道德门、百灵堂和围墙等附属建筑，并恢复对外开放，重建后的万寿宫占地面积为 32000 多平方米。2002 年 9 月，西山万寿宫举办了"首届中国道教净明道文化国际研讨会暨文化笔会"。2005 年 11 月，西山万寿宫联合南昌万寿宫和台湾净明忠孝道教协会举行了隆重的"海峡两岸净明道归宗传度祈福大法会"。2007 年，西山万寿宫被列为第一批江西省重点道观。2011 年 6 月，"西山万寿宫庙会习俗"被列为国家级的非物质文化遗产保护项目。

现如今，西山万寿宫古柏参天，丹井丹炉，香烟缭绕，仙道遗风，钟响磬鸣，香客云集，已成为远近闻名的道教圣地、道家养生福地和旅游胜地。西山万寿宫作为净明道的祖庭，在海内外千余座万寿宫中地位尊崇，享誉海内外道教界。《逍遥山万寿宫志》和《重修逍遥靖庐记》中记载："（宋）

理宗复命理学大儒真西山先生提举玉隆万寿宫，典制尊崇，金碧壮丽，为东南祀典之第一。"

俗语言："九州三省有会馆，江西只认万寿宫。"西山万寿宫历史源远流长，道家文化底蕴深厚。王勃的名篇《滕王阁序》云："画栋朝飞南浦云，珠帘暮卷西山雨。"诗文中西山指的就是逍遥山之西山洞天胜境。作为道家文化载体的西山万寿宫早在唐代就闻名于世，为历代文人骚客所仰慕。净明道祖庭西山万寿宫以"万寿"命名，"万寿"一词出自《诗经》，《诗经·小雅》"天保"篇云："君曰卜尔，万寿无疆。神之吊矣，诒尔多福。"可见"万寿"二字寓意深刻，含义悠远，既为帝王们所尊崇，又寄托了百姓的美好愿望，饱含世人求平安、保健康的美好祷告和祈求。千百年来，净明道祖许真君作为江西的地方保护神，在江西民间享有崇高虔诚的信仰，被尊为"江西福主"。万寿宫成为多行业、多层次人士朝拜的祠庙，是保护航运商贸安全、安定民心的精神支柱。在省外乃至全世界，只要是江西人聚集谋生的地方，就会建有万寿宫。据不完全统计，明清时期全国20多个省份有2000多处供奉许真君的万寿宫。中国台湾、中国香港及东南亚国家如新加坡、马来西亚等都有供奉许真君的万寿宫。在两湖和云贵川地区，万寿宫遍城乡，这表明江西先民虔诚崇拜许真君的家乡观念，为赣文化谱写了一篇辉煌灿烂的史诗。

二 西山万寿宫与净明道文化

净明道祖许真君，名逊，字敬之，吴赤乌二年（239年），许真君出生于今南昌县长定乡益塘坡慈母里村，生性聪慧，好道家神仙修炼法术。20岁拜著名的道士西安吴猛为师，得其丁义神方之秘传，30岁与堪舆大师郭璞相得逍遥山下金姓桐园为九龙会聚之风水宝地、修道之佳境。许真君在桐园炼丹修道时常用自己的道术为民治病，以自己的德行感化于民，甚得人们的尊敬，享有很高的声誉，晋武帝太康元年（280年），许逊任蜀旌阳县县令，为官十载，清正廉明，减刑罚，去贪鄙，重教化。晋太熙元年（290

年），晋室宦官弄权，政局动荡，许逊深感国事不可为，辞官隐退于西山桐园故地继续布道炼丹。有关许逊忠君报国、孝感动天的传说很多，其中流传最为广泛的是许逊镇蛟治水、造福于民的事迹。相传当时江西赣江流域有一蛟龙翻云覆雨、兴风作浪、为害黎民，许逊带领众弟子历尽千辛万苦，镇伏蛟龙，治理了水患。晋宁康二年（374年）八月初一，许逊功德成神，全家42口连同鸡犬拔宅飞升，这就是"一人得道，鸡犬升天"典故的由来，也是1000多年万寿宫庙会沿袭至今的缘由。许真君是我国道教所崇尚的"功德成神"的一个典范，同时也是一位以忠孝赢得世人敬仰的神仙。

西山万寿宫是中国道教净明忠孝道的发源地。净明道源于晋名士许逊，初于晋民间朴素的许逊孝道崇拜，并兼于许逊法术、飞升的信仰。净明道形成雏形于唐代，正式创立于宋代，兴盛于元代。净明道倡行忠孝神仙，融合儒家伦理思想，把忠孝视为道的根本，主张忠孝立本，忠孝建功才能修道有成，融合了儒家圣人思想，迎合中华民族传统美德，重点突出忠孝的社会教化作用，在我国道教史上有重要的影响力。明代著名的心学家高攀龙在《高子遗书》中说："仙家唯有许旌阳最正，其传只'净明忠孝'四字。"净明道以倡行孝道为特征，得到历代宗师的丰富、阐扬和士人的维护。教化世人净明以正心诚意，忠孝以扶植纲常，并当由此上升于修道，"贵在忠孝立本，方寸净明，四美俱备，神渐通灵，不用修炼，自然道成"。核心则是要以真祛妄，一诚是实，大忠大孝，一物不欺，一体皆爱，心定神慧，合道清宁。不仅传扬了中华民族的文化传统，还蕴藏华夏民族的人文精神，宋元时成为凝聚民族精神的一个重要道派。

三　西山万寿宫庙会文化传承现况分析

万寿宫庙会习俗源自净明道祖师许真君"一人得道，拔宅飞升"的神话传奇，这种习俗以西山万寿宫、南昌万寿宫、新建区松湖黄堂宫、新建区梦山罕王庙，甚至还有湾里区的佛教天宁寺等宗教场所为载体，佛道兼容而又夹带民间信仰的成分，有极其丰富的文化元素。万寿宫庙会习俗时间之长（从农历七月十九开始，到农历九月初一结束，持续 40 多天）、区域之广（辐射南昌周边樟树、丰城、高安、宜春、武宁、鄱阳、都昌等十几个县市的民间信众，还有广东、福建等外省的信众组团参加）、影响之大（许真君祖师农历八月初一得道前三天，作为庙会习俗主要载体的西山万寿宫，敬香祈福的各地信众人流量高达 30 余万人次，整个西山古镇人山人海）在全省，甚至全国实属罕见。2011 年 6 月，万寿宫庙会习俗被列入"国家级非物质文化遗产名录"，这充分说明了"万寿宫庙会习俗"已经得到政府的认可与重视。万寿宫庙会习俗既是一种宗教文化，也是一种民俗文化，习近平指出文化自信，是更基础、更广泛、更深厚的自信。在宗教的中国化进程中，道教具有得天独厚的区域优势、人文优势。在这大好时机下，我们应当深入思考 21 世纪万寿宫庙会存在的问题，认真探讨如何在城镇化进程中传承和保护好万寿宫庙会习俗，积极引导群众践行社会主义核心价值观。

1. 万寿宫庙会习俗的文化元素

万寿宫庙会习俗为祭祀净明道祖师许真君镇蛟治水、治病救人、为官造福、忠孝传世等功德而形成，流传至今已有近 1700 年的历史。清代同治年间《重建逍遥山玉隆万寿宫记》记载："吾乡逍遥山玉隆万寿宫，殿宇之隆，香烟之盛，海内周知。虽代远年湮，迭兴迭废，而四方人士奔趋朝拜者，历千载如一日。"

万寿宫庙会习俗以许真君孝道崇拜、道医法术、镇蛟治水、功德成神等这些信仰为主体，影响着一代又一代江西人，是赣鄱民俗文化、宗教文化的一大亮点。在这些信仰主体上，经过唐代高道胡慧超先师，宋代何真公、周真公，元代刘玉先师以及后来的黄元吉、徐慧、赵宜真、刘渊然等著名高道的不断创新与完善形成的净明忠孝道，有鲜明的"儒道互补"的道派特色，倡导"欲修仙道，先修人道，人道不修，仙道远矣"，得到了历朝历代文人墨客尊崇，如北宋的政治家欧阳修、王安石，南宋的理学家朱熹、爱国诗人陆游，元代的戏剧家汤显祖，明代文学家解缙等都留下了优美的佳作，净明忠孝道有深厚的文化积淀。

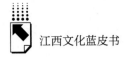

如南宋理学家朱熹的诗作：

望西山

风月平生意，江湖自在身。

年华供转徙，眼界得清新。

试问西山雨，何如湘水春。

悠然一长啸，绝妙两无伦。

南宋爱国诗人陆游的诗作：

玉隆得灵芝

何用金丹九转成，手持芝草已身轻。

祥云平地拥笙鹤，便到西山朝玉京。

明代文学家解缙的诗作：

生米潭

玉隆西上围生米，赣水东流过小浇。

乌柏白沙红石岛，游帷观里学吹箫。

据典籍记载：唐玄宗李隆基雅好道事，十分敬重净明道先师胡慧超，还专门为胡慧超先师写《送胡真师还西山》等诗记；欧阳修与许真君祖师后裔有过来往，留有《赠许真人》等诗句；曾巩在洪州重修旌阳祠时，王安石欣然为之作《重修旌阳祠记》；元代文学家柳贯从京师到万寿宫担任住持，朱本初作诗《送朱本初法师赴豫章玉隆宫》；明代著名的思想家王阳明长期在南昌铁柱宫游学，顿悟"知行合一"心学理论体系。这些万寿宫庙会习俗的文化元素是万寿宫的瑰宝，不同程度地体现了万寿宫的历史地位，也是万寿宫千百年发展的历史见证，值得挖掘整理。

2. 万寿宫庙会习俗的商业元素及移民元素

"九州三省有会馆，江西只认万寿宫。"自古以来，江西移民及江右商帮在省外谋生，一般会建万寿宫，作为江西人在外聚会联系感情和祭祀福主神仙的一个场所。据不完全统计，国内现存的这种具有双重功能的万寿宫有2000多座，它们不但可以起到凝聚江西人力量的作用，而且可以方便江西人朝拜许真君，祈望在外无灾无难、平平安安、生意兴隆。所以，江西移民及江右商人在心目中，早已把万寿宫当成他们的精神家园，早已把江西福主神仙许真君当成商业兴隆的保护神。历朝历代江西移民及江右商人筹款兴建的万寿宫，包含乡缘、地缘、亲缘、道缘，已经成了赣人在外谋生的一种标识，发挥议事裁决、公益慈善、祭祀朝拜、集资融资等功能、作用，至今，在我国西南地区的云南、贵州、四川还保留一些非常完整的具有"江西会馆"标识的万寿宫。

云南会泽万寿宫，又称"江西会馆"，是县城规模最大、保存最为完整的古建筑。始建于清康熙五十年（1711年），雍正八年（1730年）毁于战火，乾隆二十七年（1762年）经东川、南昌、临江、瑞川、建昌5府人士公议，由参加公议的5府及九江、南安等共14府人士捐银重建。清道光、咸丰及民国年间均进行过多次修葺。会泽万寿宫建筑风格既有江西万寿宫的特点，又有本地建筑元素。

洛带万寿宫位于四川省成都市龙泉驿区洛带镇中街，布局小巧玲珑，雕梁画栋的回廊、屏风、戏台等建筑让人叹为观止，是四川省级文物保护单位。清乾隆十八年（1753年），由江西籍客家移民筹资兴建，故又名"江西会馆"，是目前国内保存较为完好的江西会馆之一。

贵州青岩万寿宫位于贵阳市花溪区青岩古镇西街，清乾隆四十三年（1778年）由江西客商所建，嘉庆三年（1798年）重修。万寿宫最早由移居青岩的8户人家集资而建，称"八家祠"。到了清代，张圣道、张圣德两兄弟购置下来，捐作江西会馆。

这些江右商人筹资修建的万寿宫，是赣商在外谋生的历史记忆，具有丰厚的赣文化元素，我们应该更多地思考怎样回归本源，加强与这些万寿宫的

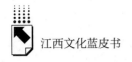
联系，做大做强万寿宫文化品牌。

3. 万寿宫庙会习俗的道医元素

万寿宫庙会习俗流传千年，其中所蕴含的不全是一种信仰，还有赣鄱百姓对净明道祖师许真君的一种感恩，感恩许真君镇蛟治水，道医治病，为百姓解忧造福。俗话说十道九医，这说明传统的道教是与中医治病有紧密的联系的。

据《历世真仙体道通鉴》卷二六《许真君传》记载：晋武帝太康元年（280 年），许逊在任蜀郡县令时，正值当地瘟疫流行，许逊植竹于水中，以符咒神方拯治："岁大疫，死者十七八，真君以所授神方拯治之。符咒所及登时而愈，至于沉疴之疾无不愈者。"

又如丛桂堂汪辑《经验百方》载有许真君祖师的"救荒妙方"："倘岁值大荒，饥饿者众，有许真君救荒方可用，即：黄豆七斗，水淘净即蒸；黑芝麻三斗照前淘净同蒸，蒸过即晒，黎明入甑，午时取晒，三蒸三晒……为丸如核桃大，日服二丸，可止一日之饥，此方所费不多，一料可济千人。"当时，旌阳县流传民谣"人无盗窃，吏无奸欺，找君活人，病无能为"，说明旌阳祖师在四川为官时，很受当地百姓的拥戴和尊崇。

4. 万寿宫庙会濒临流失的习俗

时代在进步，社会在变革，经济在发展，虽然现在的万寿宫庙会习俗承袭古时万寿宫庙会习俗，但历史的变迁、科技的发展、社会人口结构的改变，使一些万寿宫庙会的传统习俗濒临流失。

（1）鞭路驱毒虫习俗

古时万寿宫庙会时，丰城、樟树、高安等地的信众一般是从山路步行而来，为了防止飞尘和山路的毒虫野兽侵扰，按照惯例，会进行 3 天的洒水和鞭路。鞭路使用的是专用的响鞭，鞭路声音很清脆，响声很大，山林野兽闻声而逃，这样的话，信众从山路来朝拜许真君，就能在很大程度上免受毒虫野兽的袭扰。如今，庙会前期的鞭路驱毒虫的习俗已经失去了存在的意义。其主要原因是社会经济的发展、交通工具的发达、交通线路的便利，现在各地信众绝大多数是包车过来。

（2）南朝习俗

南朝是西山万寿宫较为重要的传统宗教仪式之一，据《逍遥山万寿宫志》记载："八月三日，仙仗往黄堂观谒谌母，前一夕，降殿宿斋南庑，次日，昧爽启行，少息于憩真靖，晚宿紫阳靖。次日，早登龙龙城坊，渡小蜀江，临午至黄堂朝谒谌母，乡之善士咸集，陈宴享之。礼毕回銮，宿松湖。初五早由西路以还宫中。"南朝习俗每三年一次，农历八月初三那天，乡人从西山万寿宫抬出许真君塑像前往松湖黄堂跪拜谒谌母，具体的巡游路线及仪式安排约定俗成，沿袭久远。现南朝习俗濒临流失，西山万寿宫自20世纪80年代初期修复开放以来，没有承袭南朝习俗。

（3）西抚习俗

西抚活动为每三年一次，在上元节后的第一天，瑞州乡民从西山万寿宫抬着许真君神像，向西去高安县祥符观巡游活动。《逍遥山万寿宫志》记载："上元日，宫中先迎（真君神像）至前殿，陈斋供三献之礼，诘朝乃行。初出东门，即南过望仙桥，经茂涌入黄姑庵，次至安里，迈入元都坛少憩（坛在庙侧），次登师姑岭，入元仙靖。寻出驿路，再迈入小路二里许至朱塘。复出大路，至暗山头，遂至三十里铺。从者午食，乃渡九岗九溪，过龙陂桥，抵祥符观。瑞人多出城迎谒，号曰接仙。真君降舆与黄君宴于殿前。十七日，复受享礼，主首侍从仙驾者，乃诣后殿，供献于许氏仙姑。次日未五鼓而返回。"这一具体巡游路线及仪式与南朝一样，由来已久，起源于当年许逊每隔三年要去高安祥符看望其女儿、女婿的传说。

四　对传承万寿宫庙会习俗的一些思考

万寿宫庙会习俗是由宗教信仰派生，以万寿宫为依托的一种宗教文化、民俗文化，源自东晋，流传至今，经久不衰，绵绵不绝，如今万寿宫庙会期间，以宗族村落、邻里乡亲为纽带组成的敬香团竟有600余个，庙会高峰期，敬香人有30余万人次，这种信仰的力量极为震撼！习近平说：无论哪一个国家、哪一个民族，如果不珍惜自己的思想文化，丢掉了思想文化这个

灵魂，这个国家、这个民族是立不起来的。社会结构变化，科技经济发展，外来文化冲击，对于如何传承与发展万寿宫庙会习俗，我们应该有更多的思考。

其一，重视对万寿宫文化的整理与挖掘，注重新媒体与传统媒体的结合，多层面地宣传万寿宫庙会文化的正能量，避免出现道教信仰的断层。从历年来万寿宫庙会敬香群体来看，中青年的敬香人占的比例很小。在万寿宫庙会期间，笔者曾经问过几个年轻的香客：知道许真君吗？有的说并不知道，有的说许真君只是大菩萨，有的说是跟着来玩的！道观管理者可以发挥新媒体强大的传播功能，通过官方网站、微信公众号、新浪博客、文化数据库等，吸引中青年人了解和接受万寿宫文化，传承万寿宫庙会习俗。

其二，科学论证，逐渐恢复万寿宫庙会的传统习俗。前文所述的鞭路驱毒虫习俗、南朝习俗、西抚习俗已经面临失传，当然，现代社会科技发达，鞭路驱毒虫习俗已经没有存在的意义，但南朝习俗、西抚习俗非常具备恢复的条件。南朝习俗源自净明道祖师许真君感恩之情；西抚习俗源自净明道祖师许真君对晚辈的慈爱之心。如今，曾有南朝习俗的新建区松湖黄堂宫本身就是一个合法的道教场所，其信仰的主神仍是许真君的师父"谌母元君"；曾有西抚习俗的高安市至今还有祥符镇，还有祥符宫的遗迹。承袭南朝习俗、西抚习俗，不但是回归本源，还可以通过南朝习俗、西抚习俗传承祖师爷对长辈的感恩、对晚辈的慈爱这些美德，不仅传承万寿宫文化的正能量，还对扩大万寿宫的影响力大有裨益。

其三，注重万寿宫庙会服务意识，完善服务功能，尽可能地给信众提供服务。净明道是伦理性的宗教，注重的是人文关怀，万寿宫庙会期间，虽说进入了初秋时期，但天气还是比较炎热，还有现在的敬香人多为中老年人，作为庙会主体的万寿宫，应该更多地考虑给信众提供服务，让他们感受到人文关怀。比如2017年的庙会期间，万寿宫设立了义工服务点，全天候地给香客提供茶水、开水，还设立了医疗救助服务点，信众对此就非常满意。可以说这也是传承万寿宫庙会习俗、巩固万寿宫香客基础的好举措。

其四，回归本源，考量筹备成立净明道医馆。万寿宫庙会习俗为何千年不绝、绵绵流传呢？其主要原因是南昌周边的信众对净明道祖师许真君的感恩之情绵绵不绝，我们从典籍中可以看出，净明道祖师不单是镇蛟治水，还有道医治病的功德。据记载，许真君在四川旌阳为官时用净明道的妙方给百姓治瘟疫，可见，净明道的道医妙方也是一笔财富，筹办净明道医馆，不但是回归本源，而且可以更好地服务信众、巩固信众基础。

其五，加强与全国各地万寿宫的联系，发挥各地万寿宫的商会功能。前文已述历史上江右商人与万寿宫有密切的联系，西南一带保存较好的万寿宫至今还有"江西会馆"的印记，这些宗教文化印记本身就是万寿宫"诚信、慈善、和同"的文化标识，作为天下万寿宫的发源地，西山万寿宫应该以万寿宫为平台，筹备成立全球万寿宫联谊会，吸引更多江西商人加入万寿宫联谊会，满足外地江西商人的宗教需求，融合宗教与商业，做大做强万寿宫的品牌，接力万寿宫的精神，打响"万寿宫"这张南昌的城市名片，凸显西山万寿宫的祖庭地位。

道教文化济世利人、慈爱谦让、重生贵生的思想，有丰富的文化积淀，是中华民族历史的见证；净明道倡导"忠孝神仙"的核心信仰，倡行"大忠者一物不欺，大孝者一体皆爱"的伦理思想，崇尚"人道为仙道之基"的修炼取向。而万寿宫庙会习俗不但是道教信仰的传承、民俗文化的传承，还是江西人文精神的传承。毫无疑问，传承这种信仰有助于社会的教化，传承这种文化有益于社会的进步，传承这种精神有利于社会的和谐。西山万寿宫作为千年庙会习俗的承载主体，有责任传承和保护好"万寿宫庙会习俗"这个国家级非物质文化遗产保护项目，服务好广大的万寿宫信众，引领广大的群众践行社会主义核心价值观，为南昌城市文明、生态文明的建设发挥作用。

Abstract

Great opportunities of the era arise for the promotion and development of Wanshou Palace's historical culture and problems make their appearances on carrying forward the excellent traditional culture with efficiency and on protecting, using and developing traditional cultural resources.

Based on the cultural perspective, the *Annual Report on culture of Wanshou Palace's* (*2018*), a combination of the two below, has made full use of resource advantages of regional religions and tapped the great value of Chinese traditional culture. What's more, it has studied the region and its policies, the study of which is an important embodiment of the Central Government's active services to the local society, of the development of innovating excellent Chinese culture and of the function of cultural think-tank. The book is divided into four parts: a general report on the development of Wanshou Palace culture, topic researches on Wanshou Palace culture, a study report on the Wanshou Palace culture nationwide and studies on hot issues concerning Wanshou Palace culture.

The general report mainly includes the distribution of Wanshou Palace in the historical evolution, the development of Wanshou Palace in social changes, and activities like temple fairs. Furthermore, the report has pointed out their development problems and three ways have been mentioned to promote Wanshou Palace culture. The first is to protect and renovate buildings of Wanshou Palace; the second is to evacuate and collate Wanshou Palace culture; the third is to propaganda and tap Wanshou Palace culture.

In view of different perspectives, the topic researches have given an analysis and explanation on the orderly construction of Xu Xun belief and local community of immigrants, on the modern evacuation of humanistic value contained in the spirit of Xu zhenjun, on the possible discussion of the mode construction of Xu Xun belief and localization of regional Taoism, and on historical collation in the development of native Wanshou Palace. All the above give a demonstration of the new academic phenomenon that modern Taoist researchers are closely related to the culture of Wanshou Palace and they dive deep into it.

In the regional report, a thorough and deep study has been carried out on the history and current conditions of such cities in Jiangxi Province as Jiujiang, Pingxiang, Fuzhou, Nanchang, Ganzhou, Jian, and Yichun, etc. and such places as Hunan Province, Guizhou Province and Yunnan Province. Ten thought-provoking reports of important humanistic value have played a leading role in helping people from all walks of life to know the culture of Wanshou Palace and the development conditions of society.

The special studies focus on such academic concerns as the development of tourism culture, regimens, temple fairs and folk customs, which at different levels have also made theoretical discussions and policy analysis on problems concerned.

Keywords: Wanshou Palace; Social Changes; Taoism; Temple Fair Culture

Contents

I General Report

B. 1 Cultural Protection, Utilization and Development of
Wanshou Palace in the New Era

by Chen Lili , Zhang Shengcai and Li Youjin / 001

1. Historical Evolution and Distribution of Wanshou Palace　　/ 002
2. Current situations of Wanshou Palace and Its Temple Fair Activities
　　/ 019
3. Problems in the Cultural Development of Wanshou Palace　　/ 027
4. Suggestions on the Cultural Development of Wanshou Palace　　/ 032

Abstract: The Wanshou Palace is a place where Xu Xun is worshiped as the main god. It is the main place for the activities of the Pure Taoist School and the place where the believers worship their gods. It is not only the hall of Jiangxi business group, but also a place of folk belief. The culture of Wanshou Palace originated in Nanchang, Jiangxi, and extended to the whole country, and even overseas places where there are Chinese. Where there are Jiangxi immigrants, there are Wanshou Palaces and where there are Jiangxi business group, there are Wanshou Palaces. According to preliminary statistics, more than 1 , 000 Wanshou Palaces have been built throughout the country. There are more than 600 Wanshou Palace sites in Jiangxi Province, among which 580 have been identified.

354

And there are more than 700 sites in the Wanshou Palace outside the province, 670 of which have been identified. The currently preserved and restored Wanshou Palaces are less than one-tenth of the original ones. Less than one-third of the existing Wanshou Palaces have religious activities, less than one-third of which have Pure Taoist activities. For now, the Xishan Wanshou Palace is the center of the Pure Taoist School and the ancestral palace of all the Wanshou Palaces. Every year the temple fairs are held mainly in Jiangxi Province from 1st to the 15th of October in the lunar calendar with Nanchang Xishan Wanshou Palace as the core area. The temple fair economy centered on the Wanshou Palace is gradually being restored everywhere. And some temple fairs are already very large-scale while some have scarce cultural elements of Wanshou Palace. In short, the Wanshou Palace temple fairs throughout the country have certain problems, such as the problems concerning the ancient architecture of Wanshou Palace, Taoism, data, folklore, etc. Hence, it is urgent to think up a targeted countermeasure. Therefore, on the basis of long-term investigation and research, we propose suggestions to rescue and repair the cultural resources of Wanshou Palace, strengthen the cultural management of Wanshou Palace, increase the construction of the ancestral palace of Xishan Wanshou Palace, increase the content and time of the Xishan Wanshou Temple Fair activities, and protect as well as develop the culture of Wanshou Palce according to local conditions.

Keywords: Xu Xun; Pure Taoism; Wanshou Palace; Temple Fair Culture

II Monographic Studies

B. 2 The Study on the Localization Patterns of Taoism in
South of the Yangtze River
—*Centered on the Spread of Jing Mingdao in Fengcheng,*
Jiangxi Province   *by Jiao Yuqin* / 040

Abstract: The vitality of Taoism is that she can always integrate and adapt to the social life of different eras, different regions and different customs, so as to obtain rich connotation and broad space. The belief in Xu Xun of the Pure Taoist school encounters the worship of Taiyegong (that is, Emperor Tiandi) on the soil of the Hushan Temple in Fengcheng City. On the one hand, Through the combination of local consanguine groups and the deep integration with local beliefs, it not only makes the Pure Taoism embed in in civil society, but also bring the local worship into its own belief system, thus expanding the Xu Zhenjun sacrificial circle. On the other hand, the folk worship of the Taiyegong of Hushan Temple gains a sense of belonging and a higher-level belief in identity. This localization process of Taoism in the Jiangnan region is the fundamental starting point for understanding the relationship between Taoism and Chinese society. It is also an important reason for the characteristics of Chinese religion such as dispersity, grassroots and multiplicity.

Keywords: Belief; Pure Taoism; Localization

B. 3 From Jingyang Temple to Wanshou Palace
—*Xuxun's Myth in BaShu and the Belief of Jiangxi's Immigrants*
                            by Liu Kangle / 052

Abstract: Xu Xun Myth originated in Nanchang, Jiangxi from the Six

Dynasties. During the Song and Yuan Dynasties, the Xu Xun belief spread widely, and many Xu Xun historical sites were created on the land of Bashu (Sichuan Basin and its vicinity), such as the "Mu Li Temple" in Wanzhou, Chongqing to the "Jingyang Temple" in Deyang, Sichuan, which demonstrates the route of Xu Xun belief spreading in the middle and upper reaches of the Yangtze River. As a "loyal and filial god" and "Jiangxi lucky star", Xu Xun has become the spiritual core and emotional bond of Jiangxi immigrants in the Bashu region in the early Qing Dynasty. And many guild-hall like Wanshou Palaces, which spread widely in both the urban and rural areas of Bashu, has become an important place for the Jiangxi fellows to socialize and worship gods. These palaces inherit Xu Xun's belief of loyalty, filiality, integrity, brotherhood and at the same time constructs the ethical order and cultural form of the immigrant society.

Keywords: Belief; Bashu; Jiangxi Immigrants; Wanshou Palace

B. 4   Fang Zhi's Investigation on the Situation of Yunnan Wanshou
        Palace in Ming Dynasty and QingDynasty

by Chai Yihua / 071

Abstract: The Xu Xun belief was originally a folk belief in the Jiangxi region. It gradually developed into a Pure Taoist School, a branch of Taoism in the Song Dynasty. Due to the intersectionality of folk beliefs in Jiangxi, sacrificial temples that worship other gods can also be uses to offer sacrifices to Xu Zhenjun and they share similarities in function. In this regard, the Wanshou Palaces built in Yunan get various names, most of which are named as Wanshou Palace and others Xu Zhenjun Temple, Jingyang Palace, Tiezhu Palace, Yulong Palace, Xuxian Temple, as well as Jiangxi guild hall, Yuzhang guild hall, Mingxiao Temple. The Wanshou Palace in Yunnan has a wide distribution area and is relatively concentrated in the middle and eastern parts of the province. The overall construction scale of Wanshou Palace is grand, and some secular elements have

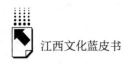

been added to the building, which endows the palace with more secular functions in addition to worshipping Xu Xun. It has become a special place that combines the dual functions of the Jiangxi association and the temple for Jiangxi people. The duality of its functions is widely associated with secular society, which is mainly a result of the influence of Jiangxi immigrants. And Jiangxi immigrants have extensively included all levels of society as well as a variety of industries, which have had an all-around influence on the Yunnan region.

Keywords: Document Research; Ming and Qing Dynasties; Yunnan Wanshou Place

Ⅲ　Regional Reports

B. 5　Development Report on Wanshou Palace in Hunan Province

by Peng Zhicai, Wu Qi / 082

Abstract: The relics and legends of Xu Xun's preach in Pingjiang and other places in Hunan province have become an important foundation for the widespread existence of Wanshou Palace in Hunan province. Since the Ming Dynasty, there have been 228 Wanshou Palaces (including Xiaogong Temple) built in Hunan Province, spreading over in 14 prefectures, states and cities such as transportation hub cities Changsha, Zhuzhou, Xiangtan and other commercially developed towns like Fenghuang, Puxi, Liye and Hongjiang in western Hunan province. The Wanshou Palace culture in Hunan is rooted in worship of Xu Zhenjun and belief in Xiaogong, and it is integrated with immigration culture, commercial culture and opera culture, enriching the connotation of the local culture in Hunan province. At present, there are only 11 Wanshou Palaces that are well preserved and fully exploited and utilized in Hunan. The protection of the ancient buildings of the Wanshou Palace should be strengthened, and so should the study of the history and culture of the Wanshou Palace. And the "live protection" of the Wanshou Palace with religious functions should be carried out. Important strategic opportunities such as the Pan-Pearl River regional cooperation, and further promotion of the cooperation between Hunan and Jiangxi should be made full use of, thus revitalizing the cultural resources of the Wanshou Palace.

Keywords: Protection andUtilization; Hunan; the Wanshou Palace Culture

B. 6 Development Report on Wanshou Palace in Guizhou Province

by Peng Zhijun / 112

Abstract: There have been a large number of Wanshou Palaces in Guizhou province, a important area for Jiangxi commercial activities. These Wanshu Palaces are distributed throughout the whole area of Guizhou and most of them were built by Jiangxi immigrants. As time goes by, the role of these Wanshuo palaces is undergoing a constant change. Today, many Wanshou Palaces in Guizhou have already disappeared, but some still shows a kind of new vitality. In general, the existing Wanshou Palaces in Guizhou have a large scale and exquisite construction techniques. The overall preservation is relatively complete. They possess the characteristics of Jiangxi culture and also have a good integration with Guizhou local culture. However, the current situation is that the Wanshou Palaces in Guizhou has less contact with Jiangxi culture and Xishan Wanshou Palace. Its function as a Jiangxi guild hall has already disappeared, and the color of Taoism has gradually faded. Most of the Wanshou Palaces are merely scenic spots in the local scenic area. Therefore, it is an important way nowadays to develop and utilize Wanshou Palace that all forces join their efforts to study and utilize Guizhou Wanshou Palace from the artistic and technical perspective, to strengthen the connection between Guizhou Wanshou Palace and Jiangxi culture and Xishan Wanshou Palace, and restore the Taoist rituals of Guizhou Wanshou Palace with beliefin Xu Zhenjun as a link.

Keywords: Culture Protection and Utilization; Guizhou; Wanshou Palace Culture

B. 7 Development Report on Wanshou Palace in Yunnan Province

by Peng Zhicai , Ji Huiqi / 131

Abstract: As early in the Song Dynasty, the Taoism of Longhu Moutain was introduced to Wei Moutain, Yunnan province. In the Ming Dynasty, beliefs in Xu Zhenjun, Yangong and Xiaogong were introduced to the land of Yunnan, and the construction of the Wanshou Palaces began. According to statistics, there are 156 Wanshou Palaces in Yunnan (including Jiangxi Guild Hall and Xiaogong Temple), which are mainly distributed in major cities located on the traffic trunk lines such as Qujing, Kunming and Dali as well as areas with abundant copper mine and salt resources like Dongchuan, Huize in north eastern area of Yunnan province, Yunlong, Daoyao in the western area, Gejiu, Kaiyuan, Mengzi in the southern area. In terms of organizational form, the Wanshou Palaces in Yunnan Province (including the Jiangxi Guild Hall) have many prefectural and county halls, with the largest number and the most profound influence of Xiaogong Temples built by Ji'an and Fuzhou immigrants. Yunnan Wanshou Palaces are a concentrated reflections of trade culture, immigration culture and border culture. The Wanshou Palaces in Yunnan lack proper protection and there are now only 16 palaces. Therefore, the protection of the existing ancient buildings of Wanshou Palaces should be strengthened; the inscriptions and documents related to the Wanshou Palaces should be rescued; the historical sources of the two places should be fully utilized to strengthen the cultural connections; and the traditional advantageous industrial resources such as traditional Chinese medicine and ceramics should be exploited to promote the development of advantageous industries; the Wanshou Palaces should be used as a carrier to inherit the red culture and to tell the proper Jiangxi story.

Keywords: Culture Protection and Utilization; Yunnan; Wanshou Palace Culture

B. 8 Development Report on Wanshou Palace in Nanchang,

Jiangxi Province *by Li Youjin, Xiong Guobao* / 159

Abstract: Nanchang is the capital city of Jiangxi Province and the culturally and economically developed center of Jiangxi. It is one of the important birthplaces of Taoism in China. The earliest trace of Taoism in Nanchang is said to be the Mr. Hong Ya, who was in charge of the ritual music in the time of the Yellow Emperor. He once practiced alchemy in Hongya Danjing of Xishan, where there are still inscriptions. During the Western Han Dynasty, there was another Nanchang County officer, Mei Fu, who resigned and lived in seclusion in Xishan for monastic purpose, and the place where he did this was called Meiling. During the Three Kingdoms and the Jin Dynasty, the founder of Pure Taosim Xu Xun opened the altar in Xishan, and the Wanshou Palaces derived from it spread all over the country. Other well-known Taoist people like Xu Xun, Wu Meng, Guo Pu, Zhu Quan, Zhu Daolang, Ma Daochang were all in Nanchang. At present, Xishan Wanshou Palace, Tiezhu Wanshou Palace, Pure Taoism Temple and Lidu Wanshou Palace are on the list of key Taoist temples in Jiangxi Province. In 2011, the "Wanshou Palace Temple Fair Customs" was listed as a national intangible cultural heritage protection project. In the new era, it is extremely urgent to inherit and protect the cultural resources of Wanshou Palaces. This article will further reflect on the inheritance of the Wanshou Palace culture and the rational transformation of the "Wanshou Palace Temple Customs" in the urban development process.

Keywords: Culture Protection and Utilization; Nanchang Wanshou Palace; Pure Taoism

B. 9   Development Report on Wanshou Palace in Fuzhou,

Jiangxi Province   *by Zhang Zhijun* / 181

Abstract: Wanshou Palace culture is a unique historical and cultural symbol of Jiangxi. Many counties and districts in Fuzhou City have been influenced and radiated by the culture of Wanshou Palace in history, and it is an important area for the activities of the cultural and religious groups believing in the Wanshou Palace culture. The large and small buildings, along with the culture of the Wanshou Palace have gradually spread to the cities, towns and villages of Fuzhou. While witnessing the economic and social changes in Fuzhou, these Wanshou Palaces also recorded many aspects of the cultural life of the people of Fuzhou. With the continuous prpmotion of China's intangible cultural heritage protection process, improving the pedigree of Fuzhou Wanshou Palace and recording its existing status, exploring the intangible protection and development value of Wanshou Palace culture in Fuzhou are of great value for the promotion of the culture of Jiangxi Wanshou Palace and further development of Fuzhou tourism and economy.

Keywords: Culture Protection and Utilization; Fuzhou; Wanshou Palace Culture

B. 10   Development Report on Wanshou Palace in Ganzhou,

Jiangxi Province   *by Wu Qilin* / 197

Abstract: Ganzhou Wanshou Palaces are the temples for belief in Xu Zhenjun in Jiangxi. It is also important contact plaes for Jiangxi business groups in history. During the Ming and Qing Dynasties, the Wanshou Palace belief and culture were widely spread in southern Ganzhou, and the Wanshou Palaces were built in various parts of Ganzhou. In terms of distribution, there are Wanshou Palaces in all parts of southern Ganzhou, but they are concentrated in Xingguo, Ningdu, Yudu and other places. In terms of their location, they are more concentrated in the markets, which reflects a close relation with commodity trading and a profound commercial and cultural connotation. The Wanshou Palaces in southern Ganzhou was springing up under the active advocacy and direct participation of local officials and gentry. They donated money and materials, put forward ideas, playing a dominant role in the spread of the beleif of Xu Zhenjun and Wanshou Palace culture in southern Ganzhou. With the continuous prosperity of the Pure Taoism, some original Buddhism and folk belief places in southern Ganzhou gradually became connected with the Xu Zhenjun beleif, which resulted in a phenomenon of integration of Buddhism and Taoism. Therefore, the Wanshou Palaces in some areas exist as Taoist places, many as Buddhist places, while others become the sustenance of folk beliefs and the cultural elements of local cultural resources. In this regard, how to further explore the culture of Ganzhou Wanshou Palaces and the extended temple culture, and serve the current social and economic development in southern Ganzhou has become a major issue for all walks of life.

Keywords: Culture Protection and Utilization; Ganzhou; Wanshou Palace Culture

B. 11 Development Report on Wanshou Palace in Ji'an, Jiangxi Province *by He Meikai / 216*

Abstract: Since the Eastern Jin Dynasty, there were the Xiabei Emperor Temple, Zhaoxian Temple, Chongyuan Temple, Gaoming Palace and Zhenjun Building in Ji'an, which are for worshipping Xu Zhenjun. With the development of society and economy, various types of Wanshou Palaces have developed rapidly during the Ming and Qing Dynasties. In modern times, after the social turmoil and historical changes, many Wanshou Palaces either cease to exist, or have all kinds of problems. As a product of specific periods of history, Wanshou Palaces have immeasurable historical and cultural values and social significance in terms of historical art, cultural values and social stability. It is also an iconic local cultural

business card in Jiangxi. Therefore, it is necessary to find out the problems existing in the cultural development of Wanshou Palaces, find countermeasures for development, create a cultural card of Wanshou Palaces, thus promoting the economic and social development of Jiangxi province.

Keywords: Culture Protection and Utilization; Ji'an; Wanshou Palace Culture

B. 12 Development Report on Wanshou Palace in Jiujiang,

Jiangxi Province   *by Xu Min, Wang Tao* / 231

Abstract: In history, the Wanshou Palaces in Jiujiang area first appeared in the Jin Dynasty, and were mainly built in the Ming and Qing Dynasties with a large number and uneven regional distribution as the features. To this day, the main problems in the cultural development of Wanshou Palaces in Jiujiang District are the loss and weakening of the original functions, the lack of historical relics, the geographical location, and the low tourism value. In addition, the management of the Wanshou Palaces in Jiujiang area needs to be strengthened, and the overall level of faculty and believers needs to be improved. The suggestion is to further promote the collection, collation and research of Jiujiang Wanshou Palace cultural and historical materials, and initiate the research on current situation of Jiujiang Wanshou Palaces. Based on this, efforts should be put on interpreting the spiritual connotation of Xu Xun faith and giving full play to the value of Wanshou Palace culture in spiritual civilization construction and social governance.

Keywords: Culture Protection and Utilization; Jiujiang; Wanshou Palace Culture

B. 13　Development Report on Wanshou Palace in Pingxiang,

Jiangxi Province　　　　　　　　　　　　　　　*by Ling Yan* / 245

Abstract：Pingxiang was once an important area for the cultural development of Jiangxi Wanshou Palaces. There was not only a large number of the Wanshou Palaces in history, the number and scale of existing Wanshou Palaces are also quite considerable. The development of Pingxiang Wanshou Palaces is greatly influenced by immigration culture and is closely related to the development of the town. At present, the guild hall function and the religious function in the historical period of Pingxiang Wanshou Palaces are weakened. The government departments generally do not have a common understanding of the cultural value of the Wanshou Palace, and they do not have development measures; there are only a few Wanshou Palaces historical relics, and they are located in remote places, leading to poor comprehensive tourism effects; the management of the Wanshou Palaces needs to be strengthened, and the overall level of management personnel and believers needs to be improved. Wanshou Palace is a symbol of Jiangxi business groups. As a cultural symbol with rich connotation and distinctive characteristics, it has important social and cultural values in the present. Hence, the investigation of the current situation of Pingxiang Wanshou Palaces should be started as soon as possible, the collection and research work of the historical materials of Pingxiang Wanshou Palaces vigorously promoted, and the basic information database of Pingxiang Wanshou Palaces established. The culture of Wanshou Palace should be incorporated into the creation of characteristic towns and folk custom villages and towns, and the role of Xu Zhenjun belief in social governance should be brought to full play. At the same time, Xu Zhenjun's legendary stories, temple fair culture should be actively utilized, and the surrounding religious and cultural resources should be integrated to create a new business card for the Wanshou Palace culture in the border area of Hunan and Guizhou.

Keywords：Culture Protection and Utilization；Pingxiang；Wanshou Palace Culture

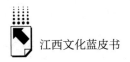
江西文化蓝皮书

B. 14　Development Report on Wanshou Palace in YiCchun,

Jiangxi Province　　　　　　　　　　　　*by Tan Zhijuan* / 257

Abstract：As one of the economically and culturally developed areas in the traditional period of Jiangxi, Yichun has once witnessed many Wanshou Palaces. As time goes by, most of the Wanshou Palaces only left some ruins or even disappeared. Only a small part of them have remained, and have become the relativley influential religious and folk activities places in Yichun area at present. There are also development difficulties for these existing Wanshou Palaces, such as the absence of funds, the transformation of the nature of the palaces, the aging of the believers, the commingling of pedigree of the gods, and the fact that some buildings of the Wanshou Palaces have not yet been delivered to the exclusive use of Wanshou Palaces. After research, we propose that the government and the religious community strengthen guidance and cooperation, restore and rebuild the Wanshou Palaces, which once had a great influence, and also give the Wanshou Palaces back to Taoist groups' management, promote and spread the culture of Wanshou Palace in the whole society for the better development of Wanshou Palace culture.

Keywords：Culture Protection and Utilization；Yichun；Wanshou Palace

Ⅳ　Hotspot Studies

B. 15　The Protection and Development of Tiezhu-Wanshou

Palace's History and Culture　　　　　　*by Mei Lianhua* / 272

Abstract：Nanchang Tiezhu Wanshou Palace was built in the Sixth year of the Yongjia's reign in the Western Jin Dynasty, that is in the year of 361 and it was originally named as Jingyang Temple. It is located in the Guangrunmen of Zhang River Wharf in the historical and cultural district of Wanshou Palaces in

Nanchang, which was the center of the water and land transportation of Nanchang City in the late Qing Dynasty and the early Republic of China. The location is the hub of the north-south shipping, a flood-prone area and also famous for Xu Zhenjun trapping the flood dragon with iron column to control the flood. It is the place where people eulogize Xu Zhenjun's contribution to controlling the flood. The Wanshou Palace cultural brand was created by Jiangxi ancestors after centuries of strugle and hard work. It has a strong geographical characteristic of Jiangxi, and it is endowed with a deep sense of homesickness and records the struggle and success of Jiangxi people. Therefore, Nanchang Tienzhu Wanshou Palace is the homeland and spiritual home for the Jiangxi merchants and even the Jiangxi people in the world to "seek roots and return to the ancestors". It is the most valuable cultural brand and city card in Nanchang. Nanchang Tienzhu Wanshou Palace is the homeland and spiritual home of the "seeking roots and returning to the ancestors" of the merchants and even the people of the world. It is the most valuable cultural brand and city card in Nanchang. This paper mainly focuses on the historical evolution of and the restoration of Nanchang Tiezhu Wanshou Palace, the contradictions in the reconstruction and utilization of Nanchang Tiezhu Wanshou Palace, as well as the thinking and suggestions on the cultural development of Nanchang Tiezhu Wanshou Palace.

Keywords: Culture Protection and Utilization; Nanchang; Nanchang Tiezhu Wanshou Palace

B. 16   The Relationship Between Wanshou Palace and Jiangxi Business Group-Taking Yunnan as an Example

by Chen Yalan / 294

Abstract: This paper is aimed to try to completely reconstruct the historical changes of the relationship between Wanshou Palaces and Jiangxi business groups, and tease out their historical changes in Yunnan and their historical value to

Yunnan's economy and culture, thus complementing the government and the scholars' knowledge and understanding of the historical origins and traditions of Wanshou Palaces and Jiangxi business groups. And in the meantime, the paper calls on the relevant departments to face up to history, realize afresh the role and influence of the Wanshou Palaces in the economy and society, and re-understand the role and influence of Jiangxi business groups, which once played a positive role in Yunnan's economic construction, cultural construction, and social harmony, in the construction of the southwestern China. During the Ming and Qing Dynasties, Wanshou Palaces were not only the spiritual homes for Jiangxi business groups, but also the spiritual homes for the Yunnan people. This paper first examines the origin and development of Jiangxi business groups in Yunnan, and then investigate the inscriptions about the Wanshou Palaces in Yunnan, tease out other relevant studies to reconstruct the mutual influence and mutual relationship between Wanshou Palaces and Jiangxi business groups and make some suggestions to the government on the possible restoration of the Wanshou Palaces built by Jiangxi business groups in Yunnan.

Keywords: Wanshou Palace; Jiangxi Business Groups; Yunnan

B. 17　Research on the Protection and Creative Development of Religious Cultural Tourism Resources under the Concept of Connecting Seperated Areas

—*Taking Xishan Wanshou Palace in Nanchangas as an Example*

by Liu Aihua / 308

Abstract: Religious cultural tourism is an emerging tourism project that has emerged in China's tourist attractions in recent years. The development momentum is in full swing, such as Henan Songshan Shaolin Temple Scenic Spot, Jiangsu Wuxi Lingshan Scenic Spot, Sichuan Qingcheng Mountain Scenic Spot, etc. However, the development of religious scenic spots has also experienced problems such as excessive commercialization, weak product connotation, and lack of tourism experience. Therefore, in accordance with the concept of separation and integration, according to the different tourism needs of different tourism groups, the Nanchang Xishan Wanshou Palace (hereinafter referred to as "Xishan Wanshou Palace") is divided into time zones. On the basis of protecting traditional Taoism cultural relics, monuments, folk customs, Integrate and utilize its Taoism cultural resources, and creatively develop some tourism products with both religious and modern elements, which is an important path to optimize its cultural brand image and enhance its cultural influence, penetration and radiation, and also help promote local economic development.

Keywords: Creative Development; Nanchang Xishan Wanshou Palace; Tourism

B. 18   Conception of Creating the Whole Xi Mountain Scenic

Spot Based on Wanshou Palace   *by Ouyang Zhen* / 323

Abstract: The WanShou Palace has a long history and splendid culture. Its representative carrier is Xishan Wanshou Palace, which is a Taoism templeworshiped Xu Xun. Xishan Wanshou Palace and Xi Mountain are inseparable, and it is necessary to correctly handle the relationship between Xishan Wanshou Palace and Xi Mountain Scenic Area. Xishan Wanshou Palace has a very important historical position as a distinctive feature in the development of Xi Mountain Scenic Area. Therefore, Xishan Wanshou Palace should be the main highlight in the Xi Mountain Scenic Area. The Xishan Wanshou Palace should be included in the planning of the Xi Mountain Scenic Area, highlighting its historical and cultural connotations, eliminating some of the unsatisfactory negative functions and negative effects, and playing the positive function and positive role of the palace, especially the expansion of the positive function and active work of the Wanshou Palace in the friendly relationships with foreign countries, fully demonstrating its own unique advantages and charms.

Keywords: WanShou Palace; Xi Mountain Scenic Spot; Arrangement and Imagination

B. 19   Exploration of the Development Path of Cultural Resources
and Cultural Tourism of Wanshou Palace Temple Fair

by Zhou Minjuan / 331

Abstract: The article starts from the value system of the Taoism in WanShou Palace, the sacrificial and pilgrimage activities, the Jiangxi business groups of the loyalty and filial piety, the commercial activities of the temple fair, the folk activities of the Wanshou Palace, the buildings of the Wanshou Palace, the opera and novels about Xu Zhenjun, sorts out and discusses the rich cultural resources of temples in Wanshou Palace, and further points out the seven paths to use the cultural resources to flourish Jiangxi cultural tourism: Committed to the protection of resources of the Jingming Taoism and the development of religious tourism, using the cultural and ecological system of the WanShou Palace to create the brand of Wanshou Palace cultural tourism, combining the "green, red, and patina" three-color culture to develop the cultural tourism of the Wanshou Palace, according to the characteristics of cultural changes to excavate and innovate the temple culture of Wanshou Palace, integrate online and offline media to integrate the cultural tourism brand of the WanShou Temple Fair, encourage the development of cultural and innovative products in the Wanshou Palace, exploring the tradition of Jiangxi business groups and promoting the further integration of the temple fair culture of Wanshou Palace with the commercial activities of Jiangxi.

Keywords: Development Path; WanShou Palace Fair; Resources of Cultural Tourism

B. 20　New Thoughts on Inheriting the Custom of Wanshou

Temple Fair in the New Era　　　　*by Xiong Guobao* / 341

Abstract: Xishan Wanshou Palace is the ancestry of the Wanshou Palace in the world. It has a history of more than 1600 years which is known as the twelfth hole of the thirty-sixth hole of Taoism and the thirty-eighth place of the blessed land of the eighty-two. Xishan Wanshou Palace Temple Fair is a grand event that has been passed down and developed into a religion and folklore in the above background and it was officially listed as a national intangible cultural heritage protection project in June 2011. This paper mainly expounds the historical origin of Xishan Wanshou Palace, the cultural connotation of the Xishan Wanshou Palace Temple Fair, and the current situation in the inheritance of contemporary temple fairs, and proposes countermeasures and suggestions on how to pass on the custom of the Wanshou Palace Temple Fair in the new era. The first is to pay attention to the arrangement and excavation of the Wanshou Palace culture, focus on the combination of new era media and traditional one, then promote the positive energy of the Wanshou Palace temple culture in multi-level, avoiding the belief gap of Taoism. The second is the scientific argumentation, gradually recovering the traditional customs of the Wanshou Palace Temple Fair. The third is to value the service awareness of the Wanshou Temple Temple Fair, improve the service function, and provide services to the believers as much as possible. The fourth is to return to the origin, considering and preparing the establishment of the JingMing Taoism Medical Center. The fifth is to strengthen the contract with other Wanshou Palaces across the country and to use the functions of the Chamber of Commerce in Wanshou Palace.

Keywords: New Thoughts; Xishan Wanshou Palace; Custom of Temple Fair; Cultural Heritage

权威报告·一手数据·特色资源

皮书数据库
ANNUAL REPORT(YEARBOOK) DATABASE

当代中国经济与社会发展高端智库平台

所获荣誉

- 2016年，入选"'十三五'国家重点电子出版物出版规划骨干工程"
- 2015年，荣获"搜索中国正能量 点赞2015""创新中国科技创新奖"
- 2013年，荣获"中国出版政府奖·网络出版物奖"提名奖
- 连续多年荣获中国数字出版博览会"数字出版·优秀品牌"奖

成为会员

通过网址www.pishu.com.cn访问皮书数据库网站或下载皮书数据库APP，进行手机号码验证或邮箱验证即可成为皮书数据库会员。

会员福利

- 使用手机号码首次注册的会员，账号自动充值100元体验金，可直接购买和查看数据库内容（仅限PC端）。
- 已注册用户购书后可免费获赠100元皮书数据库充值卡。刮开充值卡涂层获取充值密码，登录并进入"会员中心"—"在线充值"—"充值卡充值"，充值成功后即可购买和查看数据库内容（仅限PC端）。
- 会员福利最终解释权归社会科学文献出版社所有。

社会科学文献出版社 皮书系列
SOCIAL SCIENCES ACADEMIC PRESS (CHINA)
卡号：914389798491
密码：

数据库服务热线：400-008-6695
数据库服务QQ：2475522410
数据库服务邮箱：database@ssap.cn
图书销售热线：010-59367070/7028
图书服务QQ：1265056568
图书服务邮箱：duzhe@ssap.cn

基本子库
SUB DATABASE

中国社会发展数据库（下设 12 个子库）

全面整合国内外中国社会发展研究成果，汇聚独家统计数据、深度分析报告，涉及社会、人口、政治、教育、法律等 12 个领域，为了解中国社会发展动态、跟踪社会核心热点、分析社会发展趋势提供一站式资源搜索和数据分析与挖掘服务。

中国经济发展数据库（下设 12 个子库）

基于"皮书系列"中涉及中国经济发展的研究资料构建，内容涵盖宏观经济、农业经济、工业经济、产业经济等 12 个重点经济领域，为实时掌控经济运行态势、把握经济发展规律、洞察经济形势、进行经济决策提供参考和依据。

中国行业发展数据库（下设 17 个子库）

以中国国民经济行业分类为依据，覆盖金融业、旅游、医疗卫生、交通运输、能源矿产等 100 多个行业，跟踪分析国民经济相关行业市场运行状况和政策导向，汇集行业发展前沿资讯，为投资、从业及各种经济决策提供理论基础和实践指导。

中国区域发展数据库（下设 6 个子库）

对中国特定区域内的经济、社会、文化等领域现状与发展情况进行深度分析和预测，研究层级至县及县以下行政区，涉及地区、区域经济体、城市、农村等不同维度。为地方经济社会宏观态势研究、发展经验研究、案例分析提供数据服务。

中国文化传媒数据库（下设 18 个子库）

汇聚文化传媒领域专家观点、热点资讯，梳理国内外中国文化发展相关学术研究成果、一手统计数据，涵盖文化产业、新闻传播、电影娱乐、文学艺术、群众文化等 18 个重点研究领域。为文化传媒研究提供相关数据、研究报告和综合分析服务。

世界经济与国际关系数据库（下设 6 个子库）

立足"皮书系列"世界经济、国际关系相关学术资源，整合世界经济、国际政治、世界文化与科技、全球性问题、国际组织与国际法、区域研究 6 大领域研究成果，为世界经济与国际关系研究提供全方位数据分析，为决策和形势研判提供参考。

法律声明

　　"皮书系列"（含蓝皮书、绿皮书、黄皮书）之品牌由社会科学文献出版社最早使用并持续至今，现已被中国图书市场所熟知。"皮书系列"的相关商标已在中华人民共和国国家工商行政管理总局商标局注册，如 LOGO（🔖）、皮书、Pishu、经济蓝皮书、社会蓝皮书等。"皮书系列"图书的注册商标专用权及封面设计、版式设计的著作权均为社会科学文献出版社所有。未经社会科学文献出版社书面授权许可，任何使用与"皮书系列"图书注册商标、封面设计、版式设计相同或者近似的文字、图形或其组合的行为均系侵权行为。

　　经作者授权，本书的专有出版权及信息网络传播权等为社会科学文献出版社享有。未经社会科学文献出版社书面授权许可，任何就本书内容的复制、发行或以数字形式进行网络传播的行为均系侵权行为。

　　社会科学文献出版社将通过法律途径追究上述侵权行为的法律责任，维护自身合法权益。

　　欢迎社会各界人士对侵犯社会科学文献出版社上述权利的侵权行为进行举报。电话：010-59367121，电子邮箱：fawubu@ssap.cn。

社会科学文献出版社